最新经济管理政策法规汇编丛书（第一辑）

# 中国通信业政策法规汇编

2014年版

从书编辑部 编

经济管理出版社
ECONOMY & MANAGEMENT PUBLISHING HOUSE

**图书在版编目（CIP）数据**

中国通信业政策法规汇编（2014 年版）/丛书编辑部编. —北京：经济管理出版社，2014.3
（最新经济管理政策法规汇编丛书）
ISBN 978-7-5096-2987-1

Ⅰ. ①中… Ⅱ. ①丛… Ⅲ. ①电信—邮电业政策—汇编—中国—1999~2013 ②电信—法规—汇编—中国
Ⅳ. ①F632.0 ②D922.296.9

中国版本图书馆 CIP 数据核字（2014）第 037409 号

责任编辑：杨 雪
责任印制：黄章平
责任校对：超 凡 王纪慧

出版发行：经济管理出版社
（北京市海淀区北蜂窝 8 号中雅大厦 A 座 11 层 100038）
网 址：www. E-mp. com. cn
电 话：（010）51915602
印 刷：三河市海波印务有限公司
经 销：新华书店
开 本：880mm×1230mm/16
印 张：26.5
字 数：748 千字
版 次：2014 年 5 月第 1 版 2014 年 5 月第 1 次印刷
书 号：ISBN 978-7-5096-2987-1
定 价：298.00 元

# 最新经济管理政策法规汇编丛书（第一辑）
# 专家审读组


**组　长：** 李文阁（全国人大常委会法工委行政法室处长）

**成　员：** 李　辉（全国人大常委会法工委行政法室主任科员）

张　涛（全国人大常委会法工委行政法室主任科员）

田　林（全国人大常委会法工委行政法室主任科员）

杨　威（全国人大常委会法工委行政法室主任科员）

# 最新经济管理政策法规汇编丛书（第一辑）
# 丛书编辑部

# 编辑说明

为了方便通信行业投资者、研究者和管理者全面、系统地了解和掌握通信业相关政策法规，指导相关投资者以及政府对通信业政策法规的完善与更新，我们特编印此书。

《中国通信业政策法规汇编》由北京邮电大学经济管理学院何瑛主导编印并统筹策划，硕士研究生孔静敏负责具体编辑工作。

《中国通信业政策法规汇编》按以下顺序编排：①综合类政策法规；②通信安全类政策法规；③通信监管类政策法规；④通信资源管理类政策法规；⑤通信建设类政策法规；⑥通信行政管理类政策法规；⑦部分地区政策法规。

本汇编较为系统地梳理、收录了我国近年来中央及地方出台的有关通信业监督管理方面的政策及法规，在编辑过程中对一些已经失去时效或相关部门明确表示作废、终止的政策法规进行了筛选和删除。

本书将根据国家通信业监督管理政策法规的制定、出台及更新情况及时进行修订。

由于时间仓促，本书在编辑方面难免存在不足，敬请指正。

**编　者**

2013 年 12 月

# 目　录

## 第一编　综合类政策法规



## 第二编　通信安全类政策法规



## 第三编　通信监管类政策法规

## 第四编　通信资源管理类政策法规



## 第五编　通信建设类政策法规

## 第六编 通信行政管理类政策法规



## 第七编 部分地区政策法规

# 第一编　综合类政策法规

# 中华人民共和国电信条例

（2000年9月25日中华人民共和国国务院令第291号公布，自发布之日起施行）

## 第一章　总则

**第一条**　为了规范电信市场秩序，维护电信用户和电信业务经营者的合法权益，保障电信网络和信息的安全，促进电信业的健康发展，制定本条例。

**第二条**　在中华人民共和国境内从事电信活动或者与电信有关的活动，必须遵守本条例。

本条例所称电信，是指利用有线、无线的电磁系统或者光电系统，传送、发射或者接收语音、文字、数据、图像以及其他任何形式信息的活动。

**第三条**　国务院信息产业主管部门依照本条例的规定对全国电信业实施监督管理。

省、自治区、直辖市电信管理机构在国务院信息产业主管部门的领导下，依照本条例的规定对本行政区域内的电信业实施监督管理。

**第四条**　电信监督管理遵循政企分开、破除垄断、鼓励竞争、促进发展和公开、公平、公正的原则。

电信业务经营者应当依法经营，遵守商业道德，接受依法实施的监督检查。

**第五条**　电信业务经营者应当为电信用户提供迅速、准确、安全、方便和价格合理的电信服务。

**第六条**　电信网络和信息的安全受法律保护。任何组织或者个人不得利用电信网络从事危害国家安全、社会公共利益或者他人合法权益的活动。

## 第二章　电信市场

### 第一节　电信业务许可

**第七条**　国家对电信业务经营按照电信业务分类，实行许可制度。

经营电信业务，必须依照本条例的规定取得国务院信息产业主管部门或者省、自治区、直辖市电信管理机构颁发的电信业务经营许可证。

未取得电信业务经营许可证，任何组织或者个人不得从事电信业务经营活动。

**第八条**　电信业务分为基础电信业务和增值电信业务。

基础电信业务，是指提供公共网络基础设施、公共数据传送和基本话音通信服务的业务。增值电信业务，是指利用公共网络基础设施提供的电信与信息服务的业务。

电信业务分类的具体划分在本条例所附的《电信业务分类目录》[①] 中列出。国务院信息产业主管部门根据实际情况，可以对目录所列电信业务分类项目作局部调整，重新公布。

**第九条** 经营基础电信业务，须经国务院信息产业主管部门审查批准，取得《基础电信业务经营许可证》。

经营增值电信业务，业务覆盖范围在两个以上省、自治区、直辖市的，须经国务院信息产业主管部门审查批准，取得《跨地区增值电信业务经营许可证》；业务覆盖范围在一个省、自治区、直辖市行政区域内的，须经省、自治区、直辖市电信管理机构审查批准，取得《增值电信业务经营许可证》。

运用新技术试办《电信业务分类目录》未列出的新型电信业务的，应当向省、自治区、直辖市电信管理机构备案。

**第十条** 经营基础电信业务，应当具备下列条件：

（一）经营者为依法设立的专门从事基础电信业务的公司，且公司中国有股权或者股份不少于 51%；

（二）有可行性研究报告和组网技术方案；

（三）有与从事经营活动相适应的资金和专业人员；

（四）有从事经营活动的场地及相应的资源；

（五）有为用户提供长期服务的信誉或者能力；

（六）国家规定的其他条件。

**第十一条** 申请经营基础电信业务，应当向国务院信息产业主管部门提出申请，并提交本条例第十条规定的相关文件。国务院信息产业主管部门应当自受理申请之日起 180 日内审查完毕，作出批准或者不予批准的决定。予以批准的，颁发《基础电信业务经营许可证》；不予批准的，应当书面通知申请人并说明理由。

**第十二条** 国务院信息产业主管部门审查经营基础电信业务的申请时，应当考虑国家安全、电信网络安全、电信资源可持续利用、环境保护和电信市场的竞争状况等因素。

颁发《基础电信业务经营许可证》，应当按照国家有关规定采用招标方式。

**第十三条** 经营增值电信业务，应当具备下列条件：

（一）经营者为依法设立的公司；

（二）有与开展经营活动相适应的资金和专业人员；

（三）有为用户提供长期服务的信誉或者能力；

（四）国家规定的其他条件。

**第十四条** 申请经营增值电信业务，应当根据本条例第九条第二款的规定，向国务院信息产业主管部门或者省、自治区、直辖市电信管理机构提出申请，并提交本条例第十三条规定的相关文件。申请经营的增值电信业务，按照国家有关规定须经有关主管部门审批的，还应当提交有关主管部门审核同意的文件。国务院信息产业主管部门或者省、自治区、直辖市电信管理机构应当自收到申请之日起 60 日内审查完毕，作出批准或者不予批准的决定。予以批准的，颁发《跨地区增值电信业务经营许可证》或者《增值电信业务经营许可证》；不予批准的，应当书面通知申请人并说明理由。

**第十五条** 电信业务经营者在经营过程中，变更经营主体、业务范围或者停止经营的，应当提前 90 日向原颁发许可证的机关提出申请，并办理相应手续；停止经营的，还应当按照国家有关规定做好善后工作。

---

① 由于篇幅所限，此附件未摘录，请读者自行查阅。

**第十六条**　经批准经营电信业务的，应当持依法取得的电信业务经营许可证，向企业登记机关办理登记手续。

专用电信网运营单位在所在地区经营电信业务的，应当依照本条例规定的条件和程序提出申请，经批准，取得电信业务经营许可证，并依照前款规定办理登记手续。

## 第二节　电信网间互联

**第十七条**　电信网之间应当按照技术可行、经济合理、公平公正、相互配合的原则，实现互联互通。

主导的电信业务经营者不得拒绝其他电信业务经营者和专用电信网运营单位提出的互联互通要求。

前款所称主导的电信业务经营者，是指控制必要的基础电信设施并且在电信业务市场中占有较大份额，能够对其他电信业务经营者进入电信业务市场构成实质性影响的经营者。

主导的电信业务经营者由国务院信息产业主管部门确定。

**第十八条**　主导的电信业务经营者应当按照非歧视和透明化的原则，制定包括网间互联的程序、时限、非捆绑网络元素目录等内容的互联规程。互联规程应当报国务院信息产业主管部门审查同意。该互联规程对主导的电信业务经营者的互联互通活动具有约束力。

**第十九条**　公用电信网之间、公用电信网与专用电信网之间的网间互联，由网间互联双方按照国务院信息产业主管部门的网间互联管理规定进行互联协商，并订立网间互联协议。

网间互联协议应当向国务院信息产业主管部门备案。

**第二十条**　网间互联双方经协商未能达成网间互联协议的，自一方提出互联要求之日起60日内，任何一方均可以按照网间互联覆盖范围向国务院信息产业主管部门或者省、自治区、直辖市电信管理机构申请协调；收到申请的机关应当依照本条例第十七条第一款规定的原则进行协调，促使网间互联双方达成协议；自网间互联一方或者双方申请协调之日起45日内经协调仍不能达成协议的，由协调机关随机邀请电信技术专家和其他有关方面专家进行公开论证并提出网间互联方案。协调机关应当根据专家论证结论和提出的网间互联方案作出决定，强制实现互联互通。

**第二十一条**　网间互联双方必须在协议约定或者决定规定的时限内实现互联互通。未经国务院信息产业主管部门批准，任何一方不得擅自中断互联互通。网间互联遇有通信技术障碍的，双方应当立即采取有效措施予以消除。网间互联双方在互联互通中发生争议的，依照本条例第二十条规定的程序和办法处理。

网间互联的通信质量应当符合国家有关标准。主导的电信业务经营者向其他电信业务经营者提供网间互联，服务质量不得低于本网内的同类业务及向其子公司或者分支机构提供的同类业务质量。

**第二十二条**　网间互联的费用结算与分摊应当执行国家有关规定，不得在规定标准之外加收费用。

网间互联的技术标准、费用结算办法和具体管理规定，由国务院信息产业主管部门制定。

## 第三节　电信资费

**第二十三条**　电信资费标准实行以成本为基础的定价原则，同时考虑国民经济与社会发展要求、电信业的发展和电信用户的承受能力等因素。

**第二十四条**　电信资费分为市场调节价、政府指导价和政府定价。

基础电信业务资费实行政府定价、政府指导价或者市场调节价；增值电信业务资费实行市场调节价或者政府指导价。

市场竞争充分的电信业务，电信资费实行市场调节价。

实行政府定价、政府指导价和市场调节价的电信资费分类管理目录，由国务院信息产业主管部门征求国务院价格主管部门意见制定并公布施行。

**第二十五条** 由政府定价的重要的电信业务资费标准，由国务院信息产业主管部门提出方案，经征求国务院价格主管部门意见，报国务院批准后公布施行。

政府指导价的电信业务资费标准幅度，由国务院信息产业主管部门征求国务院价格主管部门意见，制定并公布施行。电信业务经营者在标准幅度内，自主确定资费标准，报省、自治区、直辖市电信管理机构备案。

**第二十六条** 制定政府定价和政府指导价的电信业务资费标准，应当采取举行听证会等形式，听取电信业务经营者、电信用户和其他有关方面的意见。

电信业务经营者应当根据国务院信息产业主管部门和省、自治区、直辖市电信管理机构的要求，提供准确、完备的业务成本数据及其他有关资料。

### 第四节 电信资源

**第二十七条** 国家对电信资源统一规划、集中管理、合理分配，实行有偿使用制度。

前款所称电信资源，是指无线电频率、卫星轨道位置、电信网码号等用于实现电信功能且有限的资源。

**第二十八条** 电信业务经营者占有、使用电信资源，应当缴纳电信资源费。具体收费办法由国务院信息产业主管部门会同国务院财政部门、价格主管部门制定，报国务院批准后公布施行。

**第二十九条** 电信资源的分配，应当考虑电信资源规划、用途和预期服务能力。

分配电信资源，可以采取指配的方式，也可以采用拍卖的方式。

取得电信资源使用权的，应当在规定的时限内启用所分配的资源，并达到规定的最低使用规模。未经国务院信息产业主管部门或者省、自治区、直辖市电信管理机构批准，不得擅自使用、转让、出租电信资源或者改变电信资源的用途。

**第三十条** 电信资源使用者依法取得电信网码号资源后，主导的电信业务经营者和其他有关单位有义务采取必要的技术措施，配合电信资源使用者实现其电信网码号资源的功能。

法律、行政法规对电信资源管理另有特别规定的，从其规定。

## 第三章 电信服务

**第三十一条** 电信业务经营者应当按照国家规定的电信服务标准向电信用户提供服务。电信业务经营者提供服务的种类、范围、资费标准和时限，应当向社会公布，并报省、自治区、直辖市电信管理机构备案。

电信用户有权自主选择使用依法开办的各类电信业务。

**第三十二条** 电信用户申请安装、移装电信终端设备的，电信业务经营者应当在其公布的时限内保证装机开通；由于电信业务经营者的原因逾期未能装机开通的，应当每日按照收取的安装费、移装费或者其他费用数额1%的比例，向电信用户支付违约金。

**第三十三条** 电信用户申告电信服务障碍的，电信业务经营者应当自接到申告之日起，城镇48小时、农村72小时内修复或者调通；不能按期修复或者调通的，应当及时通知电信用户，并免收障碍期间的月租费用。但是，属于电信终端设备的原因造成电信服务障碍的除外。

**第三十四条** 电信业务经营者应当为电信用户交费和查询提供方便。电信用户要求提供国内长途通信、国际通信、移动通信和信息服务等收费清单的，电信业务经营者应当免费提供。

电信用户出现异常的巨额电信费用时，电信业务经营者一经发现，应当尽可能迅速告知电信用户，并采取相应的措施。

前款所称巨额电信费用，是指突然出现超过电信用户此前三个月平均电信费用5倍以上的费用。

**第三十五条**　电信用户应当按照约定的时间和方式及时、足额地向电信业务经营者交纳电信费用；电信用户逾期不交纳电信费用的，电信业务经营者有权要求补交电信费用，并可以按照所欠费用每日加收3‰的违约金。

对超过收费约定期限30日仍不交纳电信费用的电信用户，电信业务经营者可以暂停向其提供电信服务。电信用户在电信业务经营者暂停服务60日内仍未补交电信费用和违约金的，电信业务经营者可以终止提供服务，并可以依法追缴欠费和违约金。

经营移动电信业务的经营者可以与电信用户约定交纳电信费用的期限、方式，不受前款规定期限的限制。

电信业务经营者应当在迟延交纳电信费用的电信用户补足电信费用、违约金后的48小时内，恢复暂停的电信服务。

**第三十六条**　电信业务经营者因工程施工、网络建设等原因，影响或者可能影响正常电信服务的，必须按照规定的时限及时告知用户，并向省、自治区、直辖市电信管理机构报告。

因前款原因中断电信服务的，电信业务经营者应当相应减免用户在电信服务中断期间的相关费用。

出现本条第一款规定的情形，电信业务经营者未及时告知用户的，应当赔偿由此给用户造成的损失。

**第三十七条**　经营本地电话业务和移动电话业务的电信业务经营者，应当免费向用户提供火警、匪警、医疗急救、交通事故报警等公益性电信服务并保障通信线路畅通。

**第三十八条**　电信业务经营者应当及时为需要通过中继线接入其电信网的集团用户，提供平等、合理的接入服务。

未经批准，电信业务经营者不得擅自中断接入服务。

**第三十九条**　电信业务经营者应当建立健全内部服务质量管理制度，并可以制定并公布施行高于国家规定的电信服务标准的企业标准。

电信业务经营者应当采取各种形式广泛听取电信用户意见，接受社会监督，不断提高电信服务质量。

**第四十条**　电信业务经营者提供的电信服务达不到国家规定的电信服务标准或者其公布的企业标准的，或者电信用户对交纳电信费用持有异议的，电信用户有权要求电信业务经营者予以解决；电信业务经营者拒不解决或者电信用户对解决结果不满意的，电信用户有权向国务院信息产业主管部门或者省、自治区、直辖市电信管理机构或者其他有关部门申诉。收到申诉的机关必须对申诉及时处理，并自收到申诉之日起30日内向申诉者作出答复。

电信用户对交纳本地电话费用有异议的，电信业务经营者还应当应电信用户的要求免费提供本地电话收费依据，并有义务采取必要措施协助电信用户查找原因。

**第四十一条**　电信业务经营者在电信服务中，不得有下列行为：

（一）以任何方式限定电信用户使用其指定的业务；

（二）限定电信用户购买其指定的电信终端设备或者拒绝电信用户使用自备的已经取得入网许可的电信终端设备；

（三）违反国家规定，擅自改变或者变相改变资费标准，擅自增加或者变相增加收费项目；

（四）无正当理由拒绝、拖延或者中止对电信用户的电信服务；

（五）对电信用户不履行公开作出的承诺或者作容易引起误解的虚假宣传；

（六）以不正当手段刁难电信用户或者对投诉的电信用户打击报复。

**第四十二条**　电信业务经营者在电信业务经营活动中，不得有下列行为：

（一）以任何方式限制电信用户选择其他电信业务经营者依法开办的电信服务；

（二）对其经营的不同业务进行不合理的交叉补贴；

（三）以排挤竞争对手为目的，低于成本提供电信业务或者服务，进行不正当竞争。

**第四十三条**　国务院信息产业主管部门或者省、自治区、直辖市电信管理机构应当依据职权对电信业务经营者的电信服务质量和经营活动进行监督检查，并向社会公布监督抽查结果。

**第四十四条**　电信业务经营者必须按照国家有关规定履行相应的电信普遍服务义务。

国务院信息产业主管部门可以采取指定的或者招标的方式确定电信业务经营者具体承担电信普遍服务的义务。

电信普遍服务成本补偿管理办法，由国务院信息产业主管部门会同国务院财政部门、价格主管部门制定，报国务院批准后公布施行。

## 第四章　电信建设

### 第一节　电信设施建设

**第四十五条**　公用电信网、专用电信网、广播电视传输网的建设应当接受国务院信息产业主管部门的统筹规划和行业管理。

属于全国性信息网络工程或者国家规定限额以上建设项目的公用电信网、专用电信网、广播电视传输网建设，在按照国家基本建设项目审批程序报批前，应当征得国务院信息产业主管部门同意。

基础电信建设项目应当纳入地方各级人民政府城市建设总体规划和村镇、集镇建设总体规划。

**第四十六条**　城市建设和村镇、集镇建设应当配套设置电信设施。建筑物内的电信管线和配线设施以及建设项目用地范围内的电信管道，应当纳入建设项目的设计文件，并随建设项目同时施工与验收。所需经费应当纳入建设项目概算。

有关单位或者部门规划、建设道路、桥梁、隧道或者地下铁道等，应当事先通知省、自治区、直辖市电信管理机构和电信业务经营者，协商预留电信管线等事宜。

**第四十七条**　基础电信业务经营者可以在民用建筑物上附挂电信线路或者设置小型天线、移动通信基站等公用电信设施，但是应当事先通知建筑物产权人或者使用人，并按照省、自治区、直辖市人民政府规定的标准向该建筑物的产权人或者其他权利人支付使用费。

**第四十八条**　建设地下、水底等隐蔽电信设施和高空电信设施，应当按照国家有关规定设置标志。

基础电信业务经营者建设海底电信缆线，应当征得国务院信息产业主管部门同意，并征求有关部门意见后，依法办理有关手续。海底电信缆线由国务院有关部门在海图上标出。

**第四十九条**　任何单位或者个人不得擅自改动或者迁移他人的电信线路及其他电信设施；遇有特殊情况必须改动或者迁移的，应当征得该电信设施产权人同意，由提出改动或者迁移要求的单位或者个人承担改动或者迁移所需费用，并赔偿由此造成的经济损失。

**第五十条**　从事施工、生产、种植树木等活动，不得危及电信线路或者其他电信设施的安全或者妨碍线路畅通；可能危及电信安全时，应当事先通知有关电信业务经营者，并由从事该活动的单位或者个人负责采取必要的安全防护措施。

违反前款规定，损害电信线路或者其他电信设施或者妨碍线路畅通的，应当恢复原状或者予以修复，并赔偿由此造成的经济损失。

**第五十一条**　从事电信线路建设，应当与已建的电信线路保持必要的安全距离；难以避开或者必须穿越，或者需要使用已建电信管道的，应当与已建电信线路的产权人协商，并签订协议；经协商不能达成协议的，根据不同情况，由国务院信息产业主管部门或者省、自治区、直辖市电信管理机构协调解决。

**第五十二条**　任何组织或者个人不得阻止或者妨碍基础电信业务经营者依法从事电信设施建设和向电信用户提供公共电信服务；但是，国家规定禁止或者限制进入的区域除外。

**第五十三条**　执行特殊通信、应急通信和抢修、抢险任务的电信车辆，经公安交通管理机关批准，在保障交通安全畅通的前提下可以不受各种禁止机动车通行标志的限制。

### 第二节　电信设备进网

**第五十四条**　国家对电信终端设备、无线电通信设备和涉及网间互联的设备实行进网许可制度。

接入公用电信网的电信终端设备、无线电通信设备和涉及网间互联的设备，必须符合国家规定的标准并取得进网许可证。

实行进网许可制度的电信设备目录，由国务院信息产业主管部门会同国务院产品质量监督部门制定并公布施行。

**第五十五条**　办理电信设备进网许可证的，应当向国务院信息产业主管部门提出申请，并附送经国务院产品质量监督部门认可的电信设备检测机构出具的检测报告或者认证机构出具的产品质量认证证书。

国务院信息产业主管部门应当自收到电信设备进网许可申请之日起60日内，对申请及电信设备检测报告或者产品质量认证证书审查完毕。经审查合格的，颁发进网许可证；经审查不合格的，应当书面答复并说明理由。

**第五十六条**　电信设备生产企业必须保证获得进网许可的电信设备的质量稳定、可靠，不得降低产品质量和性能。

电信设备生产企业应当在其生产的获得进网许可的电信设备上粘贴进网许可标志。

国务院产品质量监督部门应当会同国务院信息产业主管部门对获得进网许可证的电信设备进行质量跟踪和监督抽查，公布抽查结果。

## 第五章　电信安全

**第五十七条**　任何组织或者个人不得利用电信网络制作、复制、发布、传播含有下列内容的信息：

（一）反对宪法所确定的基本原则的；

（二）危害国家安全，泄露国家秘密，颠覆国家政权，破坏国家统一的；

（三）损害国家荣誉和利益的；

（四）煽动民族仇恨、民族歧视，破坏民族团结的；

（五）破坏国家宗教政策，宣扬邪教和封建迷信的；

（六）散布谣言，扰乱社会秩序，破坏社会稳定的；

（七）散布淫秽、色情、赌博、暴力、凶杀、恐怖或者教唆犯罪的；

（八）侮辱或者诽谤他人，侵害他人合法权益的；

（九）含有法律、行政法规禁止的其他内容的。

**第五十八条**　任何组织或者个人不得有下列危害电信网络安全和信息安全的行为：

（一）对电信网的功能或者存储、处理、传输的数据和应用程序进行删除或者修改；

（二）利用电信网从事窃取或者破坏他人信息、损害他人合法权益的活动；

（三）故意制作、复制、传播计算机病毒或者以其他方式攻击他人电信网络等电信设施；

（四）危害电信网络安全和信息安全的其他行为。

**第五十九条** 任何组织或者个人不得有下列扰乱电信市场秩序的行为：

（一）采取租用电信国际专线、私设转接设备或者其他方法，擅自经营国际或者香港特别行政区、澳门特别行政区和台湾地区电信业务；

（二）盗接他人电信线路，复制他人电信码号，使用明知是盗接、复制的电信设施或者码号；

（三）伪造、变造电话卡及其他各种电信服务有价凭证；

（四）以虚假、冒用的身份证件办理入网手续并使用移动电话。

**第六十条** 电信业务经营者应当按照国家有关电信安全的规定，建立健全内部安全保障制度，实行安全保障责任制。

**第六十一条** 电信业务经营者在电信网络的设计、建设和运行中，应当做到与国家安全和电信网络安全的需求同步规划，同步建设，同步运行。

**第六十二条** 在公共信息服务中，电信业务经营者发现电信网络中传输的信息明显属于本条例第五十七条所列内容的，应当立即停止传输，保存有关记录，并向国家有关机关报告。

**第六十三条** 使用电信网络传输信息的内容及其后果由电信用户负责。

电信用户使用电信网络传输的信息属于国家秘密信息的，必须依照保守国家秘密法的规定采取保密措施。

**第六十四条** 在发生重大自然灾害等紧急情况下，经国务院批准，国务院信息产业主管部门可以调用各种电信设施，确保重要通信畅通。

**第六十五条** 在中华人民共和国境内从事国际通信业务，必须通过国务院信息产业主管部门批准设立的国际通信出入口局进行。

我国内地与香港特别行政区、澳门特别行政区和台湾地区之间的通信，参照前款规定办理。

**第六十六条** 电信用户依法使用电信的自由和通信秘密受法律保护。除因国家安全或者追查刑事犯罪的需要，由公安机关、国家安全机关或者人民检察院依照法律规定的程序对电信内容进行检查外，任何组织或者个人不得以任何理由对电信内容进行检查。

电信业务经营者及其工作人员不得擅自向他人提供电信用户使用电信网络所传输信息的内容。

## 第六章　罚则

**第六十七条** 违反本条例第五十七条、第五十八条的规定，构成犯罪的，依法追究刑事责任；尚不构成犯罪的，由公安机关、国家安全机关依照有关法律、行政法规的规定予以处罚。

**第六十八条** 有本条例第五十九条第（二）、（三）、（四）项所列行为之一，扰乱电信市场秩序，构成犯罪的，依法追究刑事责任；尚不构成犯罪的，由国务院信息产业主管部门或者省、自治区、直辖市电信管理机构依据职权责令改正，没收违法所得，处违法所得3倍以上5倍以下罚款；没有违法所得或者违法所得不足1万元的，处1万元以上10万元以下罚款。

**第六十九条** 违反本条例的规定，伪造、冒用、转让电信业务经营许可证、电信设备进网许可证或者编造在电信设备上标注的进网许可证编号的，由国务院信息产业主管部门或者省、自治区、直辖市电信管理机构依据职权没收违法所得，处违法所得3倍以上5倍以下罚款；没有违法所得或者违法所得不足1万元的，处1万元以上10万元以下罚款。

**第七十条** 违反本条例规定，有下列行为之一的，由国务院信息产业主管部门或者省、自治区、直辖市电信管理机构依据职权责令改正，没收违法所得，处违法所得3倍以上5倍以下罚款；没有违法所得或者违法所得不足5万元的，处10万元以上100万元以下罚款；情节严重的，责令停业整顿：

（一）违反本条例第七条第三款的规定或者有本条例第五十九条第（一）项所列行为，擅自经营电信业务的，或者超范围经营电信业务的；

（二）未通过国务院信息产业主管部门批准，设立国际通信出入口进行国际通信的；

（三）擅自使用、转让、出租电信资源或者改变电信资源用途的；

（四）擅自中断网间互联互通或者接入服务的；

（五）拒不履行普遍服务义务的。

**第七十一条**　违反本条例的规定，有下列行为之一的，由国务院信息产业主管部门或者省、自治区、直辖市电信管理机构依据职权责令改正，没收违法所得，处违法所得1倍以上3倍以下罚款；没有违法所得或者违法所得不足1万元的，处1万元以上10万元以下罚款；情节严重的，责令停业整顿：

（一）在电信网间互联中违反规定加收费用的；

（二）遇有网间通信技术障碍，不采取有效措施予以消除的；

（三）擅自向他人提供电信用户使用电信网络所传输信息的内容的；

（四）拒不按照规定缴纳电信资源使用费的。

**第七十二条**　违反本条例第四十二条的规定，在电信业务经营活动中进行不正当竞争的，由国务院信息产业主管部门或者省、自治区、直辖市电信管理机构依据职权责令改正，处10万元以上100万元以下罚款；情节严重的，责令停业整顿。

**第七十三条**　违反本条例的规定，有下列行为之一的，由国务院信息产业主管部门或者省、自治区、直辖市电信管理机构依据职权责令改正，处5万元以上50万元以下罚款；情节严重的，责令停业整顿：

（一）拒绝其他电信业务经营者提出的互联互通要求的；

（二）拒不执行国务院信息产业主管部门或者省、自治区、直辖市电信管理机构依法作出的互联互通决定的；

（三）向其他电信业务经营者提供网间互联的服务质量低于本网及其子公司或者分支机构的。

**第七十四条**　违反本条例第三十四条第一款、第四十条第二款的规定，电信业务经营者拒绝免费为电信用户提供国内长途通信、国际通信、移动通信和信息服务等收费清单，或者电信用户对交纳本地电话费用有异议并提出要求时，拒绝为电信用户免费提供本地电话收费依据的，由省、自治区、直辖市电信管理机构责令改正，并向电信用户赔礼道歉；拒不改正并赔礼道歉的，处以警告，并处5000元以上5万元以下的罚款。

**第七十五条**　违反本条例第四十一条的规定，由省、自治区、直辖市电信管理机构责令改正，并向电信用户赔礼道歉，赔偿电信用户损失；拒不改正并赔礼道歉、赔偿损失的，处以警告，并处1万元以上10万元以下的罚款；情节严重的，责令停业整顿。

**第七十六条**　违反本条例的规定，有下列行为之一的，由省、自治区、直辖市电信管理机构责令改正，处1万元以上10万元以下的罚款：

（一）销售未取得进网许可的电信终端设备的；

（二）非法阻止或者妨碍电信业务经营者向电信用户提供公共电信服务的；

（三）擅自改动或者迁移他人的电信线路及其他电信设施的。

**第七十七条**　违反本条例的规定，获得电信设备进网许可证后降低产品质量和性能的，由产品质量监督部门依照有关法律、行政法规的规定予以处罚。

**第七十八条**　有本条例第五十七条、第五十八条和第五十九条所列禁止行为之一，情节严重的，由原发证机关吊销电信业务经营许可证。

国务院信息产业主管部门或者省、自治区、直辖市电信管理机构吊销电信业务经营许可证后，应当通知企业登记机关。

**第七十九条**　国务院信息产业主管部门或者省、自治区、直辖市电信管理机构工作人员玩忽职守、滥用职权、徇私舞弊，构成犯罪的，依法追究刑事责任；尚不构成犯罪的，依法给予行政处分。

## 第七章　附则

**第八十条**　外国的组织或者个人在中华人民共和国境内投资与经营电信业务和香港特别行政区、澳门特别行政区与台湾地区的组织或者个人在内地投资与经营电信业务的具体办法，由国务院另行制定。

**第八十一条**　本条例自公布之日起施行。

# 中华人民共和国无线电管理条例

（1993 年 9 月 11 日中华人民共和国国务院、中华人民共和国中央军事委员会令第 128 号发布，自发布之日起施行）

## 第一章　总则

**第一条**　为了加强无线电管理，维护空中电波秩序，有效利用无线电频谱资源，保证各种无线电业务的正常进行，制定本条例。

**第二条**　在中华人民共和国境内设置、使用无线电台（站）和研制、生产、进口无线电发射设备以及使用辐射无线电波的非无线电设备，必须遵守本条例。

**第三条**　无线电管理实行统一领导、统一规划、分工管理、分级负责的原则，贯彻科学管理、促进发展的方针。

**第四条**　无线电频谱资源属国家所有。国家对无线电频谱实行统一规划、合理开发、科学管理、有偿使用的原则。

**第五条**　国家鼓励对无线电频谱资源的开发、利用和科学研究，努力推广先进技术，提高管理水平。

对在无线电管理工作和科学研究中作出重大贡献的单位和个人，应当给予奖励。

## 第二章　管理机构及其职责

**第六条**　国家无线电管理机构在国务院、中央军事委员会的领导下负责全国无线电管理工作，其主要职责是：

（一）拟订无线电管理的方针、政策和行政法规；

（二）制定无线电管理规章；

（三）负责无线电台（站）、频率的统一管理；

（四）协调处理无线电管理方面的事宜；

（五）制定无线电管理方面的行业标准；

（六）组织无线电管理方面的科学研究工作；

（七）负责全国的无线电监测工作；

（八）统一办理涉外无线电管理方面的事宜。

**第七条**　中国人民解放军无线电管理机构负责军事系统的无线电管理工作，其主要职责是：

（一）参与拟订并贯彻执行国家无线电管理的方针、政策、法规和规章，拟订军事系统的无线电管理办法；

（二）审批军事系统无线电台（站）的设置，核发电台执照；

（三）负责军事系统无线电频率的规划、分配和管理；

（四）核准研制、生产、销售军用无线电设备和军事系统购置、进口无线电设备的有关无线电管理的技术指标；

（五）组织军事无线电管理方面的科研工作，拟制军用无线电管理技术标准；

（六）实施军事系统无线电监督和检查；

（七）参与组织协调处理军地无线电管理方面的事宜。

**第八条** 省、自治区、直辖市和设区的市无线电管理机构在上级无线电管理机构和同级人民政府领导下负责辖区内除军事系统外的无线电管理工作，其主要职责是：

（一）贯彻执行国家无线电管理的方针、政策、法规和规章；

（二）拟订地方无线电管理的具体规定；

（三）协调处理本行政区域内无线电管理方面的事宜；

（四）根据审批权限审查无线电台（站）的建设布局和台址，指配无线电台（站）的频率和呼号，核发电台执照；

（五）负责本行政区域内无线电监测。

**第九条** 国务院有关部门的无线电管理机构负责本系统的无线电管理工作，其主要职责是：

（一）贯彻执行国家无线电管理的方针、政策、法规和规章；

（二）拟订本系统无线电管理的具体规定；

（三）根据国务院规定的部门职权和国家无线电管理机构的委托，审批本系统无线电台（站）的建设布局和台址，指配本系统无线电台（站）的频率、呼号，核发电台执照；

（四）国家无线电管理机构委托行使的其他职责。

**第十条** 国家无线电监测中心和各级无线电监测站、国家无线电频谱管理中心、国家无线电频谱管理研究所，分别承担电波监测、技术审查、新技术开发和科学研究等工作。

## 第三章　无线电台（站）的设置和使用

**第十一条** 设置、使用无线电台（站）的单位和个人，必须提出书面申请，办理设台（站）审批手续，领取电台执照。

**第十二条** 设置、使用无线电台（站），应当具备下列条件：

（一）无线电设备符合国家技术标准；

（二）操作人员熟悉无线电管理的有关规定，并具有相应的业务技能和操作资格；

（三）必要的无线电网络设计符合经济合理的原则，工作环境安全可靠；

（四）设台（站）单位或者个人有相应的管理措施。

**第十三条** 设置、使用下列无线电台（站），应当按照本条规定报请相应的无线电管理机构审批：

（一）通信范围或者服务区域涉及两个以上的省或者涉及境外的无线电台（站），中央国家机关（含其在京直属单位）设置、使用的无线电台（站），其他因特殊需要设置、使用的无线电台（站），由国家无线电管理机构审批。

（二）在省、自治区范围内跨地区通信或者服务的无线电台（站），省、自治区机关（含其在省、自治区人民政府所在地直属单位）设置、使用的无线电台（站），由省、自治区无线电管理机构审批。

在直辖市范围内通信或者服务的无线电台（站），由直辖市无线电管理机构审批。

（三）在设区的市范围内通信或者服务的无线电台（站），由设区的市无线电管理机构审批。

依照前款规定申请设置固定无线电台（站）的，事先还应当经其上级业务主管部门同意。

设置、使用特别业务的无线电台（站），由国家无线电管理机构委托国务院有关部门审批。

**第十四条**　船舶、机车、航空器上的制式无线电台（站），必须按照有关规定领取电台执照并报国家无线电管理机构或者地方无线电管理机构备案。

**第十五条**　设置业余无线电台（站），应当按照国家有关业余无线电台（站）管理的规定办理设台（站）审批手续。

**第十六条**　位于城市规划区内的固定无线电台（站）的建设布局和选址，必须符合城市规划，服从规划管理。城市规划行政主管部门应当统一安排，保证无线电台（站）必要的工作环境。

**第十七条**　电台呼号由国家无线电管理机构编制和分配，并由国家无线电管理机构、地方无线电管理机构或者国家无线电管理机构委托的国务院有关部门指配。

经国务院有关部门指配的电台呼号，应当抄送无线电台（站）所在省、自治区、直辖市无线电管理机构备案。

经无线电管理机构指配的船舶电台呼号，应当抄送国务院交通主管部门备案。

**第十八条**　电台执照由国家统一印制，由国家无线电管理机构、地方无线电管理机构或者国家无线电管理机构委托的国务院有关部门核发。

**第十九条**　遇有危及人民生命财产安全的紧急情况，可以临时动用未经批准设置使用的无线电设备，但是应当及时向无线电管理机构报告。

**第二十条**　无线电台（站）经批准使用后，应当按照核定的项目进行工作，不得发送和接收与工作无关的信号；确需变更项目的，必须向原批准机构办理变更手续。

无线电台（站）停用或者撤销时，应当及时向原批准机构办理有关手续。

**第二十一条**　使用无线电台（站）的单位或者个人，必须严格遵守国家有关保密规定。

## 第四章　频率管理

**第二十二条**　国家无线电管理机构对无线电频率实行统一划分和分配。

国家无线电管理机构、地方无线电管理机构根据设台（站）审批权限对无线电频率进行指配。

国务院有关部门对分配给本系统使用的频段和频率进行指配，并同时抄送国家无线电管理机构或者有关的地方无线电管理机构备案。

**第二十三条**　指配和使用频率，必须遵守国家有关频率管理的规定。

业经指配的频率，原指配单位可以在与使用单位协商后调整或者收回。

频率使用期满，需要继续使用的，必须办理续用手续。

任何单位和个人未经国家无线电管理机构或者地方无线电管理机构批准，不得转让频率。禁止出租或者变相出租频率。

**第二十四条**　因国家安全和重大任务需要实行无线电管制时，管制区域内设有无线电发射设备和其他辐射无线电波设备的单位和个人，必须遵守有关管制的规定。

**第二十五条**　对依法设置的无线电台（站），无线电管理机构应当保护其使用的频率免受有害干扰。

处理无线电频率相互有害干扰，应当遵循带外让带内、次要业务让主要业务、后用让先用、无规划让有规划的原则；遇特殊情况时，由国家无线电管理机构根据具体情况协调、处理。

## 第五章　无线电发射设备的研制、生产、销售、进口

**第二十六条**　研制无线电发射设备所需要的工作频率和频段应当符合国家有关无线电管理的规定，并报国家无线电管理机构核准。

**第二十七条**　生产的无线电发射设备，其工作频率、频段和有关技术指标应当符合国家有关无线电管理的规定，并报国家无线电管理机构或者地方无线电管理机构备案。

**第二十八条**　研制、生产无线电发射设备时，必须采取措施有效抑制电波发射。进行实效发射试验时，须经国家无线电管理机构或者地方无线电管理机构批准。

**第二十九条**　进口的无线电发射设备，其工作频率、频段和有关技术指标应当符合国家有关无线电管理的规定，并报国家无线电管理机构或者省、自治区、直辖市无线电管理机构核准。

**第三十条**　企业生产、销售的无线电发射设备，必须符合国家技术标准和有关产品质量管理的法律、法规的规定。县级以上各级人民政府负责产品质量监督管理工作的部门应当依法实施监督、检查。

## 第六章　非无线电设备的无线电波辐射

**第三十一条**　工业、科学、医疗设备、电气化运输系统、高压电力线及其他电器装置产生的无线电波辐射，必须符合国家规定，不得对无线电业务产生有害干扰。

**第三十二条**　产生无线电波辐射的工程设施，可能对无线电台（站）造成有害干扰的，其选址定点应当由城市规划行政主管部门和无线电管理机构协商确定。

**第三十三条**　非无线电设备对无线电台（站）产生有害干扰时，设备所有者或者使用者必须采取措施予以消除；对航空器、船舶的安全运行造成危害时，必须停止使用。

## 第七章　涉外无线电管理

**第三十四条**　无线电频率划分、分配、协调的涉外事宜，以及我国电台和境外电台的相互有害干扰，由国家无线电管理机构统一与有关的国际组织或者国家、地区交涉。

**第三十五条**　外国驻中国使领馆、联合国及其专门机构和其他享有外交特权的国际组织驻中国代表机构设置、使用无线电台（站），携带或者运载无线电设备入境，必须事先通过外交途径向国家无线电管理机构申请批准。

其他驻华代表机构、来华团体、客商等外籍用户设置、使用无线电台（站），携带或者运载无线电设备入境，事先由业务主管部门或者接待单位根据本条例第十三条的规定报请国家无线电管理机构或者地方无线电管理机构批准。

**第三十六条**　外国船舶（含海上平台）电台、航空器电台、车载电台等在我国领域内使用时，应当遵守中华人民共和国缔结或者参加的国际条约以及中华人民共和国的法律、法规和规章。

**第三十七条**　国际电信联盟要求提送的无线电台（站）资料，由有关部门报国家无线电管理机构统一办理。

**第三十八条**　未经国家无线电管理机构批准，外国组织或者人员不得运用电子监测设备在我国境内进行电波参数测试。

## 第八章　无线电监测和监督检查

**第三十九条**　国家无线电监测中心，国家无线电监测站，省、自治区、直辖市无线电监测站，以及设区的市无线电监测站，负责对无线电信号实施监测。

**第四十条**　各级无线电监测站的主要职责是：

（一）监测无线电台（站）是否按照规定程序和核定的项目工作；

（二）查找无线电干扰源和未经批准使用的无线电台（站）；

（三）测定无线电设备的主要技术指标；

（四）检测工业、科学、医疗等非无线电设备的无线电波辐射；

（五）国家无线电管理机构、地方无线电管理机构规定的其他职责。

**第四十一条**　国务院有关部门的监测台（站）负责本系统的无线电监测和监督检查。

**第四十二条**　国家无线电管理机构、地方无线电管理机构应当设立无线电管理检查员，对无线电管理的各项工作进行监督检查。

国务院有关部门可以设立无线电管理检查员，对本系统的无线电管理工作进行监督检查。

无线电管理检查员在其职权范围内进行监督检查时，有关单位和个人应当积极配合。

## 第九章　罚则

**第四十三条**　对有下列行为之一的单位和个人，国家无线电管理机构或者地方无线电管理机构可以根据具体情况给予警告、查封或者没收设备、没收非法所得的处罚；情节严重的，可以并处一千元以上、五千元以下的罚款或者吊销其电台执照：

（一）擅自设置、使用无线电台（站）的；

（二）违反本条例规定研制、生产、进口无线电发射设备的；

（三）干扰无线电业务的；

（四）随意变更核定项目，发送和接收与工作无关的信号的；

（五）不遵守频率管理的有关规定，擅自出租、转让频率的。

**第四十四条**　违反本条例规定，给国家、集体或者个人造成重大损失的，应当依法承担赔偿责任；国家无线电管理机构或者地方无线电管理机构应当追究或者建议有关部门追究直接责任者和单位领导人的行政责任。

**第四十五条**　当事人对国家无线电管理机构或者地方无线电管理机构的处罚不服的，可以依法申请复议或者提起行政诉讼。

**第四十六条**　无线电管理人员滥用职权、玩忽职守的，由其所在单位或者上级机关给予行政处分；构成犯罪的，依法追究刑事责任。

## 第十章　附则

**第四十七条**　中国人民解放军（含民兵）的无线电管理办法，另行制定。

人防系统的无线电管理办法，另行制定。

**第四十八条**　公安机关、中国人民武装警察部队和国家安全机关无线电管理的特殊规定，分别由公安部、国家安全部会同国家无线电管理机构根据本条例另行制定。

**第四十九条**　本条例自发布之日起施行。

# 外商投资电信企业管理规定

（2001年12月11日中华人民共和国国务院令第333号公布，根据2008年9月10日《国务院关于修改〈外商投资电信企业管理规定〉的决定》修订）

**第一条** 为了适应电信业对外开放的需要，促进电信业的发展，根据有关外商投资的法律、行政法规和《中华人民共和国电信条例》（以下简称电信条例），制定本规定。

**第二条** 外商投资电信企业，是指外国投资者同中国投资者在中华人民共和国境内依法以中外合资经营形式，共同投资设立的经营电信业务的企业。

**第三条** 外商投资电信企业从事电信业务经营活动，除必须遵守本规定外，还必须遵守电信条例和其他有关法律、行政法规的规定。

**第四条** 外商投资电信企业可以经营基础电信业务、增值电信业务，具体业务分类依照电信条例的规定执行。

外商投资电信企业经营业务的地域范围，由国务院工业和信息化主管部门按照有关规定确定。

**第五条** 外商投资电信企业的注册资本应当符合下列规定：

（一）经营全国的或者跨省、自治区、直辖市范围的基础电信业务的，其注册资本最低限额为10亿元人民币；经营增值电信业务的，其注册资本最低限额为1000万元人民币。

（二）经营省、自治区、直辖市范围内的基础电信业务的，其注册资本最低限额为1亿元人民币；经营增值电信业务的，其注册资本最低限额为100万元人民币。

**第六条** 经营基础电信业务（无线寻呼业务除外）的外商投资电信企业的外方投资者在企业中的出资比例，最终不得超过49%。

经营增值电信业务（包括基础电信业务中的无线寻呼业务）的外商投资电信企业的外方投资者在企业中的出资比例，最终不得超过50%。

外商投资电信企业的中方投资者和外方投资者在不同时期的出资比例，由国务院工业和信息化主管部门按照有关规定确定。

**第七条** 外商投资电信企业经营电信业务，除应当符合本规定第四条、第五条、第六条规定的条件外，还应当符合电信条例规定的经营基础电信业务或者经营增值电信业务应当具备的条件。

**第八条** 经营基础电信业务的外商投资电信企业的中方主要投资者应当符合下列条件：

（一）是依法设立的公司；

（二）有与从事经营活动相适应的资金和专业人员；

（三）符合国务院工业和信息化主管部门规定的审慎的和特定行业的要求。

前款所称外商投资电信企业的中方主要投资者，是指在全体中方投资者中出资数额最多且占中方全体投资者出资总额的30%以上的出资者。

**第九条** 经营基础电信业务的外商投资电信企业的外方主要投资者应当符合下列条件：

（一）具有企业法人资格；

（二）在注册的国家或者地区取得基础电信业务经营许可证；

（三）有与从事经营活动相适应的资金和专业人员；

（四）有从事基础电信业务的良好业绩和运营经验。

前款所称外商投资电信企业的外方主要投资者，是指在外方全体投资者中出资数额最多且占全体外方投资者出资总额的30%以上的出资者。

**第十条**　经营增值电信业务的外商投资电信企业的外方主要投资者应当具有经营增值电信业务的良好业绩和运营经验。

**第十一条**　设立经营基础电信业务或者跨省、自治区、直辖市范围增值电信业务的外商投资电信企业，由中方主要投资者向国务院工业和信息化主管部门提出申请并报送下列文件：

（一）项目申请报告；

（二）本规定第八条、第九条、第十条规定的合营各方投资者的资格证明或者有关确认文件；

（三）电信条例规定的经营基础电信业务或者增值电信业务应当具备的其他条件的证明或者确认文件。

国务院工业和信息化主管部门应当自收到申请之日起对前款规定的有关文件进行审查。属于基础电信业务的，应当在180日内审查完毕，作出批准或者不予批准的决定；属于增值电信业务的，应当在90日内审查完毕，作出批准或者不予批准的决定。予以批准的，颁发《外商投资经营电信业务审定意见书》；不予批准的，应当书面通知申请人并说明理由。

**第十二条**　设立外商投资电信企业经营省、自治区、直辖市范围内增值电信业务，由中方主要投资者向省、自治区、直辖市电信管理机构提出申请并报送下列文件：

（一）本规定第十条规定的资格证明或者有关确认文件；

（二）电信条例规定的经营增值电信业务应当具备的其他条件的证明或者确认文件。

省、自治区、直辖市电信管理机构应当自收到申请之日起60日内签署意见。同意的，转报国务院工业和信息化主管部门；不同意的，应当书面通知申请人并说明理由。

国务院工业和信息化主管部门应当自收到省、自治区、直辖市电信管理机构签署同意的申请文件之日起30日内审查完毕，作出批准或者不予批准的决定。予以批准的，颁发《外商投资经营电信业务审定意见书》；不予批准的，应当书面通知申请人并说明理由。

**第十三条**　外商投资电信企业项目申请报告的主要内容包括：合营各方的名称和基本情况、拟设立企业的投资总额、注册资本、各方出资比例、申请经营的业务种类、合营期限等。

**第十四条**　设立外商投资电信企业，按照国家有关规定，其投资项目需要经国务院发展改革部门核准的，国务院工业和信息化主管部门应当在颁发《外商投资经营电信业务审定意见书》前，将申请材料转送国务院发展改革部门核准。转送国务院发展改革部门核准的，本规定第十一条、第十二条规定的审批期限可以延长30日。

**第十五条**　设立外商投资电信企业，属于经营基础电信业务或者跨省、自治区、直辖市范围增值电信业务的，由中方主要投资者凭《外商投资经营电信业务审定意见书》向国务院商务主管部门报送拟设立外商投资电信企业的合同、章程；属于经营省、自治区、直辖市范围内增值电信业务的，由中方主要投资者凭《外商投资经营电信业务审定意见书》向省、自治区、直辖市人民政府商务主管部门报送拟设立外商投资电信企业的合同、章程。

国务院商务主管部门和省、自治区、直辖市人民政府商务主管部门应当自收到报送的拟设立外商投资电信企业的合同、章程之日起90日内审查完毕，作出批准或者不予批准的决定。予以批准的，颁发《外商投资企业批准证书》；不予批准的，应当书面通知申请人并说明理由。

**第十六条**　外商投资电信企业的中方主要投资者凭《外商投资企业批准证书》，到国务院工业和信息化主管部门办理《电信业务经营许可证》手续。

外商投资电信企业的中方主要投资者凭《外商投资企业批准证书》和《电信业务经营许可证》，向工商行政管理机关办理外商投资电信企业注册登记手续。

**第十七条**　外商投资电信企业经营跨境电信业务，必须经国务院工业和信息化主管部门批准，并通过国务院工业和信息化主管部门批准设立的国际电信出入口局进行。

**第十八条**　违反本规定第六条规定的，由国务院工业和信息化主管部门责令限期改正，并处10万元以上50万元以下的罚款；逾期不改正的，由国务院工业和信息化主管部门吊销《电信业务经营许可证》，并由原颁发《外商投资企业批准证书》的商务主管部门撤销其《外商投资企业批准证书》。

**第十九条**　违反本规定第十七条规定的，由国务院工业和信息化主管部门责令限期改正，并处20万元以上100万元以下的罚款；逾期不改正的，由国务院工业和信息化主管部门吊销《电信业务经营许可证》，并由原颁发《外商投资企业批准证书》的商务主管部门撤销其《外商投资企业批准证书》。

**第二十条**　申请设立外商投资电信企业，提供虚假、伪造的资格证明或者确认文件骗取批准的，批准无效，由国务院工业和信息化主管部门处20万元以上100万元以下的罚款，吊销《电信业务经营许可证》，并由原颁发《外商投资企业批准证书》的商务主管部门撤销其《外商投资企业批准证书》。

**第二十一条**　外商投资电信企业经营电信业务，违反电信条例和其他有关法律、行政法规规定的，由有关机关依法给予处罚。

**第二十二条**　香港特别行政区、澳门特别行政区和台湾地区的公司、企业在内地投资经营电信业务，比照适用本规定。

**第二十三条**　本规定自2002年1月1日起施行。

# 通信业“十二五”发展规划

工信部规划司　2012 年 5 月 4 日

## 前　言

通信业是构建国家信息基础设施，提供网络和信息服务，全面支撑经济社会发展的战略性、基础性和先导性行业。通信业具有技术起点高、产业链长、渗透性强、引导效果明显等特点，是推动传统产业转型升级、促进经济结构战略性调整、提升国家信息化水平和全面建设小康社会的重要力量。

根据《国民经济和社会发展第十二个五年规划纲要》和《国务院关于加快培育和发展战略性新兴产业的决定》，工业和信息化部编制了《通信业“十二五”发展规划》。本规划是指导通信业未来五年发展、提升经济社会信息化水平、引导市场主体行为、配置政府公共资源的重要依据。

## 一、“十一五”发展回顾

“十一五”时期，我国通信业在党中央、国务院的正确领导下，始终坚持“服务经济社会发展和服务民生”的理念，积极开展 3G 网络建设及业务应用，大力推进 TD-SCDMA 产业化和商业化进程，不断加快通信业转型升级步伐，通过深化体制改革和强化市场监管，行业继续保持了健康平稳有序发展。

### （一）行业继续保持健康平稳发展

1.“十一五”规划目标超额完成。2010 年，完成电信业务收入 10303 亿元，其中基础电信企业业务收入规模达到 9079 亿元；电话用户总数达到 11.53 亿户，普及率为 86.5 部/百人；互联网网民达到 4.57 亿人，普及率为 34.3%。继固定电话和移动电话之后，互联网网民和宽带接入用户于 2008 年跃升全球首位。结构调整和转型升级初见成效，基础电信企业非话音收入所占比重达到 42.9%。

2. 网络基础设施竞争力总体跃升。覆盖全国、连接世界、技术先进、全球最大的信息基础设施基本建成。基础电信企业光缆线路长度达到 996.2 万公里，互联网宽带接入端口达到 1.88 亿个，国际通信业务出口总带宽达到 1.6Tbps，拥有 7 条登陆海缆、20 条陆缆。3G 网络建设全面展开，累计建成基站 62 万个。专用通信网络技术水平稳步提升，保障了重点行业的生产管理工作顺利开展。

### （二）服务经济社会发展作用突出

1. 持续促进经济增长。基础电信企业业务收入年均增长 9.2%，累计投资 1.44 万亿元，有效带动了设备制造业和服务业发展，促进生产的服务作用明显。通信业直接就业人员超过 200 万人，并带动上下游产业创造大量就业机会，其中，3G 网络建设直接投资 2672 亿元，带动 GDP 增长 4145 亿元，创造就业岗位 212 万个。

2. 新兴网络经济蓬勃发展。基于信息基础设施的应用创新不断出现，网络承载的新型服务业态规模发展，互联网服务和电子商务等成为“十一五”期间发展最快、影响最广的领域。2010 年，互联网服务市场规模超过 2000 亿元，形成了一批初具国际影响力的骨干企业，部分互联网企业的市值排名进入全球前列；电子商务交易总额超过 4 万亿元，2007 年至 2010 年间网络零售交易额增速是同期社会消费品零售额增速的 5.7 倍。

3. 全面服务民生和社会发展。电信业务种类日益丰富，用户权益保护日趋完善，服务满意度稳中有升，资费综合价格水平累计下降 41.9%。“村村通电话”工程取得明显成效，实现 100%的行政村通电话，100%的乡镇通互联网，99%的乡镇和 80%的行政村基本具备宽带接入能力以及 94%的 20 户以上自然村通电话。信息基础设施不断普及延伸，有力推动了电子政务、文化教育、医疗卫生等社会事业发展和社会主义新农村建设。

4. 节能减排成效显著。“十一五”期间，单位电信业务总量综合能耗从 68.5 千克标准煤/万元降低到 51.4 千克标准煤/万元，累计降低 24.9%。通过推动信息通信技术在国民经济社会各领域广泛应用，促进全社会能源消耗大幅降低，通信业带给全社会的能源节约量是其自身能源消耗量的 5 倍以上。自 2008 年起积极推进电信基础设施共建共享，累计节约投资超过 200 亿元，节约土地超过 4200 亩，节约钢材超过 78 万吨。

**（三）技术业务创新全面展开**

1. 网络技术应用达到世界先进水平。建成全球最大 IP 软交换网，形成多路由冗余和多环网保护的高速、高可靠国家骨干传输网，接入网络光纤化稳步推进。下一代互联网技术研发取得积极进展，建成全球最大的 IPv6 示范网络。3G 网络实现规模商用。

2. 互联网应用不断创新。基于互联网的新技术、新业务、新形态不断涌现，信息获取、商务交易、交流沟通、网络娱乐等互联网应用迅速扩展，微博客、团购等互联网新应用初具规模。移动互联网快速发展，手机网民达到 3.03 亿人，手机即时通信、手机新闻和手机搜索使用率分别达到 67.7%、59.9%和 56.6%。

3.TD-SCDMA 产业化取得新进展。TD-SCDMA 成功实现规模商用，用户规模达到 2070 万户，业务应用领域不断拓展，建立了较为完整的产业链，TD-LTE 增强型技术成为 4G 国际候选标准。

**（四）行业监管体系逐步完善**

1. 全业务竞争的市场格局初步形成。电信企业完成新一轮重组，重组后的中国电信、中国移动和中国联通获得 3G 牌照，初步形成了三家基础电信企业全业务运营和两万余家增值电信企业充分竞争的市场格局。

2. 适应新形势的行业监管效果逐步显现。工业和信息化部组建完成后，积极应对国际金融危机带来的冲击和产业融合创新带来的挑战，进一步加大了网络与信息安全、互联互通、市场和服务、通信建设等方面的监管力度，探索并逐步完善行业监管体系。

**（五）安全保障能力显著提升**

1. 在抗击特大自然灾害和重大活动保障中做出了积极贡献。在抗击南方雨雪冰冻灾害、“5·12”汶川特大地震、“4·14”玉树地震中确保了重要通信的畅通，为抢险和抗震救灾做出了突出贡献。为 2008 年北京奥运会和残奥会、2009 年国庆 60 周年、2010 年上海世博会、广州亚运会和残运会等重大活动提供了安全可靠的网络与信息安全保障。

2. 网络与信息安全保障能力明显增强。管理制度框架基本建立，法规标准制定工作深入推进。网络与信息安全技术研发和基础设施建设取得长足进步。信息安全监管、网络安全防护、应急管理和行业自律等工作持续有效推进，网络环境和网络秩序明显改善，网络安全防护和应急管理水平明显提升。

3. 通信业安全生产形势总体稳定良好。健全完善了通信业安全生产的监管政策措施和法规制度，强化了行业安全生产标准制订和修订工作，安全生产保障设施和教育培训投入不断加大。

在我国通信业发展取得显著成就的同时，问题和矛盾也不断凸显。一是通信业在国民经济结构调整中发挥的作用需进一步增强，服务信息化和工业化深度融合的能力有待提升。二是通信业发展结构性矛盾较突出，行业战略转型有待深化。三是通信服务的城乡差距明显，信息基础设施竞争力有待增强。四是引导新兴网络经济发展的管理政策缺位，扶持中小企业发展的环境亟待改善。五是网络与信息安全问题日益深化，网络与信息安全和应急通信保障体系尚需完善。六是通信监管体制机制需进一步强化，监管技术手段和装备水平有待提高。

## 二、“十二五”通信业面临的新形势

**（一）信息产业成为新时期全球战略制高点，要求通信业加快构建下一代国家信息基础设施**

世界发展格局正面临深刻变革，各国深刻认识到重大经济危机可能伴生的科技创新和产业调整，高度重视信息通信技术孕育的重大突破。部分国家和地区纷纷颁布宽带发展战略或计划，通过政府战略指引、政策激励甚至直接资金投入等超常规举措，不断加强国家部署，以构建下一代信息基础设施为契机，带动新的科技和产业革命，抢占新时期经济、科技制高点。“十二五”时期，我国仍处于重要战略机遇期，亟须国家战略重点支持，加快构建光纤宽带网络、新一代移动通信网、下一代互联网、公共云计算服务平台等关键基础设施，为社会发展和经济创造能力提高提供崭新的平台，推动经济发展形态和人民生活方式革命性改变，提升国家长期综合竞争力。

**（二）加快经济结构战略性调整，要求通信业全面支撑经济社会发展**

通信业是发展现代产业体系、提高产业核心竞争力、培育发展战略性新兴产业、加快经济结构战略性调整、全面提高经济社会信息化水平的重要载体。“十二五”期间，我国将坚持把经济结构战略性调整作为加快转变经济发展方式的主攻方向。工业化、信息化、城镇化的深入发展及信息化和工业化的深度融合，要求通信业全面深化对经济社会发展的战略性、基础性和先导性作用。通信业要加快信息通信技术在工业生产中的集成应用，推动精益生产、精准管理、绿色制造和节能减排；促进信息通信技术与传统服务业深度结合，发展高端生产性服务业，壮大数字内容产业；加快下一代互联网、物联网等新技术新网络在国民经济各行业、各领域的集成应用，创造培育新业态。

**（三）坚持科技进步和创新，要求通信业加快融合创新步伐**

信息通信技术创新孕育着集成性、综合性、群体性突破，加速应用于国民经济和社会发展各个领域，成为全社会科技进步和创新的重要推动力量。“十二五”期间，我国坚持把科技进步和创新作为加快转变经济发展方式的重要支撑，增强自主创新能力，推动发展向主要依靠科技进步、劳动者素质提高、管理创新转变，加快建设创新型国家。随着数字化、宽带化、移动化技术的发展和互联网的普及与创新，通信业发展面临重构、开放、竞争、协作的新环境。通信业要着力突破新一代移动通信、下一代互联网、物联网、云计算等关键技术，加强成果转化和应用推广；加快应用模式、服务模式和商业模式创新，发展融合业务，开拓新兴服务消费领域；加速产业链垂直整合和行业资源重组，促进形成产业间融合发展和互动发展新格局。

**（四）推进基本公共服务均等化，要求通信业深化信息通信普遍服务**

我国已进入破除城乡二元结构，形成城乡经济社会发展一体化新格局的重要时期。深化信息通信普遍服务是加快城乡统筹发展、强化农业农村发展基础、提升经济社会信息化发展水平的重要举措，是扩大内需的重要措施和社会主义新农村建设的重要内容。“十二五”期间，我国坚持把保障和改善民生作为加快转变经济发展方式的根本出发点和落脚点，将逐步完善基本公共服务体系，提高政府保障能力，推进基本公共服务均等化。通信业要提高社会公益机构的网络覆盖水平，加快信息通信技术和网络在基本公共服务体系中的应用，助力构建综合信息公共服务网络平台，提升政府社会管理与公共服务能力；要加快改善农村地区的通信服务能力和水平，重点完善农村地区的信息基础设施覆盖以及信息化应用的推广工作，深度开发和应用各类涉农信息资源，不断提升农村信息化水平。

**（五）信息网络成为国家安全的新疆界，要求通信业强化保障国家安全和社会稳定的责任**

全球信息化持续发展，网络空间成为维护国家主权和利益的新领域，网络与信息安全问题日益影响到国家政治安全、经济安全、文化安全、社会稳定和军事安全。一方面，信息网络的基础性、全局性地位更加显著，网络安全威胁，特别是网络攻击、病毒传播等非传统安全问题日益突出，网络安全直接关系经济社会平稳运行和健康发展。另一方面，当前我国发展中不平衡、不协调、不可持续问题依然突出，改进和创新社会管理对网络与信息安全工作提出了新的更高的要求。“十二五”时期，面对诸多可以预见和难以预见的风险挑战，通信业要加强通信网络与信息安全基础设施建设，有效提高网络与信息安全技术保障水平，增强网络安全防护和抗风险能力，维护通信网络与信息安全，提升国家应急通信保障能力，提高应急通信的管理和保障水平，服务社会和服务民生，维护社会稳定。

## 三、指导思想、基本原则和发展目标

**（一）指导思想**

高举中国特色社会主义伟大旗帜，以邓小平理论和“三个代表”重要思想为指导，深入贯彻落实科学发展观，以服务经济社会发展为中心，以加快通信业转型升级为主线，实施“宽带中国”战略，坚持把构建下一代国家信息基础设施作为转型升级的重要支撑，坚持把技术业务融合创新作为转型升级的主攻方向，坚持把深化普及应用作为转型升级的根本出发点和落脚点，坚持把网络服务能力提升作为转型升级的重要着力点，坚持把深化电信改革作为转型升级的强大动力，坚持把提升通信业本质安全水平作为转型升级的重要保障，保障网络与信息安全，实现通信业持续健康发展，推动新一代信息技术产业加快发展，为信息社会的建设奠定坚实基础。

“宽带中国”战略是统领下一代国家信息基础设施发展的国家战略。一是统筹信息网络发展布局和演进升级，建成宽带、融合、安全、泛在的下一代国家信息基础设施。二是深化信息通信技术和服务在国民经济和社会发展各领域的应用推广和融合创新，提升国家信息化发展整体水平。三是加快宽带网络和信息服务普及延伸和普惠民生，推进国家基本公共服务均等化。

**（二）基本原则**

坚持统筹部署。要统筹光纤宽带网络、新一代移动通信网、下一代互联网、云计算和物联网的研发、试商用和规模推广，协调和促进产业链的完善和延伸，加快推进下一代国家信息基础设施建设，实现资源共享和合理配置。

坚持创新引领。要加快技术、业务、机制和模式创新，努力攻克网络和应用的核心关键技术，增强产业创新能力，促进技术、应用和产业的良性互动和协调发展。

坚持服务民生。要以人为本，切实贯彻便民、惠民、富民的根本宗旨，提升网络覆盖能力和服务水平，丰富信息服务应用，夯实社会公共服务体系的网络基础，促进公共服务资源延伸，推动信息通信服务均等化。

坚持安全可靠。要积极采用安全可靠的技术和产品建设下一代国家信息基础设施，不断增强关键资源、基础网络核心系统的掌控能力和防御能力，切实维护网络与信息安全。

**（三）发展目标**

到“十二五”期末，通过实施“宽带中国”战略，初步建成宽带、融合、安全、泛在的下一代国家信息基础设施，初步实现“城市光纤到楼入户，农村宽带进乡入村，信息服务普惠全民”，新兴信息服务成为推动行业发展的重要力量，通信业在全面提升国家信息化水平和支撑经济社会发展中的战略性、基础性和先导性作用更加突出。

1. 行业规模发展壮大。到 2015 年，电信业务收入超过 1.5 万亿元，其中基础电信企业业务收入超过 1.1 万亿元。建立创新型产业体系，形成一批具有较强国际竞争力的互联网企业。信息基础设施累计投资规模超过 2 万亿元，带动通信设备制造企业进一步发展，实现智能终端产业全面升级。

2. 信息网络实现跨越。光纤接入网络覆盖商务楼宇及新建小区，城市新建住宅光纤入户率达到 60%以上，城市和农村互联网接入带宽能力基本达到 20Mbps 和 4Mbps 以上，部分发达城市接入带宽能力达到 100Mbps，用户实际使用带宽水平显著提升。3G 网络基本覆盖城乡，实现无线宽带数据业务热点区域连续覆盖，LTE 商用。超高速、大容量、高智能干线传输网络基本建成。下一代互联网全面商用部署，骨干网和国内访问流量排名前 1000 位的商业网站系统支持 IPv6。国际业务出口总带宽达到 8Tbps，下一代国家信息基础设施核心关键技术取得突破，在信息通信国际标准制订方面的影响力明显增强。

3. 新兴业态迅速崛起。互联网在国民经济和社会发展各领域全面深化应用。移动互联网技术业务体系创新取得突破。云计算服务商业化进程明显加快，实现云计算中心、绿色数据中心、CDN 等新型应用平台统筹布局。物联网在重点领域全面开展先导性示范应用。三网融合在网络建设、业务应用、产业发展、行业管理等方面取得突破。

4. 信息服务普惠民生。电话用户总数超过 14 亿户，电话普及率超过 100 部/百人，其中移动电话超过 12 亿户，移动电话普及率超过 85 部/百人；互联网网民超过 8 亿人，互联网普及率超过 57%。（固定）互联网宽带接入用户超过 2.5 亿户，光纤入户用户超过 4000 万户；3G 用户超过 4.5 亿户，占移动电话用户总数的比例超过 36%；已通电的 20 户以上自然村基本通电话，行政村通宽带比例达到 95%，为医疗、教育等公益机构提供宽带网络接入条件。

5. 服务质量持续提升。电信服务质量整体水平有效提高，进一步实现服务规范化、种类多样化、消费透明化，电信资费水平稳步下降，电信用户满意度逐步提高。基本建立涵盖各类电信业务的、相对完善的电信服务质量保障体系。

6. 节能减排扎实推进。节能降耗、绿色环保新技术全面应用，2015 年单位电信业务总量综合能耗比 2010 年下降 10%，新建大型云计算数据中心的 PUE 值达到 1.5 以下。信息通信技术广泛应用于经济社会各领域，对全社会节能减排的贡献进一步加大。电信基础设施共建共享向深度和广度扩展，在节约土地资源、保护生态环境、减少重复建设等方面取得明显成效。

7. 保障能力显著增强。通信网络与信息安全监管制度和标准体系进一步完善，网络与信息安全管理体制和机制进一步健全。核心关键技术研发和基础设施建设取得突破性进展，基础网络和关键应用基本实现安全可靠，安全防护和抗风险能力持续增强，通信网络环境更加安全可信、健康有序。应急通信保障能力和公众通信网络抗毁能力大幅度提高。安全生产水平不断提升。

8. 发展环境日趋优化。通信法律法规体系基本完善，监管政策和程序更加公开透明。电信市场进一步开放，上下游产业链和谐发展。

## 四、发展重点

"十二五"时期是我国全面建设小康社会的关键时期，也是为构建信息社会、建设工业强国、统筹推进城镇化打下坚实基础的重要阶段。通信业要牢牢把握信息通信技术开发应用带动发展方式转变的重大机遇，充分发挥信息网络在推动产业升级和迈向信息社会中的战略性、基础性和先导性作用，实施"宽带中国"战略，推动通信业实现又好又快发展。

### （一）加快信息网络演进升级

加速推进信息网络宽带化进程。全面构建面向应用、普遍覆盖、绿色高效的下一代国家信息基础设施。以光纤宽带为重点，推进光纤宽带网示范工作，加快信息网络的宽带化升级，提高城乡宽带网络普及水平和接入能力。适度超前建设光传输网络，干线层面引入超长距离、超大容量光传输设备。根据IPTV、互联网视频等业务的发展需要，合理延伸波分系统的使用范围，引入大容量、高性能路由器和高速链路。满足各种业务的承载需求，在城域网的汇聚层、接入层加快部署多业务接入服务设备。加快传输网络智能化升级改造，提升网络管理能力，实现灵活的资源配置、调度。进一步完善适应重点行业发展需要的专用通信网络。

统筹推进移动通信发展。统筹2G/3G/WLAN/LTE等协调发展，加快3G网络建设，扩大网络覆盖范围，优化网络结构，提升网络质量，实现LTE商用。加强频谱资源优化配置，加快部署LTE增强型关键技术研发和产业化。结合“新一代宽带无线移动通信网”国家科技重大专项，加大TD-LTE研发及产业化发展力度，推进TD-LTE增强型技术成为国际标准。积极有序推进宽带无线城市建设。大力发展移动互联网，构建高速网络、业务平台、智能终端有机结合的业务创新体系，努力突破移动智能终端操作系统平台等核心技术，提升自主发展能力。

积极推进向下一代互联网演进。优化互联网国内架构和基础设施布局，提高互联互通质量。积极推进IPv6商用网络部署，明确向IPv6演进时间表。加快骨干网、城域网、IDC、支撑系统的IPv6升级改造，提升网络功能和性能，支持重点网络、网站、域名服务器改造。加快网络新型架构及关键技术研发，推动标准化建设，适时开展网络试点示范。构建安全可靠的下一代互联网网络与信息安全防护体系。加强IPv6地址规划研究。构建研发、生产、运营及应用的创新链条，形成未来互联网发展的前沿格局。

### 专栏1：宽带网络覆盖工程

建设覆盖城乡的光纤宽带接入网络，基本实现对政府、学校、图书馆、医疗卫生、社区中心等公益机构的覆盖。城市推进光纤到楼入户，农村地区将光纤延伸至具备道路、电力等基本条件的乡镇、行政村。

在新建城市住宅小区，以FTTH方式实现对居民家庭的宽带网络覆盖。在已建住宅小区，加快实施“光进铜退”的宽带网络改造。实现光纤到商业楼宇、到办公室的宽带网络覆盖。

扩大3G网络的覆盖范围，加快向具备条件的乡镇、行政村延伸，加强对重要交通沿线、公共场所等区域的覆盖。

以室内覆盖为主、室外覆盖为辅建设WLAN网络，实现WLAN热点区域覆盖。加快构建宽带卫星通信基础设施，实现对偏远地区的覆盖。

组织实施LTE新一代移动通信试点示范工程，开展LTE规模技术试验，推动LTE商用发展。

### 专栏2：下一代互联网工程

制定下一代互联网战略行动计划，推动我国互联网向下一代互联网平滑演进。

开展基于IPv6的下一代互联网商用规模部署，在东部地区、中西部中心城市以及部分行业率先建成IPv6商用网络。

加快公众骨干网、城域网、IDC、支撑系统等IPv6升级改造。加快公众移动、有线、无线宽带接入网规模部署及IPv6升级改造。升级扩容CNGI示范网络骨干网、驻地网和支撑系统。推动政府、学校和企事业单位网站系统及商用网站系统IPv6升级改造。

开展基于IPv6的下一代互联网新型业务研发、现网试验和在线应用，支持现有业务向IPv6演进，重点推进在教育、医疗、交通、铁路、水利、环保、农业、工业等重点领域的行业应用。

**（二）统筹信息网络整体布局**

统筹部署互联网基础设施。完善互联网国家顶层网络架构，进一步优化互联网层次结构。推动我国互联网国际互联架构优化，提升国际互联层次和流量转接水平。加强互联网关键基础设施发展指导，强化互联网域名、IP地址等业务资源管理，引导实现全国范围内的合理部署。综合考虑能源供给、地域环境、网络支撑、人才储备、安全保障等因素，合理布局数据中心、云计算中心、CDN等互联网应用基础设施。

优化传输网络资源部署。完善、优化干线光缆传输网络，丰富干线光缆路由，增加西部地区光缆路由密度，推进光缆网向格状网演进。重要干线路由增加卫星备份电路。综合考虑互联网、移动网的传输承载需求，完善城域传送网络和接入网络。加快建设西部地区的光纤接入网络。强化与台港澳地区跨境网络建设与管理。

完善国际通信网络布局。建设与宽带发展相适应的国际通信网络，优化国际路由方向，丰富到亚太、北美、欧洲的国际路由，积极获取到非洲和南美等方向的海缆系统容量。完善跨境陆地光缆，实现与有条件的周边国家互联。完善国际通信网的国内布局，合理设置国际通信业务出入口局以及海、陆光缆路由和登陆站，适时在西部地区增设区域性国际通信业务出入口局，优化出入口布局，适度均衡国际通信业务分布。加快部署海外POP点和国际数据中心，延伸国际通信网络。

**（三）全面深化信息服务应用**

推动传统产业升级。积极推动信息通信技术与传统工业技术、生产制造、经营管理流程和企业组织模式深度融合，发展生产性信息服务。面向工、农业生产和商贸流通等重点行业和企业，以及工业园区、产业集群的发展需要，打造网络化公共信息服务平台，发展集成化行业信息化解决方案，支持和培育互联网数据中心、呼叫中心等业务发展。面向广大中小企业，大力发展经济实用、安全免维护的“一站式”企业信息化解决方案等服务。

发展民生性信息服务。大力推进信息通信技术在教育、医疗、社会保障、社区服务等社会公共服务领域的应用，发展民生性信息服务。助力打造宽带教育网络和教育公共信息服务平台，推进远程教育和网络化终身教育体系发展。助力公共卫生信息网络与系统建设，推进医疗保健服务的信息化，推进网上远程医疗，拓展优质医疗资源的覆盖范围。推进社区信息化和数字家庭基础设施建设，构建具备行政管理、信息采集发布、便民利民服务等功能的社区综合信息公共服务网络平台。

助力政府管理水平提升。推动电子政务建设，支撑政府管理与公共服务，维护社会稳定。综合利用电信网、互联网等，不断丰富电子政务公共服务手段，支撑电子政务网络平台、业务应用平台和网络公共服务体系建设。推动统一应急信息网络系统与管理平台及社会公共安全视频监控体系建设，提高处置突发事件和保障公共安全能力。

**（四）培育壮大新兴服务业态**

积极发展云计算服务。统筹云计算基础设施布局，鼓励企业整合资源，共享共建云计算基础设施。积极推动云计算服务商业化运营，促进形成云计算公共服务体系。推进有条件的企业和政府部门率先利用云计算改造内部信息化流程和IT基础设施。支持云计算服务创新和商业模式创新，开展重点领域和主要行业试点示范和优先应用。

繁荣移动互联网产业。突破移动智能终端和应用平台等关键环节，打造基础设施—应用平台—智能终端的价值链生态体系，满足用户的多种移动应用模式需求，推进新型信息服务。积极推动跨界融合，大力发展移动支付等跨行业业务。加快网络文化创意和数字内容应用的创新，大力发展手机视频、手机阅读、手机动漫及网络音乐等数字文化业务。

加快发展电子商务。积极发展第三方电子商务平台，支持网上交易、物流配送、信用支付等关联系统的集成和升级。支持开展移动电子商务创新和应用示范，完善移动电子商务产业链。深化电子商务在各行业各领域的应用，重点推动中小企业电子商务应用。鼓励跨境电子商务应用。推动电子商务诚信体系建设。

**专栏3：云计算工程**

组织制定云计算标准，突破计算、存储等核心技术，建立具有国际竞争力的云计算技术体系。

推动传统互联网数据中心向云计算服务基础设施转型，建设符合国家节能环保等政策要求的绿色大型IDC。

组织云计算服务示范，加快云计算技术在电子政务、中小企业信息化、工业设计、移动支付等重点领域和教育、医疗、交通等公共服务领域推广应用。

打造云计算产业链，构建网络基础设施、系统集成、服务运营、硬件产品制造、软件服务、基础技术研发等产业体系。

**（五）深化信息通信普遍服务**

加快农村地区信息基础设施建设。综合运用多种信息通信技术，扩大自然村通电话的覆盖范围，加快农村地区宽带网络建设。在有条件的农村地区率先实现“宽带进村”，逐步解决山区和其他边远地区的宽带网络覆盖问题。

拓展普遍服务范围。深化普遍服务内涵，在原有“村村通电话、乡乡能上网”基础上，将自然村通电话、行政村通宽带、农村信息服务等纳入普遍服务范围。优先解决革命老区、少数民族自治地区、边区和欠发达地区等特殊区域及学校、医院等公益机构的宽带网络覆盖问题。

建立普遍服务长效机制。推动建立国家引导、企业为主、社会各界共同参与的多渠道普遍服务投资机制和以普遍服务基金为核心的补偿机制。鼓励地方政府加大对农村信息基础设施的政策支持和资金投入，支持各类企业加大投入，逐步形成中央和地方、政府和企业共同支撑农业和农村信息化的投入机制。

**专栏4：宽带“村村通”工程**

建设农村地区宽带网络，加快光纤接入和宽带无线建设进程，完善配套设施，实现光纤到乡镇，宽带基本覆盖行政村。

全面开展“信息下乡”活动，基本建成“一乡一站、一村一点，一乡一库、一村一品”的“四个一”信息服务体系。结合“家电下乡”、“电脑下乡”，促进信息终端进村入户。

打造农业生产、农产品销售、农村社会保障等涉农综合信息服务平台。开展涉农信息内容开发，推进信息通信技术在农业生产经营、农民教育培训、农村管理和服务、农村社会事业等方面的应用。

**（六）推进三网融合全面展开**

推动广电、电信业务双向进入。积极推动落实国务院三网融合有关要求，向符合许可条件的企业颁发相应的业务经营许可。组织对试点地区实施效果进行总结评估，重点评估试点业务种类、运营方式、配套措施等实施情况。根据试点情况，在总结评估基础上，逐步扩大试点广度和范围，推进广电、电信业务双向进入。

加快宽带网络升级改造。提升网络技术水平和业务承载能力，完善相关工程标准和规范，推进电信网和广播电视网基础设施共建共享，提升网络综合效益。

大力发展融合业务。加大应用资源开发、业务创新和市场推广，大力发展IPTV、手机电视、互联网视频、互联网宽带接入等三网融合相关业务，带动产业链上下游企业的发展。鼓励探索各种合资、合作模式，充分发挥各方在媒体、网络、平台技术、客户、品牌等方面的资源优势，努力营造适度竞争的产业格局。

完善三网融合技术创新体系。加强三网融合国家标准和行业标准制订工作，完善三网融合标准体系。加大科技攻关力度，加快三网融合共性技术、关键技术、基础技术研发和产业化，加强核心产品和应用服务的集成创新。

**专栏5：三网融合工程**

推进产业融合发展，健全产业链体系，构建适应三网融合的发展环境。统筹促进三网融合相关政策，推动建立分工明确、行为规范、运转协调、协同高效的工作机制。

充分利用空间及地面资源，统筹协调电信网、互联网和广播电视网的规划、建设，实现网络资源共建共享。引导IPTV、手机电视等融合业务的发展。

在国务院三网融合工作协调小组的指导下，组织实施三网融合试点，并按总体部署逐步推广。

鼓励电信、广电等不同领域企业探索合作、合资、联盟等发展模式。加强三网融合技术和业务应用创新实验，提升商用网络规模。

**（七）加快物联网产业化进程**

加强物联网研发和标准化。以赶超国际先进水平的技术领域为重点，开展重大技术攻关和应用集成创新，着力突破传感器网络等关键技术，形成较为完备的物联网技术体系。鼓励物联网产业联盟发展，建立物联网标准化协作机制，积极参与国际物联网技术标准制订，逐步完善物联网标准体系。推进新一代移动通信技术与传感识别等物联网技术的结合。

提升物联网公共服务能力。加强共性技术、成果转化、推广应用、信息共享、投融资等专业化公共服务平台建设。建设物联网重点实验室、技术创新中心、工程实验室、工程中心、推广应用中心等公共支撑机构。加快整合各区域、各行业现有平台资源，引导民间资本等社会资源投入，形成资源共享、优势互补的产业公共服务体系。

加强物联网先导应用示范。实施物联网应用示范工程，大力发展经济运行中重点行业和重点领域的应用示范，大力发展面向基础设施和安全保障领域的应用示范，大力发展面向社会管理和民生服务领域的应用示范。通过试点示范和典型推广，积极探索应用模式和商业模式，加快形成市场化运作机制，促进应用与产业协调发展，形成重点覆盖、逐步渗透、全面推进的格局。

**专栏 6：物联网应用示范工程**

围绕经济运行组织开展智能工业、智能农业、智能物流、智能环保等重点行业的物联网应用示范。

围绕基础设施组织开展智能交通、智能电力、重大基础设施保障等重点领域的物联网应用示范。

围绕公共管理组织开展智能医疗、智能家居、公共安全和应急处置等关键领域的物联网应用示范。

加快无锡国家传感网创新示范区建设。各地区结合自身优势开展物联网应用示范以及跨区域业务试验及推广。

**（八）提升安全应急保障能力**

完善安全保障机制。加强国家层面的统筹协调和顶层设计。构建和完善上下贯通、衔接有序的应急预案体系。建立健全跨网络、跨行业、跨部门的联动支撑机制。强化网络与信息安全、应急通信工作的领导，强化机构设置和人员配备，建立高效有力的指挥协调机制。建立并完善政府、企业共同投入的多元化、多渠道的应急通信投资机制。

提高安全保障能力。进一步加强通信网络与信息安全基础设施建设，全面延伸和拓展现有系统业务能力，提高通信网络与信息安全技术保障能力和水平。加强通信网络安全监管和基础资源管理，开展新技术、新业务安全评估，强化责任落实，营造良好网络生态环境。落实通信网络安全防护标准，加强域名系统安全管理，提高通信网络的安全防护能力和安全可靠能力。开展国际和区域网络与信息安全合作，积极参与国际标准制订工作，营造良好外部环境。

加强应急通信能力建设。加强应急通信的技术手段和能力建设，推进全国通信网络运行安全管理系统建设，升级应急指挥调度系统，完善 VSAT 等应急通信专网，支持安全可靠的卫星移动通信系统建设。加强应急通信装备配备、储备，形成先进、合理、更新持续的应急通信装备储备体系，完善应急通信综合支撑体系。在网络规划建设中突出应急要求，强化传输线路多路由、重要节点互相备份等建设原则，支持企业容灾中心建设，加快部署高抗灾网络设施，强化公众通信网的优先服务能力。

**专栏 7：网络与信息安全能力提升工程**

持续完善国家网络与信息安全基础设施，全面加强、延伸和拓展现有系统的业务能力。

建设和部署国家网络安全监控平台，全面提高我国对重大网络安全事件的监测预警和应急处置能力，维护国家网络空间安全。

建设国内、国际通信网络运行管理平台，完善国家通信网互联互通监测系统，实现通信网络运行的信息处理和资源的紧急调度。

紧密跟踪信息通信技术发展趋势，积极应对 3G、IPv6 等新技术新业务新应用带来的挑战，加强安全保障技术研发，基本实现技术手段建设与网络发展“同步规划、同步建设、同步运行”。

**专栏 8：应急保障能力提升工程**

升级国家通信网应急指挥调度系统，扩建国家和重点地区应急通信指挥中心基础设施。

统筹卫星资源，改造扩容全国公用应急宽带 VSAT 网，支持安全可靠的卫星移动通信系统建设，推动和支持各级地方政府配备短波通信设备。

建设超级基站、容灾中心等抗灾设施，改造公用通信网使其具备应急优先服务能力，提升公用通信网应急支撑能力。

建设应急通信物资储备体系，在重点地区和城市建设国家应急通信物资储备中心，建成国家应急通信技术信息支撑基地。

实施应急通信领域新技术引入示范工程。实施应急通信装备更新工程，推进应急通信指挥装备、通信装备、电源装备、单兵平台和后勤保障等其他专业装备的完善更新。

**（九）推进信息网络绿色发展**

发挥优势带动全社会节能。紧密结合经济社会需求，加快开发有助于节能减排的信息服务应用，重点加大移动办公、视频会议、视频监控等信息化应用的推广力度。推进信息通信技术、产品和解决方案在传统产业节能改造中的应用，协助政府、企业和公共服务领域实现节能减排。

推动产业链各环节节能降耗。在设备制造、工程设计、网络建设、运行维护等环节，全面推进节能、节地、节材、废弃物回收及环境保护工作。鼓励电信企业采用节能新技术和产品，推进通信网络结构性和系统级的节能创新。加快传统交换设备和高耗能设备的升级改造和已建业务平台、机房、空调等设施的节能改造，积极推动老旧设备退网。鼓励使用清洁能源合理取代传统能源，提高新能源占比。加强能耗统计分析，积极推广合同能源管理试点工作。

推进绿色 IDC 和绿色基站建设。引导新建的大型 IDC 合理布局。建立完善绿色 IDC 标准体系，引导企业降低运营能耗。鼓励采用虚拟化、海量数据存储等云计算技术建设绿色 IDC。推动采用精确送风、热源快速冷却等措施，优化 IDC 机房的冷热气流布局。推进分布式基站、软件无线电节能基站建设，采用智能调整等手段降低设备能耗。推广以自然冷/热源和蓄电池温控为基础的空调升温启动技术，积极采用新技术对已建基站进行节能改造。

深化电信基础设施共建共享。继续深入推进管道、杆路、铁塔、机房、光缆等设施的共建共享，推动电信基础设施集约建设。拓展基础设施共建共享的深度和广度，加强与广电、电力、铁路、交通、市政设施等跨行业的共建共享，重点推进驻地网共建共享以及三网融合后的共建共享，扩大共建共享带来的节能效应。

**（十）加强安全生产监督管理**

加强通信业安全生产管理。健全通信业安全生产标准，引导企业实现安全生产标准化、规范化。建立与规划、建设等部门有效衔接机制，加强信息基础设施保护和标示管理工作。鼓励推广应用安全生产新技术、新产品，加强通信配套和附属产品的质量管理。做好在网设备维护保养和安全检查。

提升安全生产防范和应急能力。贯彻安全生产“三同时”原则，着重抓好通信线路、通信机房等重点设施的安全防范措施落实和检查。加强通信安全生产的应急响应能力建设，提高对自然灾害的防御和应急处理能力。强化安全生产培训和宣传。

## 五、政策保障措施

**（一）加强战略规划指导**

加强下一代国家信息基础设施发展的国家战略指导，明确国家信息基础设施顶层架构，制定发布“宽带中国”战略、下一代互联网战略行动计划和物联网发展指导意见。统筹实施宽带网络基础设施、互联网、物联网、网络与信息安全、应急通信和无线电管理等专项规划。建立跨行业的信息基础设施统筹规划机制，将信息基础设施规划纳入城乡规划，加强土地利用、水电配套等方面对基础网络设施和应用服务设施的支持。加强技术标准规范建设，将用户驻地网建设纳入住宅建筑规范，在市政、建筑物新建或改扩建时，预留光纤、无线宽带等配套设施建设条件。研究出台节能减排、低效无效资产有序退出等相关配套政策和支持互联网、增值电信业务发展的指导意见。

**（二）优化行业发展环境**

积极推动《电信法》出台。加快网络与信息安全、应急通信立法工作。建立和完善电信资费管理、电信市场行为规范、垃圾短信治理和新型电信业务监督等制度。研究和拟订信息安全、用户数据保护等方面的法律制度。完善网络管理法律法规，健全应对突发事件的网络应急机制。加强电信行业主管部门与相关部门的立法协调与统筹。进一步落实电信体制改革措施，加强电信监管能力建设。强化齐抓共管管理体制，健全互联网管理协同配合机制。完善市场开放机制，统筹对内开放与对外开放，积极鼓励和引导民间资本进入基础电信领域。

**（三）加大财税金融支持**

研究制定国家实施“宽带中国”战略的支持政策，加大引导资金投入，通过财税、金融等政策措施鼓励光纤宽带网络、新一代移动通信网、下一代互联网、云计算和物联网等基础设施发展，推动网站系统向 IPv6 演进，引导社会资源加大向农村、社区和公益机构等领域投入。推进完善税收优惠适用范围和内容，将农村及边远地区信息通信普遍服务纳入西部大开发等政策优惠范畴，将增值电信企业纳入高新技术企业支持范围。优化外部融资环境，加快发展由创投企业、金融机构、中介机构组成的金融服务平台，为中小增值电信企业融资提供支持服务。

**（四）完善普遍服务机制**

积极推动综合利用财政资金、国有资本收益金等多种资金来源，扩大普遍服务政策实施范围和服务内容，研究设立普遍服务基金。推动制定普遍服务成本补偿办法，探索建立与之相适应的部省联动补偿机制。争取中西部地区基础网络和应用服务设施建设在产业布局、设施配套等方面予以优先保障。

**（五）强化电信资源管理**

统筹电信网码号、互联网域名和 IP 地址资源的发展和管理，推进电信基础资源的合理申请、分配和使用。完善电信网码号资源体系结构，优化码号资源配置。建立健全域名管理机制，科学规划和优化域名解析服务设施及布局，建设完善域名监管技术平台。建立 IP 地址申请协调机制，积极申请 IPv6 地址资源，建立全国 IP 地址管理系统，完善 IP 地址资源监管体系。做好无线电频谱规划工作，优化无线电频谱的分配和频率资源管理，提高频率使用效率，加大部门间无线电频谱管理的协调力度。

**（六）完善市场监管体系**

建立电信市场发展及预警报告机制，强化市场竞争行为监管。加强电信市场监管信息系统和技术平台建设，探索建立电信监管绩效评估和政策评估制度。抓好互联互通，完善网间结算办法。强化电信服务质量监管，着力规范和引导增值领域的服务行为。规范电信企业价格行为，提高电信资费透明度。加强对增值电信业务的监管，优化增值电信业务结构。完善部、省、企业三级网站备案系统支撑体系，提高网站备案率和备案信息准确率。进一步明确并落实互联网企业责任，加强对重点企业、重点业务的监督检查。完善技术手段，加强移动智能终端安全管理。完善手机淫秽色情专项治理的长效机制。明确行业协会和中介机构的积极作用。

**（七）加强国际合作交流**

加强国际交流，建立适应全球化信息通信发展要求的国际对话与合作机制。拓宽信息基础设施合作渠道，探索共同发展和协调推进机制。密切跟踪世界各国信息基础设施研究、试验、标准化、部署和应用推广进展情况，积极参与技术、资源、政策和标准化等方面的国际合作，积极参加国际电信联盟及双边、区域、多边活动。努力维护和拓展我国的频率和空间轨道资源，提升频率和空间轨道资源掌控能力。充分利用双边和多边合作机制，鼓励通信制造、运营、建设、咨询服务等企业“走出去”，开展互惠互利合作。

**（八）加强人才队伍建设**

支持企业加大重点领域人才资源开发力度，加大经费投入和政策倾斜，引进海内外高层次人才。鼓励企业在人才培养和用人机制等方面，对技术力量薄弱的中西部地区采取适当的倾斜政策。完善科技创新激励机制，提高专业技术人才自主创新和参与科研成果产业化的积极性和主动性。依托重大专项和重点工程，建立和完善产学研合作的人才培养模式。提高企业教育和培训经费提取比例，加强事业单位教育和培训工作，完善继续教育和在职培训机制。优化教育学科配置，完善产业后备人才队伍建设。加强电信监管人才队伍建设。

## 六、规划实施

规划实施要坚持发挥市场机制配置资源的基础性作用，坚持政府和企业分工协同、相互配合的基本原则。各地区通信业“十二五”发展规划、各电信企业“十二五”发展规划需与本规划做好衔接工作。各地方、各企业在落实本规划和实施相关规划中出现的新情况、新问题要及时报送通信行业主管部门。通信行业主管部门负责组织对本规划实施情况进行中期评估，并根据评估结果调整目标和任务，优化政策保障措施。

# 子规划 1：

# 宽带网络基础设施“十二五”规划

## 前　言

宽带网络作为实现信息化的重要载体，是经济社会发展的关键基础设施。“十二五”是我国经济结构战略性调整的重要时期，信息应用将深化普及，下一代互联网、物联网、云计算等网络设施将加速构建。加快宽带网络基础设施建设，是提升通信网络整体承载能力，推动我国信息化发展，服务好经济社会的重要保障。

根据《国民经济和社会发展第十二个五年规划纲要》、《国务院关于加快培育和发展战略性新兴产业的决定》和《通信业“十二五”发展规划》，工业和信息化部编制了《宽带网络基础设施“十二五”规划》。本规划是《通信业“十二五”发展规划》的子规划，是“十二五”期间我国宽带网络基础设施发展的指导性文件，是提升经济社会信息化水平、引导市场主体行为、配置政府公共资源的重要依据。

## 一、“十一五”发展回顾

我国的宽带网络建设和用户发展取得了长足的进步，网络和宽带接入用户规模均跃升为世界第一位。与“十五”期末相比，（固定）互联网宽带接入用户增长 237%，达到 1.26 亿户，其中光纤入户用户和 WLAN 用户分别达到 100 万户和 200 万户。3G 用户达到 4705 万户。

**（一）宽带接入能力持续提升**

光纤覆盖范围不断扩大，本地网光缆线路长度增长 170%，达到 914 万公里。互联网宽带接入端口增长 290%，达到 1.88 亿个，光纤到楼和光纤入户的宽带端口总数超过 6300 万户，WLAN 公共运营热点达到 30 万个。乡镇通宽带比例达到 99%，行政村通宽带比例达到 80%。3G 网络覆盖全部地市、县城以及部分重点乡镇。3G 基站达到 62 万个。

**（二）骨干网络综合承载能力进一步增强**

长途光缆线路长度新增 10 万公里，达到 82 万公里。城域网广泛应用大容量 DWDM 系统，长途网引入单波长 40Gbps 的 DWDM 系统。互联网骨干网带宽超过 30Tbps，国际出口带宽超过 1Tbps，国内网间互联带宽超过 450Gbps。互联网骨干网扁平化改造部分完成，IP 专用承载网由骨干网延伸至城域网，建成全球最大 IPv6 示范网络。国际海陆缆系统可用容量达到 6.8Tbps，海外 POP 点超过 40 个。

**（三）应用基础设施支撑能力不断提高**

为适应互联网业务的快速发展，基础电信企业和互联网企业积极布局互联网数据中心，并加快部署内容分发网络，实现由骨干网向城域网延伸。支撑各类信息化应用的业务平台不断完善，在“数字城市”、“无线城市”的建设中发挥了重要作用。

**（四）配套设施共建共享有序推进**

通信局房、管道、基站铁塔等配套设施建设力度不断加大，有效保障宽带网络快速发展。同时，配套设施共建共享工作有序推进，自 2008 年以来，共减少新建基站站址及配套（铁塔、机房等）超过 9.9 万个、传输线路（管道、杆路等）超过 18.3 万公里，累计节约投资超过 200 亿元。

宽带网络基础设施发展取得积极进展的同时，还存在以下矛盾和问题：一是我国在接入带宽、宽带普及率等方面与发达国家还有较大差距。二是高带宽业务应用的普及程度不高，种类不够丰富，宽带发展的业务驱动力不足。三是城乡和区域发展不平衡，特别是中西部农村地区网络建设成本高，回收周期长，仅靠市场机制难以推动宽带网络发展。四是行业间统筹发展机制不完善，宽带网络基础设施尚未纳入城乡规划。五是缺乏国家战略层面对宽带网络发展的指导，相关配套政策有待完善。

## 二、“十二五”面临形势

**（一）宽带网络基础设施成为提升国家竞争力的关键要素**

世界发展格局正面临深刻变革，为抢占新一轮国际竞争的战略制高点，各国以构建下一代信息基础设施为契机，纷纷出台宽带发展战略或计划，通过政府战略指引、政策激励甚至直接资金投入等举措，加快宽带网络覆盖和提速，带动新的科技和产业革命，抢占新时期经济、科技制高点。“十二五”时期，我国仍处于重要战略机遇期，亟须国家战略重点支持，加快构建宽带网络基础设施，为经济和社会创新发展提供崭新平台，推动人民生活质量提高和经济发展方式变革，提升国家长期综合竞争力。

**（二）我国加快转变经济发展方式带来宽带网络发展新机遇**

“十二五”是我国全面建设小康社会的关键时期，是深化改革开放、加快转变经济发展方式的攻坚时期。工业化、信息化、城镇化、市场化、国际化深入发展，要求发挥信息技术的引领支撑作用，不断提升社会信息化水平，这为宽带网络的发展提供了新的机遇，也提出了更高要求。宽带网络基础设施必须适度超前布局，进一步加快发展光纤宽带网络、无线移动宽带网络和下一代互联网等设施。

**（三）互联网应用的不断创新带动高带宽需求的快速增长**

互联网应用的创新已经成为推动宽带网络发展的主要动力。计算机、通信设备、消费电子等产业的边界日渐模糊，融合性终端不断推出，商业模式不断创新，跨界竞争带动互联网应用向更深交融、更广交互、更高智能的方向发展，刺激了网络带宽的增长。特别是与生产生活紧密结合的信息获取、商务交易、信息交流及文化娱乐等互联网应用对接入带宽需求大幅提升。

**（四）下一代网络的加速演进推动宽带网络发展**

国际上的下一代互联网试验和部署速度正在加快，许多国家制定了 IPv6 发展战略和行动计划，提出了明确的实施路线图和时间表。3G 网络建设力度持续加大，3G 增强型技术和 LTE 技术等在多个国家实现商用部署。无线局域网发展势头迅猛，热点覆盖水平不断提高，更高速率技术逐步引入。具有多媒体功能的新一代宽带卫星通信系统成为卫星通信的发展重点。下一代光传输网发展迅速，40Gbps DWDM 逐步成为主流传输技术，100Gbps DWDM 系统和 10Gbps PON 系统将逐步成熟和商用。下一代网络技术的加速演进为宽带网络的快速发展提供了技术保证。

**（五）宽带应用的普及推广对网络安全提出更高要求**

全球信息化持续发展，宽带应用的种类日渐丰富，应用范围日益扩大，国民经济和社会发展对信息基础设施的依赖性日益增强。与此同时，网络、系统、终端的安全事件不断出现，网络病毒、网络攻击、黑客入侵等安全问题将更加复杂和突出。网络安全成为关系国家政治、经济、文化、军事安全的重要因素，是国家安全的重要组成部分。“十二五”期间，面对诸多风险挑战，要求加强网络安全保障和防护手段建设，提升国家应急通信和网络安全保障能力。

## 三、指导思想、基本原则和发展目标

**（一）指导思想**

以邓小平理论和“三个代表”重要思想为指导，深入贯彻落实科学发展观，紧紧围绕全面建设小康社会、转变经济发展方式的要求，以网络能力全面提升为主线，以加快建设光纤宽带网络、无线移动宽带网络和下一代互联网为着力点，强化网络安全保障，构建宽带、融合、泛在、安全、绿色的下一代国家信息基础设施，推动新一代信息技术产业各领域协调发展，推进信息化与工业化深度融合，打造支撑国民经济和社会发展需要的关键基础设施。

**（二）基本原则**

统筹部署、协调发展。综合考虑区域、城乡通信基础条件和需求，推动区域、城乡宽带网络基础设施协调发展。统筹考虑有线宽带、无线移动宽带的资源状况和发展需求，推动有线宽带、无线移动宽带网络基础设施协调发展。统筹考虑骨干网、城域网和接入网的建设，促进宽带网络基础设施各个层面协调发展。

应用驱动、重点推进。创新业务发展模式，扩展业务形态，丰富互联网内容，延伸应用的广度和深度，通过高带宽业务的普及应用，驱动宽带网络建设。加快宽带网络光纤化进程，统筹无线移动宽带网络发展，推动向基于 IPv6 的下一代互联网演进，加强宽带卫星通信技术应用和网络部署。

政企合力、加强协作。充分发挥电信企业主体作用，加强政府支持和引导，结合各地宽带网络基础设施状况和实际需求，综合利用各类配套支持政策，共同推进适应各地经济社会发展需要的宽带网络基础设施建设。

强化管理、安全可靠。加强宽带网络安全保障体系建设。优化网络布局，提升关键网络节点、物理路由的安全性。强化网络安全管理，健全安全防护体系，同步完善安全保障手段。

### （三）发展目标

到“十二五”期末，初步建成宽带、融合、泛在、安全、绿色的宽带网络基础设施。基本实现“城市光纤到楼入户，农村宽带进乡入村”，宽带新技术广泛应用，承载能力大幅提升，应用基础设施协调发展。宽带网络基础设施在支撑国家信息化水平全面提升和经济社会发展中的关键作用更加突出。宽带发展水平与发达国家差距明显缩小，东部发达城市达到发达国家平均水平。

1. 接入网能力：城市家庭互联网接入带宽基本达到 20Mbps 以上，其中东部地区基本达到 30Mbps，部分发达城市基本达到 100Mbps；农村家庭互联网接入带宽基本达到 4Mbps 以上。单位用户平均接入带宽超过 100Mbps。

2. 骨干网络能力：下一代互联网规模部署，骨干网全面支持 IPv6。光缆路由更加丰富，网络灵活性和安全可靠性进一步提高。40Gbps DWDM 等设备广泛应用，初步建成超高速、大容量、智能化的传输网络。互联网骨干网总带宽比“十一五”期末增长 10 倍，超过 300Tbps，网间互联带宽满足网间互联质量需要。

3. 网络规模：互联网宽带接入端口增加一倍，达到 3.7 亿个，光纤入户网络覆盖 2 亿个家庭。3G 基站超过 120 万个。LTE 商用。WLAN 基本实现公共区域数据热点的覆盖，公共运营热点规模超过 80 万个，AP 规模超过 400 万个。

4. 服务水平：（固定）互联网宽带接入用户翻一番，超过 2.5 亿户，其中农村宽带接入用户增长 170%，超过 6800 万户；全国光纤入户用户超过 4000 万户。3G 用户超过 4.5 亿户，普及率超过 32 户/百人。实现 95%的行政村通宽带，80%以上行政村 3G 覆盖，基本实现农村地区的中小学、图书馆、卫生服务站等公益机构的宽带网络覆盖。

**表 1　互联网宽带接入发展目标分地区列表**

| | 指标 | 东部 | 中部 | 西部 | 全国 |
|---|---|---|---|---|---|
| 网络能力 | 互联网宽带接入端口（万个） | 19000 | 9700 | 8300 | 37000 |
| 服务水平 | （固定）互联网宽带接入用户（万户） | 12800 | 6700 | 5500 | 25000 |
| | 其中：光纤入户用户（万户） | 2300 | 1100 | 600 | 4000 |

5. 国际通信网络能力：基本形成布局合理的国际通信网络，互联网国际出口带宽达到 6.5Tbps，国际海陆缆系统可用容量达到 14.5Tbps，海外 POP 点超过 100 个。

6. 宽带应用基础设施：初步形成与业务需求和网络架构相适应、能够充分发挥区域能源与地理优势的互联网数据中心布局。建成覆盖全国、高速可靠的内容分发网络和满足信息化发展需要的业务应用平台。

7. 节能减排：宽带网络基础设施共建共享向深度和广度扩展，在节约土地和资源、有效保护环境、减少重复建设等方面取得明显成效。节能降耗、绿色环保新技术全面应用，综合能耗显著下降。新建大型云计算互联网数据中心的 PUE 值达到 1.5 以下。

8. 网络安全保障能力：坚持安全与发展并重，健全宽带网络安全防护和应急处置体系。公共通信网络防攻击、防控制、抗毁能力和应急通信保障能力大幅提高。初步建成覆盖全国的宽带卫星应急通信系统。网络运营的安全生产水平有效提升。

## 四、主要任务

### （一）提升宽带接入能力和覆盖范围

有线宽带接入提速和覆盖提升。以光纤尽量靠近用户为原则，加快光纤宽带接入网络部署。城市新建区域以 FTTH 模式为主建设光纤宽带接入网络，已建区域灵活选择光纤宽带接入方式加快实施接入网络“光进铜退”，支撑宽带业务和三网融合的发展需要。大力推进学校、政府机构、医疗卫生机构、科技园区、商务楼宇、宾馆酒店等公益性和商务类场所的光纤宽带接入，逐步实现光纤到楼。综合运用多种技术手段，扩大宽带网络在农村地区覆盖，大力推进光纤到行政村，提升行政村通宽带、通光缆比例。

统筹3G、WLAN、LTE等无线移动宽带网络协调发展。稳步推进“宽带无线城市”建设，有效提升城市信息化水平。扩大3G网络覆盖范围和覆盖深度，重点推进3G网络向乡镇、行政村延伸，提升网络质量。推进WLAN在热点地区和公共场所覆盖，提高热点地区大流量移动数据业务的承载能力。积极开展LTE商用，推动移动通信网络的升级。加强宽带卫星通信系统建设，提升应急通信能力和偏远地区的宽带接入能力。

**（二）优化城域网和骨干网**

优化宽带城域网。加快IP城域网扁平化改造，提高多业务承载能力。优化城域传输网络结构，进一步部署大容量DWDM系统，满足宽带业务的传输承载需求。稳步推进城域传输网的智能化升级改造，实现灵活的资源配置和调度。

改造宽带骨干网。逐步进行城域网上联骨干网的扁平化改造，增加骨干网核心节点数量，构建网状网的骨干网络。合理布局骨干直联点，推动本地直联试点，逐步改长途互联方式为本地互联，减少网络间流量绕转。优化干线传输网络建设，合理引入超大容量波分系统，逐步向网状网拓扑演进。

完善国际通信网。加强国际通信网络能力建设，优化网络布局。增加国际海缆、陆缆出口方向和容量，提升互联网国际出口带宽，加快部署海外POP点。加强国际通信网络安全保障，提高国际业务安全可靠性。

推进向下一代互联网演进。加快骨干网、城域网、接入网、互联网数据中心、支撑系统的IPv6升级改造，提升网络功能和性能。支持重点网络、网站、域名服务器改造。

**（三）发展宽带应用基础设施**

统筹互联网数据中心布局。综合考虑能源、地理、网络等基础条件，统筹规划、优化布局互联网数据中心，提升数据计算、存储和智能处理能力，支持建设公共云计算服务平台。

加快内容分发网络部署。按照分层、分域的原则，扩大内容分发网络覆盖范围，提升网络容量，全面提高视频等高带宽业务的服务质量。

加强业务平台建设。逐步建设成分层、开放的业务网络体系架构，形成统一门户展现、统一数据管理、提供全方位业务融合能力的业务平台，全面提升业务扩展能力和运营能力，加强移动互联网、三网融合、物联网等业务平台建设。

加强涉农信息平台建设。完善农村信息化业务平台，深度开发各类涉农信息资源，推进信息技术在农业生产经营、农民教育培训、农村管理和服务、农村社会事业等方面的应用。

**（四）提升宽带网络安全保障能力**

提高网络安全和应急处置能力。采用多种方式提升重要物理路由、网络节点、应用基础设施的可靠性，保障网络畅通和应急通信需求。重要网络设备分散设置、互相备份，关键节点多出口，传输线路多重路由保护，重要路由增加卫星备份链路，网络容量适当冗余配置。有针对性部署高抗灾基站，加强卫星电路资源储备，提高应急保障能力。

强化安全防护体系建设。强化宽带网络安全管理，推动建立高效的安全事件应对协调机制。加强对关键设备、应用的检测评估能力建设，提升应对网络病毒、网络攻击、非法入侵等网络安全事件的防护能力。增强互联网域名系统抗攻击能力。应用电子签名与认证技术等构建互联网可信环境。完善现有互联网网络安全防护系统，保障IPv6、云计算、移动互联网、物联网、三网融合等新技术、新业务健康发展。

**（五）推动宽带网络基础设施绿色发展**

加大集约建设力度。宽带网络基础设施逐步纳入城乡规划和土地利用规划，深入推进管道、杆路、铁塔、机房、光缆、驻地网等设施的共建共享，实现配套设施集约建设，提升宽带网络基础设施综合利用水平。

加快节能新技术应用。逐步建立网络规划、建设、运营、维护全过程的节能机制。加快引入适用的节能技术，优选节能方案，加快高耗能宽带网络设备的升级和节能化改造。重点推进云计算技术应用、FTTH网络建设、基站节能技术和产品应用、老旧设备退网等工作，构建绿色宽带网络。

**（六）加强宽带业务引领和基础产业支撑**

推进宽带业务融合创新。结合移动互联网、物联网、三网融合、云计算等新兴领域，加快发展适应用户需求的各类宽带业务。创新宽带业务商业模式，发展壮大电子商务、数字音乐、移动支付、定位服务等应用。鼓励企业在日常工作和生产流程中的宽带应用，促进学校、社区、医疗卫生机构等领域的宽带普及。

加强宽带核心技术研发。推动芯片、器件、光纤光缆、设备等相关企业加强产品研发能力，在高端芯片、核心器件、关键技术等环节实现突破，完善光纤宽带网络、无线移动宽带网络和下一代互联网等领域产业链，提升企业的市场竞争力。积极参与国际标准制定，力争在关键领域取得重大进展。

## 五、重点工程

**（一）光纤宽带网络推进工程**

干线网：丰富干线光缆路由，增加西部地区光缆路由密度。有步骤地进行老化光缆替换，逐步将宽带网络通信系统调整到新建光缆上。优化和完善波分复用网络，以40Gbps DWDM技术为主，根据技术成熟度和业务发展需要引入100Gbps DWDM系统，提升全国干线传输网络容量。

城域网：优化城域光缆网络，加大光缆网覆盖范围，提升网络调度灵活性，构建结构清晰、扩展性强、灵活高效的城域光纤网络。大中型城域网规模建设10G/40Gbps OTN，并逐步向汇聚层面延伸，扩充城域传输网络容量，提升传输电路灵活调度能力和多业务承载能力。

接入网：以FTTH方式为主部署城市宽带网络，城市新建住宅光纤入户率达到60%以上，城市已建区域加快“光进铜退”，铜缆距离争取缩小到0.5公里以内。重点在东中部主要城市和西部省会城市推进“城市光网”工程，新建住宅小区全面实施光纤入户，重点企事业单位基本实现光纤到楼。积极引入10Gbps PON技术，实现城区家庭互联网平均接入带宽达到100Mbps，商务楼宇实现千兆到楼。

根据地理和用户分布情况推进农村地区光纤宽带接入网建设，铜缆距离争取缩小到2公里以内。重点实施西部农村“宽带网络提升”工程，基本完成乡镇1公里以上、行政村和有条件的自然村2公里以上的铜缆网络改造。结合农村城镇化发展，推进农村地区光纤入户网络建设。

**（二）无线移动宽带网络推进工程**

移动通信网络：加快3G网络在城市的深度覆盖，向所有具备条件的乡镇、行政村延伸，全面提升机场、高速公路、铁路等交通线路、旅游景点的覆盖水平。统筹推进3G和LTE协调发展，营造有利于TD-LTE健康发展的良好环境。

WLAN网络：网络建设坚持室内覆盖为主、室外覆盖为辅的原则。以需求为导向，精确建网，形成WLAN热点规模覆盖。合理选择WLAN网络架构，方便用户接入，简化认证方式，促进WLAN用户和业务的快速发展。创新WLAN建设以及商业运营模式，积极推进WLAN共建共享。

宽带卫星通信：提升宽带卫星通信地位，加快构建经济、安全、可靠的宽带卫星通信基础设施，发挥宽带卫星通信在应急通信和偏远地区通信中的优势。

宽带无线城市：重点在东中部发达城市和西部省会城市构建“宽带无线城市”，在条件成熟的地区积极推进无线城市群的试点和建设。3G、WLAN 以及 LTE 相结合，构建无所不在的宽带无线网络，实现城区高速、便捷的宽带无线接入。

**（三）数据中心优化工程**

数据中心布局：以云计算数据中心发展为契机，出台技术标准和产业政策，规范云计算数据中心建设模式，形成优化的云计算数据中心布局。引导企业在资源富集和自然环境适宜等综合条件优越地区建设新一代数据中心。

传统数据中心升级：逐步推进传统数据中心向规模化、集中化、节能化的云计算数据中心发展。出台能效和服务标准，引导企业对传统数据中心实施改造，提升资源利用效率、集约化管理运营水平和业务提供能力。

**（四）下一代互联网推进工程**

推进互联网向 IPv6 演进，在同步考虑网络与信息安全的前提下加快 IPv6 商用部署，在东部地区、中西部中心城市以及部分行业率先建成 IPv6 商用网络。加快互联网骨干网、城域网、接入网和支撑系统的 IPv6 改造进程，推动政府、学校和企事业单位网站系统及商用网站系统的 IPv6 升级改造。以移动互联网、物联网和云计算等为重点，积极开展下一代互联网在教育、农业、工业、医疗、交通、环保等重点领域的行业应用。推进现有业务逐步向 IPv6 网络迁移。积极推动固定终端和移动智能终端支持 IPv6。在网络中全面部署 IPv6 安全防护系统。

**（五）国际通信网络优化工程**

合理布局海缆登陆站，积极参与北美、欧洲、亚太等方向的海缆建设，大力扩充主要国际方向的通道容量，持续扩容我国互联网出口带宽，保障国际通信网络运行安全。充分利用现有合作机制，增加我国与周边国家的跨境陆地光缆系统。结合国际业务发展需要，继续加大北美、欧洲、亚太等热点地区 POP 点的部署，逐步增加非洲和南美等地区 POP 点的数量。适时在西部地区增设区域性国际业务出入口，建设国际通信网络运行管理平台。

## 六、保障措施

**（一）加强国家战略引导**

推动出台并实施“宽带中国”战略，进行国家宽带发展顶层设计，明确中长期发展目标和实施步骤，制定相关配套政策并加强组织实施。推动形成跨行业的宽带发展统筹机制，在城乡规划、土地利用、电力配套等方面加强对宽带网络基础设施建设的支持。

**（二）加大财税金融政策支持**

综合利用各项财税、金融政策，引导企业和社会资源加大对宽带网络建设、技术研发、应用创新等领域的投入。推动设立宽带普遍服务补偿机制，扩大普遍服务政策实施范围和服务内容，促进西部地区、广大农村、少数民族地区及社区等公共服务机构的宽带网络基础设施发展。

**（三）优化宽带市场发展环境**

继续推进宽带网络基础设施共建共享，创新共建共享合作模式，完善共建共享评估和考核办法。严格网间质量管理要求，建立宽带网络运行质量监测体系。优化我国互联网网间结构，建立网间扩容的长效机制，完善互联网互联互通结算办法。

**（四）规范驻地网建设**

加快出台《宽带光纤接入工程设计规范》和《宽带光纤接入工程验收规范》。修订完善驻地网建设标准，并在建设施工的各个环节强化执行，以适应 FTTH 部署的要求。按相关法律法规的要求，规范住宅小区及商住楼通信管线及通信设施的建设，维护用户自由选择电信业务的权利。

## 七、规划实施

规划实施要坚持发挥市场机制配置资源的基础性作用，坚持政府和企业分工协同、相互配合的基本原则。各地区通信业“十二五”发展规划、各电信企业“十二五”发展规划需与本规划做好衔接工作。各地方、各企业在落实本规划过程中出现的新情况、新问题要及时报送通信行业主管部门。通信行业主管部门负责组织对本规划实施情况进行中期评估，并根据评估结果调整目标和任务，优化政策保障措施。

## 子规划 2：

# 国际通信“十二五”发展规划

## 前　言

当前，经济全球化加速发展，信息网络的基础设施地位更加突出。“十二五”时期是我国全面建设小康社会的关键时期，也是国际通信发展的重要时期。抓住机遇，加快国际通信发展，尤其是国际通信网络基础设施建设，将大幅提升我国在国际通信中的地位，更有力支撑国家对外经济发展和外交活动。

本规划是《通信业“十二五”发展规划》的子规划，用于指导未来五年我国国际通信发展和管理。内地与香港特别行政区、澳门特别行政区、台湾地区的通信发展参照规划中的有关要求。规划由工业和信息化部编制。

## 一、“十一五”发展回顾

“十一五”以来，我国国际通信业务量稳步增长，网络能力大幅提升，网络运行安全稳定，有力支撑了经济社会发展和国际通信地位提升。

### （一）国际通信业务量稳步增长

2010 年，国际语音业务达到 223 亿分钟，年均复合增长率达到 11.4%，国际短信业务达到 10.2 亿条，年均复合增长率达到 32.9%，国际漫游数据业务保持年均 30%以上增速，国际互联网流量保持年均 42%的增速。

### （二）国际通信网络能力大幅提高

国际通信业务出口总带宽达到 1575Gbps，其中国际语音业务出口带宽约为 17Gbps，国际互联网业务出口带宽 1099Gbps，国际专线业务出口和国际租线带宽达到 460Gbps 以上。海陆缆系统可用总容量达到 6760Gbps，其中海缆系统可用总容量达到 1760Gbps，总数达到 7 条；跨境陆地光缆系统总容量达到 5000Gbps；国际卫星通信容量约 60Mbps。

### （三）国际通信网络布局更趋完善

在昆明和南宁新增区域性国际通信业务出入口局，与北京、上海、广州形成较为完善的国际通信业务出入口布局。与全球 200 多个国家和地区开通了国际长途和移动网国际漫游业务，与 30 多个国家和地区的 50 多家电信运营商实现国际互联网对等互联。海陆缆直达 60 多个国家和地区，已建成青岛、崇明、南汇和汕头 4 个海缆登陆站，正在建设福州和厦门海缆登陆站。与周边 13 个国家和地区实现跨境光缆直连。

### （四）国际通信安全保障能力显著增强

全面强化网络安全，保障国际通信畅通。国际通信业务出入口局形成网状连接，实现异地备份和保护；国际传输路由进一步丰富，主要业务方向实现负荷分担；通过陆地光缆连接不同的海缆登陆站，加强对海缆和登陆站承载业务的保护；加强通信安全方面的国际合作，提高了网络的可靠性和稳定性。

### （五）国际通信有力支撑经济外交活动

国际通信有力保障了北京奥运会、残奥会和上海世博会等重大国际活动的顺利开展。积极参与大湄公河次区域、东盟和上海合作组织区域通信网络建设，服务国家外交需要。基础电信运营企业纷纷设立海外独资、合资公司或办事处，建成40多个骨干网络海外延伸节点（POP点），提供便捷、安全的国际通信服务，基本满足了我国驻外机构和企业的国际通信需求。

国际通信发展取得显著成就的同时，也面临一些问题和矛盾。一是国际通信网络布局还不完善，尤其是海外网络尚不能全面适应国际通信发展需求。二是国际海缆资源不够丰富，大容量海缆较少，大部分海缆于21世纪初建成，未来5~10年内可能面临退服风险。三是海缆路由走向相对集中，受到地震、台风、渔业等自然灾害和人为影响严重。四是受行业竞争、国际结算等方面的影响，业务的发展仍然面临诸多困难。

## 二、“十二五”面临的发展形势

### （一）经济发展方式转变和全球化加快国际通信发展

“十二五”时期是全面建设小康社会的关键时期，加快转变经济发展方式对通信业发展提出了更高要求，软件外包、国际数据中心、离岸呼叫中心等新的业态对国际通信发展提出了新需求。随着经济全球化深入发展，我国企业走出去步伐将进一步加快，成为国际通信发展最直接的动力。

### （二）国家经济外交活动对国际通信发展提出新要求

随着中国—东盟自由贸易区发展，我国与该区域国家的经贸合作将进一步深化。我国与非洲国家在政治外交等方面相互支持，未来在农业、加油等方面将开展广泛的战略合作。上海合作组织成员国合作的深入开展和成员国的扩展，推动我国与上海合作组织成员国在能源、安全等方面合作将进一步增强。对外经济和外交活动的深入开展，要求加快建设和完善我国国际通信网络资源。

### （三）软件外包和国际数据中心发展改变国际业务分布

全球国际通信网络带宽增长的最大需求来自国际互联网业务带宽的增长，软件外包、国际数据中心、VOIP和国际结算方式等发展变化改变着国际业务的流量流向，我国国际通信业务发展策略和网络布局都要适应这种变化。

### （四）互联网和宽带发展要求国际通信设施能力进一步提高

国内大规模光纤网络建设进程将会加快，用户接入速率大幅提高，互联网应用更加丰富，要求加快国际通信出入口、通信网络等基础设施建设，全面提高国际通信设施服务能力。

## 三、指导思想和发展目标

### （一）指导思想

高举中国特色社会主义伟大旗帜，以邓小平理论和“三个代表”重要思想为指导，深入贯彻落实科学发展观，继续坚持服务于国家政治、经济、文化和外交发展的总体要求，坚持通信业“走出去”，完善相关法律法规，加快国际通信业务发展，加强国际通信基础设施建设和共享，强化国际通信安全保护，显著提高国际通信能力和水平，更好地满足我国国际通信需求，大幅提升我国在国际通信中的地位。

**（二）发展目标**

“十二五”期间，国际通信业务尤其是国际数据业务加快发展，为人民群众和企业提供更加质优价廉的国际通信服务。国际通信网络能力大幅提升，国际通信网络结构逐步优化，国际通信网络全球布局更加完善，更好地服务于国家政治、经济、文化和外交发展。

国际通信业务量保持稳定增长。国际语音业务达到 312 亿分钟左右，年均复合增长率 6.9%。国际短信业务达到 16.8 亿条，年均复合增长率 10.6%，国际漫游数据业务年均增长 35%以上，国际互联网业务流量年均增长 50%以上。

国际通信网络能力显著提升。国际通信业务出口总带宽达到 8000Gbps，其中国际互联网业务出口带宽达到 6500Gbps。国际通信海陆缆和卫星总容量达到 14500Gbps，其中海缆系统可用总容量达到 6000Gbps，海缆登陆站达到 6 个以上，租用卫星信道作为海陆缆的补充。继续推进高新技术开发区、软件服务外包基地等国际通信专用通道建设。提升国际互联网出入口城市的国际排名。

国际通信网络布局更加合理。合理布局与周边国家的国际通信业务出入口，更好满足海峡西岸经济区建设、与东盟和上海合作组织合作的需要，海外 POP 点和国际数据中心更加丰富，形成比较完善的国际通信业务网络结构。

国际网络安全保障水平进一步提高。国际通信业务保护机制更加健全，海缆运行监控技术手段和措施更为完善，人为因素对国际海缆安全运行的影响进一步减少，国内延伸网络进一步优化，实现海陆缆之间的有效保护。

## 四、主要任务

**（一）加快国际光缆网络建设**

以国际海缆和跨境陆地光缆建设为重点，加快建成覆盖亚太和欧美等重点区域的国际光缆网络。在亚太方向和北美方向至少分别新增 1 条国际海缆，积极参与欧洲方向的海缆建设，适当购买或租用非洲和南美等方向海缆资源。至少新增 3 个方向的跨境陆地光缆，与周边有条件的国家和地区全部建成直达跨境陆地光缆。研究卫星技术发展以及在国际通信中的应用，将跨国通信卫星信道作为国际海缆和陆缆的重要补充。研究确定海缆登陆站目标区域，为国际通信的长远发展做战略准备。

**（二）提升国际通信网络能力**

适应新技术发展要求，对国际通信业务出入口局进行技术改造和升级，扩容国际语音业务出口带宽 17Gbps，扩容国际互联网业务出口带宽 5400Gbps。积极参与海陆缆建设和扩容，新增海缆可用容量 4200Gbps，新增跨境陆地光缆系统容量 3500Gbps。优化跨境国际光缆系统国内延伸段，保证信道出入口到省内干线节点具备多个物理路由。加强网管等支撑系统建设，提高国际通信网络的整体运营水平。

**（三）完善国际通信网络布局**

优化调整国际通信出入口布局，重点考虑东盟、上海合作组织和海峡西岸经济区等区域，适当增加区域性国际通信业务出入口局。以亚太、北美、欧洲等区域为重点新建海外 POP 点，进一步扩展我国国际通信业务网络全球通达能力。在全球范围选择基础设施完善、国际业务集中的城市建设国际数据中心，面向全球开展数据存储、计算和租赁等业务。适时优化调整国际传输网络。

**（四）提高国际通信安全保障水平**

遵循“同步规划、同步建设、同步运行”的原则，加强网络信息安全设施建设。进一步落实国际通信网络运行安全技术保障措施，根据业务变化及时调整国际通信业务出入口局业务分担比例，新增海陆缆在路由方面要尽量避开地质灾害多发区域。继续加强国际通信网络运行安全保障体制机制建设，多部门协同配合，共同保障国际通信网络安全运行。

## 五、保障措施

**（一）完善国际通信相关的法律法规，创造适宜发展环境**

修改完善原信息产业部颁发的《国际通信出入口局管理办法》和《国际通信设施建设管理规定》，适应新形势的要求。联合海洋、渔业等部门，加快制定或修订海缆安全保护方面的制度，并进一步完善涉及国际通信的相关规定。

**（二）加强部门间协调沟通，保障国际通信建设和安全维护**

强化行业内部在国际通信业务发展和网络建设方面的合作。加强与土地资源、城乡建设、海洋管理等相关部门的协调，为网络建设和安全运维提供保障。建立与交通、能源等部门的沟通渠道，综合利用涉外项目建设等条件为我国海外网络建设和业务扩展创造有利环境。

**（三）加强国际交流与合作，提升国际地位和影响力**

加强与亚太、欧美等地区国家通信监管机构的交流，深入了解和把握各国国际通信监管情况和未来发展方向，不断改善和提升监管质量和水平。加强双边和多边合作，推动国际通信基础设施建设和网络安全能力增强。加强与 ICANN 等国际组织的交流，积极参与国际互联网资源管理规则的制定，提升我国在关键资源管理和分配上的影响力。加强与国际海缆组织、国际电联等机构的联络和合作，增强我国在相关组织中的作用，提升我国国际影响力。

**（四）大力鼓励企业“走出去”，拓展国际业务和网络**

鼓励企业加大海外国际通信网络建设投资力度。通过经济、外交等多种渠道，充分利用援外资金和优惠政策，为基础电信运营企业和增值电信运营企业“走出去”创造条件。鼓励制造业、基础运营商、增值运营企业联合“走出去”，支持国内软件服务企业拓展服务外包业务，做大做强我国国际通信海外业务和网络，带动国际通信整体发展。

**（五）加强监管体系建设，提升监管和服务能力**

尽快建立全国国际通信网络运行监管平台，通过企业定期自动上报的信息采集方式增强基础信息收集和信息统计分析能力，及时发现业务发展问题和网络运行安全隐患，提高可视化网络运行分析能力，加强对国际通信业务和网络运行的监督管理。

**（六）加强人才培养，建立合理的国际人才结构**

加大投入，挖掘自身潜力，大力培养专业精通、经验丰富的国际通信人才。加强行业与院校、科研单位和相关培训机构在人才培养方面的合作，完善国际通信专业人才培养培训体系。适当引入国际高端技术和管理人才，鼓励与先进的国际通信企业的人才交流，逐步优化和改善人才结构。

## 子规划 3：

# 电信网码号和互联网域名、IP 地址资源“十二五”规划

## 前　言

电信网码号和互联网域名、协议（IP）地址资源是由数字、符号组成的用于标识网络设备位置、实现网络寻址功能的数字编码和字符标识，是电信资源的重要组成部分，是电信网、互联网等国家公共基础网络建设、业务和市场发展的基础。

依据《国民经济和社会发展信息化“十二五”规划》、《信息产业“十二五”发展规划》、《通信业“十二五”规划》，制定本规划，加强电信网码号和互联网域名、IP 地址资源统筹部署，对于提升通

信网络能力，保障我国通信业务和服务的科学发展，满足广大电信用户和互联网用户日益增长的信息服务需求，更好地服务于经济社会发展具有重要的意义。

本规划依据工业和信息化部三定职责，紧密衔接我国电信网码号资源、互联网域名管理和 IP 地址备案等相关文件，为“十二五”期间电信网码号和互联网域名、IP 地址资源（以下简称基础资源）的配置和管理工作提供指导，引导资源的合理有效使用。

## 一、“十一五”发展回顾

**（一）基础资源快速增长，规模位居全球前列**

截至“十一五”期末，我国共分配了 28 亿个移动用户号码，12.2 亿个固定网用户号码，为政府公务和社会服务提供了全国性和地方性公益咨询服务号码，为增值服务商提供了全国性和区域性业务号码资源；互联网域名达到 866 万个，占全球 4.22%，其中，CN 域名注册量 435 万，位居全球国家顶级域第 3 位；IP 地址总量增长迅速，“十一五”新增 2.03 亿个 IPv4 地址和 385 块/32 IPv6 地址，其中，IPv4 地址总量位居全球第 2 位，增长速度居全球首位。

**（二）基础资源配置健全，满足业务发展需求**

“十一五”期间，我国逐步完善并形成了面向公众的移动和固定通信网用户号码、服务性企事业单位客户服务号码、社会服务、各类增值业务号码等多层次和多维度的电信网码号资源结构；设立了“.中国”等 5 个中文顶级域名，其中“.中国”于 2010 年正式得到互联网名称与数字地址分配机构（ICANN）批准，实现了全球解析；IP 地址空间有了较大扩展，在满足各项互联网业务发展需求的同时，丰富了我国 IP 地址结构。

**（三）基础设施不断优化，服务质量持续提高**

“十一五”期间，我国建设了全国码号资源管理系统，实现了全国电信网码号资源的网上受理、审批和年报；建设了电信网号码携带中心数据库系统，已应用于天津、海南移动用户号码网间携带现场试验中；构建了较为完整的域名解析系统；进一步引入了根服务器镜像和.com/.net 等境外顶级域镜像服务器；新增了境内外“.cn”顶级域名服务器节点；建设了网站 IP 地址备案数据库。

**（四）管理机制初步建立，市场监管效力初显**

我国建立并逐步完善了部省两级电信网码号资源管理体系，建立了较为完善的规划、申请、分配、收费、备案和年报机制，形成了较为完备的受理审核程序及管理模式，推行了先来先得的电信网码号资源分配机制。初步建立了由部、域名注册管理机构和域名注册服务机构组成的三级域名注册管理体系。域名注册管理政策得到认真贯彻落实。对具有 IP 地址对外申请和对内地址分配权限的单位实行了备案管理，对各级机构备案实施监督。

**（五）管理制度逐步完善，资源管理水平提升**

在《互联网域名管理办法》、《中国互联网 IP 地址备案管理办法》等法规制度基础上，修订发布了《电信网编号计划》（2010 年版）、《通信网络安全防护管理办法》等制度，为实现新时期资源管理工作的规范化提供了重要保障。

我国电信网码号、互联网域名和 IP 地址资源在取得显著成绩的同时，仍不能完全适应信息化快速发展的需要，面临着一些问题。一是我国电信网和互联网资源使用效率、人均量与发达国家仍有较为明显的差距；二是资源的体系架构有待进一步优化；三是资源应用服务的性能有待进一步提高；四是资源的申请、分配和使用等管理机制和法律法规有待完善；五是国际领域的资源相关协调和合作有待深化。

## 二、“十二五”发展形势

**（一）经济社会发展要求充足的基础资源保障**

“十二五”期间，作为通信服务重要载体的电信网码号、互联网域名和IP地址等基础资源仍将是支撑信息产业特别是现代信息服务业发展的战略资源，资源的合理申请、配置和使用，有助于推动我国通信网络国际地位的不断提升，对我国通信业乃至国民经济和社会发展具有重要意义，将有助于推动信息化和工业化深度融合。

**（二）网络业务与技术演进推动资源总量持续增长**

未来几年，通信业务和网络技术的不断演进将对基础资源的配置提出更高的要求。一方面，传统通信业务的持续发展仍将对码号、域名和IP地址产生持续大规模的增量需求；另一方面，新一代移动通信、下一代互联网、物联网等战略性新兴产业的快速发展将带来更为广泛的基础资源需求。

**（三）国内外需求和环境变化推动基础资源体系调整**

国内外环境和政策的发展变化要求基础资源的规划、使用和分配需进行适应性调整。一是区域经济不断发展，提出了相应优化调整本地网格局的需求。二是服务业快速发展对电信网短号码提出了更多的需求。三是国际新通用顶级域政策已有了实质性推进。四是国际化域名扩展有望进一步推动我国中文顶级域实现全球解析。五是国际可分配IPv4地址即将耗尽，将带动我国IPv6地址空间和应用范围的快速拓展。

**（四）资源安全和应用服务性能亟待进一步提高**

基础资源的安全使用是确保网络安全运行的重要环节之一，基础资源服务的性能关系到通信服务的品质。“十二五”期间，亟待加强基础资源安全使用，优化域名解析设施架构，提升解析服务性能，提高IP地址利用效率等。

**（五）国际形势发展对资源规划和管理提出更高要求**

互联网关键基础资源发展的国际环境正在发生深刻变化，未来五年是域名和IP地址发展的重大机遇期和挑战期，我国资源发展和管理的政策、思路、办法等须适应形势发展的需要，与时俱进。“十二五”期间，须优化政策，理顺机制，丰富手段，引导基础资源科学配置和使用。

## 三、指导思想和发展目标

**（一）指导思想**

以我国通信业发展重大战略思想和方针原则为指导，以满足通信网络与业务发展演进对关键基础资源的需求为中心，以促进通信业转型升级和持续健康发展为主线，坚持一手抓发展、一手抓管理，积极探索基础资源发展特点和规律，不断创新关键基础资源管理思路，持续推进基础资源优化配置，统筹基础资源规划，推动基础资源的合理申请、分配、使用，促进基础资源的开源节流和协调发展，不断加强资源管理能力建设，提高服务水平，以科学供给平衡发展需求，有效支撑经济社会各领域信息化发展，促进信息化和工业化深度融合。

**（二）基本原则**

满足经济社会需求，支撑通信行业发展。坚持服务于行业和经济社会发展的理念，以支撑各项通信业务的安全高效运行为基础。以人为本，科学配置，为用户提供优质的资源服务，为经济社会发展提供相适应的资源配置。

科学规划资源，强化资源供给。加强国家对基础资源的申请、分配和使用的统筹规划，科学引导资源服务主体发展。强化资源管理，合理利用多种技术手段缓解资源压力，提高资源使用效率。开辟新的可用资源，确保充足的备用资源，支撑业务和用户的可持续发展。

提高资源服务水平，支撑网络安全运行。推动基础资源的安全有效使用，提升基础资源服务的安全防范和灾备恢复能力，优化基础资源设施架构，规范基础资源服务行为，提升基础资源服务性能。完善安全预警措施，支撑我国电信网和互联网等的安全运行。

加强监管能力，推动科学配置。加强对电信网码号、互联网域名和IP地址的申请、使用和服务的监管，提升政府管理能力。完善相关法规制度，提高政府基础资源管理和服务能力。充分发挥各级管理部门及相关机构在资源领域规划和管理中的作用，推动资源的科学配置。

**（三）发展目标**

到“十二五”期末，初步建成资源丰富、科学发展、安全可靠的电信网码号、互联网域名和IP地址资源体系，满足“十二五”期间我国通信业务发展、网络演进和性能提升对资源的需求，基本形成规范合理的资源管理和服务机制，推动和保障资源的科学配置。

资源科学有序配置。为各类新增全国性业务提供可用号码，保障业务发展，并提供后备资源。电信网码号资源利用率进一步提高，可用资源进一步扩展。稳妥推进移动用户号码网间携带。根据发展需求和管理要求适时再引入3~5个境外顶级域名，适度扩展新顶级域。引入3~4个根域名服务器/镜像，并引入2~6个境外顶级域服务器/镜像，优化相关域名服务器部署。争取更多的国际IPv4地址，实现IPv4地址的有效利用。获取大块IPv6地址空间，IPv6地址资源拥有量位居世界前列，满足战略性新兴产业发展对IP地址的需求。

安全和服务性能显著提升。进一步从技术和管理措施上增强码号的安全使用，提高码号系统的实时性、准确性和公开性。有效提升根域名和顶级域名解析服务性能，加强域名系统安全防护和应急能力。

管理服务水平不断增强。建立码号资源应用的综合监测机制，促进电信网码号资源的高效利用。建立域名解析服务监测体系，不断提升域名服务性能。建立IP地址申请协调机制，提升我国IP地址规划管理的水平。

国际交流与合作继续加强。推动国际码号资源、互联网域名及IP地址等相关交流和沟通活动，密切关注国际电信网码号、互联网域名和IP地址的技术、政策与管理动向，积极参与相关国际规则的讨论和制定工作。

## 四、主要任务和发展重点

**（一）适应经济社会发展，完善电信网码号资源体系架构**

优化码号资源的配置。适应技术、业务、市场的发展变化，优化电信网码号资源体系，适时调整电信网编号计划，满足不同行业、不同用途的号码需求。研究完善不等位编码规划，积极开辟新的可用资源，为各类业务和应用提供充足的码号资源。

提高电信网码号利用率。研究制定可行的利用率考核指标，促进企业提高移动用户号码利用率。促进码号资源的循环使用，加强码号回收工作，满足新技术、新业务和新应用的发展需求。

稳妥推进移动用户号码在不同运营商间的携带。在对前期试验充分评估论证的基础上，以技术可行、管理完善为前提，稳妥推进移动用户号码网间携带，完善配套的政策法规，保障用户自由选择不同运营企业和不同制式电信网络提供的服务。

优化本地网码号格局。结合区域经济发展需求，及时总结评定前期改革试点情况，在确保网络稳定可靠、用户使用方便、社会服务正常提供的基础上，适时制定本地网号码调整政策，适度调整本地网格局，为国民经济和社会发展做好支撑。

**（二）推动域名体系有序发展，提升域名解析服务能力**

推动中文顶级域入根。加强国际交流与合作，促进国家顶级域和我国中文域名的发展，进一步推动我国中文顶级域纳入国际域名体系。

有序推进通用顶级域的发展。加强新通用顶级域和国际化域名的研究，积极应对国际新通用顶级域发展对我国互联网发展的影响，切实保护我国用户的合法权益。

提升域名解析服务能力。优化域名解析服务设施的布局，实现科学部署。优化调整现有域名系统，提升域名解析服务性能。实施域名解析服务设施发展计划，适时引入根服务器/镜像和中国网民访问量大、具有重要影响力的境外顶级域名服务器/镜像，推动我国顶级域名基础设施在国内外扩展。

**（三）加快 IP 地址资源积累，促进 IPv6 地址科学配置**

大力推动 IP 地址资源增长。探索 IPv4 地址增长方式，争取从国际地址管理机构的未分配地址中获取更多的 IPv4 地址资源，组织申请 IPv6 地址资源，有力支撑下一代互联网在全国范围的部署和应用。

统筹提升 IPv6 地址使用的科学性。加强合理的 IPv6 地址规划研究，在确保运营企业网络规划和组网灵活性的同时，有效提升网络运行效率和地址使用效率。

**（四）着力基础资源安全使用，支撑网络安全运行**

推进域名的安全保障能力。推动国家各级域名基础设施的规范和评估体系的建立和完善，完善域名系统安全防护标准和应急预案，采用防范策略增强域名系统安全防护能力。

提高 IP 地址安全。加强 IP 地址安全技术研究和各级企业的 IP 地址安全管理能力，通过多种综合认证手段，减少 IP 地址的非法使用和攻击。

**（五）提高资源服务水平，强化资源管理能力**

提高码号资源应用监测能力。增强事前、事中和事后监管能力，准确全面掌握已分配码号的使用情况，保证码号资源的安全有效使用。

提高域名解析服务监测能力。提升域名解析服务故障的及时发现和处理能力，为域名设施的部署和优化提供依据，为域名管理提供手段。

提高 IP 地址监测能力。建立完备的 IP 地址多级管理系统，并形成联动机制，解决性能评估、网络应急通信与故障恢复中出现的实际问题，加强 IP 地址备案库管理，建立共享机制。

提高码号资源服务水平。坚持先到先得、公开公平的分配原则，做好资源的配置和管理工作。丰富和完善业务资源管理系统功能，发挥系统在资源申请、分配、备案和年报等工作中的作用，为码号使用者提供便捷、公开、规范的服务，提高码号资源服务水平。

建立健全域名管理机制。完善域名实名制，推动域名信息真实性核验，落实域名属地化管理。完善域名注册服务标准和注册服务机构许可准入制度，合理规划域名注册范围。规范新通用顶级域的申请和注册。提高我国域名解析系统的管理能力，建立健全多级域名解析管理机制，出台域名解析服务规范和运行维护标准，保障域名解析服务质量。

完善 IP 地址资源监管体系。提升我国互联网 IP 地址资源配置、网络安全、性能监测、网络应急通信与故障恢复的能力和水平。规范 IP 地址资源服务行为和市场竞争秩序，强化行业自律。

## 五、政策保障措施

**（一）健全法律法规和管理制度**

健全基础资源相关法律法规，完善码号资源的有偿使用和管理制度，适时出台码号资源拍卖、服务提供商（SP）代码收费等管理办法。规范指导码号分配、管理和使用行为，完善域名管理、IP 地址管理等制度。

**（二）加大财政资金支持力度**

充分发挥财政资金在基础资源建设发展中的积极作用，争取基础资源管理和服务平台建设的资金投入，稳妥推进移动用户号码网间携带、基础设施引入等建设工作。

**（三）建立健全国际交流合作机制**

积极参与国际合作，加强国际交流，推动双边/多边协调和对话，建立多层次的沟通交流平台。推动建立适应电信网码号、互联网域名和IP地址资源全球化发展要求的地区和国家间的协调与合作机制。

**（四）完善技术研究和人才培养体系**

加大资源技术研究力度，结合国外先进经验，因地制宜解决我国电信网码号配置、域名体系建设和设施部署、IP地址申请分配、域名和IP地址性能优化等方面的问题。加大基础资源人才开发力度，完善基础资源人才培养和用人机制，充分发挥专业技术人才和高层次人才的作用。

## 六、规划实施

本规划由工业和信息化部发布和实施。各电信运营企业、相关机构的电信网码号、域名、IP地址等资源规划需要与本规划做好衔接。各地方、各企业在落实本规划和实施相关规划中出现的新情况和新问题应及时报送工业和信息化部等有关部门。工业和信息化部将对本规划进行中期评估，并根据评估情况，调整目标、任务，优化政策保障措施。

# 关于下一代互联网“十二五”发展建设的意见

发改办高技［2012］705号

互联网是与国民经济和社会发展高度相关的重大信息基础设施，互联网发展水平已成为衡量国家综合实力的重要标志之一。抓住新形势下技术变革和产业发展的历史机遇，在现有互联网基础上进行创新，发展地址资源足够丰富、设施先进、节能泛在、安全可信的下一代互联网，提供更大信息量和多样化的业务应用，更智能地支持人与人、人与物、物与物相互联通，为社会生产生活构建更坚实有力的信息基础，对加强信息化建设、维护国家安全和促进经济发展方式转变具有重要意义。根据党中央、国务院关于从战略高度重视下一代互联网发展的精神，按照《国务院关于加快培育和发展战略性新兴产业的决定》（国发〔2010〕32号）的统一部署，为加快推进下一代互联网发展，特制定本意见。

## 一、发展现状及面临形势

基于IPv4（国际互联网协议第4版）的现有互联网，用于标识全球网络设备和终端设备的网络地址约有40亿个，目前已基本分配殆尽。基于IPv6（国际互联网协议第6版）的下一代互联网，地址空间是现有互联网的$10^{29}$倍，目前根域名服务器已实现对IPv6的支持，全球互联网管理机构对IPv6地址的分配速度日益加快，IPv6已具备广泛应用的基础。推动互联网由IPv4向IPv6演进过渡，并在此基础上发展下一代互联网已成为全球共识。

截至2011年底，我国网民数量达5.13亿，互联网普及率为38.3%，互联网已深入到国民经济和社会发展各领域，我国已成为全球互联网大国。但由于技术和历史方面的原因，我国互联网存在网络地址获取量不足、安全可信度较差、服务质量较低等突出问题，严重制约互联网产业向更高层次发展。目前，我国仅拥有约3.32亿个IPv4地址（不含港澳台地区），即使大量应用地址翻译（NAT）等技术延缓IPv4地址消耗，仍不能满足快速增长的应用需求，还会显著增加网络复杂性和管理难度，降低网络与信息安全水平和服务质量。

为系统解决互联网领域存在的问题，近年来，我国组织实施了下一代互联网示范工程（CNGI），并通过国家科技重大专项和其他相关科技计划，在基于IPv6的下一代互联网理论研究和标准制定、网络基础设施建设、关键设备研发、技术试验与应用示范等方面取得了一系列成果，锻炼培养了一批专业人才，为下一步产业发展打下了良好基础。但也要看到，我国推进下一代互联网发展仍存在不少困难和挑战：一是宽带网络基础设施较为薄弱，用户普及率较低且分布不均衡；二是发展路线图和时间表尚不明确，尚未调动产业链各方的积极性；三是面向未来的新型网络体系关键技术支撑还不完善，研究工作需进一步加快；四是特色业务应用不多，尚未形成完善的产业链；五是信息安全形势严峻，安全可信水平有待提升。

“十二五”期间，我国将加快推进经济结构调整和发展方式转变，加快培育和发展战略性新兴产业，推动三网融合，为发展下一代互联网提供了新的战略机遇。国内电信运营企业亟须获取丰富的网络地址资源，设备制造企业亟须寻找新的增长点，服务提供企业亟须开发特色服务，用户迫切需要更先进的网络设施和更安全、优质的业务体验，物联网、云计算、移动互联网、三网融合等新兴交互式应用将大规模发展，产业链各环节形成了对加快发展下一代互联网的迫切需求。我国亟须制定适合国情的下一代互联网技术路线和发展计划，加快培育产业链，实现互联网跨越式发展。

## 二、指导思想、基本原则和发展目标

### （一）指导思想

以邓小平理论和“三个代表”重要思想为指导，深入贯彻落实科学发展观，立足国情、适应产业发展需要，按照“政府引导、应用驱动、积极过渡、开放创新、保障安全、跨越发展”的基本思路，充分发挥市场配置资源的基础性作用，加大政府统筹引导和政策扶持力度，加强创新发展，深化国际合作，加快推进 IPv6 网络规模化商用，在此基础上逐步实现网络体系架构、关键技术、安全保障、业务应用等领域重大突破，构建设施先进、节能泛在、安全可信、具有良好可扩展性和成熟商业模式的下一代互联网，形成完善的产业链，为促进经济社会又好又快发展提供有力支持和重要保障。

### （二）基本原则

坚持产业发展与安全保障并重。通过技术进步和产业发展提升网络与信息安全水平，保障产业可持续发展。坚持政府引导与市场驱动结合。加强统筹规划和政策扶持，促进下一代互联网快速、有序发展；突出企业在产业发展中的主体地位和市场在资源配置中的基础性作用，依靠市场需求驱动产业发展，通过市场竞争促进发展水平提高。

坚持创新发展与国际合作协同。加快提升关键领域创新能力，在互利共赢基础上深化国际合作。

坚持新技术研发应用与现有资源利用联动。以产业需求为牵引，充分利用现有资源，积极开展新技术、新业务研发应用，推动互联网由 IPv4 向 IPv6 平滑演进过渡。

坚持服务国防建设与满足民用需求统筹。根据军民需求和军民特点，协调推进网络发展。

### （三）发展目标

“十二五”期间，互联网普及率达到 45%以上，推动实现三网融合，IPv6 宽带接入用户数超过 2500 万，实现 IPv4 和 IPv6 主流业务互通，IPv6 地址获取量充分满足用户需求。下一代互联网理论研究、软件研发、设备制造、应用服务等领域实现高端突破，业务应用和终端设备对网络的支持能力显著提高，推动形成系统的标准体系。建成较为完善的网络与信息安全保障体系，网络与信息安全水平显著提升。网络单位信息流量综合能耗下降 40%以上，网络设备制造产业万元增加值能耗下降 15%以上。形成一批具有较强国际影响力的下一代互联网研究机构和骨干企业，新增就业岗位超过 300 万个，进一步增强对消费、投资、出口的拉动作用以及对信息产业、高技术服务业、经济社会发展的辐射带动作用。

“十三五”期间，基本建成世界先进水平的网络基础设施，完成向下一代互联网的平滑演进过渡，进一步提高互联网普及率，大幅缩小数字鸿沟，基本掌握关键领域核心技术和知识产权，实现我国互联网的跨越发展。

## 三、发展路线图和时间表

### （一）现网商用试点阶段（2013 年底前）

开展 IPv6 网络小规模商用试点，向用户和应用优先分配 IPv6 地址，形成成熟的商业模式和技术演进路线，为全面部署 IPv6 网络做好准备，加快推进新型网络体系架构及技术研发工作。具体任务是：

1. 网络建设与用户规模：所有骨干网和约 10%的城域网支持 IPv6，所有新建网络设备支持

IPv6，中国教育网（CERNET）和中国科技网（CSTNET）全部支持IPv6，电信运营企业、域名托管服务企业、顶级域运营机构、域名注册服务机构的域名服务器基本支持IPv6访问与解析；制定大规模公众网络由IPv4向IPv6平滑演进过渡方案，实现IPv4和IPv6网页浏览业务互通；互联网普及率达到40%以上，IPv6宽带接入用户数超过800万。

2. 业务应用与终端支持：国内访问流量排名前100位的商业网站系统支持IPv6，约70%的中央企业及地市级以上政府外网网站系统支持IPv6，“211”工程学校外网网站系统全部支持IPv6，电信运营企业新开展的业务基本支持IPv6，新增上网固定终端和移动终端基本支持IPv6。

3. 技术突破与知识产权：加快开展IPv4向IPv6平滑演进、新型网络体系架构及技术的研究、论证和试验，形成一定数量具有知识产权的技术，缩小与国际先进水平之间的差距；建立较为完备的标准体系。

4. 网络与信息安全：在CNGI示范网络开展网络与信息安全防护试点，建立网络信任体系，加强互联网数字证书的管理。

5. 节能降耗与产业带动：网络单位信息流量综合能耗年均下降8%以上，网络设备制造产业万元增加值能耗年均下降3%以上；新增就业岗位超过150万个。

**（二）全面商用部署阶段（2014~2015年）**

开展IPv6网络大规模部署和商用，逐步停止向新用户和应用分配IPv4地址，推动实现三网融合，组织新型网络体系架构及技术的规模验证，为“十三五”期间产业创新发展做好准备。具体任务是：

1. 网络建设与用户规模：东部发达地区所有城域网支持IPv6，中西部欠发达地区约50%的城域网支持IPv6，电信运营企业、域名托管服务企业、顶级域运营机构、域名注册服务机构的域名服务器全面支持IPv6访问与解析；推动大规模公众网络由IPv4向IPv6平滑演进，实现IPv4和IPv6主流业务互通；互联网普及率达到45%以上，IPv6宽带接入用户数超过2500万。

2. 业务应用与终端支持：国内访问流量排名前1000位的商业网站系统支持IPv6，约70%的县级以上政府外网网站系统支持IPv6，约70%的高校外网网站系统支持IPv6，移动互联网业务全面向IPv6演进过渡，物联网、云计算等新型业务需要IP网络地址时全部使用IPv6地址，电信运营企业既有业务逐步向IPv6迁移，广电企业开展的电信业务基本支持IPv6，互动电视业务和电视终端逐步支持IPv6，新增上网固定终端和移动终端全面支持IPv6。

3. 技术突破与知识产权：建立新型网络体系架构及技术试验床，在具备条件的网络开展小规模现网试验验证，形成大量具有知识产权的下一代互联网技术，在部分关键领域达到国际先进水平；建立适用全面商用的下一代互联网标准体系。

4. 网络与信息安全：在公众网络中建立网络与信息安全防护体系，完善国家数字证书管理体系，提升网络安全可信水平。

5. 节能降耗与产业带动：网络单位信息流量综合能耗年均下降12%以上，网络设备制造产业万元增加值能耗年均下降4%以上；新增就业岗位超过150万个。

## 四、重点任务

**（一）网络信息基础设施建设**

建设宽带、融合、安全、泛在的下一代国家信息基础设施，加强资源共建共享，进一步缩小数字鸿沟。在网络规划、建设、运营、管理、维护、废弃等环节，同步考虑节能降耗措施；加快公众骨干网、城域网、互联网数据中心（IDC）、业务系统、支撑系统IPv6升级改造，提升网络设备性能；加快公众移动、有线、无线宽带接入网规模部署及IPv6升级改造；升级扩容CNGI示范网络骨干网、驻地网和支撑系统，增加过渡、安全、运营管理等方面的功能；推动政府、学校、企事业单位外网网站系统及商业网站系统的IPv6升级改造。

**（二）重点产品研发及产业化**

研发支持 IPv6、满足节能降耗要求的下一代互联网关键芯片、设备、软件、系统，加快推动产业化及现网部署，形成较为完善的产业协同创新体系。主要包括高性能路由芯片和终端芯片，高速路由交换设备、接入设备，多功能终端设备，高性能 IPv4 和 IPv6 网络互通设备，传感网设备，各类基础软件、应用软件和业务平台；认证鉴权、域名解析、地址分配查询、网络管理、客户服务、融合计费等支撑系统；流量控制、防火墙、入侵检测等安全防护设备；网络设备功能及性能测试仪器，大规模网络性能测试设备与系统。

**（三）网络商用及业务创新**

加快推动基于 IPv6 的下一代互联网商用进程，促进新型业务研发、现网试验和在线应用。开展第三代移动通信及后续演进技术、光纤网、以太网、无线局域网等 IPv6 宽带接入业务，促进基于 IPv6 的宽带数据业务商用；推动现有业务逐渐向 IPv6 网络过渡，并确保平滑演进，积极发展地址需求大、速率快、移动性高的个性化互动业务。根据国务院推进三网融合的总体方案要求，建设基于 IPv6 的三网融合基础业务平台，加快发展移动多媒体广播电视、网络电视（IPTV）、手机电视、数字电视宽带上网等融合类业务应用；以物联网、云计算和移动互联网等为重点，积极推动下一代互联网在教育、农业、工业、医疗、交通、铁路、水利、环保和社会管理等重点领域的应用。

**（四）网络与信息安全保障**

加强网络与信息安全保障工作，全面提升下一代互联网安全性和可信性。加强域名服务器、数字证书服务器、关键应用服务器等网络核心基础设施的部署及管理；加强网络地址及域名系统的规划和管理；推进安全等级保护、个人信息保护、风险评估、灾难备份及恢复等工作，在网络规划、建设、运营、管理、维护、废弃等环节切实落实各项安全要求；加快发展信息安全产业，培育龙头骨干企业，加大人才培养和引进力度，提高信息安全技术保障和支撑能力。

**（五）理论研究与技术突破**

结合产业发展需要和技术进步方向，推进网络由 IPv4 向 IPv6 演进过渡，加强互联网未来发展与长期演进的战略布局和技术储备，积极研究新型网络体系架构涉及的关键理论和核心技术。针对具体网络与业务环境，制定大规模公众网络由 IPv4 向 IPv6 平滑演进过渡方案；着眼于未来 10~20 年互联网发展面临的挑战和技术变革，研究未来发展战略，针对网络可扩展性、移动性、实时性、安全性、可信性等问题，加强新型网络体系架构及寻址、路由、安全、业务、管理、运营等方面理论和技术研究，并开展规模应用试验和论证；根据产业节能降耗目标，开展网络、设备、服务节能技术研究。

**（六）标准体系与知识产权**

建立并完善下一代互联网标准体系，重点制定网络由 IPv4 向 IPv6 演进过渡、网络与信息安全防护、业务应用、评估检测、网络基础资源等领域的技术标准，支撑下一代互联网的建设及商用；积极参与互联网工程任务组（IETF）、国际电信联盟电信标准局（ITU-T）、第三代移动通信技术伙伴计划（3GPP）、电信和互联网融合业务及高级网络协议（TISPAN）、电气电子工程师协会（IEEE）等国际标准化组织；落实国家知识产权战略。

## 五、保障措施

**（一）完善体制机制**

进一步加强部门间协调配合，建立 IPv6 网络商用推进机制，规范网络基础资源管理机制，健全网络与信息安全管理长效机制，完善产业发展统计机制；加强下一代互联网发展与国家科技重大专项及其他相关科技计划的衔接，以 CNGI 示范网络为平台促进新型网络体系架构研发、技术试验和业务应用，强化 CNGI 专家委在下一代互联网重大问题研究、重大决策制定、重大事项推进中的支撑作用；以业务为纽带，以企业为主体，按市场化方式运作，推动成立下一代互联网产业联盟，促进产业链各环节共同发展。

**（二）加大政府投入**

根据发展路线图和时间表，围绕重点任务，结合培育战略性新兴产业、实施科技重大专项等，加大国家资金投入，带动社会资金投入，分阶段组织实施下一代互联网“十二五”发展重大工程，积极引导电信运营企业、有线电视运营企业、软件研发企业、设备制造企业、服务提供企业等产业链各环节发展下一代互联网，确保实现发展目标；鼓励地方政府对重点任务和重大工程给予资金支持；鼓励金融机构、社会资本参与下一代互联网的发展，充分整合利用市场资源，推动设立产业发展基金。

**（三）提升创新能力**

加强专业人才队伍建设，鼓励高校、科研机构和企业引进和联合培养满足市场需求的技术和管理等各领域专业人才，特别是高端人才；通过 863 计划、973 计划、自然科学基金等渠道，大力支持网络基础理论和关键技术研究；建设并利用好下一代互联网国家工程实验室和国家工程研究中心，使其成为产业共性技术研发创新平台；加大对标准制定和应用的支持力度；积极支持企业以市场为导向，加强业务应用创新；鼓励建立产学研相结合的市场化合作机制，联合研发关键技术和设备，加速科研成果转化。

**（四）深化国际合作**

在互利共赢、保障安全的原则下，鼓励外资企业参与我国下一代互联网的理论研究、设备开发、行业应用、服务咨询等合作，加强国际优势资源的整合利用；加强与相关国家的合作，建立有效沟通渠道，在网络由 IPv4 向 IPv6 演进过渡进程以及国际标准制定等工作中互相协调、共同发展；加强与国际标准化及基础资源管理等组织的合作，推动建立更加科学合理的 IP 地址分配、网络域名管理以及互联网治理机制。

**（五）优化市场环境**

加大宣传力度，加深社会对下一代互联网的认知；在技术、政策、标准等方面多措并举，提升网络安全可信水平，保障国家网络安全；加快修订设备入网检测标准规范，明确基于 IPv6 的下一代互联网属性要求，并在入网检测工作中实施，完善网络、业务、软件对 IPv6 的支持度评测认证体系；细化、修订互联网网站年审等管理规定，引导网站顺应市场发展趋势适时增加 IPv6 服务器，向公众提供基于 IPv6 的内容服务；研究完善财政支持政策，落实好有利于下一代互联网发展的有关税收优惠政策；建立鼓励电信运营企业发展下一代互联网业务的绩效考评机制；选择若干城市开展“下一代互联网示范城市”建设，整合地方资源，开展特色应用，推动城市信息化进程。

# 关于做好工业通信业信息化“十二五”规划工作的意见

工信部　2010 年 1 月 22 日

即将进入的“十二五”时期，是我国实现全面建设小康社会奋斗目标承上启下的关键时期，也是全面贯彻科学发展观、走中国特色新型工业化道路的重要时期。科学编制和有效实施“十二五”工业、通信业和信息化各项规划，对于妥善应对国内外发展环境重大变化，加快结构调整和发展方式转变，推进信息化与工业化深度融合，促进我国工业由大变强，具有十分重要的现实意义。为做好工业、通信业和信息化“十二五”规划编制工作，按照国家编制“十二五”规划的有关要求，结合工业和信息化发展实际，现提出如下意见：

## 一、充分认识“十二五”规划工作的重要意义

发展规划是对国民经济和社会发展的全局或部分活动在时间和空间上的战略部署，是政府履行经济调节、市场监管、社会管理和公共服务职责的重要依据。“十二五”规划是实行大部制改革后第一次系统编制中长期发展规划，做好规划工作意义重大。

**（一）做好“十二五”规划工作是加快走中国特色新型工业化道路的迫切需要**

目前，我国工业化整体已进入到中期阶段，但工业整体生产技术水平不高，大而不强。加快走中国特色新型工业化道路，仍是我国现代化进程中一项重要的历史任务。随着资源环境约束增强和国内外环境出现新变化，产业结构调整进入了需求结构、供给结构和要素投入结构全方位调整的新阶段，发展方式转变势在必行。编制好“十二五”规划，加强整体谋划，理清发展思路，立足科学发展，着力自主创新，促进转型升级，把实施重点产业调整振兴规划和长远发展有机地结合起来，走出一条清洁发展、节约发展、安全发展、绿色发展、可持续发展的工业化新路。

**（二）做好“十二五”规划工作是积极适应国际发展环境新变化的迫切需要**

国际金融危机影响仍在持续，全球经济复苏将要经历一个缓慢而又曲折的过程，也将深刻改变全球产业竞争格局。为了尽快走出危机，世界各国纷纷加大科技投入，抢占未来经济和产业发展制高点的竞争更趋激烈。面对国际环境的新变化、新特点，“十二五”规划编制过程中，必须站在新的历史起点和经济全球化的历史背景下，坚持全球视野，加强战略思维，深入研究国际产业规划的动向及特点，剖析其战略意图，立足我国实际，制定相应战略和规划，塑造我国产业国际竞争新优势。

**（三）做好“十二五”规划工作是切实履行好职能、健全行业管理工作的迫切需要**

工业和信息化主管部门负责拟订并组织实施工业、通信业、信息化的发展规划；制定并组织实施工业、通信业的行业规划、计划。编制好“十二五”规划，是贯彻落实中央实行大部制改革的重大决策、认真履行国务院赋予的行业管理职能的重要举措。通过编制“十二五”规划，建立健全工业、通信业和信息化规划体系，充分发挥规划的导向和约束功能，是构建市场经济条件下

行业管理体系的迫切需要。

## 二、指导思想和基本原则

“十二五”规划工作的指导思想是：以邓小平理论、“三个代表”重要思想为指导，全面贯彻落实科学发展观，坚持走中国特色新型工业化道路，以加快发展方式根本性转变为主线，以自主创新、深化改革、扩大开放为基本动力，从调整要素投入结构、供给结构和需求结构入手，着力推进工业转型升级，着力推进现代产业体系发展，着力推进信息化与工业化深度融合，着力推进军民融合式发展，显著提高发展的稳定性、协调性和可持续性，显著增强产业国际竞争力和抗风险能力，为建设工业强国、构建信息社会打下坚实基础。

“十二五”工业和信息化规划工作应坚持以下原则：

体现科学发展的要求。必须坚持以人为本、全面协调可持续的科学发展观，坚持从实际出发，遵循自然规律、经济规律和社会发展规律。正确处理好发展速度与结构、质量、效益、环境保护等重大关系。

体现统筹兼顾的要求。将工业、通信业和信息化与国民经济和社会发展统筹起来考虑，把产业发展、企业发展、环境保护和惠及民生有机结合起来。既要立足应对国际金融危机，落实重点产业调整振兴规划，又要着眼长远，大力发展战略性新兴产业，为我国在“后危机”时代新一轮国际竞争中争取主动权。

体现开拓创新的要求。进一步解放思想、锐意创新，树立战略眼光，更新规划理念，创新规划思路，明确规划主题，突出规划主线，增强规划的战略性、宏观性、政策性和可操作性。进一步深化改革，为产业升级、两化融合、军民结合提供制度保障。

体现注重实效的要求。要坚持有所为、有所不为，控制规划数量，做精行业规划，突出专题性、特定领域的规划，增强规划的可操作性，减少空泛的、可操作性差的规划，努力做到目标科学、思路清晰、重点明确、措施可行。

体现民主决策的要求。规划编制要充分发扬民主，广泛听取意见。建立有效的规划社会参与制度，广泛听取行业协会、重点企业和社会各界的意见和建议；建立规范化的论证、衔接、公布和评估制度，增加规划工作的透明度和公众参与度，提高决策的科学化和民主化水平。

## 三、扎实做好规划编制和实施中的各项工作

### （一）加强规划前期重大问题研究

前期重大问题研究是规划编制的重要基础，直接影响规划思路的形成，是规划编制工作中不可或缺的关键环节。要高度重视规划前期重大问题研究工，针对当前工业和通信业发展存在的深层次矛盾和问题，抓紧开展相关基础性研究，理清规划思路，为开展“十二五”工业、通信业和信息化规划工作奠定坚实的基础。重大问题研究可通过公开招标、直接委托等多种形式组织开展研究。

### （二）建立健全规划体系

规划体系是指以总体规划为统领，以行业规划、专题规划和区域规划为支撑，由此形成科学合理、层次分明、互为补充、有机衔接的一系列规划组合。按照“履行职能，科学合理，突出重点，有机融合”的基本原则，建立健全工业和信息化规划体系。工业和信息化领域的规划分为两个层次，即总体规划和专项规划（含行业规划、专题规划及区域规划）。总体规划主要提出总体目标、思路、方向、任务和重大生产力布局意见，是指导行业规划、专题规划、区域规划的重要依据。专项规划是以特定领域或行政区域为对象编制的规划。各地可结合实际，力争使更多的专项规划纳入本级政府重点专项规划。

**（三）精心组织规划编制**

要组织高效、精干、专业的规划编制队伍，明确目标，落实责任。在规划编制过程中可采用书面调研、实地调研、召开专家和企业座谈会等多种形式开展调查研究。要着重建立两个制度，一是建立健全规划编制的公众参与制度，要增强规划工作的透明度和公众参与度，在条件具备的前提下，可通过互联网、报纸期刊、电话等多种形式征集社会各界和市场主体对规划文件的意见；二是实行编制规划的专家论证制度，加强规划评估论证工作，除本部门、本系统的专家参与评估论证外，还要吸收相关部门的专家参加评估论证。在规划编制过程中，鼓励采用路线图、规划带重大工程和建设项目等方式，创新规划编制方法和规划表现形式。

**（四）加强规划间的衔接协调**

各级各类规划要按照下级规划服从上级规划、区域规划和专项规划服从总体规划的原则，进行有效衔接协调。要充分发挥总体规划的统领作用，行业规划、专题规划及区域规划要依据总体规划，在指导思想、目标、工作重点和政策措施等方面与总体规划实现有机对接，各层次规划之间不得存在相互矛盾。规划衔接的主要内容包括宏观调控的重要指标，优势支柱产业发展，重要资源开发以及重大项目布局和重大政策等。下一级主管部门编制的工业和信息化发展总体规划应与上一级主管部门编制的总体规划、专项规划进行必要衔接。

**（五）积极探索规划实施机制**

在继续发挥规划的指导性功能的同时，增强规划在区域空间结构、重大生产力布局、节能减排等方面的约束性功能。要进一步将发展规划与国家产业政策、财税金融、法律法规等手段有机结合起来，形成政策和调控的合力。要研究确定一批关系全局、意义深远、带动作用强、政府组织实施的重大工程。要充分依托执行规划的“主体”，对于重点地区、重点企业、重点项目加强引导。对于部分规划，可制定配套性文件或法规，对规划实施进一步延伸和细化。

**（六）建立规划的后评估和调整机制**

规划编制部门要在规划实施过程中适时组织开展对规划实施情况的评估，及时发现问题，认真分析产生问题的原因，提出有针对性的对策建议。评估工作可以由编制部门自行承担，也可以委托其他机构进行评估。评估结果要形成报告，作为修订规划的重要依据。如果规划对象未来实际情况与规划预测存在较大差异，应及时对规划进行调整和修订，按照相关工作程序进行报批和发布。

## 四、工作进度安排

规划编制过程要严格遵循工作程序，具体工作安排如下：

**（一）前期研究阶段（2010年3月以前）**

组织实施“十二五”规划重大前期研究课题；起草形成“十二五”工业和信息化规划基本思路；编制“十二五”规划工作实施方案，落实必要的专项工作保障经费。

**（二）编制起草阶段（2010年4月~2010年9月）**

研究制定“十二五”工业和信息化规划编制计划；继续深化重大专题研究，做好规划编制的有关调研工作，召开相关会议听取意见和建议，集中力量编写完成《“十二五”规划纲要》（草案）和各专项规划（草案）。

**（三）论证衔接阶段（2010年10月~2011年3月）**

广泛听取社会各界意见，组织专家论证，完成规划衔接，进一步修改完善《“十二五”规划纲要》（草案）和各专项规划（草案），形成规划（草案）送审稿。

**（四）审批发布阶段（2011年4月~2011年下半年）**

《规划纲要》和各专项规划完成论证和衔接，并进一步修改完善，按规定程序报部或国务院审定后，分批组织发布。

**（五）实施评估阶段**（2011~2015 年）。

提出分年度落实《"十二五" 规划纲要》的目标任务，制定具体措施，努力完成纲要提出的目标任务；加强规划实施情况的跟踪分析和中期评估。

## 五、组织保障

**（一）加强组织领导，提高思想认识**

各地工业和信息化主管部门、通信管理局要加强"十二五"规划编制工作的组织领导，成立规划编制领导小组，主要负责同志任领导小组组长。根据需要，成立若干规划编制小组，承担规划研究、起草和必要的衔接工作。要从规划编制工作过程也是落实职责、履行职能、锻炼队伍、加强行业管理过程的高度来认识和对待"十二五"规划工作。

**（二）重视队伍建设，保障工作条件**

在各级工业和信息化部门组建过程中要重视和保留一批长期从事规划研究和编制、熟悉行业情况的规划工作专门人才。各地工业和信息化主管部门、通信管理局要加强规划工作人员基础理论知识和业务知识的学习，拓宽知识面；加强对国内外经济形势和行业发展趋势的分析和判断；加强调查研究，积累第一手资料，在实践中提高发现问题、研究问题、解决问题的能力。规划编制工作所需经费，按照综合考虑、统筹安排的原则，商同级财政部门予以落实。

# 电信服务规范

（经信息产业部第八次部务会议审议通过，
自2005年4月20日起施行）

**第一条** 为了提高电信服务的质量，维护电信用户的合法权利，保证电信服务和监管工作的系统化和规范化，依据《中华人民共和国电信条例》，制定本规范。

**第二条** 本规范适用于在中华人民共和国境内依法经营电信业务的电信业务经营者提供电信服务的活动。

**第三条** 本规范为电信业务经营者提供电信服务时应当达到的基本质量要求，是电信行业对社会公开的最低承诺，同时适用于单一电信业务网或多个电信业务网共同提供的电信业务。

电信业务经营者提供电信服务，应当符合本规范规定的服务质量指标和通信质量指标。

本规范所称服务质量指标，是指反映电信服务固有特性满足要求程度的，主要反映非技术因素的一组参数。

本规范所称通信质量指标，是指反映通信准确性、有效性和安全性的，主要反映技术因素的一组参数。

**第四条** 中华人民共和国信息产业部（以下简称信息产业部）组织制定全国的电信服务规范，监督检查电信服务规范在全国的实施。

各省、自治区、直辖市通信管理局（以下简称通信管理局）监督检查电信服务规范在本行政区域内的实施。

本规范中，信息产业部和通信管理局统称为电信管理机构。

**第五条** 电信业务经营者可以制定本企业的企业服务标准，电信业务经营者制定的企业服务标准不得低于本规范。

**第六条** 电信业务经营者应当采取有效措施，持续改进电信服务工作。

**第七条** 电信业务经营者应建立健全服务质量管理体系，并按规定的时间、内容和方式向电信管理机构报告，同时向社会通报本企业服务质量状况。

发生重大通信阻断时，电信业务经营者应当按规定的要求和时限向电信管理机构报告。在事故处理过程中，电信业务经营者应对所有与事故有关的数据进行采集、记录和保存，相关数据和书面记录至少保存六个月。

**第八条** 电信业务经营者提供电信服务时，应公布其业务种类、服务时限、资费标准和服务范围等内容，并报当地通信管理局备案。

由于电信业务经营者检修线路、设备搬迁、工程割接、网络及软件升级等可预见的原因，影响或可能影响用户使用的，应提前七十二小时通告所涉及的用户。影响用户的时间超过二十四小时或影响有特殊需求的用户使用时，应同时向当地通信管理局报告。

电信业务经营者停止经营某种业务时，应提前三十日通知所涉及用户，并妥善做好用户善后工作。

**第九条**　电信业务经营者应当执行国家电信资费管理的有关规定，明码标价，并采取有效措施，为用户交费和查询费用提供方便。

**第十条**　用户申请办理电信业务时，电信业务经营者应当向用户提供该项业务的说明。该说明应当包括该业务的业务功能、通达范围、业务取消方式、费用收取办法、交费时间、障碍申告电话、咨询服务电话等。电信业务宣传资料应针对业务全过程，通俗易懂，真实准确。

对用户暂停或停止服务时，应在二十四小时前通知用户。

**第十一条**　电信业务经营者不得以任何方式限定用户使用其指定的业务或购买其指定的电信终端设备。用户要求开通、变更或终止电信业务时，电信业务经营者无正当理由不得拖延、推诿和拒绝，不得胁迫、刁难用户。

经营本地电话业务和移动电话业务的电信业务经营者，应当全面建立公开、公平的电话号码用户选择机制。

**第十二条**　电信业务经营者应以书面形式或其他形式明确经营者与用户双方的权利和义务，其格式合同条款应做到公平合理、准确全面、简单明了。

**第十三条**　电信业务经营者应合理设置服务网点或代办点，合理安排服务时间或开设多种方式受理业务，方便用户。

上门服务人员应遵守预约时间，出示工作证明或佩戴本企业标识，代经销人员应主动明示电信业务代理身份，爱护用户设施，保持环境整洁。

电信业务经营者应为残疾人和行动不便的老年用户提供便捷的服务。

**第十四条**　电信业务经营者应当建立与用户沟通的渠道和制度，听取用户的意见和建议，自觉改善服务工作。

电信业务经营者应当向用户提供业务咨询、查询和障碍申告受理等服务，并采取公布监督电话等形式，受理用户投诉。对于用户关于电信服务方面的投诉，电信业务经营者应在接到用户投诉之日起十五日内答复用户。

电信业务经营者在电信服务方面与用户发生纠纷的，在纠纷解决前，应当保存相关原始资料。

**第十五条**　电信业务经营者提供电信卡类业务时，应当向用户提供相应的服务保证，不得发行超出服务能力的电信卡。

电信业务经营者应当采取适当的方式明确电信业务经营者与持卡用户双方的权利、义务和违约责任，告知用户使用方法、资费标准、计费方式、有效期限以及其他应当告知用户的事项。

电信业务经营者不得做出对持卡用户不公平、不合理的规定，不得单方面免除或者限制电信业务经营者的责任，损害用户的合法权益。

**第十六条**　以代理形式开展电信服务的，代理人在提供电信服务活动时，应当执行本规范。电信业务经营者应加强对其业务代理商的管理，并负责管理和监督检查代办电信业务单位或个人的服务质量。

**第十七条**　通信管理局可以根据本地实际情况，对本规范的服务质量指标进行局部调整或补充。调整后的指标低于本规范的，应当报信息产业部批准。

通信管理局按照前款规定调整服务质量指标的，该行政区域应当执行调整后的服务质量指标。

**第十八条**　电信业务经营者可以根据用户的特殊需要，约定有关的业务受理、开通时限、故障处理时限等问题，但其服务质量不得低于本规范或者当地通信管理局制定的服务质量指标。

**第十九条**　电信业务经营者提供的电信服务未能达到本规范或者当地通信管理局制定的服务质量指标的，由电信管理机构责令改正。拒不改正的，处以警告，并处一万元以上三万元以下的罚款。

**第二十条** 信息产业部根据实际情况，可以对电信业务项目及其服务质量指标和通信质量指标（详见附录）做出调整，并重新公布实施。

**第二十一条** 本规定自2005年4月20日起施行，信息产业部制定的《电信服务标准（试行）》（信部电［2000］27号）同时废止。

附录1：电信服务规范——固定网本地及国内长途电话业务

附录2：电信服务规范——数字蜂窝移动通信业务

附录3：电信服务规范——因特网及其他数据通信业务

附录4：电信服务规范——国内IP电话业务

附录5：电信服务规范——无线寻呼业务

附录6：电信服务规范——信息服务业务

附录7：电信服务规范——国内甚小口径终端地球站（VSAT）通信业务

附录8：电信服务规范——国内通信设施服务业务

## 附录1：

## 电信服务规范——固定网本地及国内长途电话业务

### 1.1 固定网本地及国内长途电话业务的服务质量指标

1.1.1 电信业务经营者应免费向用户提供火警、匪警、医疗急救、交通事故报警等公益性电话的接入服务，并保障通信线路畅通。

1.1.2 电话装机、移机时限。

城镇：平均值≤15日，最长为25日；

农村：平均值≤20日，最长为30日。

电话装机、移机时限指自电信业务经营者受理用户装机、移机交费之日起，至装机、移机后能正常通话所需要的时间。

1.1.3 电话复话时限。

平均值≤12小时，最长为24小时。

电话复话时限指自停机用户办理恢复开通手续，归属电信业务经营者收到有关费用时起，至电话恢复开通所需要的时间。

1.1.4 用户市话业务变更时限。

平均值≤12小时，最长为24小时。

用户市话业务变更时限指用户办理更名、过户、暂停或停机以及增减各种电话服务项目，自办理登记手续且结清账务时起，至实际完成变更所需要的时间。

1.1.5 用户长途业务变更时限。

平均值≤12小时，最长为24小时。

用户长途业务变更时限指用户办理增、减长途直拨功能，自办理登记手续且结清账务时起，至实际完成变更所需要的时间。

1.1.6 电话障碍修复时限。

城镇：平均值≤24小时，最长为48小时；

农村：平均值≤36小时，最长为72小时。

电话障碍修复时限指自用户提出障碍申告时起，至障碍排除或采取其他方式恢复用户正常通信所需要的时间[①]。

1.1.7　由于非用户原因需要更改用户电话号码时，电信业务经营者应至少提前45日通知用户，至少提前15日告知用户新的电话号码。号码更改实施日起，至少应在45日内，向所有来话用户连续播放改号提示音。由于用户原因需要更改用户电话号码时，原电信业务经营者应根据用户需要提供改号提示业务。

1.1.8　电话号码冻结时限最短为90日。

电话号码冻结时限指该号码注销后至重新启用所需要的时间。

1.1.9　电话服务台、客户服务中心和人工短消息中心的应答时限最长为15秒。

话务员（包括电脑话务员）应答时限指用户拨号完毕后，自听到回铃音起，至话务员（包括电脑话务员）应答所需要的时间。

电话服务台或客户服务中心和人工短消息中心人工服务的应答时限最长为15秒。人工服务的应答率≥85%。

人工服务的应答时限指自用户选择人工服务后，至人工话务员应答所需要的时间。人工服务的应答率是用户在接入电话服务台、客户服务中心和人工短消息中心后，实际得到人工话务员应答服务次数和用户选择人工服务总次数之比。

1.1.10　电信业务经营者应按照相关规定提供电话号码查询业务，电话查号准确率应达到95%。

电话查号准确率是指用户的电话号码已在电信业务经营者登记的，电信业务经营者提供正确查号服务的次数与全部查号服务次数之比。

1.1.11　电信业务经营者应要求公用电话代办点设置规范标志，张贴收费标准，使用符合国家标准的计价工具，按收费标准向用户收取费用，并接受电信管理机构和电信业务经营者的监督和检查。

1.1.12　电信业务经营者应根据用户的需要，免费向用户提供长途话费详细清单查询。原始话费数据保留期限至少5个月。

## 1.2　固定网本地及国内长途电话业务的通信质量指标

1.2.1　拨号前时延。

平均值≤0.8秒，最大值为1秒。

拨号前时延指用户摘机后至听到拨号音的时间间隔。

1.2.2　拨号后时延。

同一固定网内电话用户间的本地呼叫的拨号后时延：平均值≤1.9秒，最大值为5.3秒（有中国一号信令时，最大值为10秒）；

同一固定网内电话用户间的长途呼叫的拨号后时延：平均值≤2.2秒，最大值为7秒（有中国一号信令时，最大值为12秒）；

当固定电话用户间的呼叫是由多个固定网共同提供时，其本地、长途拨号后时延：平均值≤2.3秒，最大值为7.2秒（有中国一号信令时，最大值为13秒）。

拨号后时延指从用户拨号终了时起，至接收到回铃音或录音通知等信号止的时间间隔。

1.2.3　接通率。

同一固定网内，本地呼叫的端到端接通率≥95%；

同一固定网内，国内长途呼叫的端到端接通率≥90%；

---

① 各类业务的障碍修复指标要求中均不包含用户自有或自行维护的接入线路和设备的故障。

当固定电话用户间的呼叫连接由多个电信网共同提供时，其本地、长途呼叫的接通率≥85%；

固定网与移动网间呼叫，接通率≥80%。

接通率是用户应答、被叫用户忙、被叫用户不应答、终端拒绝和不可用的次数与总有效呼叫次数之比。对接通率的考核在忙时统计。

其中：总有效呼叫次数=呼叫次数-（用户拨号不全+用户拨无权号码+用户拨空号+用户拨错号）次数。

1.2.4　传输损耗。

端到端的传输损耗≤21dB。

传输损耗是任意两个用户端到端之间建立的连接的传输损耗。

1.2.5　振鸣和准振鸣。

振鸣的概率≤0.1%；

准振鸣的概率≤1%。

1.2.6　发话人回声。

呼叫中出现发话人回声的概率≤1%。

1.2.7　可懂串话。

同一交换局用户之间出现可懂串话的概率≤0.1%；

不同交换局用户之间出现可懂串话的概率≤1%。

1.2.8　单向传输时间。

本地电话单向传输时间≤13 毫秒；

国内长途连接不含卫星电路时，单向传输时间≤85 毫秒；

由于安装 DCME 设备和保护倒换导致的电路过长等特殊情况，允许单向传输时间≤150 毫秒。

1.2.9　网络的通话中断率。

通话中断率≤$2\times10^{-4}$。

通话中断率（掉话）指在用户通话过程中，出现掉话的概率。

1.2.10　发送方短消息中心的响应时延。

固定网短消息中心的响应时延平均值≤20 秒，最大值为 45 秒。

发送方短消息中心的响应时延指主叫用户按发送键，至其接收到发送方短消息中心接受或不接受该消息的证实之间的时间间隔。固定网短消息的响应时延包括：呼叫接续时间+上传时间（取决于信息长度和上行方式）+处理时间（包括主叫号码认证）+系统回送时间（回送上传结果）。

1.2.11　短消息中心系统接通率。

固定网短消息中心接通率≥95%。

固定网短消息中心系统接通率指主叫用户通过入中继接入到固网短消息中心或人工短消息中心得到有效处理次数与占用入中继总次数之比。

1.2.12　短消息的存储有效期。

固定网短消息的存储有效期≥72 小时。

固定网短消息的存储有效期指发送方将短消息成功发出，并得到发送方短消息中心的证实后，在接收方成功接收之前，在固定网短消息中心的有效存储时间段。在该存储时间段内，接收方短消息中心应保存该消息，并进行多次发送尝试，直到被接收方成功接收或超出该时间段为止。

1.2.13　短消息发送时延。

短消息发送时延平均值≤10 分钟，最大值为 24 小时；短消息发送及时率≥99%。

短消息发送时延指主叫用户收到短消息提交成功的证实后，至被叫用户成功接收到短消息之间的时间间隔。

短消息发送及时率指在规定的发送时延最大值以内发送成功事件数与发送成功总事件数之比。

1.2.14　计费差错率。

计费差错率 $\leq 10^{-4}$。

计费差错率指交换设备出现计费差错的概率，采用如下公式计算：

对于集中计费：计费差错率=有错误的话单数/总话单数；

对于单式或复式计次：计费差错率=错误的脉冲次数/总的脉冲次数。

## 附录 2：

### 电信服务规范——数字蜂窝移动通信业务

### 2.1　数字蜂窝移动通信业务的服务质量指标

2.1.1　电信业务经营者应向社会公布其无线网络覆盖范围及漫游范围。

2.1.2　电信业务经营者应免费向用户提供火警、匪警、医疗急救、交通事故报警等公益性电话的接入服务，并保障通信线路畅通。

2.1.3　移动电话复话时限。

平均值≤1 小时，最长为 24 小时。

移动电话复话时限指停机用户办理恢复开通手续、归属电信业务经营者收到有关费用时起，至移动电话恢复开通所需要的时间。

2.1.4　移动电话业务变更时限。

平均值≤1 小时，最长为 24 小时。

移动电话业务变更时限指用户办理更名、过户、暂停或停机等服务项目，自办理登记手续且结清账务起，至实际变更完成所需要的时间。

2.1.5　移动电话通信障碍修复时限。

平均值≤24 小时，最长为 48 小时。

移动电话通信障碍修复时限指自用户提出障碍申告时起，至障碍排除或采取其他方式恢复用户正常通信所需要的时间。移动电话通信障碍指非手机原因引起的障碍。

2.1.6　由于非用户原因需要更改用户电话号码时，电信业务经营者至少提前 45 日告知用户，至少提前 15 日告知用户新的电话号码。号码更改实施日起，至少应在 45 日内，向所有来话用户连续播放改号提示音。由于用户原因需要更改用户电话号码时，原电信业务经营者应根据用户需要提供改号提示业务。

2.1.7　移动电话号码冻结时限最短为 90 日。

移动电话号码冻结时限指该号码注销后，至重新启用所需要的时间。

2.1.8　电话服务台、客户服务中心和人工短消息中心的应答时限最长为 15 秒。

话务员（包括电脑话务员）应答时限指用户拨号完毕后，自听到回铃音时起，至话务员（包括电脑话务员）应答所需要的时间。

电话服务台或客户服务中心人工服务的应答时限：最长为 15 秒。人工服务的应答率≥85%。

人工服务的应答时限指自用户选择人工服务后，至人工话务员应答所需要的时间。人工服务的应答率是用户在接入电话服务台、客户服务中心和人工短消息中心后，实际得到人工话务员应答服务次数和用户选择人工服务总次数之比。

2.1.9 电信业务经营者应根据用户的需要，免费向用户提供移动话费详细清单（含预付费业务）查询。移动电话原始话费数据及点到点短消息业务收费详单原始数据保留期限至少为5个月。

## 2.2 数字蜂窝移动通信业务的通信质量标准

2.2.1 可接入率。

在无线网络覆盖区内的90%位置，99%的时间、在20秒内移动台均可接入网络。

2.2.2 接通率。

同一移动网内的本地呼叫：接通率≥90%；

同一移动网内的国内长途呼叫：接通率≥85%；

两个或多个移动网间呼叫，或移动与固定网间呼叫：接通率≥80%。

接通率指用户应答、被叫用户忙、被叫用户不应答、用户不可及（包括被叫不在服务区、被叫呼入限制、拔电池、关机）的次数与总有效呼叫次数之比。对接通率的考核在忙时统计。

2.2.3 拨号后时延。

移动用户拨打固定用户的拨号后时延：平均值≤9秒，最大值为12.5秒；

固定用户拨打移动用户的拨号后时延：平均值≤9秒，最大值为16秒；

移动用户拨打移动用户的拨号后时延：平均值≤10.3秒，最大值为19秒。

拨号后时延指固定用户拨号终了或移动用户按发送键起，至收到回铃音、忙音或其他语音提示等时刻之间的时间间隔。

2.2.4 通话中断率（掉话率）。

掉话率≤5%。

掉话率指在用户通话过程中，出现掉话的概率。

2.2.5 无线信道拥塞率（无线信道呼损）。

无线信道拥塞率≤3%。

无线信道拥塞率指由于无线信道（包括话音和信令信道）出现拥塞，而导致业务失败的概率。

2.2.6 移动点对点短消息发送成功率。

移动点对点短消息发送成功率≥99%。

移动点对点短消息发送成功率指消息发送者发出消息，到消息被接收方（处于正常接收状态下）成功接收的概率。

2.2.7 移动点对点短消息发送时延。

移动点对点短消息发送时延平均值≤3分钟，最大值为24小时；移动点对点短消息发送及时率≥95%。

移动点对点短消息发送时延指短消息发送者发出消息，到该短消息被接收方（处于正常接收状态下）成功接收的时间间隔。

移动点对点短消息发送及时率指在规定的发送时延最大值以内发送成功事件数与发送成功总事件数之比。

2.2.8 移动点对点短消息丢失率。

移动点对点短消息丢失率≤$10^{-5}$。

移动点对点短消息丢失率指消息成功发出，得到短消息中心接收证实，在24小时内接收方（处于正常接收状态下）没有接收到该消息的概率。

2.2.9 移动点对点短消息存储有效期。

移动点对点短消息存储有效期≥72小时。

移动点对点短消息存储有效期指消息成功发出，得到短消息中心接收证实，在没有被接收方成功接收之前，在短消息中心的有效存储时间段。在该存储时间段内短消息中心应保存该消息，并进行多次尝试发送，直到被接收方成功接收或超出该时间段为止。

2.2.10　计费差错率。

计费差错率≤$10^{-4}$。

计费差错率指交换设备出现计费差错的概率，采用如下公式计算：

计费差错率=有错误的话单数/总话单数。

## 附录 3：

### 电信服务规范——因特网及其他数据通信业务

### 3.1　因特网拨号接入业务的服务标准

3.1.1　因特网拨号接入业务的服务质量指标。

3.1.1.1　注册账号方式的拨号接入网络开通时限。

平均值≤12 小时，最长为 24 小时。

注册账号方式的拨号接入网络开通时限指注册用户办理入网手续，归属电信业务经营者收到有关费用时起，至拨号接入开通所需要的时间。

3.1.1.2　注册账号方式的拨号接入业务变更时限。

平均值≤12 小时，最长为 24 小时。

注册账号方式的拨号接入业务变更时限指用户办理更名、过户等服务项目，自办理登记手续且结清账务时起，至实际变更所需要的时间。

3.1.1.3　记账卡式拨号接入业务在输入卡号和密码后应能按售卡时运营商承诺的条件正常使用，否则应给予更换。

3.1.1.4　记账卡式拨号接入业务应提供余额查询等功能。

3.1.1.5　拨号接入设备障碍修复时限。

平均值≤8 小时，最长为 12 小时。

拨号接入设备障碍修复时限指自用户提出障碍申告时起，至障碍排除或采取其他方式恢复用户正常通信所需要的时间。

3.1.2　因特网拨号接入业务的通信质量指标。

3.1.2.1　接入服务器忙时接通率。

接通率≥90%。

接入服务器忙时接通率指接入服务器忙时接通次数与忙时用户拨号总次数之比。

3.1.2.2　本地用户接入认证响应时间。

平均响应时间≤8 秒，最大值为 11 秒。

本地用户接入认证平均响应时间是从用户提交完账号和口令起，至本地认证服务器完成认证并返回响应止的时间平均值。

3.1.2.3　接入认证成功率。

接入认证成功率≥99%。

接入认证成功率指在用户输入账号、口令无误情况下的认证成功概率。

注：无线接入方式认证成功率与信号覆盖区、空中干扰有关，若低于99%，由电信业务经营者向用户示明附加条件和指标。

## 3.2 因特网数据传送业务的服务标准

3.2.1 因特网数据传送业务的服务质量指标。

3.2.1.1 电信业务经营者应向用户说明本企业因特网数据传送业务的业务接入点，网络覆盖的范围以及与其他网络的互联情况。

3.2.1.2 预受理时限。

平均值≤3工作日，最长为5工作日。

预受理时限指用户登记后电信业务经营者进行网络资源确认，答复用户能否安装所需要的时间。

3.2.1.3 入网开通时限。

平均值≤2工作日，最长为4工作日。

入网开通时限指电信业务经营者自受理之日起，至为用户开通网络，实际使用的时间①。

3.2.1.4 通信设备障碍修复时限。

平均值≤8小时，最长为12小时。

通信设备障碍修复时限指自用户提出障碍申告时起，至障碍排除或采取其他方式恢复用户正常通信所需要的时间。

3.2.2 因特网数据传送业务的通信质量指标。

本小节规定的通信质量指标，范围限定在两个业务接入点之间，即把公众用户产生的IP包，从运营商位于某个城市的业务接入点开始，跨越全国性骨干网，传送到该运营商在另外一个城市的业务接入点止（不含城域网部分）。考核这些业务指标时，两个业务接入点选择在不同省的两个城市，并且空中距离超过1000公里。

3.2.2.1 IP包传输往返时延。

往返时延平均值≤200毫秒。

IP包传输往返时延指从一个平均包长的IP包的最后一个比特进入因特网业务接入点（A点），到达对端的业务接入点（B点），再返回进入时的接入点（A点）止的时间。

3.2.2.2 IP包时延变化。

时延变化平均值≤80毫秒。

IP包时延变化指在一段测量时间间隔内，IP包最大传输时延与IP包最小传输时延的差值。

3.2.2.3 IP包丢失率。

IP包丢失率平均值≤2%。

IP包丢失率指IP包在两点间传输时丢失的概率。

3.2.2.4 IP业务可用性。

IP业务可用性≥99.9%。

IP业务可用性指用户能够使用IP业务的时间与IP业务全部工作时间之比。在连续5分钟内，如果一个IP网络所提供业务的丢包率≤75%，则认为该时间段是可用的，否则是不可用的。

---

①入网开通时限指标中不包括用户自有、自维及接入线路部分，下同。

## 3.3 X.25、DDN、帧中继数据传送业务的服务标准

3.3.1 X.25、DDN、帧中继数据传送业务的服务质量指标。

3.3.1.1 预受理时限。

平均值≤4 工作日，最长为 8 工作日。

预受理时限指用户登记后电信业务经营者进行网络资源确认，答复用户能否安装所需要的时间。

3.3.1.2 入网开通时限。

本地网业务：平均值≤3 工作日，最长为 5 工作日；

长途网业务：平均值≤4 工作日，最长为 7 工作日。

入网开通时限指电信业务经营者自受理之日起，至为用户开通业务，实际使用的时间。

3.3.1.3 通信设备障碍修复时限。

平均值≤4 小时，最长为 8 小时。

通信设备障碍修复时限指自用户提出障碍申告时起，至障碍排除或采取其他方式恢复用户正常通信所需要的时间。

3.3.2 X.25、DDN、帧中继数据传送业务的通信质量指标。

3.3.2.1 X.25 数据传送业务的通信质量指标。

3.3.2.1.1 呼叫建立时延（指标见表 1）。

**表 1 呼叫建立时延的统计指标值**

| 统计值 | 国内（毫秒） | | 国际通信国内部分（毫秒） | | 国际（毫秒） | |
|---|---|---|---|---|---|---|
| | A 类型 | B 类型 | A 类型 | B 类型 | A 类型 | B 类型 |
| 平均值 | 2000+2X | 2600+2X | 1000+X | 1600+X | 250 | 1600 |
| 95%概率值 | 2700+2X | 3100+2X | 1500+X | 2100+X | 250 | 1800 |

注：①95%概率值意味着有 95%的呼叫建立时延值低于该值。
②国内 A 连接类型的特性是陆地连接。
③国内 B 连接类型的特性是具有一跳卫星电路的连接，或是经过一个或多个国内转接网络段的连接。
④国际 A 连接类型的特性是经过一个直接陆地网间电路的连接。
⑤国际 B 连接类型的特性是经过两跳卫星电路和一个转接网络段，或一跳卫星电路和多个转接网络段的连接。
⑥X=400/R，R 为数据信号传送速率，单位是 kbit/s。
⑦表中数据以下列条件为基础：
——基本呼叫，未使用 ITU-T X.25 修改意见规定的任何任选用户设施，而且没有发送任何呼叫用户数据；
——在规定的连接部分外的实体的数据链路层窗口是开放的，流量不受控制；
——传送每个呼叫建立分组通过电路段要涉及传输 25 个八位组。

虚连接的呼叫建立时延指一个用户自发送“呼叫请求”分组开始，至从网络接收到“呼叫连接”分组结束所经过的时间。表 1 给出呼叫建立时延的统计指标值，表 1 中的 X 值见表 2。

**表 2 呼叫建立时延的统计指标值的 X 值**

| R（kbit/s） | X（毫秒） |
|---|---|
| 2.4 | 167 |
| 4.8 | 84 |
| 9.6 | 42 |
| 48.0 | 9 |
| 64.0 | 6 |

3.3.2.1.2 数据分组传输时延（指标见表3）。

数据分组传输时延指从一个分组的最后一个比特进入网络的源节点开始，到该分组的第一比特离开终节点结束经过的时间。表3给出数据分组传输时延的统计指标值，表3中的Y值见表4。

**表3 数据分组传输时延的统计指标值**

| 统计值 | 国内（毫秒） | | 国际通信国内部分（毫秒） | | 国际（毫秒） | |
|---|---|---|---|---|---|---|
| | A类型 | B类型 | A类型 | B类型 | A类型 | B类型 |
| 平均值 | 700+2Y | 1000+2Y | 350+Y | 650+Y | 215 | 950 |
| 95%概率值 | 950+2Y | 1250+2Y | 525+Y | 825+Y | 215 | 1125 |

注：①平均值是预期的数据分组传送时延分布值，不包括超过规定的最大数据传送时延的数值。
②95%概率值意味着有95%的数据分组传送时延值低于该值。
③A和B连接类型与表1相同。
④表中数据以下列条件为基础：
——用户数据字段的长度为128个八位组，传送一个数据字段，接入电路段要传输136个八位组；
——在规定的连接部分的接收DTE侧的数据链路和分组层的窗口是开放的。

**表4 数据分组传输时延的统计指标值的Y值**

| R（kbit/s） | Y（毫秒） |
|---|---|
| 2.4 | 453 |
| 4.8 | 227 |
| 9.6 | 113 |
| 48.0 | 23 |
| 64.0 | 20 |

注：R为数据信号传送速率，单位是kbit/s。

3.3.2.1.3 虚连接的吞吐量（指标见表5）。

虚连接的吞吐量指单位时间内，在一个方向上，通过一个连接段成功传送（不包括丢失、额外增加和比特差错）用户数据的比特数。表5给出虚连接吞吐量的统计指标值。

**表5 虚连接吞吐量的统计指标值**

| 统计值 | 国内（bit/s） | | 国际（bit/s） | |
|---|---|---|---|---|
| | A类型 | B类型 | A类型 | B类型 |
| 平均值 | 3500 | 2400 | 2000 | 2000 |
| 95%概率值 | 2400 | 2000 | 1800 | 1800 |

注：①平均值是预期的吞吐量分布值。
②95%概率值意味着95%的吞吐量测量值高于该值。
③A和B连接类型与表1相同。
④表中数据以下列条件为基础：
——接入电路段中无其他业务量，接入电路段使用9600bit/s传输速率；
——用户数据字段长度为128个八位组，请求的吞吐量等级相当；
——接入电路段的分组窗口大小为2，数据链路层的窗口大小为7；
——不使用D比特，D=0；
——这些数值可用于任何传送方向；
——在测量期间不存在不可用性，设备复原或过早断开；
——吞吐量的取样值为200个分组或2分钟。

3.3.2.1.4 呼叫接通率。

呼叫接通率≥95%。

呼叫接通率指呼叫接通次数与呼叫总次数之比（不考虑被叫终端未开机）。

3.3.2.1.5　网络可用性。

网络可用性≥99.99%。

网络可用性指端到端全网能提供无故障服务的时间与全部运行时间之比。

3.3.2.2　DDN 数据传送业务的通信质量指标。

3.3.2.2.1　端到端数据传输比特差错性能。

（1）国际电路连接。国际电路连接指用户网络接口（UNI）和 DDN 国际节点的国际电路接口之间的用户数据传输通路。

差错性能应符合 M.2100 建议《国际 PDH 通道、段和传输系统的投入业务和维护性能限值》和 M.2101 建议《国际 SDH 通道、复用段投入业务和维护性能限值》的指标要求。

（2）国内电路连接。国内电路连接指在用户网络接口（UNI）之间的用户数据传输通路。

差错性能应符合 YD/T748-95《PDH 数字通道差错性能的维护限值》和 YDN026-1997《SDH 传输网技术要求——SDH 数字通道和复用段的投入业务和维护性能限值》的指标要求。

3.3.2.2.2　国内端到端数据传输时间。

（1）64kbit/s 专用电路，端到端数据传输时间≤40 毫秒。

（2）2Mbit/s 专用电路，端到端数据传输时间≤（0.5N+0.005G）毫秒，其中 N 是电路含交换机和交叉连接设备的数量，G 是电路长度（km）。

（3）若在上述（1）和（2）中每加入一跳卫星电路，需在上列值中另增加传输时间 300 毫秒。

端到端 DDN 数据传输时间是国内端到端单方向的数据传输时间。

3.3.2.2.3　网络可用性。

网络可用性≥99.99%。

网络的可用性指端到端全网能提供无故障服务的时间与全部运行时间之比。

3.3.2.3　帧中继数据传送业务的通信质量指标。

3.3.2.3.1　帧传输时延（FTD）。

帧传输时延（FTD）$<400$ 毫秒。

帧传输时延指用户终端之间通过帧中继网传送信息所需时间。

帧传输时延计算公式：$FTD = t_2 - t_1$

式中：t1 为帧地址字段的第 1 比特从用户终端进入网络的时间；

t2 为帧的尾标的最后一个比特从网络进入用户终端的时间。

3.3.2.3.2　帧丢失率（FLR）

帧丢失率（FLR）$< 3 \times 10^{-5}$。

帧丢失率是指丢失的用户信息帧占所有发送帧的比率。

帧丢失率计算公式：

$$FLR = \frac{FL}{FL+FS+FE}$$

式中：FL 为丢失的用户信息帧总数；

FS 为成功传送的帧总数；

FE 为残余错误帧总数。

按照用户信息传送速率是否超过约定的信息速率（CIR），帧丢失率分为超过的帧丢失率（FLRE）和约定的帧丢失率（FLRC）两种。

3.3.2.3.3　网络可用性。

网络的可用性≥99.99%。

网络的可用性指端到端全网能提供无故障服务的时间与全部运行时间之比。

## 附录4：

# 电信服务规范——国内IP电话业务

## 4.1 国内IP电话业务的服务质量指标

4.1.1 电信业务经营者应当向用户说明本企业IP电话业务的通达地区及城市。当IP业务由两个或两个以上电信业务经营者协作提供时，任一电信业务经营者在进行业务宣传和推广的过程中，应就该项服务的整体收费构成、本业务经营者具体收费情况和服务义务向用户进行说明。

4.1.2 主叫号码方式的IP电话入网开通时限。

平均值≤24小时，最长为48小时。

主叫号码方式的IP电话入网开通时限指用户办理入网手续，归属电信业务经营者收到有关费用时起，至IP电话开通所需要的时间。

4.1.3 主叫号码方式的IP电话复话时限。

平均值≤24小时，最长为48小时。

主叫号码方式的IP电话复话时限指停止IP电话服务的用户办理恢复开通手续，并交纳有关费用时起，至IP电话恢复开通所需要的时间。

4.1.4 记账卡式IP电话业务在输入卡号和密码后应能按售卡时运营商承诺的条件正常使用，否则应给予更换。

4.1.5 记账卡式IP电话业务应至少提供中文和英文两种语种提示、余额查询和尾款转移等功能。

4.1.6 IP电话通信设备障碍修复时限。

平均值≤12小时，最长为24小时。

IP电话通信设备障碍修复时限指自用户提出障碍申告时起，至障碍排除或采取其他方式恢复用户正常通信所需要的时间。IP电话通信设备障碍是由经营者本企业原因，而非IP电话终端原因造成的设备障碍。

4.1.7 电信业务经营者应当根据用户的需要，免费向主叫号码方式的IP电话用户提供IP电话的话费详细清单（可不包括市话费清单）查询，IP电话原始话费数据保留期限至少为5个月。

## 4.2 国内IP电话业务的通信质量指标

4.2.1 拨号后时延。

固定拨打固定的拨号后时延平均值≤7秒，最大值为11秒；

固定拨打移动的拨号后时延平均值≤11秒，最大值为21秒；

移动拨打固定的拨号后时延平均值≤11秒，最大值为15秒；

移动拨打移动的拨号后时延平均值≤15秒，最大值为24秒。

对于一次拨号系统，拨号后时延是指用户拨完电话号码最后一位起，至接收到回铃音或录音通知等信号时刻之间的时间间隔。

对于二次拨号系统，拨号后时延是指自用户输入IP电话接入码最后一位至听到提示音的时间间隔，加上自用户输入卡号密码最后一位至听到提示音的时间间隔，再加上自用户输入电话号码最后一位至听到回铃音的时间间隔。

4.2.2　语音传输时延。

语音传输时延平均值≤400 毫秒。

语音传输时延指当呼叫通路建立后，语音信号从发端传送到收端的时间间隔。

4.2.3　时延变化。

时延变化平均值≤80 毫秒。

时延变化指语音信号经过网关处理后形成的 IP 包，经过 IP 网络传输到达对方网关，在一段测量时间间隔内，IP 包最大传输时延与 IP 包最小传输时延的差值。

4.2.4　丢包率。

丢包率平均值≤5%。

丢包率指语音信号经过网关处理后形成的 RTP 包，经过 IP 网络传输到达对方网关后丢失的 RTP 包数（包括网关丢失的 RTP 包）与传输的 RTP 包总数之比。

4.2.5　接通率。

端到端呼叫接通率≥72%。

端到端呼叫接通率指被叫用户应答，被叫用户忙和被叫用户久叫不应的次数与发出有效呼叫总次数之比。

4.2.6　通话中断率。

通话中断率≤5%。

通话中断率指用户在通话的过程中，出现通话中断（掉话）的概率。

## 附录 5：

## 电信服务规范——无线寻呼业务

### 5.1　无线寻呼业务的服务质量指标

5.1.1　无线寻呼业务的经营者应向寻呼用户说明本企业无线发射信号覆盖范围，以及联网服务覆盖范围。

5.1.2　寻呼机恢复开通时限。

平均值≤12 小时，最长为 24 小时。

寻呼机恢复开通时限指用户办理恢复开通手续，归属电信业务经营者收到有关费用时起，至寻呼机恢复开通所需要的时间。

5.1.3　寻呼话务员应答时限最长为 15 秒。

寻呼话务员应答时限指寻呼用户拨号完毕，自听到回铃音时起，至话务员应答所需要的时间。

5.1.4　寻呼话务员应准确、及时发送寻呼信息。

5.1.5　寻呼台要向用户说明为寻呼用户保留寻呼信息的方式。采用按条保存寻呼信息的寻呼台要为用户至少保留最新 10 条寻呼信息；采用按时间保存寻呼信息的寻呼台要为用户至少保留最近 10 天的寻呼信息。

5.1.6　对要求变更业务或者复台查询信息的用户，寻呼话务员应验证其密码或者采取其他安全保密措施。

5.1.7　寻呼用户号码冻结时限最短为 90 日。

寻呼用户号码冻结时限指该号码被注销时起，至重新启用止的时间间隔。

5.1.8　寻呼用户提出终止接受寻呼服务时，寻呼业务经营者应退还寻呼用户预缴服务费的剩余部分。

应退金额以月为单位计算，不足一个月时，小于 15 天不计，大于或等于 15 天计 1 个月。

### 5.2　无线寻呼业务的通信质量指标

5.2.1　系统响应时延。

当用户位于寻呼接收机的归属寻呼区内时，系统响应时延平均值≤6 秒；

当用户位于寻呼接收机的非归属寻呼区内时，系统响应时延平均值≤10 秒。

自动寻呼系统的系统响应时延指主叫用户拨号终了或移动用户按发送键发出寻呼消息的最后字符，至其接收到寻呼系统接受或不接受该消息的证实之间的时间间隔。

5.2.2　系统接通率。

系统接通率≥95%（适用于人工台和自动台）。

系统接通率是主叫用户通过入中继接入到寻呼系统得到有效处理次数与总次数之比。其呼损部分指寻呼系统的中继呼损。

5.2.3　消息传输时延。

本地呼叫，一级平均值≤60 秒，消息长度≤400 字符；

本地呼叫，二级平均值≤90 秒；

异地呼叫，平均值≤7 分钟；

跟踪呼叫，平均值≤7 分钟；

漫游呼叫，平均值≤10 分钟。

消息传输时延指寻呼系统发给主叫用户寻呼证实消息，至该消息传送到指定的寻呼区的时间间隔。不同的寻呼优先权级别具有不同的消息传输时延。

5.2.4　无线呼通率。

无线呼通率≥95%。

无线呼通率指在无线覆盖区内寻呼接收机寻呼成功的次数与全部寻呼次数之比。

## 附录 6：

## 电信服务规范——信息服务业务

6.1　信息服务业务经营者进行各种形式的业务宣传时，在宣传业务内容和使用方式的同时应公示相应的收费标准、收费方式和终止服务方法。

6.2　信息服务业务经营者向用户提供任何有偿信息服务时，应事先征得用户同意。信息服务业务经营者向用户提供无偿信息服务时，用户予以拒绝的，信息服务业务经营者应停止提供。

信息服务业务经营者在提供短信息服务时，包月类、订阅类短信服务，必须事先向用户请求确认，且请求确认消息中必须包括收费标准。若用户未进行确认反馈，视为用户撤销服务要求。

在用户拨打接入码接入信息服务业务经营者的语音信息服务业务平台后，业务平台应免费向用户说明收费标准，并在得到用户确认后开始计信息服务费。

6.3　信息服务业务经营者应遵照与用户的约定向用户提供信息服务，未得到用户许可，信息服务业务经营者不得擅自改变服务内容和服务频次，不得擅自改变收费方式和降低服务质量。对分条计费的信息，如因传输容量等原因需要回送多条信息内容的，只能收取一条相应信息的信息费。

6.4　信息服务业务经营者在提供语音信息服务时不得通过故意插播广告性或者宣传性广告信

息以延长服务时间，人工信息咨询员不得谈论与用户所提问题无关的话题，不得故意拖延时间。

6.5 信息服务业务经营者在采集、开发、处理、发布信息时，应对信息的内容进行审查，信息服务业务经营者不得提供国家明令禁止传播的信息。信息准确率应达到95%以上。

6.6 信息服务业务经营者在提供定制类信息服务业务时，应明示方便用户退订的途径，短信息服务业务经营者应开通方便用户选择退订服务的“0000”、“00000”短信退订功能，并保证退订途径的畅通。

用户提出停止服务时，信息服务业务经营者应及时接受并停止计费。

6.7 信息服务业务经营者应保存信息服务计费原始数据，短信息服务系统应当自动记录并保存短信息的发送与接收时间、发送端和接收端的电话号码，保存期限至少5个月。在计费原始数据保存期限内，信息服务业务经营者应根据用户需求提供信息服务收费清单。

6.8 基础电信业务经营者在向用户提供电话业务收费单据时，若存在为信息服务业务经营者代收的信息费，应同时向用户提供信息服务业务经营者的名称、代码和代收金额，并注明“代收费”字样。

6.9 用户对信息费产生异议或对服务质量不满意时，基础电信业务经营者与信息服务业务经营者均应遵循“首问负责”的原则，共同协商处理，不得互相推诿。

6.10 信息服务业务经营者应开通客户服务热线电话，并对社会公布。

## 附录7：

## 电信服务规范——国内甚小口径终端地球站（VSAT）通信业务

### 7.1 国内甚小口径终端地球站（VSAT）通信业务的服务质量指标

7.1.1 开通时限。

城镇平均值≤20日，最长为30日；

农村平均值≤25日，最长为40日。

开通时限指自电信业务经营者受理用户开通业务交费之日起，至能正常通信所需要的时间。如果电信业务经营者同时提供了电源设备，则含电源设备在内的开通时限也应符合该指标要求。

7.1.2 障碍修复时限。

城镇平均值≤3日，最长为7日；

农村平均值≤7日，最长为15日。

障碍修复时限指自用户提出障碍申告时起，至障碍排除或采取其他方式恢复用户正常通信所需要的时间。如果电信业务经营者同时提供了电源设备，则含电源设备在内的障碍修复时限也应符合该指标要求。

7.1.3 其他指标要求。

提供话音业务的VSAT系统参照固定电话服务质量指标，提供数据业务的VSAT系统参照数据通信服务质量指标。

### 7.2 国内甚小口径终端地球站（VSAT）通信业务的通信质量指标

7.2.1 系统可用性。

系统可用性≥99.5%，包含C频段系统和Ku频段系统。

由于卫星系统的传输受到大气和降雨等传播条件限制，客观存在一定比例的不可用时间。该指标也与 VSAT 系统的网络设计和采用的设备相关。

7.2.2　话音系统接通率。

系统接通率≥92%。

话音系统接通率指话音 VSAT 系统内部接通的概率，VSAT 用户地球站之间或 VSAT 到关口地球站之间单跳接通的概率。指标值参考附录 1 固定网指标，并考虑了卫星信道拥塞率和卫星系统的不可用时间。

7.2.3　话音系统拨号后时延。

VSAT 用户拨打固定用户拨号后时延：平均值≤8 秒，最大值为 14 秒；

VSAT 用户拨打移动用户拨号后时延：平均值≤16 秒，最大值为 25 秒；

移动用户拨打 VSAT 用户拨号后时延：平均值≤11 秒，最大值为 18 秒；

VSAT 用户之间单跳拨打，拨号后时延：平均值≤4 秒，最大值为 8 秒。

7.2.4　通信中断率。

话音系统通信中断率≤$2\times10^{-4}$。

数据系统通信中断率在电信业务经营者和用户的协议中约定。

通信中断率指用户通信过程中，在 VSAT 系统内出现通信中断的概率。

7.2.5　数据系统空间段误码率。

数据系统空间段误码率≤$10^{-7}$。

数据系统的空间段误码率指在 VSAT 用户地球站之间，或在 VSAT 到关口地球站之间（单跳）单向信道传送数据出现误码的概率。

7.2.6　计费差错率。

计费差错率≤$10^{-4}$。

计费差错率指计费设备出现计费差错的概率。

## 附录 8：

## 电信服务规范——国内通信设施服务业务

### 8.1　国内通信设施服务业务的服务质量指标

8.1.1　预受理时限。

8.1.1.1　租用话音频带电路预受理时限。

平均值≤3 工作日，最长为 5 工作日。

8.1.1.2　租用数字数据电路预受理时限。

平均值≤4 工作日，最长为 8 工作日。

8.1.1.3　租用 PDH 系列通道、VC-n 系列通道、光通信波长、光纤、光缆、电缆等资源以及其他网络元素预受理时限不做统一要求，由经营者向社会承诺，或在与用户的协议中约定。

预受理时限指用户登记时起，至经营者查找网络资源，答复用户能否安装所需要的时间。

8.1.2　开通时限。

8.1.2.1　租用话音频带电路开通时限。

平均值≤20 日，最长为 30 日。

8.1.2.2　租用数字数据电路开通时限见附录 3，3.3.1.2 的要求。

8.1.2.3　租用 PDH 系列通道、VC–n 系列通道、光通信波长、光纤、光缆、电缆等资源以及其他网络元素开通时限不做统一要求，由经营者向社会承诺，或者在与用户的协议中约定。

开通时限指电信业务经营者受理之日起，至为用户开通租用的通信设施可以投入使用所需要的时间。

8.1.3　障碍修复时限。

8.1.3.1　租用话音频带电路障碍修复时限。

平均值≤24 小时，最长为 48 小时。

8.1.3.2　租用数字数据电路障碍修复时限见附录 3，3.3.1.3 的要求。

8.1.3.3　租用 PDH 系列通道、VC–n 系列通道、光通信波长、光纤、光缆、电缆等资源以及其他网络元素障碍修复时限不做统一要求，由经营者向社会承诺，或在与用户签订的协议中约定。

障碍修复时限指自用户提出障碍申告时起，至障碍排除或采取其他方式恢复用户正常通信所需要的时间。

8.1.4　暂停或停租时限。

平均值≤24 小时，最长为 48 小时。

暂停或停租时限指自用户提出暂停或终止租用通信设施业务，自办理登记手续且结清账务时起，至实际完成所需要的时间。

## 8.2　国内通信设施服务业务的通信质量指标

8.2.1　话音频带电路的通信质量指标。

话音频带电路适用于电话业务和使用话音频带的非话业务。其通信质量指标包括：标称总衰减、衰减失真、群时延失真、总衰减随时间变化、随机噪声、脉冲噪声、相位抖动、总失真、单音干扰、频率偏差、谐波和交调失真。根据用户对带宽的不同要求应分别满足 GB 11053“特定带宽特殊质量租用电路特性”和 GB 11054“基本带宽特殊质量租用电路特性”的相关要求。

8.2.2　数字数据电路的通信质量指标见附录 3，3.3.2.2 中的有关指标。

8.2.3　PDH 系列通道和 VC–n 系列通道的通信质量指标。

PDH 系列通道指 2，8，34，45 和 140Mbit/s 等各种速率的数字通道；

VC–n 系列通道指 VC–12，VC–3，VC–4，VC–4–Xc 等各种速率的同步数字通道。

租用 PDH 系列通道和 VC–n 系列通道可以由一个经营者提供，也可以由多个经营者分段提供，其通信质量指标包括：差错性能、单向传输时间、可用性。

8.2.3.1　差错性能。

PDH 系列通道的差错性能应满足 YD/T 748“PDH 数字通道差错性能的维护限值”的相关要求；

VC–n 系列通道的差错性能应满足 YDN 026“SDH 传输网技术要求——SDH 数字通道和复用段的投入业务和维护性能限值”的指标要求。

8.2.3.2　单向传输时间。

不含卫星的 PDH 系列通道和 VC–n 系列通道的单向传输时间不大于（0.5N+0.005G）毫秒，含有 N 个数字交叉连接设备，传输距离为 G 公里。

8.2.3.3　可用性。

根据用户要求，可采用不同的保护或恢复机制，以提供不同等级水平的可用性，可用性等级水平与租用费直接相关，可由经营者向社会承诺，或者在经营者与用户签订的协议中约定。

8.2.4　光通信波长、光纤、光缆和电缆的通信质量指标。

光通信波长、光纤、光缆和电缆可向用户提供基于指定波长、指定光纤或指定光缆和指定电缆的资源指配。

光通信波长、光纤、光缆的通信质量指标包括工作波长、接口类型、光纤类型、衰减及色散等，应满足 YDN 099“光同步传送网技术体制”的指标要求。

电缆的通信质量指标包括工作频带、衰减、串音等，在经营者与用户的协议中约定。

8.2.5　网络元素出租、出售业务的通信质量指标。

其他网络元素包括各种可出租的网络元素的指配，目前经营者的同步网可以向其他经营者或用户提供出租同步端口的服务。同步网出租同步端口的通信质量指标包括：接口速率、定时性能（抖动、漂动），应满足 YD/T1012“数字同步网节点时钟系列及其定时特性”的指标要求。

# 第二编　通信安全类政策法规

# 全国人民代表大会常务委员会关于加强网络信息保护的决定

（2012 年 12 月 28 日第十一届全国人民代表大会常务委员会第三十次会议通过）

为了保护网络信息安全，保障公民、法人和其他组织的合法权益，维护国家安全和社会公共利益，特作如下决定：

一、国家保护能够识别公民个人身份和涉及公民个人隐私的电子信息。

任何组织和个人不得窃取或者以其他非法方式获取公民个人电子信息，不得出售或者非法向他人提供公民个人电子信息。

二、网络服务提供者和其他企业事业单位在业务活动中收集、使用公民个人电子信息，应当遵循合法、正当、必要的原则，明示收集、使用信息的目的、方式和范围，并经被收集者同意，不得违反法律、法规的规定和双方的约定收集、使用信息。

网络服务提供者和其他企业事业单位收集、使用公民个人电子信息，应当公开其收集、使用规则。

三、网络服务提供者和其他企业事业单位及其工作人员对在业务活动中收集的公民个人电子信息必须严格保密，不得泄露、篡改、毁损，不得出售或者非法向他人提供。

四、网络服务提供者和其他企业事业单位应当采取技术措施和其他必要措施，确保信息安全，防止在业务活动中收集的公民个人电子信息泄露、毁损、丢失。在发生或者可能发生信息泄露、毁损、丢失的情况时，应当立即采取补救措施。

五、网络服务提供者应当加强对其用户发布的信息的管理，发现法律、法规禁止发布或者传输的信息的，应当立即停止传输该信息，采取消除等处置措施，保存有关记录，并向有关主管部门报告。

六、网络服务提供者为用户办理网站接入服务，办理固定电话、移动电话等入网手续，或者为用户提供信息发布服务，应当在与用户签订协议或者确认提供服务时，要求用户提供真实身份信息。

七、任何组织和个人未经电子信息接收者同意或者请求，或者电子信息接收者明确表示拒绝的，不得向其固定电话、移动电话或者个人电子邮箱发送商业性电子信息。

八、公民发现泄露个人身份、散布个人隐私等侵害其合法权益的网络信息，或者受到商业性电子信息侵扰的，有权要求网络服务提供者删除有关信息或者采取其他必要措施予以制止。

九、任何组织和个人对窃取或者以其他非法方式获取、出售或者非法向他人提供公民个人电子信息的违法犯罪行为以及其他网络信息违法犯罪行为，有权向有关主管部门举报、控告；接到举报、控告的部门应当依法及时处理。被侵权人可以依法提起诉讼。

十、有关主管部门应当在各自职权范围内依法履行职责，采取技术措施和其他必要措施，防范、制止和查处窃取或者以其他非法方式获取、出售或者非法向他人提供公民个人电子信息的违法犯罪行为以及其他网络信息违法犯罪行为。有关主管部门依法履行职责时，网络服务提供者应当予以配合，提供技术支持。

国家机关及其工作人员对在履行职责中知悉的公民个人电子信息应当予以保密，不得泄露、篡改、毁损，不得出售或者非法向他人提供。

十一、对有违反本决定行为的，依法给予警告、罚款、没收违法所得、吊销许可证或者取消备案、关闭网站、禁止有关责任人员从事网络服务业务等处罚，记入社会信用档案并予以公布；构成违反治安管理行为的，依法给予治安管理处罚。构成犯罪的，依法追究刑事责任。侵害他人民事权益的，依法承担民事责任。

十二、本决定自公布之日起施行。

# 国务院关于大力推进信息化发展和切实保障信息安全的若干意见

国发［2012］23号

（国务院2012年6月28日）

各省、自治区、直辖市人民政府，国务院各部委、各直属机构：

大力推进信息化发展和切实保障信息安全，对调整经济结构、转变发展方式、保障和改善民生、维护国家安全具有重大意义。近年来，各地区、各部门认真贯彻落实党中央、国务院决策部署，加快推进信息化建设，建立健全信息安全保障体系，有力地促进了经济社会发展。当前，世界各国信息化快速发展，信息技术的应用促进了全球资源的优化配置和发展模式创新，互联网对政治、经济、社会和文化的影响更加深刻，围绕信息获取、利用和控制的国际竞争日趋激烈，保障信息安全成为各国重要议题。但是，我国信息化建设和信息安全保障仍存在一些亟待解决的问题，宽带信息基础设施发展水平与发达国家的差距有所拉大，政务信息共享和业务协同水平不高，核心技术受制于人；信息安全工作的战略统筹和综合协调不够，重要信息系统和基础信息网络防护能力不强，移动互联网等技术应用给信息安全带来严峻挑战。必须进一步增强紧迫感，采取更加有力的政策措施，大力推进信息化发展，切实保障信息安全。为此，提出以下意见。

## 一、指导思想和主要目标

（一）指导思想。以邓小平理论和“三个代表”重要思想为指导，深入贯彻落实科学发展观，以促进资源优化配置为着力点，加快建设下一代信息基础设施，推动信息化和工业化深度融合，构建现代信息技术产业体系，全面提高经济社会信息化发展水平。坚持积极利用、科学发展、依法管理、确保安全，加强统筹协调和顶层设计，健全信息安全保障体系，切实增强信息安全保障能力，维护国家信息安全，促进经济平稳较快发展和社会和谐稳定。

（二）主要目标。重点领域信息化水平明显提高。信息化和工业化融合不断深入，农业农村信息化有力支撑现代农业发展，文化、教育、医疗卫生、社会保障等重点领域信息化水平明显提高；电子政务和电子商务快速发展，到“十二五”末，国家电子政务网络基本建成，信息共享和业务协同框架基本建立；全国电子商务交易额超过18万亿元，网络零售额占社会消费品零售总额的比重超过9%。

下一代信息基础设施初步建成。到“十二五”末，全国固定宽带接入用户超过2.5亿户，互联网国际出口带宽达到每秒6500吉比特（Gbit），第三代移动通信技术（3G）网络覆盖城乡，国际互联网协议第6版（IPv6）实现规模商用。

信息产业转型升级取得突破。集成电路、系统软件、关键元器件等领域取得一批重大创新成果，软件业占信息产业收入比重进一步提高。

国家信息安全保障体系基本形成。重要信息系统和基础信息网络安全防护能力明显增强，信息化装备的安全可控水平明显提高，信息安全等级保护等基础性工作明显加强。

## 二、实施“宽带中国”工程，构建下一代信息基础设施

（一）加快发展宽带网络。实施“宽带中国”工程，以光纤宽带和宽带无线移动通信为重点，加快信息网络宽带化升级。推进城镇光纤到户和行政村宽带普遍服务，提高接入带宽、网络速率和宽带普及率。加强3G网络纵深覆盖，支持具有自主知识产权的3G技术TD-SCDMA及其后续演进技术TD-LTE产业链发展，科学统筹3G及其长期演进技术协调发展。加快下一代广播电视网络建设，推进广播电视网络数字化、双向化和互联互通改造。

（二）推进下一代互联网规模商用和前沿性布局。加快部署下一代互联网，抓紧开展IPv6商用试点，适时推动IPv6大规模部署和商用，推进国际互联网协议第4版（IPv4）向IPv6的网络演进、业务迁移与商业运营。完善互联网国家顶层网络架构，升级骨干网络，实现高速度高质量互联互通。重点研发下一代互联网关键芯片、设备、软件和系统，推动产业化步伐。加快未来网络体系架构关键理论和核心技术的研发，加强战略布局，建设面向未来互联网创新发展的示范平台。

（三）加快推进三网融合。总结试点经验，在确保信息和文化安全的前提下，大力推进三网融合，推动广电、电信业务双向进入，加快网络升级改造和资源共享，加强资源开发、信息技术和业务创新，大力发展融合型业务，培育壮大三网融合相关产业和市场。加快相关法律法规和标准体系建设，健全适应三网融合的体制机制，完善可管、可控的网络信息和文化安全保障体系。

## 三、推动信息化和工业化深度融合，提高经济发展信息化水平

（一）全面提高企业信息化水平。推广使用数字化研发设计工具，加快重点行业生产装备数字化和生产过程智能化进程，全面普及企业资源计划、供应链、客户关系等管理信息系统。实施重大信息化示范项目，引导企业业务应用向综合集成和产业链协同创新转变。继续实施中小企业信息化推进工程和制造业信息化科技工程，提高中小企业和制造业企业信息化水平。完善企业信息化和工业化融合水平评估认定体系，支持面向具体行业的信息化公共服务平台发展。

（二）推广节能减排信息技术。推动工业、建筑、交通运输等领域节能减排信息技术的普及和深入应用，加大主要耗能、耗材设备和工艺流程的信息化改造。建立健全资源能源综合利用效率监测和评价体系，提升资源能源供需双向调节水平。建立健全主要污染物排放监测和固体废弃物综合利用信息管理系统，完善污染治理监督管理体系。

（三）增强信息产业核心竞争力。加大国家科技重大专项对信息产业核心基础产品、网络共性关键技术开发的支持力度，加快推动新一代移动通信、基础软件、嵌入式软件以及制造执行系统、工业控制系统、大型管理软件等技术的研发和应用。加强统筹规划，积极有序促进物联网、云计算的研发和应用。实施工业电子产品提升工程，推进信息技术与工业技术融合创新，提高汽车、船舶、机械等产品智能化水平。推动电子信息产品制造企业由单纯提供产品向提供综合解决方案和信息服务转变。

（四）引导电子商务健康发展。健全安全、信用、金融、物流和标准等支撑体系，探索有效监管模式，建立规范有序的电子商务市场秩序。引导电子商务平台向提供涵盖信息流、物流、资金流的全流程服务发展。鼓励大中型企业开展网络采购和销售，加强供应链协同运作，重点推动小型微型企业普及电子商务应用。实施移动电子商务试点示范工程，创建电子商务试点示范城市，创新电子商务发展模式，改善电子商务发展环境。

（五）推进服务业信息化进程。推动银行业、证券业和保险业信息共享，支持金融产品和服务

创新，促进消费金融发展，提高面向小型微型企业和农业农村的金融服务水平。加快推进交通、旅游、休闲娱乐等服务业信息化。培育和发展地理信息产业，大力发展信息系统集成、互联网增值业务和信息安全服务。提高工业设计信息化水平。

## 四、加快社会领域信息化，推进先进网络文化建设

（一）提升电子政务服务能力。围绕提升服务和监管能力，促进政府管理创新，加强电子政务顶层设计。以互联互通为重点，形成统一的国家电子政务网络，完善项目建设管理、绩效评估和运行维护机制。扎实推进药品、食品、住房、能源、金融、价格等重要监管信息系统建设。推动重点领域信息共享和业务协同，加快电子政务服务向街道、社区和农村延伸，支持基层政府和社区开展管理和服务模式创新试点示范。加强地理空间和自然资源、人口、法人、金融、税收、统计等基础信息资源的开发利用，促进共享。全面提升电子政务技术服务能力，鼓励业务应用向云计算模式迁移。加强电子文件管理与应用。

（二）提高社会管理和城市运行信息化水平。建立全面覆盖的社会管理综合信息系统。完善人口信息共享机制，实现实有人口动态管理，提高人口信息动态监测和分析预测能力。建设公众诉求信息管理平台，改进信访工作方式。加强网络舆情分析，健全网上舆论动态引导管理机制。推动城市管理信息共享，推广网格化管理模式，加快实施智能电网、智能交通等试点示范，引导智慧城市建设健康发展。

（三）加快推进民生领域信息化。加快学校宽带网络建设，推动优质数字教育资源开发和共享，完善教育管理信息系统，构建面向全民的终身学习网络和服务平台，大力发展远程教育，形成教育综合信息服务体系。完善医疗服务与管理信息系统，加快建立居民电子健康档案和电子病历，加强国家和区域医药卫生信息共享，夯实远程医疗发展的基础。构建覆盖城乡居民的劳动就业和社会保障信息服务体系，全面推行社会保障卡应用，推动就业信息共享。推进减灾救灾、社会救助、社会福利和慈善事业等社会服务信息化。提高面向残疾人等特殊人群的信息服务能力。

（四）发展先进网络文化。鼓励开发具有中国特色和自主知识产权的数字文化产品，加强知识产权保护，壮大数字内容产业，培育数字内容与网络文化产业骨干企业，扩展数字内容产业链。加强重点新闻网站建设，规范管理综合性商业网站，构建积极健康的网络传播新秩序和网络氛围。积极推进数字图书馆等公益性文化信息基础设施建设，开发精品网络科普资源，完善公共文化信息服务体系。

## 五、推进农业农村信息化，实现信息强农惠农

（一）提高农业生产经营信息化水平。推动农业适用信息技术的研发应用，加快推进农业生产基础设施、装备与信息技术的融合。提高种植业、养殖业生产信息化和农村专业合作社、农产品批发市场经营信息化水平。加强农业生产环境监控、生产过程监测、行业发展监管，建立和完善农产品质量安全追溯体系。积极培育、示范、推广适用的农业信息化应用模式。

（二）完善农业农村综合信息服务体系。规范各类农业信息服务系统，建立全国农业综合信息服务平台，鼓励发展专业信息服务，加快推进涉农信息资源开发、整合和综合利用。继续推进农村基层信息服务站和信息员队伍建设，形成村为节点、县为基础、省为平台、全国统筹的农村综合信息服务体系。

## 六、健全安全防护和管理，保障重点领域信息安全

（一）确保重要信息系统和基础信息网络安全。能源、交通、金融等领域涉及国计民生的重要信息系统和电信网、广播电视网、互联网等基础信息网络，要同步规划、同步建设、同步运行安全

防护设施，强化技术防范，严格安全管理，切实提高防攻击、防篡改、防病毒、防瘫痪、防窃密能力。加大无线电安全管理和重要信息系统无线电频率保障力度。加强互联网网站、地址、域名和接入服务单位的管理，完善信息共享机制，规范互联网服务市场秩序。

（二）加强政府和涉密信息系统安全管理。严格政府信息技术服务外包的安全管理，为政府机关提供服务的数据中心、云计算服务平台等要设在境内，禁止办公用计算机安装使用与工作无关的软件。建立政府网站开办审核、统一标识、监测和举报制度。减少政府机关的互联网连接点数量，加强安全和保密防护监测。落实涉密信息系统分级保护制度，强化涉密信息系统审查机制。

（三）保障工业控制系统安全。加强核设施、航空航天、先进制造、石油石化、油气管网、电力系统、交通运输、水利枢纽、城市设施等重要领域工业控制系统，以及物联网应用、数字城市建设中的安全防护和管理，定期开展安全检查和风险评估。重点对可能危及生命和公共财产安全的工业控制系统加强监管。对重点领域使用的关键产品开展安全测评，实行安全风险和漏洞通报制度。

（四）强化信息资源和个人信息保护。加强地理、人口、法人、统计等基础信息资源的保护和管理，保障信息系统互联互通和部门间信息资源共享安全。明确敏感信息保护要求，强化企业、机构在网络经济活动中保护用户数据和国家基础数据的责任，严格规范企业、机构在我国境内收集数据的行为。在软件服务外包、信息技术服务和电子商务等领域开展个人信息保护试点，加强个人信息保护工作。

## 七、加快能力建设，提升网络与信息安全保障水平

（一）夯实网络与信息安全基础。研究制定国家信息安全战略和规划，强化顶层设计。落实信息安全等级保护制度，开展相应等级的安全建设和管理，做好信息系统定级备案、整改和监督检查。强化网络与信息安全应急处置工作，完善应急预案，加强对网络与信息安全灾备设施建设的指导和协调。完善信息安全认证认可体系，加强信息安全产品认证工作，减少重复检测和重复收费。

（二）加强网络信任体系建设和密码保障。健全电子认证服务体系，推动电子签名在金融等重点领域和电子商务中的应用。制定电子商务信用评价规范，建立互联网网站、电子商务交易平台诚信评价机制，支持符合条件的第三方机构开展信用评价服务。大力推动密码技术在涉密信息系统和重要信息系统保护中的应用，强化密码在保障电子政务、电子商务安全和保护公民个人信息等方面的支撑作用。

（三）提升网络与信息安全监管能力。完善国家网络与信息安全基础设施，加强网络与信息安全专业骨干队伍和应急技术支撑队伍建设，提高风险隐患发现、监测预警和突发事件处置能力。加强信息共享和交流平台建设，健全网络与信息安全信息通报机制。加大对网络违法犯罪活动的打击力度。进一步完善监管体制，充实监管力量，加强对基础信息网络安全工作的指导和监督管理。倡导行业自律，发挥社会组织和广大网民的监督作用。

（四）加快技术攻关和产业发展。统筹规划，整合力量，进一步加大网络与信息安全技术研发力度，加强对云计算、物联网、移动互联网、下一代互联网等方面的信息安全技术研究。继续组织实施信息安全产业化专项，完善有关信息安全政府采购政策措施和管理制度，支持信息安全产业发展。

## 八、完善政策措施

（一）加强组织领导。在国家信息化领导小组和国家网络与信息安全协调小组的领导下，各有关部门要按照职责分工，认真落实各项工作任务，加强协调配合，形成合力，共同推进信息化发展和网络信息安全保障工作。各地区要将保障网络与信息安全列入重要议事日程，逐级建立并认真落实网络与信息安全责任制，明确主管领导，确定工作机构，负责督促落实网络与信息安全规章制

度，组织制定应急预案，处理重大网络与信息安全事件等，并根据本地实际情况，建立省（区、市）、地（市）两级网络与信息安全协调机制。

（二）加强财税政策扶持。发挥财税政策的杠杆作用，加大对信息化和工业化深度融合关键共性技术研发与推广、公共服务平台、重大示范工程建设等的支持力度。完善农村通信普遍服务补偿机制，优先支持农村、欠发达地区综合信息基础设施建设和改造。整合利用现有资金渠道，中央财政加大投入，重点支持信息安全重要基础性工作。各地区、各部门要将基础性公益性网络与信息安全设施运行维护、安全服务和检查等费用纳入财政预算。

（三）加快法规制度和标准建设。完善信息化发展和网络与信息安全法律法规，研究制定政府信息安全管理、个人信息保护等管理办法。健全相关法规制度，明确并落实企事业单位和社会组织维护信息安全的责任。制定完善新一代信息技术在重点领域的应用标准，注重发挥标准对产业发展的技术支撑作用。培育国家信息安全标准化专业力量，加快制定三网融合、云计算、物联网等领域的安全标准。积极参与制定信息安全国际行为准则、互联网治理等国际规则和标准。

（四）加强宣传教育和人才培养。开展面向全社会的信息化应用和信息安全宣传教育培训。支持信息安全与保密学科师资队伍、专业院系、学科体系、重点实验室建设。加强大中小学信息技术、信息安全和网络道德教育，在政府机关和涉密单位定期开展信息安全教育培训。各级财政要加大对信息安全宣传教育和培训等公益性活动的支持。加快培养创新型、应用型信息化人才。

# 通信网络安全防护管理办法

工业和信息化部令第11号

（2009年12月29日工业和信息化部第8次部务会议审议通过，自2010年3月1日起施行）

**第一条** 为了加强对通信网络安全的管理，提高通信网络安全防护能力，保障通信网络安全畅通，根据《中华人民共和国电信条例》，制定本办法。

**第二条** 中华人民共和国境内的电信业务经营者和互联网域名服务提供者（以下统称“通信网络运行单位”）管理和运行的公用通信网和互联网（以下统称“通信网络”）的网络安全防护工作，适用本办法。

本办法所称互联网域名服务，是指设置域名数据库或者域名解析服务器，为域名持有者提供域名注册或者权威解析服务的行为。

本办法所称网络安全防护工作，是指为防止通信网络阻塞、中断、瘫痪或者被非法控制，以及为防止通信网络中传输、存储、处理的数据信息丢失、泄露或者被篡改而开展的工作。

**第三条** 通信网络安全防护工作坚持积极防御、综合防范、分级保护的原则。

**第四条** 中华人民共和国工业和信息化部（以下简称“工业和信息化部”）负责全国通信网络安全防护工作的统一指导、协调和检查，组织建立健全通信网络安全防护体系，制定通信行业相关标准。

各省、自治区、直辖市通信管理局（以下简称通信管理局）依据本办法的规定，对本行政区域内的通信网络安全防护工作进行指导、协调和检查。

工业和信息化部与通信管理局统称“电信管理机构”。

**第五条** 通信网络运行单位应当按照电信管理机构的规定和通信行业标准开展通信网络安全防护工作，对本单位通信网络安全负责。

**第六条** 通信网络运行单位新建、改建、扩建通信网络工程项目，应当同步建设通信网络安全保障设施，并与主体工程同时进行验收和投入运行。

通信网络安全保障设施的新建、改建、扩建费用，应当纳入本单位建设项目概算。

**第七条** 通信网络运行单位应当对本单位已正式投入运行的通信网络进行单元划分，并按照各通信网络单元遭到破坏后可能对国家安全、经济运行、社会秩序、公众利益的危害程度，由低到高分别划分为一级、二级、三级、四级、五级。

电信管理机构应当组织专家对通信网络单元的分级情况进行评审。

通信网络运行单位应当根据实际情况适时调整通信网络单元的划分和级别，并按照前款规定进行评审。

**第八条** 通信网络运行单位应当在通信网络定级评审通过后三十日内，将通信网络单元的划分和定级情况按照以下规定向电信管理机构备案：

（一）基础电信业务经营者集团公司向工业和信息化部申请办理其直接管理的通信网络单元的备案；基础电信业务经营者各省（自治区、直辖市）子公司、分公司向当地通信管理局申请办理其负责管理的通信网络单元的备案。

（二）增值电信业务经营者向作出电信业务经营许可决定的电信管理机构备案。

（三）互联网域名服务提供者向工业和信息化部备案。

**第九条** 通信网络运行单位办理通信网络单元备案，应当提交以下信息：

（一）通信网络单元的名称、级别和主要功能；

（二）通信网络单元责任单位的名称和联系方式；

（三）通信网络单元主要负责人的姓名和联系方式；

（四）通信网络单元的拓扑架构、网络边界、主要软硬件及型号和关键设施位置；

（五）电信管理机构要求提交的涉及通信网络安全的其他信息。

前款规定的备案信息发生变化的，通信网络运行单位应当自信息变化之日起三十日内向电信管理机构变更备案。

通信网络运行单位报备的信息应当真实、完整。

**第十条** 电信管理机构应当对备案信息的真实性、完整性进行核查，发现备案信息不真实、不完整的，通知备案单位予以补正。

**第十一条** 通信网络运行单位应当落实与通信网络单元级别相适应的安全防护措施，并按照以下规定进行符合性评测：

（一）三级及三级以上通信网络单元应当每年进行一次符合性评测；

（二）二级通信网络单元应当每两年进行一次符合性评测。

通信网络单元的划分和级别调整的，应当自调整完成之日起九十日内重新进行符合性评测。

通信网络运行单位应当在评测结束后三十日内，将通信网络单元的符合性评测结果、整改情况或者整改计划报送通信网络单元的备案机构。

**第十二条** 通信网络运行单位应当按照以下规定组织对通信网络单元进行安全风险评估，及时消除重大网络安全隐患：

（一）三级及三级以上通信网络单元应当每年进行一次安全风险评估；

（二）二级通信网络单元应当每两年进行一次安全风险评估。

国家重大活动举办前，通信网络单元应当按照电信管理机构的要求进行安全风险评估。

通信网络运行单位应当在安全风险评估结束后三十日内，将安全风险评估结果、隐患处理情况或者处理计划报送通信网络单元的备案机构。

**第十三条** 通信网络运行单位应当对通信网络单元的重要线路、设备、系统和数据等进行备份。

**第十四条** 通信网络运行单位应当组织演练，检验通信网络安全防护措施的有效性。

通信网络运行单位应当参加电信管理机构组织开展的演练。

**第十五条** 通信网络运行单位应当建设和运行通信网络安全监测系统，对本单位通信网络的安全状况进行监测。

**第十六条** 通信网络运行单位可以委托专业机构开展通信网络安全评测、评估、监测等工作。

工业和信息化部应当根据通信网络安全防护工作的需要，加强对前款规定的受托机构的安全评测、评估、监测能力指导。

**第十七条** 电信管理机构应当对通信网络运行单位开展通信网络安全防护工作的情况进行检查。

电信管理机构可以采取以下检查措施：

（一）查阅通信网络运行单位的符合性评测报告和风险评估报告；

（二）查阅通信网络运行单位有关网络安全防护的文档和工作记录；

（三）向通信网络运行单位工作人员询问了解有关情况；

（四）查验通信网络运行单位的有关设施；

（五）对通信网络进行技术性分析和测试；

（六）法律、行政法规规定的其他检查措施。

**第十八条** 电信管理机构可以委托专业机构开展通信网络安全检查活动。

**第十九条** 通信网络运行单位应当配合电信管理机构及其委托的专业机构开展检查活动，对于检查中发现的重大网络安全隐患，应当及时整改。

**第二十条** 电信管理机构对通信网络安全防护工作进行检查，不得影响通信网络的正常运行，不得收取任何费用，不得要求接受检查的单位购买指定品牌或者指定单位的安全软件、设备或者其他产品。

**第二十一条** 电信管理机构及其委托的专业机构的工作人员对于检查工作中获悉的国家秘密、商业秘密和个人隐私，有保密的义务。

**第二十二条** 违反本办法第六条第一款、第七条第一款和第三款、第八条、第九条、第十一条、第十二条、第十三条、第十四条、第十五条、第十九条规定的，由电信管理机构依据职权责令改正；拒不改正的，给予警告，并处五千元以上三万元以下的罚款。

**第二十三条** 电信管理机构的工作人员违反本办法第二十条、第二十一条规定的，依法给予行政处分；构成犯罪的，依法追究刑事责任。

**第二十四条** 本办法自2010年3月1日起施行。

# 互联网网络安全信息通报实施办法

工信部保［2009］156号

**第一条** 为规范通信行业互联网网络安全信息通报工作，促进网络安全信息共享，提高网络安全预警、防范和应急水平，依据《互联网网络安全应急预案》制定本办法。

**第二条** 本办法适用于通信行业互联网等IP网络和系统的网络安全信息通报（以下简称信息通报）工作。

**第三条** 工业和信息化部指导、监督、检查全国信息通报工作，工业和信息化部通信保障局（以下简称通信保障局）负责信息通报具体工作。

省、自治区、直辖市通信管理局（以下简称通信管理局）指导、监督、检查本行政区域内信息通报工作。

**第四条** 通信管理局、基础电信业务经营者、跨省经营的增值电信业务经营者、国家计算机网络应急技术处理协调中心（以下简称CNCERT）、互联网域名注册管理机构、互联网域名注册服务机构、中国互联网协会为信息报送单位。

**第五条** 通信保障局委托CNCERT收集、汇总、分析、发布互联网网络安全信息（以下简称信息）。

**第六条** 信息报送应遵循及时、客观、真实、准确、完整的原则，不得迟报、谎报、瞒报、漏报。

**第七条** 基础电信业务经营者、跨省经营的增值电信业务经营者、CNCERT、互联网域名注册管理机构、互联网域名注册服务机构应建立并完善本单位信息监测机制，提高监测能力，自主监测涉及本单位管理范围内的信息。

**第八条** 信息报送单位应制定并完善本单位信息通报机制，明确负责信息通报工作的主管领导和承担信息通报工作的责任部门、负责人和联络人，及时汇总本单位内部不同部门、不同渠道掌握的网络安全信息。信息报送单位应将本单位信息通报机制报通信保障局备案。

**第九条** 各单位需要报送的信息项目见附件一，通信保障局负责对项目内容进行调整。

**第十条** 报送的信息分为事件信息和预警信息。

事件信息是指已经发生的网络安全事件信息。

预警信息是指存在潜在安全威胁或隐患但尚未造成实际危害和影响的信息，或者对事件信息分析后得出的预防性信息。

**第十一条** 事件信息分为特别重大、重大、较大、一般共四级。预警信息分为一级、二级、三级、四级，分别用红色、橙色、黄色、蓝色标识，一级为最高级。具体分级规范见附件二，通信保障局负责对分级规范进行修订。

**第十二条** 信息报送单位应按照本办法第十条、第十一条规定对信息进行分类、分级，并根据本办法的相应规定报送信息。

基础电信业务经营者集团公司负责汇总、核实、报送省级分公司/子公司的信息。省级分公司/子公司将信息同时抄送当地通信管理局。

**第十三条** 对于特别重大、重大事件信息以及一级、二级预警信息，信息报送单位应于 2 小时内向通信保障局及相关通信管理局报告，抄送 CNCERT。

对于较大事件信息以及三级预警信息，信息报送单位应当于 4 小时内向相关通信管理局报告，抄送 CNCERT；对于跨省（自治区、直辖市）的较大事件信息，应同时向通信保障局报告。

对于一般事件信息，信息报送单位应按月及时汇总，于次月 5 个工作日内报送 CNCERT，抄送相关通信管理局；对于四级预警信息，信息报送单位应当于发现或得知预警信息后 5 个工作日内报送 CNCERT，抄送相关通信管理局。

**第十四条** 事件信息报送的内容应包括：

（一）事件发生单位概况；

（二）事件发生时间；

（三）事件简要经过；

（四）初步估计的危害和影响；

（五）已采取的措施；

（六）其他应当报告的情况。

**第十五条** 预警信息报送的内容应包括：

（一）信息基本情况描述；

（二）可能产生的危害及程度；

（三）可能影响的用户及范围；

（四）截至信息报送时，已知晓该信息的单位/人员范围；

（五）建议应采取的应对措施及建议。

**第十六条** 事件发生后出现新情况的，信息报送单位应当及时补报。

CNCERT 在接到预警信息后，应立即组织对预警信息进行跟踪、分析，有重要情况应及时向通信保障局报告。

**第十七条** 通信保障局根据信息性质、内容、紧急程度等，必要时组织相关单位、专家对信息进行研判。

**第十八条** 各单位应以书面形式报送信息，并加盖单位公章。紧急情况可以先电话联系，后补书面报告。

**第十九条** 对于特别重大、重大、较大事件信息以及一级、二级、三级预警信息，由通信保障局审核后，根据有关规定直接或委托 CNCERT 及时通告相关单位、人员或互联网用户，并抄送各通信管理局。

对于一般事件信息，由 CNCERT 负责汇总、分析全部信息，于次月 10 个工作日内将当月信息向通信保障局报送，向相关单位、人员通告，并抄送各通信管理局；对于四级预警信息，由 CNCERT 根据实际情况及时向相关单位、人员通告，并抄送各通信管理局。

**第二十条** 事件信息通告内容主要包括：事件统计情况、造成的危害、影响程度、态势分析、典型案例。

预警信息通告内容主要包括：受影响的系统、可能产生的危害和危害程度、可能影响的用户及范围、建议应采取的应对措施及建议。

**第二十一条** 信息报送单位应将本单位信息通报工作主管领导，责任部门负责人、联系人、联系方式报送通信保障局，抄送 CNCERT。以上信息发生变更，应在 3 个工作日内报送变更情况。

**第二十二条**　通信保障局建立会商制度，通报当前网络安全情况，与相关单位和专家研讨网络安全形势、网络安全问题及其应对策略等。

**第二十三条**　CNCERT应与网络安全研究机构、网络安全技术支撑单位、非经营性互联单位、网络安全企业、国际网络安全组织等广泛合作，积极拓展网络安全信息获取渠道。

**第二十四条**　国家网络安全保障专项工作对信息通报工作另有规定的，从其规定。

**第二十五条**　通信管理局应参照本办法制定本行政区域信息通报管理办法。

**第二十六条**　本办法自2009年6月1日起实施。

## 附件一：

### 信息报送项目

**（一）基础电信业务经营者**

1. 本单位提供互联网接入服务的普通电信用户、专线用户、重要信息系统用户业务发生阻断、拥塞等异常情况。

2. 本单位IP基础网络设施，包括互联网国际设施、国内互联网设备和链路、IDC等发生瘫痪、阻断等异常情况。

3. 本单位域名解析服务系统发生瘫痪、解析异常、域名劫持等异常情况。

4. 本单位网上营业厅、门户网站、移动WAP类业务，或与互联网相连的网络和系统发生系统瘫痪、阻断、用户数据丢失等异常情况。

5. 影响互联网业务正常运营、影响用户正常访问互联网、造成重大社会影响和经济损失等异常情况。

6. 本单位网内漏洞等网络安全隐患及处置情况。

7. 本单位网内发生拒绝服务攻击或其他流量异常事件情况。

8. 本单位网内木马和僵尸网络、病毒等恶意代码传播情况。

9. 本单位网内路由系统出现的路由劫持情况（路由劫持指若同一IP地址前缀有多个自治系统为宣告者，且自治系统之间无隶属关系或未得到该IP地址前缀的授权，则判定为域间路由劫持）。

10. 本单位垃圾邮件监测、预警和处置情况。

11. 获知的由本单位提供服务的重要信息系统用户内部发生的网络安全异常情况。

12. 通过各种渠道获得的其他信息。

**（二）互联网域名注册管理、服务机构**

1. 本单位域名系统解析服务异常等情况，包括系统稳定性、解析成功率、响应时间、解析数据和数据库等方面出现的异常情况。

2. 网页挂马、网络仿冒、域名劫持等网络安全事件。

3. 域名系统相关的系统漏洞等网络安全风险信息及处置情况。

4. 可疑域名或域名注册行为等情况。

5. 通过各种渠道获得的其他信息。

**（三）增值电信业务经营者**（IDC、**门户网站、搜索引擎服务提供商等**）

1. IDC：

（1）IDC网络出口链路中断或拥塞。

（2）由IDC提供服务的网站或托管主机感染病毒、木马和僵尸恶意代码，或被利用实施网络攻击、网络仿冒等网络安全事件的情况。

（3）通过各种渠道获得的其他信息。

2. 门户网站、搜索引擎服务提供商等：

（1）网络接入链路中断或拥塞。

（2）系统瘫痪、遭到入侵或控制、应用服务中断等。

（3）用户数据被篡改、丢失等。

（4）垃圾邮件发现和处置情况。

（5）系统感染恶意代码情况。

（6）网页篡改、网络仿冒等情况。

（7）通过各种渠道获得的其他信息。

**（四）中国互联网协会**

1. 垃圾邮件相关情况。

2. 互联网用户反映的影响互联网业务的重要网络安全情况。

3. 通过各种渠道获得的其他信息。

**（五）CNCERT**

1. 本单位自主监测到的信息。

2. 各信息报送单位报送的信息。

3. 通过国际、国内合作单位等渠道获得的信息。

4. 通过各种渠道获得的其他信息。

**（六）通信管理局**

1. 重点报送本行政区域内或与本行政区域相关的重要网络安全信息。

2. 通过各种渠道获得的其他信息。

## 附件二：

# 信息分级规范

## 一、预警信息分级

1. 一级（红色）预警信息：可能导致发生特别重大网络安全事件的信息为一级预警信息。
2. 二级（橙色）预警信息：可能导致发生重大网络安全事件的信息为二级预警信息。
3. 三级（黄色）预警信息：可能导致发生较大网络安全事件的信息为三级预警信息。
4. 四级（蓝色）预警信息：可能导致发生一般网络安全事件的信息为四级预警信息。

## 二、事件信息分级

| 分类 | 对象 | 特别重大事件 | 重大事件 | 较大事件 | 一般事件 |
|---|---|---|---|---|---|
| IP 业务 | 互联网接入（含宽带、窄带接入，固定、移动或无线接入） | 基础电信业务经营者本单位全国网内 100 万以上互联网接入用户无法正常访问互联网 1 小时以上 | 基础电信业务经营者本单位全国网内 10 万以上互联网接入用户无法正常访问互联网 1 小时以上 | 基础电信业务经营者本单位某省、自治区、直辖市网内 5 万以上互联网接入用户无法正常访问互联网 1 小时以上 | 基础电信业务经营者本单位某省、自治区、直辖市网内 1 万~5 万互联网接入用户无法正常访问互联网 1 小时以上 |
|  | 专线接入 | N/A | 基础电信业务经营者本单位专线接入业务 500 端口以上阻断 1 小时以上 | 基础电信业务经营者本单位专线接入业务 100 端口以上阻断 1 小时以上 | 基础电信业务经营者本单位专线接入业务 20 端口以上阻断 1 小时以上 |

续表

| 分类 | 对象 | 特别重大事件 | 重大事件 | 较大事件 | 一般事件 |
|---|---|---|---|---|---|
| | 重要信息系统数据通信 | N/A | 造成某个全国级重要信息系统用户数据通信中断1小时以上 | 造成某个省级重要信息系统用户数据通信中断1小时以上 | 造成某个地市级重要信息系统用户数据通信中断1小时以上 |
| 基础IP网络 | 国际互联 | 50%以上国际互联带宽电路阻断1小时以上 | 30%以上国际互联带宽电路阻断1小时以上 | 10%以上国际互联带宽电路阻断1小时以上 | 国际互联设备、电路阻断，但未造成上述严重后果 |
| | 国内骨干网互联 | 某个全网直连点1个以上互联单位方向全阻1小时以上 | 某全网直连点1个互联单位方向网间直连（或某个交换中心）全阻1小时以上 | 交换中心1个互联单位方向全阻1小时以上 | 直连设备、电路阻断，但未造成上述严重后果 |
| | 运营单位IP网 | 2个以上省网（或2个以上3.2级以上城域网）脱网或严重拥塞1小时以上 | 1个省网（或1个以上3.1级以上城域网）脱网或严重拥塞1小时以上 | 1个以上城域网（3.1级以下）脱网或严重拥塞1小时以上 | IP骨干网重要节点或链路阻断，但未造成上述严重后果 |
| | IDC | N/A | 3.1级以上IDC全阻或严重拥塞1小时以上 | 2级IDC全阻或严重拥塞1小时以上 | 其他IDC全阻或严重拥塞1小时以上 |
| 域名系统 | 国际根镜像和gTLD镜像服务器 | N/A | N/A | 国际根和通用顶级域名镜像服务器解析服务瘫痪 | N/A |
| | 国家顶级域名(.CN) | 国家域名解析系统瘫痪，对全国互联网用户的域名解析服务失效 | 国家域名解析系统半数及以上顶级节点解析成功率低于50%或解析响应时间高于5秒；国家域名顶级节点解析数据缺失或出错超过0.1%；国家域名解析系统重点域名相关解析数据出错 | 国家域名解析系统半数以下顶级节点解析成功率低于50%或解析响应时间高于5秒；国家域名顶级节点解析数据缺失或出错超过0.01%；国家域名系统注册服务不可用4小时以上 | 国家域名系统注册服务性能下降或查询服务不可用 |
| | 域名注册服务机构管理的权威域和递归解析服务器 | 1家或多家重点注册服务机构域名解析服务瘫痪 | 1家或多家重点注册服务机构域名解析服务性能下降，解析成功率低于50%或解析响应时间高于5秒，或解析数据缺失或出错，超过1%。注册服务机构域名系统核心数据库丢失或非正常修改，并影响到国家域名核心数据库导致产生国家顶级域名重大事件 | 1家或多家注册服务机构域名解析服务性能下降，解析成功率低于80%或解析响应时间高于5秒，或解析数据缺失或出错，超过0.1% | 1家或多家注册服务机构域名注册系统服务不可用 |
| | 基础和增值运营企业的权威域域名解析服务器 | N/A | 重点域名解析权威服务器瘫痪1小时以上 | N/A | N/A |
| | 基础运营企业的递归服务器 | N/A | 为1个或多个省份提供服务的递归服务器瘫痪1小时以上 | N/A | N/A |
| 基础电信运营企业网上营业厅、移动WAP业务、门户网站 | | 系统瘫痪或故障，造成业务中断1个小时以上，或造成100万以上用户数据丢失、泄露 | 系统瘫痪或故障，造成业务中断1个小时以下，或造成10万以上用户数据丢失、泄露 | 系统瘫痪或故障，造成业务中断或造成1万以上用户数据丢失、泄露 | 系统瘫痪或故障，但未造成上述严重后果 |

续表

| 分类 | 对象 | 特别重大事件 | 重大事件 | 较大事件 | 一般事件 |
|---|---|---|---|---|---|
| 公共互联网环境 | 计算机病毒事件、蠕虫事件、木马事件、僵尸网络事件 | 涉及全国范围或省级行政区域的大范围病毒和蠕虫传播事件，或单个木马和僵尸网络规模达100万个以上IP，对社会造成特别重大影响 | 涉及全国范围或省级行政区域的大范围病毒和蠕虫传播事件，或同一时期存在一个或多个木马和僵尸网络总规模达50万个以上IP，对社会造成重大影响 | 涉及全国范围或省级行政区域的大范围病毒和蠕虫传播事件，或同一时期存在一个或多个木马和僵尸网络总规模达10万个以上IP，对社会造成较大影响 | 涉及全国范围或省级行政区域的大范围病毒和蠕虫传播事件、木马和僵尸网络事件等，对社会造成一定影响，但未造成上述严重后果 |
| | 域名劫持事件、网络仿冒事件、网页篡改事件 | N/A | 发生涉及重点域名、重要信息系统网站的域名劫持、仿冒、篡改事件，导致10万以上网站用户受影响，或造成重大社会影响 | 发生涉及重点域名、重要信息系统网站的域名劫持、仿冒、篡改事件，导致1万以上网站用户受影响，或造成较大社会影响 | 其他域名劫持、仿冒、网页篡改事件，造成一定社会影响，但未造成上述严重后果 |
| | 网页挂马事件 | 发生涉及重要信息系统网站、重要门户网站的网页挂马事件，受影响网站用户达100万人以上，造成特别重大社会影响 | 发生涉及重要信息系统网站、重要门户网站的网页挂马事件，受影响网站用户达10万人以上，造成重大社会影响 | 发生涉及重要信息系统网站、重要门户网站的网页挂马事件，受影响网站用户达1万人以上，造成较大社会影响 | 其他网页挂马事件，但未造成上述严重后果 |
| | 拒绝服务攻击事件 | N/A | 发生涉及全国级重要信息系统的拒绝服务攻击，造成重大社会影响 | 发生涉及省级重要信息系统的拒绝服务攻击，造成较大社会影响 | 其他拒绝服务攻击，造成一定社会影响 |
| | 后门漏洞事件、非授权访问事件、垃圾邮件事件及其他网络安全事件 | N/A | 发生涉及全国级重要信息系统的后门漏洞事件、非授权访问事件、垃圾邮件事件及其他网络安全事件，造成重大社会影响 | 发生涉及省级重要信息系统的后门漏洞事件、非授权访问事件、垃圾邮件事件及其他网络安全事件，造成较大社会影响 | 发生的后门漏洞事件、非授权访问事件、垃圾邮件事件及其他网络安全事件，造成一定社会影响 |

注：①严重拥塞是指链路时延 > 110ms 或丢包率超过8%。

②本办法中重要信息系统指政府部门、军队以及银行、海关、税务、电力、铁路、证券、保险、民航等关系国计民生的重要行业使用的信息系统。

③“信息分级的规范”中所称“以上”包括本数，所称“以下”不包括本数。

# 工业和通信业安全生产行业标准制定管理实施办法（征求意见稿）

工信部　2009 年 5 月 25 日

## 第一章　总则

**第一条**　为规范工业和通信业安全生产领域行业标准的制定（含修订，以下同）程序和要求，依据《中华人民共和国标准化法》、《中华人民共和国标准化法实施条例》、《工业和信息化部行业标准制定管理暂行办法》等，特制定本实施办法。

**第二条**　本实施办法规定了工业和通信业安全生产领域行业标准（以下简称“安全生产行业标准”）的立项、起草、审查、报批、批准发布、出版、复审、修改等标准制定的主要程序及要求。

**第三条**　本实施办法适用于化工、石化、黑色冶金、有色金属、黄金、建材、稀土、机械、汽车、船舶、航空、轻工、纺织、包装、航天、兵器、核工业、电子、通信 19 个行业的安全生产行业标准的制定。

**第四条**　安全生产行业标准的范围包括安全管理、安全生产规程、安全技术等。

下列事项应当制定相应的安全生产行业标准：

（一）安全管理有关术语、符号、代码、文件格式、制图方法等通用技术语言和要求；

（二）生产、经营、储存、运输、使用、检测、检验、销毁等方面的安全技术要求；

（三）安全生产规程；

（四）生产经营单位的安全生产条件；

（五）应急救援的规则、规程、标准等技术规范；

（六）安全教育培训考核的标准、通则、导则、规则等技术规范；

（七）法律、行政法规规定的其他安全技术要求。

**第五条**　安全生产行业标准分为强制性标准和推荐性标准。安全生产标准内容涉及需要强制执行的安全生产条件、安全管理等的，为强制性标准；其他为推荐性标准。

**第六条**　安全生产行业标准的制定工作遵循“服务产业、自主制定、适时推出、及时修订、不断完善”的原则，标准制定应与技术创新、试验验证、应用推广相结合，统筹推进。应加强标准制定过程管理，保证标准的质量和水平。

**第七条**　安全生产行业标准与其他行业标准之间应当协调、统一。安全生产行业标准实施后需要上升为国家标准的，应当及时上升为国家标准。安全生产行业标准在相应的国家标准实施后，即行废止。

**第八条** 安全生产行业标准制定工作流程图见附件1①。

## 第二章 机构与职责

**第九条** 安全生产行业标准的制定工作实行统一管理，分工负责。科技司统一归口管理，负责标准计划编制、标准批准发布以及综合协调与监督指导工作。

**第十条** 安全生产司是工业和通信业安全生产行业标准业务归口部门，负责管理安全生产行业标准化工作，主要行使下列职责：

（一）提出安全生产行业标准化政策和项目计划的建议；

（二）组织制定和实施安全生产行业标准化中长期计划和年度计划；

（三）负责安全生产行业标准起草、审查、报批、出版、复审、修改等管理工作，包括标准制定过程的跟踪、检查、监督、指导；

（四）组织承担国家安全生产标准编制等任务；

（五）对重大安全生产标准的制定进行协调。

**第十一条** 安全生产标准化工作机制为安全生产司——有关行业协会（联合会）、集团公司、标准化技术归口单位——各行业标准化技术委员会的三级工作机制。工作机制体系架构见附件②。

**第十二条** 中国兵器工业标准化研究所是工业和通信业安全生产标准化工作的技术支撑机构。其主要职责为：

（一）协助安全生产司开展安全生产标准化技术规章、制度和规划研究；

（二）协助安全生产司编制与管理安全生产行业标准化中长期规划和年度计划；

（三）协助安全生产司协调有关行业协会（联合会）、标准化技术归口单位，做好标准化有关管理工作；

（四）组织有关标准化机构对国家标准和行业标准进行复审，提出确认、修订或废止的建议；

（五）协助安全生产司开展标准化科研、标准制修订项目的立项、审查工作；

（六）协助安全生产司开展标准制修订过程管理；

（七）承办行业标准技术服务工作，主要有：开展标准宣贯工作，推动企业标准化工作的开展，开展行业标准资源建设等；

（八）组织开展与国际相关标准化组织和国外发达国家标准研究机构交流与合作；

（九）承办安全生产司交办的其他工作。

**第十三条** 有关行业协会（联合会）、集团公司、标准化技术归口单位，负责本行业或专业领域安全生产标准化的管理工作，主要承担以下任务：

（一）组织本行业提出标准化年度立项建议；

（二）协助安全生产司管理和执行本行业安全生产标准化中长期规划和年度计划；

（三）协助安全生产司做好本行业安全生产标准化有关管理工作；

（四）负责出版、印刷和发行本行业的安全生产标准；

（五）承担重大标准化研究课题和工作项目；

（六）组织实施有关重大标准；

（七）组织国内外情报研究、信息收集、技术交流和服务工作；

（八）协助安全生产司组建和管理本行业（安全）标准化技术委员会；

（九）承办安全生产司交办的其他工作。

---

①② 附件未摘录，请自行查阅。

**第十四条** 各行业（安全）标准化技术委员会，是安全生产司安全生产行业标准化的技术咨询组织，由科研、生产和使用等方面的专家按照规定的程序组建，负责本行业安全生产行业标准立项、标准制定、技术审查、复审和技术咨询工作。

**第十五条** 鼓励有关生产经营单位（企业集团）、科研机构、学术团体、高等学校等单位依法从事安全生产行业标准研究制定工作。

## 第三章 标准立项

**第十六条** 安全生产司和有关行业协会（联合会）、集团公司、标准化技术归口单位，根据安全生产工作实际及发展需求，可提出标准立项建议；各行业标准化技术委员会根据企业安全生产管理情况，可提出标准立项需求。

**第十七条** 有关行业协会（联合会）、集团公司、标准化技术归口单位负责组织项目申报及相关资料的审查。

**第十八条** 申请标准立项的单位，应填写制定标准的项目建议。

**第十九条** 标准项目建议内容包括：

（一）标准项目的总体情况说明（包括项目编制的基本情况、编制原则和重点等）；

（二）标准项目汇总表（见附表 1）；①

（三）安全生产行业标准项目建议书（见附表 2）。②

**第二十条** 项目建议书一式 4 份（含电子版本），按照规定的时间报送有关行业协会（联合会）、集团公司、标准化技术归口单位。

**第二十一条** 有关行业协会（联合会）、集团公司、标准化技术归口单位审查并签署意见后，与标准项目的总体情况说明、标准项目汇总表一起按照规定的时间报送安全生产司。

**第二十二条** 安全生产司负责标准项目建议受理和汇总工作，并组织标准化技术支撑机构对标准项目建议书进行形式审查。形式审查通过后，将汇总结果报科技司。

**第二十三条** 科技司收到标准立项建议后，负责归类、汇总，并公开征求意见，经统筹协调和审查后，下达标准计划。

标准计划下达后，由有关行业协会（联合会）、集团公司、标准化技术归口单位组织落实标准计划。

标准起草单位负责标准计划的组织实施，安全生产司定期检查标准制定进展情况。

项目执行过程中如需要调整，应填写《标准项目调整申请表》（见附表 3），③ 按标准立项程序办理。

## 第四章 标准起草和审查

**第二十四条** 安全生产行业标准起草单位应当制订标准编制计划，成立标准起草小组，并确定专门人员负责标准的起草工作。

标准编制计划和标准起草小组名单应当报安全生产司备案。

标准草案应按照 GB/T1《标准化工作导则》的规定及相关要求编写。

**第二十五条** 起草标准草案时，应编写标准编制说明，其内容一般包括：

（一）工作简况，包括任务来源、主要工作过程、主要参加单位和工作组成员及其所做的工作等。

（二）标准编制原则和主要内容（如技术指标、参数、公式、性能要求、试验方法、检验规则

①②③ 附表未摘录，请自行查阅。

等）的论据，解决的主要问题。修订标准时应列出与原标准的主要差异和水平对比。

（三）主要试验（或验证）情况分析。

（四）标准中如果涉及专利，应有明确的知识产权说明。

（五）预期达到的社会效益等情况。

（六）采用国际标准和国外先进标准情况，与国外同类标准水平的对比情况，国内外关键指标对比分析或与测试的国外样品、样机的相关数据对比情况。

（七）与现行相关法律、法规、规章及相关标准，特别是强制性标准的协调性。

（八）重大分歧意见的处理经过和依据。

（九）标准性质的建议说明。

（十）贯彻标准的要求和措施建议（包括组织措施、技术措施、过渡办法、实施日期等）。

（十一）废止现行相关标准的建议。

（十二）其他应予说明的事项。

**第二十六条** 标准草案完成后，应召开专家讨论会，修改完善标准草案，形成标准征求意见稿。应将标准征求意见稿和标准编制说明公开征求行业内各方面意见，征求意见的范围应覆盖标准使用单位的3/4。对反馈的意见应做认真分析研究，对于有关单位和专家提出的意见，标准起草单位应尽量采纳；不予采纳的，应当说明理由。意见处理结果应当列入《标准征求意见汇总处理表》（见附表4）。[①]

**第二十七条** 标准起草单位应当根据意见处理结果对标准征求意见稿进行修改，提出标准送审稿，报有关行业协会（联合会）、集团公司、标准化技术归口单位或有关标准化技术委员会审查。标准送审时，应当附有标准送审稿、标准编制说明、标准征求意见汇总处理表和其他有关附件。

**第二十八条** 有关行业协会（联合会）、集团公司、标准化技术归口单位和有关专业标准化技术委员会，接到安全生产标准送审稿及相关材料后，应当按照下列规定处理：

已经成立专业标准化技术委员会的，由专业标准化技术委员会按照有关规定组织标准的审查。

没有成立专业标准化技术委员会的，由有关行业协会（联合会）、集团公司、标准化技术归口单位，根据安全生产标准涉及的内容，邀请生产、使用、经销、科研等方面的专家组织标准的审查；审查时，使用单位的人员不应少于1/4。组织安全生产标准审查时，应当对安全生产标准提出审查意见和结论。

**第二十九条** 标准送审稿审查形式，分为会议审查和函审。强制性标准必须采用会议审查。

会议审查应写出会议纪要，内容包括第二十五条（二）至（十一）项内容的审查结论。函审时应写出《标准送审稿函审结论》（见附表5），[②] 并附《标准送审稿函审单》（见附表6）。[③]

**第三十条** 标准送审稿审查通过后，应对审查意见进行整理，提出标准报批稿和编制说明及相关附件。

## 第五章 标准报批

**第三十一条** 安全生产行业标准报批时，按第二十五条（二）至（十一）项的内容，以及是否符合产业发展政策和产业发展水平等对标准报批稿及相关材料进行审查，符合要求的将有关材料报安全生产司。报送材料包括：

（一）报送函；

（二）标准申报单（见附表7）；[④]

---

①②③④ 附表未摘录，请自行查阅。

（三）报批标准项目汇总表（见附表8）;①

（四）标准报批稿（包括电子版）;

（五）标准编制说明;

（六）标准征求意见汇总处理表;

（七）标准审查会议纪要或《标准送审稿函审结论表》及《标准送审稿函审单》;

（八）采用国际标准或国外先进标准的原文和译文。

**第三十二条**　安全生产司对报送的标准报批材料进行审查，并办理标准审批手续。主要审查内容包括:

（一）标准报批材料是否符合要求，标准制定工作程序是否有效;

（二）有关问题的处理是否恰当;

（三）强制性标准是否符合制定强制性标准的规定;

（四）与现行相关法律、法规、规章及相关标准，特别是强制性标准的协调性;

（五）标准中专利情况是否清晰等。

## 第六章　标准批准、发布及出版

**第三十三条**　安全生产司审查后行文将标准报批材料送科技司。

**第三十四条**　安全生产行业标准批准发布后，由各行业标准化技术委员会按国家标准化主管部门的有关规定办理备案。

**第三十五条**　安全生产行业标准由各相关行业出版机构出版。

**第三十六条**　安全生产行业标准出版后，相关出版机构应及时将标准文本送安全生产司和部相关司局各两份。

## 第七章　标准复审

**第三十七条**　标准实施后，各行业标准化技术委员会应根据科学技术发展和经济建设的需要适时提出复审建议。标准复审周期一般不超过五年。

**第三十八条**　复审形式可采用会议审查或函审。标准复审的程序和要求按照相关规定办理。

**第三十九条**　标准复审结果分为继续有效、修订和废止三种情况。对复审的每一项标准均应填写《标准复审意见表》（见附表9）。②

**第四十条**　安全生产行业标准复审后，由行业标准化技术委员会提出复审报告（内容包括复审简况、复审程序、处理意见、复审结论等），填写继续有效、修订和废止标准项目汇总表（见附表10、附表11、附表12），③ 并将标准复审材料送有关行业协会（联合会）、集团公司、标准化技术归口单位。报送材料包括:

（一）报送函;

（二）标准复审报告;

（三）标准复审项目汇总表;

（四）标准复审意见表。

**第四十一条**　安全生产司对报送的标准复审材料进行汇总、协调、审核，并将复审结果报科技司，由科技司在网站上进行公示，经部领导审批后，以部公告形式公布。

---

①②③ 附表未摘录，请自行查阅。

## 第八章　标准修改

**第四十二条**　当标准的技术内容不够完善，在对标准的技术内容作少量修改或补充后，仍能符合当前科学技术水平、适应市场和行业发展需要的，可对标准内容进行修改。

**第四十三条**　安全生产行业标准的修改内容，应填写《标准修改通知单》（见附表 13），[①] 整理审查纪要（内容包括修改原因和依据、审查结论等），按标准报批程序办理。报送材料包括：

（一）报送函；

（二）审查纪要；

（三）标准修改通知单。

## 第九章　附则

**第四十四条**　本实施办法由工业和信息化部安全生产司负责解释。

**第四十五条**　本实施办法自公布之日起实施。

① 附表未摘录，请自行查阅。

# 关于进一步开展电信网络安全防护工作的实施意见

信息产业部　2007 年 11 月 12 日

各省、自治区、直辖市通信管理局，中国电信集团公司、中国网络通信集团公司、中国移动通信集团公司、中国联合通信有限公司、中国卫星通信集团公司、中国铁通集团有限公司，信息产业部电信研究院、国家计算机网络应急技术处理协调中心：

为进一步贯彻落实《国家信息化领导小组关于加强信息安全保障工作的意见》（中办发［2003］27 号）精神，加快推进电信网络的等级保护、风险评估、灾难备份等安全防护工作，结合国务院信息化工作办公室、公安部等关于风险评估、等级保护、灾难备份的有关工作要求，保证电信网络安全防护工作整体、规范、科学、有序地开展，在总结电信网络安全防护标准化和相关试点工作的基础上，就电信行业进一步全面开展电信网络安全防护工作，提出以下意见。

## 一、电信网络安全防护工作的总体思路和基本原则

### （一）总体思路

1. 电信网络安全防护工作的主要内容。电信网络安全防护工作包括等级保护、风险评估、灾难备份等以事前防护和准备为主的相关工作内容，总体目标是要从管理和技术等多个方面，落实和改进与电信网络的重要性及面临的威胁相适应的安全保护措施，以提高电信网络的安全保护能力和水平，有效减少严重网络安全事件的发生。

等级保护是根据被保护对象一旦遭受破坏后对国家安全、社会秩序、经济建设、公共利益以及公民、法人和其他组织的合法利益的危害程度大小，确定被保护对象的安全保护等级，并落实与安全保护等级相适应的基本安全保护措施。风险评估是通过系统地认识和分析被保护对象的相关资产、存在的脆弱性、面临的威胁以及已有保护措施的有效性，科学推断出安全事件发生的可能性和可能造成的危害程度，并提出和落实有针对性的整改措施，将残余风险降低到可以接受的程度。灾难备份是对重要线路、设备、业务系统和数据等进行冗余备份，保证当主用线路、设备、业务系统和数据发生故障或遭到破坏后，有条件迅速切换使用相应的备用资源，提高网络和业务的抗毁性和可持续服务能力。

2. 将等级保护、风险评估、灾难备份等有机结合。等级保护、风险评估、灾难备份等工作相互之间密切相关、互相渗透、互为补充。电信网络安全防护应将等级保护、风险评估、灾难备份等工作有机结合，加强相关工作之间的整合和衔接，保证电信网络安全防护工作的整体性、统一性和协调性。电信网络安全防护工作应按照根据被保护对象的重要性进行分等级保护的思想，通过风险评估的方法正确认识被保护对象存在的脆弱性和面临的威胁，进而制定、落实和改进与安全保护等级

和风险大小相适应的一系列管理、技术、灾难备份等安全保护措施，最终达到提高电信网络安全保护能力和水平的目的。

在开展等级保护工作时，要充分应用风险评估的方法，认识、分析不同类型的网络和业务存在的脆弱性和面临的威胁，进而制定和落实与被保护对象的类型、脆弱性和威胁相适应的基本安全保护措施要求，提高等级保护工作的针对性和适用性。在开展风险评估工作时，在分析被保护对象综合风险和制定改进方案的过程中，要始终与被保护对象的安全保护等级相结合，合理确定被评估对象的可接受风险和制定确实必要的整改措施，避免无限度的改进提高。在开展灾难备份工作时，要结合被备份对象的安全保护等级和面临的威胁，制定相适应的备份措施，并将有关备份的要求体现在等级保护相关标准的措施要求中进行落实。

3. 运营单位自主防护与行业主管部门监督检查相结合。按照“谁主管、谁负责，谁运营、谁负责”的原则，电信网络安全防护工作实行电信运营企业自主防护与电信行业主管部门监督检查相结合的工作机制。电信运营企业应当按照电信监管部门的要求，结合企业自身实际情况，认真贯彻落实电信网络安全防护的相关规定和标准，并接受电信监管部门的监督检查。电信监管部门负责组织制定和推广科学、有效、适用的电信网络安全防护实施方法和保护措施，指导电信业务经营者规范开展电信网络安全防护工作，并监督检查电信网络安全防护工作的落实情况，不断健全科学、规范、有效的电信网络安全防护管理体系。

**（二）基本原则**

电信网络安全防护工作应遵循以下基本原则：

1. 整体性原则。电信网络由各种设备、线路和相应的支撑、管理单元互联组成，具有全程全网的特点，对电信网络某一部分的调整或改动（包括实施各项保护措施），可能影响整个电信网络的安全可靠运行。因此，电信网络安全防护工作应坚持对整个网络统筹兼顾，由信息产业部会同各电信运营企业集团公司，结合电信网络的实际特点统一研究和组织部署。

2. 规范性原则。电信网络种类繁多、结构复杂，安全防护工作涵盖线路、设备、网络、业务系统等多种对象，涉及管理、技术等多个方面，包括安全评测、风险评估等多项环节，是一项复杂的系统工程。为保证电信网络安全防护工作的有效性和规范性，相关工作应当按照国家和信息产业部组织制定的有关标准实施。

3. 适度性原则。电信网络安全防护工作追求的是适度安全的目标。要始终运用等级保护的思想，制定和落实与电信网络的重要性相适应的安全保护措施要求；要坚持运用风险评估的方法，提出和落实与电信网络的风险大小相适应的改进措施。对于重要性高、风险大的电信网络，要采取较高程度的安全保护措施；反之，对于重要性低、风险小的电信网络，可以采取较低程度的保护措施。

4. 同步性原则。电信网络自身存在的脆弱性是导致安全事件发生的内在原因，在电信网络新建、改建、扩建时，应当在规划和设计工作中同步考虑在源头上有效减少电信网络的脆弱性。对于难以彻底消除的脆弱性，应当同步规划、设计和实施电信网络安全保护措施，并做到安全保护措施与安全保护等级的要求相一致。

## 二、电信网络安全防护工作的主要任务

**（一）电信网络的定级**

定级是等级保护的基础和前提。电信运营企业拥有和运行的电信网络由不同的专业网络和业务单元共同组成，各类专业网络和业务单元具有不同的技术特点，存在不同的脆弱性和面临不同的威胁，且所承载的电信业务具有不同的重要性。按照等级保护的思想，针对电信网络不同部分存在不同风险的实际情况，电信网络安全防护工作应当按照将电信网络进行合理、清晰地划分，对不同的

部分分别落实相应保护措施的方法进行。即：在对电信网络实施安全保护时，电信运营企业首先要合理划分电信网络中的各个定级对象，并在科学分析定级对象重要性的基础上，合理确定定级对象的安全保护等级。

**（二）电信网络的安全评测**

安全评测是保证等级保护、灾难备份得以落实的手段。电信网络定级对象及其所属安全保护等级确定后，电信运营企业应当对各个定级对象落实与其安全保护等级相适应的基本安全保护措施。信息产业部已组织专家通过总结分析各类专业网络和业务单元的脆弱性和威胁，制定出针对各类专业网络和业务单元的不同安全保护等级的基本安全保护措施标准，包括管理、技术、灾难备份等多方面基本要求。电信运营企业应当依据国家和信息产业部制定的相关标准，对定级对象落实相应基本安全保护措施标准的情况进行评测。对于经评测发现未按照相关标准落实基本安全保护措施的，要及时进行相应的整改，确保基本安全保护措施落实到位。在按照相关标准落实基本安全保护措施的基础上，电信运营企业可以根据企业发展情况、技术和经济实力等，提高对定级对象的安全保护程度。

**（三）电信网络的风险评估**

风险评估是完善和提高等级保护、灾难备份的方法。在通过安全评测确保落实等级保护、灾难备份基本安全保护措施的基础上，为提高对风险变化的适应能力，进一步提高安全保护的时效性和保护水平，电信运营企业应当建立对各个定级对象进行动态风险评估的机制。应当根据安全形势的发展变化（例如发现新的脆弱性、出现新的威胁、面临更高的安全要求等），定期或不定期组织对电信网络或其中组成部分进行风险评估。通过风险评估，对新的威胁和脆弱性进行深入分析，对已有安全保护措施的落实情况和有效性进行确认。对已有安全保护措施与变化的风险或新的要求不相适应的，应研究提出并落实进一步的安全保护措施。信息产业部结合风险评估的结果，适时调整或修改各类定级对象的不同等级的基本安全保护措施标准，以提高基本安全保护措施的有效性和适用性。

**（四）电信网络安全防护工作的监督检查**

电信监管部门对电信运营企业开展上述电信网络安全防护工作进行指导、监督和检查。各级电信运营企业应当将电信网络各个定级对象的责任主体、结构、功能、服务范围、所属安全保护等级等基本情况向信息产业部或通信管理局备案。电信监管部门负责对电信运营企业的电信网络安全评测工作开展监督检查，确保定级对象落实基本安全保护措施。电信监管部门负责对电信运营企业的电信网络风险评估工作进行监督检查，督促进一步提高定级对象的安全保护水平。电信监管部门对于不同安全保护等级的定级对象，应实施不同程度的监督检查。公安机关对电信行业信息系统等级保护工作的监督检查，由公安机关会同电信监管部门共同组织实施。

## 三、电信网络定级与备案的实施

**（一）定级的范围**

电信网络安全防护工作的范围包括基础电信运营企业运营的传输、承载各类电信业务的公共电信网（含公共互联网）及其组成部分，支撑和管理公共电信网及电信业务的业务单元和控制单元，互联网数据中心，以及企业办公系统（含文件管理系统、员工邮件系统、决策支持系统、人事管理系统等）、客服呼叫中心、企业门户网站等非核心生产单元。此外，电信网络安全防护工作的范围还包括经营性互联网信息服务单位、移动信息服务单位、互联网接入服务单位、互联网数据中心、互联网域名服务机构等单位运营的网络或信息系统。

**（二）定级的步骤**

1. 电信网络的划分。电信运营企业应当参照国家和信息产业部制定的相关标准和实施指南，统筹兼顾各自电信网络的网络类型、业务类型、服务地域、企业内部管理归属等，将本企业的电信网络划分成不同的定级对象，并分别确定各自的安全保护等级。为保证电信网络划分结果的合理性和各部分的定级结果的协调一致性，电信运营企业应本着先全国、后地方，先骨干、后分支，从上（集团公司）至下（省级公司、地市级公司）的原则统筹对本企业的电信网络进行划分和定级。

2. 安全等级的划分。电信运营企业应当根据定级对象遭到破坏后对国家安全、社会秩序、经济建设、公共利益以及公民或者法人的合法权益的危害程度等因素，按照国家和信息产业部制定的相关标准和实施指南，将定级对象的安全保护等级划分为 1 到 5 级，其中第 5 级为最高安全保护等级。电信运营企业对各个定级对象分别形成定级报告，定级报告中应包括定级对象的架构、边界、设备部署、服务范围等基本情况，以及所采用的定级方法、定级结果等信息。

3. 安全等级的确定。对于安全保护等级拟定为第 3 级及以上级别的定级对象，应由电信运营企业集团公司将定级报告报送信息产业部成立的电信网络安全防护专家组评审，由专家组和电信运营企业共同商议确定定级对象的安全保护等级。当专家组评审意见与电信运营企业的意见达不成一致时，应选择双方建议级别中较高的级别作为最终确定的级别。对于安全保护等级拟定为第 2 级及以下级别的定级对象，无须报信息产业部电信网络安全防护专家组评审。

**（三）定级结果的备案**

对于确定为第 2 级及以上级别的定级对象，电信运营企业应向电信监管部门办理备案。由电信运营企业集团公司负责管理的定级对象，应向信息产业部备案；由电信运营企业省级、地市级公司负责管理的定级对象，应向其所在辖区的通信管理局备案。备案时应填写备案信息登记表，并提交定级报告。信息产业部和通信管理局对备案材料进行审核，并按照公安部、国务院信息化工作办公室等四部门的有关规定，分别向公安部或省级公安机关提交有关备案情况。

基础电信运营企业已正式投入运行的电信网络或相关单元及系统，应当在 2008 年 3 月 31 日之前完成定级并向电信监管部门备案。

基础电信运营企业新建的电信网络或相关单元及系统，应当在正式投入运行后 1 个月内完成定级并向电信监管部门备案。

**（四）定级结果的调整**

在电信网络运行过程中，当定级对象因为改建、扩建而影响其安全保护等级时，或因为定级对象的合并或拆分而改变定级对象的涵盖范围时，电信运营企业应按照上述定级步骤重新确定相关定级对象的安全保护等级，并向电信监管部门办理备案信息变更。

## 四、电信网络安全评测的实施及监督检查

**（一）安全评测的实施**

电信网络中各个定级对象的安全评测由电信运营企业按照国家和信息产业部制定的相关标准或实施指南自行组织实施。对于第 3 级及以上级别的定级对象，必须进行安全评测。电信运营企业可依托本企业技术力量进行安全评测，也可委托符合本意见第六条的安全服务机构进行安全评测。

在以下情况下应当组织开展定级对象的安全评测：

1. 定级对象的安全保护等级初次确定后；

2. 定级对象的安全保护等级调整且安全保护等级变高后；

3. 定级对象重大改、扩建工程完成后；

4. 定级对象发生合并或拆分后；

5. 电信运营企业的内部管理体系或组织机构发生重大变更后；

6. 电信网络相关基本安全保护措施要求标准经信息产业部修订后。

**（二）安全评测工作的监督检查**

电信运营企业自行组织实施完成定级对象的安全评测之后，应当将定级对象的安全评测报告报送电信监管部门。电信监管部门基于安全评测报告，结合现场调研，对电信运营企业相关工作的实施开展情况进行监督检查。必要时由电信监管部门委托专业机构按照相关标准实施现场安全评测。

监督检查内容主要包括：

1. 安全评测实施方法是否符合国家和信息产业部制定的相关标准或实施指南；

2. 对定级对象实施的技术、管理、灾难备份等安全保护措施是否符合国家和信息产业部制定的相关标准；

3. 定级对象的备案信息是否与实际情况相符；

4. 第三方安全评测服务机构的选择是否符合有关规定；

5. 其他应当进行监督检查的事项。

对于经检查不符合上述要求的，电信运营企业应制定整改方案并进行整改，整改完成后应将整改报告报送电信监管部门。电信监管部门对整改情况进行监督检查。

## 五、电信网络风险评估的实施及监督检查

**（一）风险评估的实施**

电信网络的风险评估可以由电信运营企业自行发起并实施，也可以由电信监管部门视需要提出开展风险评估的要求，并由电信运营企业自行组织实施。风险评估既可以对整个电信网络全面开展，也可以针对若干定级对象实施。对于第 3 级及以上级别的定级对象，应当每年进行一次风险评估。电信网络的风险评估应当按照国家和信息产业部制定的相关标准和实施指南进行。电信运营企业可依托本企业技术力量进行风险评估，也可委托符合本意见第六条的安全服务机构进行风险评估。

原则上在以下情况时应当组织开展风险评估：

1. 出现新的重大威胁；

2. 发现新的严重安全隐患；

3. 国家召开重要会议或举办重大活动之前。

**（二）风险评估工作的监督检查**

电信运营企业自行发起或按照电信监管部门的要求实施完成风险评估之后，应当将风险评估报告报送电信监管部门。电信监管部门基于风险评估报告，结合现场调研，定期或不定期对电信运营企业相关工作的实施开展情况进行监督检查。

监督检查内容主要包括：

1. 风险评估实施方法是否符合国家和信息产业部组织制定的相关标准或实施指南；

2. 是否根据风险评估结果提出并落实进一步的安全保护措施；

3. 第三方风险评估服务机构的选择是否符合有关规定；

4. 其他应当进行监督检查的事项。

## 六、安全服务机构的管理

**（一）安全服务机构的选择**

电信运营企业应当选择符合下列条件的安全服务机构进行电信网络的安全评测和风险评估：

1. 在中华人民共和国境内注册成立（港澳台地区除外）；

2. 由中国公民投资、中国法人投资或者国家投资的企事业单位（港澳台地区除外）；

3. 从事电信网络安全保障服务工作一年以上，无违法记录；

4. 相关工作人员仅限于中国公民；

5. 法人及主要业务、技术人员无犯罪记录；

6. 具有完备的保密管理、项目管理、质量管理、人员管理和培训教育等安全管理制度。

**（二）安全服务机构的义务**

为电信网络提供安全评测、风险评估服务的安全服务机构应当履行以下义务：

1. 遵守国家和信息产业部有关法律法规和技术标准，提供安全、客观、公正的安全评测、风险评估服务，保证安全评测、风险评估的质量和效果；

2. 保守在安全评测、风险评估活动中知悉的国家秘密、企业秘密和公民隐私，防范相关工作带来的风险；

3. 对相关工作人员进行安全保密教育，与其签订安全保密责任书，规定应当履行的安全保密义务和承担的法律责任，并负责检查落实。

## 七、电信网络安全防护工作的总体要求

**（一）提高认识，加强领导**

各地通信管理局和电信运营企业集团公司要结合国家信息化发展和电信行业发展的要求，进一步提高对电信网络安全防护工作重要性、紧迫性的认识，加强对本地区、本企业电信网络安全防护工作的组织领导，按照信息产业部的统一部署，加快推进电信网络安全防护体系建设。信息产业部成立电信网络安全防护工作领导小组，负责相关工作的总体部署和协调，领导小组由信息产业部奚国华副部长担任组长，信息产业部电信管理局苏金生局长担任副组长，成员包括信息产业部科技司、规划司、各地通信管理局以及基础电信运营企业的主管领导。领导小组办公室设在信息产业部电信管理局，由电信管理局赵志国副局长担任办公室主任。各地通信管理局和各级电信运营企业要成立本单位电信网络安全防护领导小组及工作组，明确和落实相关部门的职责，加强对相关工作的保障，确保电信网络安全防护工作顺利开展。

**（二）明确责任，加强协调**

电信网络安全防护工作由信息产业部、各地通信管理局组织部署。信息产业部负责组织制定相关规定和标准，对各地通信管理局和电信运营企业集团公司的相关工作进行指导、监督和检查，对评测评估服务机构进行监督管理，与国家其他相关部门进行协调。各地通信管理局负责对本地区内电信运营企业的相关工作进行指导、监督和检查，与当地其他相关部门进行协调。各电信运营企业集团公司负责按照信息产业部的要求，组织、监督、检查本集团电信网络安全防护工作。

**（三）加强研究，规范管理**

信息产业部组织成立电信网络安全防护专家组，加强对标准制定、定级、安全服务机构管理等相关工作的研究和指导；尽快制定或完善相关标准和实施指南，制定电信网络安全保障监督管理办法，研究评测评估服务机构管理办法，进一步提高相关工作的规范性和公正性；组织研究科学、高效的评测评估方法和相关工具，不断提高评测评估工作的客观性；加强电信网络安全防护工作行政管理支撑手段建设，提高行政管理工作效率。

**（四）及时总结，提出建议**

各相关单位应结合开展电信网络安全防护工作的实际，认真总结经验和不足，提出进一步完善电信网络安全防护相关标准和管理工作的意见和建议，为顺利开展电信网络安全防护工作提供有益经验。各单位在相关工作中如有意见、建议和问题，请及时向信息产业部电信管理局报告。

# 工业和通信业安全生产领域行业标准制定管理办法实施细则

工信安字［2012］113号

## 第一章　总则

**第一条**　为规范工业和通信业安全生产领域行业标准的制定（含修订，以下同）程序和要求，依据《中华人民共和国标准化法》、《工业和信息化部行业标准制定管理暂行办法》（工信厅科［2009］87号）和《工业和信息化部标准制修订工作补充规定》（工信厅科［2011］137号）等，特制定本实施细则。

**第二条**　本实施细则规定了工业和通信业安全生产领域行业标准（以下简称“安全生产行业标准”）的立项、起草、审查、报批、批准发布、出版、复审、修改等标准制定的主要程序及要求。

**第三条**　本实施细则适用于化工、石化、黑色冶金、有色金属、黄金、建材、稀土、机械、汽车、船舶、航空、轻工、纺织、包装、航天、兵工民品、核工业、电子、通信等19个行业的安全生产行业标准的制定。

**第四条**　安全生产行业标准的范围包括：基础标准、安全管理标准、安全技术标准。

下列事项应当制定相应的安全生产行业标准：

（一）安全管理有关术语、符号、代码、文件格式、制图方法等通用技术语言和要求；

（二）生产经营单位的安全生产条件（含组织要求、制度要求）；

（三）生产、储存、运输、使用、检测、检验、销毁等方面的安全技术要求；

（四）安全生产规程和岗位安全管理要求；

（五）应急救援规则、规程、标准等技术规范；

（六）安全教育培训规则、规程、标准等技术规范；

（七）建设项目安全评价与审查技术规范；

（八）安全检查的通则、导则等技术规范；

（九）法律、行政法规规定的其他安全技术要求。

**第五条**　安全生产行业标准分为强制性标准和推荐性标准。安全生产标准内容涉及需要强制执行的安全标志、标识、危险作业规程、危险作业安全生产条件、危险作业安全防护、危险化学品生产、储存、运输和安全管理要求等，为强制性标准；其他为推荐性标准。

**第六条**　安全生产行业标准的制定工作遵循“提高本质安全生产水平为目的，规范物的安全状况、人的安全行为、环境的安全条件，并及时修订和不断完善”的原则，与技术创新、管理创新、试验验证、应用推广相结合，统筹推进。加强过程管理，保证标准的质量和水平。

**第七条** 安全生产行业标准应与其他相关行业标准协调、统一。

**第八条** 我部安全生产司统一协调管理安全生产领域行业标准制定工作，部委托管理机构（具体单位见附件1）①受安全生产司委托开展本行业的安全生产行业标准制定日常管理工作。标准化技术支撑单位负责标准制修订过程的业务指导、形式审查等技术支持工作。

**第九条** 鼓励有关生产经营单位、科研机构、学术团体、高等学校等单位依法参与安全生产行业标准制定工作。

## 第二章 标准立项

**第十条** 任何政府机构、行业社团组织、企事业单位和个人根据行业安全生产实际及发展需求，均可向本行业的部委托管理机构提出安全生产行业标准立项申请。

**第十一条** 部委托管理机构依据行业安全生产现状和安全生产标准体系表要求，负责组织专家对立项申请可行性、必要性及先进性认证，提出是否同意立项的建议，并负责项目申报相关资料的审查。

**第十二条** 部委托管理机构按季度汇总安全生产行业标准立项申请报部安全生产司（申报材料相关表格见附件2的附表）。②

**第十三条** 申请标准立项的单位，应按要求认真填写标准项目建议书，确保填写完整准确。建议书应阐述标准项目在安全生产方面所解决的主要问题、与国际标准（国外先进标准）的对比情况，在标准体系中的位置及与相关标准间的关系、有关的知识产权及标准起草单位等内容情况。如为强制性标准，还应说明强制的必要性及强制性标准得到有效实施的保障措施。

**第十四条** 标准项目建议内容包括：

（一）行业标准项目计划汇总表（见附件2的附表1）；③

（二）行业标准项目建议书（见附件2的附表2，一式4份含电子版本）。④

**第十五条** 各有关单位申报标准计划项日和项目审查时，应分轻重缓急，优先考虑产业发展和安全生产急需的标准项目。在申报项目总体情况说明中应对标准项目进行阐述，包括各行业安全生产现状及标准体系现状、与产业发展重点的结合情况、与国际标准（国外先进标准）的对比分析情况、与现有标准的协调配套情况等内容（具体要求见附件2）。⑤

**第十六条** 标准化技术支撑单位对标准项目建议书进行形式审查。并根据安全生产标准体系情况，统一协调和审查标准项目立项建议，汇总后报部安全生产司。

**第十七条** 标准计划下达后，由部委托管理机构组织落实标准编制计划，标准起草单位具体负责标准编制计划的实施。

**第十八条** 在标准编制计划的执行过程中，如需对标准项目进行调整，应由标准起草单位填写《行业标准项目计划调整申请表》（见附件2的附表3），⑥经部委托管理机构报部安全生产司。未经批准调整的标准计划，按原计划执行。

## 第三章 标准起草和审查

**第十九条** 标准起草单位要注意做好标准制定与技术创新、管理创新、试验验证、知识产权处置、产业化推进、应用推广的统筹协调。标准化技术归口单位、标准化技术组织等要做好标准意见征求和技术审查等工作，把好技术审查关。部委托管理机构负责做好所属行业（领域）标准制定过

---

①②③④⑤⑥ 附件未摘录，请自行查阅。

程的管理工作，定期检查标准编制情况，确保标准质量。

**第二十条**　标准起草单位成立标准起草组，编写标准草案，起草组成员应有丰富专业知识和实践经验的技术人员。

**第二十一条**　标准草案应在充分调研和分析研究的基础上，按照 GB/T 1《标准化工作导则》、GB/T 20000《标准化工作指南》、GB/T 20001《标准编写规则》的规定及相关要求编写。

**第二十二条**　起草标准草案时，应编写标准编制说明，其内容一般包括：

（一）工作简况，包括任务来源、主要工作过程、主要参加单位和工作组成员及其所做的工作等。

（二）标准编制原则和主要内容（如技术指标、参数、公式、安全性能和要求、检查、评价等）的论据，解决的主要问题。修订标准时应列出与原标准的主要差异和水平对比。

（三）主要试验（或验证）情况分析。

（四）标准中如果涉及专利，应有明确的知识产权说明。

（五）预期达到的社会效益等情况。

（六）采用国际标准和国外先进标准情况，与国外同类标准水平的对比情况，国内外关键指标对比分析情况。

（七）与现行相关法律、法规、规章及相关标准，特别是强制性标准的协调性。

（八）重大分歧意见的处理经过和依据。

（九）标准性质的建议说明。

（十）贯彻标准的要求和措施建议（包括组织措施、技术措施、过渡办法、实施日期等）。

（十一）废止现行相关标准的建议。

（十二）其他应予说明的事项。

**第二十三条**　标准草案完成后，应召开专家讨论会，修改完善标准草案，形成标准征求意见稿。应将标准征求意见稿和标准编制说明公开征求行业内各方面意见，征求意见的范围应具有较大的代表性，并征得标准化技术组织和部委托管理机构的同意。对反馈的意见应认真分析研究并尽量采纳；不予采纳的，应当说明理由。意见处理结果应当列入《行业标准征求意见汇总处理表》（见附件 2 的附表 4）。①

**第二十四条**　标准起草单位根据意见处理结果对标准征求意见稿进行修改，提出标准送审稿，报部委托管理机构组织审查。标准送审时，应当附有标准送审稿、标准编制说明、标准征求意见汇总处理表和其他有关附件。

**第二十五条**　部委托管理机构接到安全生产标准送审稿及相关材料后，有标准化技术组织的，由标准化技术组织按照有关规定组织的标准审查。

没有成立标准化技术组织的，由部委托管理机构根据安全生产标准涉及的内容，邀请生产、使用、经销、科研等方面的不少于 15 名的专家进行标准审查；审查时，使用单位的人员不应少于 1/4。组织安全生产标准审查时，应当对安全生产标准提出审查意见和结论。

**第二十六条**　标准送审稿审查形式，分为会议审查和函审。强制性标准必须采用会议审查。会议审查时，应进行充分的讨论，尽量取得一致意见，需要表决时，必须有不少于出席会议代表人数的 3/4 同意为通过；函审时，必须有 3/4 的回函同意为通过。

会议审查应写出会议纪要，内容包括第二十二条（二）至（十一）项内容的审查结论。函审时应写出《行业标准送审稿函审结论表》（见附件 2 的附表 5），② 并附《行业标准送审稿函审单》（见附件 2 的附表 6）。③

①②③ 附件未摘录，请自行查阅。

**第二十七条**　标准送审稿审查通过后，由标准起草单位根据审查意见对送审稿作必要的修改，提出标准报批稿、编制说明及相关附件。

**第二十八条**　标准未通过审查的，标准起草单位应根据审查意见进一步修改完善后，再次提交审查。

## 第四章　标准报批

**第二十九条**　标准起草单位应向标准化技术组织提交标准报批材料。应按要求在标准编制说明、标准申报单等有关报批材料中阐述对产业发展的作用、与国际标准（国外先进标准）的对比情况，在标准体系中的位置及与相关标准间的关系、有关专利等情况。对于涉及专利的标准项目，应提供全部专利所有权人的专利许可声明和专利披露声明。标准报批材料有：

（一）报送函；

（二）行业标准申报单（见附件 2 的附表 7）；[①]

（三）报批行业标准项目汇总表（见附件 2 的附表 8）；[②]

（四）标准报批稿（纸型 3 份，电子版 1 份）；

（五）标准编制说明（纸型 3 份，电子版 1 份）；

（六）标准征求意见汇总处理表（纸型 3 份，电子版 1 份）；

（七）行业标准审查会议纪要或函审结论（含参加审查代表名单或函审单）；

（八）采用国际标准或国外先进标准的原文和译文；

（九）强制性标准中、英文通报表。

**第三十条**　标准化技术组织对报批材料进行复核，通过后报部委托管理机构。部委托管理机构对行业标准报批材料进行汇总和审查，并给出行业标准编号，连同相应的报送函报安全生产司。

**第三十一条**　由标准化技术支撑单位审查除第二十二条（二）至（十一）项的内容外，并对以下内容进行审查：

（一）与产业发展政策和产业发展水平的符合性；

（二）与现行相关法律、法规、规章及相关标准，特别是强制性标准的协调性；

（三）标准中是否涉及专利，如有专利处置说明是否清晰；

（四）制定程序是否符合规定、报批材料是否齐备。

**第三十二条**　对跨行业、跨领域的标准项目，在报批前还应征求有关方面的意见，并在报批材料中予以说明。

**第三十三条**　部委托管理机构在标准报批函中按行业、分领域对标准报批项目进行阐述，包括标准的制定过程和审查情况、对产业发展的支撑作用、与国际标准（国外先进标准）的对比分析情况、标准体系和专利情况等内容。

**第三十四条**　安全生产司对报送的标准报批材料进行汇总审查，主要审查内容包括：

（一）材料是否符合要求，标准制定工作程序是否有效；

（二）有关问题的处理是否恰当；

（三）强制性标准是否符合制定强制性标准的规定；

（四）与现行相关法律、法规、规章及相关标准，特别是强制性标准的协调性；

（五）标准中专利情况是否清晰等。

**第三十五条**　对不符合要求的标准报批项目及有关材料，安全生产司予以退回。

---

①② 附件 2 未摘录，请自行查阅。

## 第五章　标准发布及出版

**第三十六条**　安全生产行业标准以部公告形式批准发布。

**第三十七条**　安全生产行业标准批准发布后，由有关部委托管理机构按国家标准化主管部门的有关规定办理备案。

**第三十八条**　安全生产行业标准由相关出版机构出版。

**第三十九条**　安全生产行业标准出版后，相关出版机构应及时将标准文本送安全生产司和部科技司各两份。

## 第六章　标准复审

**第四十条**　标准实施后，各行业标准化技术组织、标准编制单位、标准使用单位均可根据技术发展和安全生产的需要适时提出复审建议。标准复审周期一般不超过五年。

**第四十一条**　每年年底各部委托管理机构提出下一年度的行业标准复审计划建议。

**第四十二条**　复审形式可采用会议审查或函审。标准复审的程序和要求按照相关规定办理。

**第四十三条**　标准复审结果分为继续有效、修订和废止三种情况。均应分别填写《行业标准复审意见表》（见附件2的附表9）。①

**第四十四条**　安全生产行业标准复审后，由行业标准化技术组织提出复审报告（内容包括复审简况、复审程序、处理意见、复审结论等），填写继续有效、修订和废止标准项目汇总表（见附件2的附表10、附表11、附表12），② 并将标准复审材料送部委托管理机构。报送材料包括：

（一）报送函；

（二）标准复审报告；

（三）标准复审项目汇总表；

（四）标准复审意见表。

**第四十五条**　安全生产司对报送的标准复审材料进行汇总、协调、审核。

## 第七章　标准修改

**第四十六条**　当标准的技术内容不够完善，在对标准的技术内容作少量修改或补充后，仍能符合当前科学技术水平、适应市场和行业发展需要的，可对标准内容进行修改。

**第四十七条**　安全生产行业标准的修改应填写《行业标准修改通知单》（见附件2的附表13），③ 整理审查纪要（内容包括修改原因和依据，审查结论等），按标准报批程序办理。报送材料包括：

（一）报送函；

（二）审查纪要；

（三）标准修改通知单。

## 第八章　附则

**第四十八条**　本实施办法由工业和信息化部安全生产司负责解释。

**第四十九条**　本实施办法自公布之日起实施。

①②③ 附件2未摘录，请自行查阅。

# 关于加强国际通信网络架构保护的若干规定

（2010 年 9 月 26 日，工业和信息化部印发《关于加强国际通信网络架构保护的若干规定》的通知）

**第一条** 为了提高国际通信网络架构保护措施，保障国际通信网络运行稳定可靠，促进国际通信健康有序发展，根据《中华人民共和国电信条例》和《电信网络运行监督管理办法》，制定本规定。

**第二条** 本规定所称的网络架构保护措施是指对国际交换设备、国际传输设备、国际传输线路等通信设施、设备所采取的多重节点、多重路由、负荷分担、自动倒换、冗余配置等保护措施。通过采取上述措施，最大限度地减少事故隐患，确保网络运行稳定可靠。

**第三条** 基础电信业务经营者应当对国际通信业务出入口局采取以下网络架构保护措施：

（一）国际通信业务节点应当设置在国际通信业务量集中且国内传输资源丰富的节点上，国际通信业务节点所在地应当具备相应技术力量确保国际通信网络运行安全。基础电信业务经营者的国际通信业务节点之间应当实现相互安全保护。

（二）基础电信业务经营者应当合理分配国际通信业务量，尽量均衡不同国际通信业务出入口局间的网络负荷，任一城市的国际通信业务出入口局疏通的语音、互联网业务所占比例原则上应当不高于同类业务总量的 50%。

（三）基础电信业务经营者针对国内同一省、自治区或直辖市的业务应当连接到不同的国际业务节点或设置安全备用路由，确保国内某一国际业务节点的故障不会影响该地区的全部国际业务。

（四）基础电信业务经营者针对国内往业务量较大国家和地区的业务应当分布在不同的国际业务节点上，确保某一业务节点故障时，避免去往该国家或地区的全部业务受到影响。

（五）基础电信业务经营者在某一国家或地区只与一个电信业务经营者设置直达电路时，应当能够通过第三方转接疏通去往该国家或地区的国际业务，避免去往该国家或地区的全部业务受到影响。

（六）基础电信业务经营者应当与国内其他基础电信业务经营者相互配合，制定应急预案，当一方的国际通信网络出现严重故障时应当能够借助其他基础电信业务经营者的国际通信网络疏通相关业务。

**第四条** 基础电信业务经营者应当对国际通信信道出入口局（包括海缆登陆站、入境站、卫星地球站等）以及国际海缆、陆缆等国际传输线路采取以下网络架构保护措施：

（一）基础电信业务经营者的国际传输网络应当综合采用国际海缆、陆缆和国际卫星传输系统，形成不同的空间地理位置互补的国际传输网络系统。重要的国际方向应当不断建设完善多条海缆或陆缆，路由应当尽量分散。国际传输系统之间应当实现相互保护。

（二）基础电信业务经营者重要方向的业务应当分布在不同的国际传输系统上，通往重要方向的传输系统，应当具有一定的冗余容量，保证故障通信恢复使用。

（三）基础电信业务经营者的国际通信信道出入口局至国际通信业务出入口局应当至少具备两个物理路由，并应当能够通过国内其他基础电信业务经营者转接疏通国际业务，保证单点故障发生时国际通信业务不中断。

（四）基础电信业务经营者的国际通信业务出入口局之间应当采用专用大容量传输系统或者通道来承载，传输系统的拓扑和物理路由安排设计合理，并提供必要的保护措施，保证单点故障发生时国际通信业务不中断。

（五）基础电信业务经营者新建的国际海缆系统在国内原则上应当实现两个登陆点登陆，系统原则上应当成环保护。基础电信业务经营者新建国际陆缆系统的跨境段原则上应当实现双路由保护。基础电信业务经营者购买或租用的国际传输系统资源应当结合业务情况安排相应的安全保护措施。

（六）基础电信业务经营者应当尽量避免在地震、海啸、火山爆发易发区、张网捕鱼作业频繁区敷设海缆。已在上述区域敷设海缆的，应当建立陆上保护线路，优化海缆路由，并做好相关网络运行事故的预防预案、应急处置预案。

基础电信业务经营者应当加强海缆保护的宣传和巡护，采用技术手段监测海缆保护区内渔船动态情况，避免渔业捕捞作业对海缆的破坏；应当定期对各海缆承载的语音及互联网业务通达国家方向、业务的均衡负载情况进行全面梳理和安全隐患排查，减少地震、台风等原因造成多条海缆损坏时对国际通信业务的影响。

（七）基础电信业务经营者应当在国际海缆登陆站之间建设陆上迂回路由，在其中一个登陆站或海缆发生故障时，通过陆上迂回路由将业务疏通到其他登陆站。

**第五条**　基础电信业务经营者应当对区域性国际通信业务出入口局、边境地区国际通信信道出入口局采取以下网络架构保护措施：

区域性国际通信业务出入口局、边境地区国际通信信道出入口局的业务和传输网络能力应当满足业务发展需求，其使用的国际传输网络应当具有相应的安全保护机制。区域性国际通信业务出入口局的交换设备应当适时进行重要数据备份。

基础电信业务经营者应当重视区域性国际通信业务出入口局、边境地区国际通信信道出入口局的网络运行安全和物理环境安全，做好相关国际通信设施的反恐应急处置预案，因地制宜采取多重节点、多重路由、负荷分担、自动倒换、冗余配置等措施，确保任一线路或设备发生单点故障时国际通信业务不能阻断。

**第六条**　涉及与香港特别行政区、澳门特别行政区和台湾地区之间通信的网络架构保护参照本规定执行。

**第七条**　本规定由工业和信息化部负责解释。

**第八条**　本规定自发布之日起施行。

# 电信和互联网用户个人信息保护规定

（2013年6月28日　工业和信息化部第2次部务会议审议通过，
自2013年9月1日起施行）

## 第一章　总则

**第一条**　为了保护电信和互联网用户的合法权益，维护网络信息安全，根据《全国人民代表大会常务委员会关于加强网络信息保护的决定》、《中华人民共和国电信条例》和《互联网信息服务管理办法》等法律、行政法规，制定本规定。

**第二条**　在中华人民共和国境内提供电信服务和互联网信息服务过程中收集、使用用户个人信息的活动，适用本规定。

**第三条**　工业和信息化部和各省、自治区、直辖市通信管理局（以下统称电信管理机构）依法对电信和互联网用户个人信息保护工作实施监督管理。

**第四条**　本规定所称用户个人信息，是指电信业务经营者和互联网信息服务提供者在提供服务的过程中收集的用户姓名、出生日期、身份证件号码、住址、电话号码、账号和密码等能够单独或者与其他信息结合识别用户的信息以及用户使用服务的时间、地点等信息。

**第五条**　电信业务经营者、互联网信息服务提供者在提供服务的过程中收集、使用用户个人信息，应当遵循合法、正当、必要的原则。

**第六条**　电信业务经营者、互联网信息服务提供者对其在提供服务过程中收集、使用的用户个人信息的安全负责。

**第七条**　国家鼓励电信和互联网行业开展用户个人信息保护自律工作。

## 第二章　信息收集和使用规范

**第八条**　电信业务经营者、互联网信息服务提供者应当制定用户个人信息收集、使用规则，并在其经营或者服务场所、网站等予以公布。

**第九条**　未经用户同意，电信业务经营者、互联网信息服务提供者不得收集、使用用户个人信息。

电信业务经营者、互联网信息服务提供者收集、使用用户个人信息的，应当明确告知用户收集、使用信息的目的、方式和范围，查询、更正信息的渠道以及拒绝提供信息的后果等事项。

电信业务经营者、互联网信息服务提供者不得收集其提供服务所必需以外的用户个人信息或者将信息用于提供服务之外的目的，不得以欺骗、误导或者强迫等方式或者违反法律、行政法规以及双方的约定收集、使用信息。

电信业务经营者、互联网信息服务提供者在用户终止使用电信服务或者互联网信息服务后，应当停止对用户个人信息的收集和使用，并为用户提供注销号码或者账号的服务。

法律、行政法规对本条第一款至第四款规定的情形另有规定的，从其规定。

**第十条** 电信业务经营者、互联网信息服务提供者及其工作人员对在提供服务过程中收集、使用的用户个人信息应当严格保密，不得泄露、篡改或者毁损，不得出售或者非法向他人提供。

**第十一条** 电信业务经营者、互联网信息服务提供者委托他人代理市场销售和技术服务等直接面向用户的服务性工作，涉及收集、使用用户个人信息的，应当对代理人的用户个人信息保护工作进行监督和管理，不得委托不符合本规定有关用户个人信息保护要求的代理人代办相关服务。

**第十二条** 电信业务经营者、互联网信息服务提供者应当建立用户投诉处理机制，公布有效的联系方式，接受与用户个人信息保护有关的投诉，并自接到投诉之日起十五日内答复投诉人。

## 第三章 安全保障措施

**第十三条** 电信业务经营者、互联网信息服务提供者应当采取以下措施防止用户个人信息泄露、毁损、篡改或者丢失：

（一）确定各部门、岗位和分支机构的用户个人信息安全管理责任；

（二）建立用户个人信息收集、使用及其相关活动的工作流程和安全管理制度；

（三）对工作人员及代理人实行权限管理，对批量导出、复制、销毁信息实行审查，并采取防泄密措施；

（四）妥善保管记录用户个人信息的纸介质、光介质、电磁介质等载体，并采取相应的安全储存措施；

（五）对储存用户个人信息的信息系统实行接入审查，并采取防入侵、防病毒等措施；

（六）记录对用户个人信息进行操作的人员、时间、地点、事项等信息；

（七）按照电信管理机构的规定开展通信网络安全防护工作；

（八）电信管理机构规定的其他必要措施。

**第十四条** 电信业务经营者、互联网信息服务提供者保管的用户个人信息发生或者可能发生泄露、毁损、丢失的，应当立即采取补救措施；造成或者可能造成严重后果的，应当立即向准予其许可或者备案的电信管理机构报告，配合相关部门进行调查处理。

电信管理机构应当对报告或者发现的可能违反本规定的行为的影响进行评估；影响特别重大的，相关省、自治区、直辖市通信管理局应当向工业和信息化部报告。电信管理机构在依据本规定作出处理决定前，可以要求电信业务经营者和互联网信息服务提供者暂停有关行为，电信业务经营者和互联网信息服务提供者应当执行。

**第十五条** 电信业务经营者、互联网信息服务提供者应当对其工作人员进行用户个人信息保护相关知识、技能和安全责任培训。

**第十六条** 电信业务经营者、互联网信息服务提供者应当对用户个人信息保护情况每年至少进行一次自查，记录自查情况，及时消除自查中发现的安全隐患。

## 第四章 监督检查

**第十七条** 电信管理机构应当对电信业务经营者、互联网信息服务提供者保护用户个人信息的情况实施监督检查。

电信管理机构实施监督检查时，可以要求电信业务经营者、互联网信息服务提供者提供相关材料，进入其生产经营场所调查情况，电信业务经营者、互联网信息服务提供者应当予以配合。

电信管理机构实施监督检查，应当记录监督检查的情况，不得妨碍电信业务经营者、互联网信息服务提供者正常的经营或者服务活动，不得收取任何费用。

**第十八条**　电信管理机构及其工作人员对在履行职责中知悉的用户个人信息应当予以保密，不得泄露、篡改或者毁损，不得出售或者非法向他人提供。

**第十九条**　电信管理机构实施电信业务经营许可及经营许可证年检时，应当对用户个人信息保护情况进行审查。

**第二十条**　电信管理机构应当将电信业务经营者、互联网信息服务提供者违反本规定的行为记入其社会信用档案并予以公布。

**第二十一条**　鼓励电信和互联网行业协会依法制定有关用户个人信息保护的自律性管理制度，引导会员加强自律管理，提高用户个人信息保护水平。

## 第五章　法律责任

**第二十二条**　电信业务经营者、互联网信息服务提供者违反本规定第八条、第十二条规定的，由电信管理机构依据职权责令限期改正，予以警告，可以并处一万元以下的罚款。

**第二十三条**　电信业务经营者、互联网信息服务提供者违反本规定第九条至第十一条、第十三条至第十六条、第十七条第二款规定的，由电信管理机构依据职权责令限期改正，予以警告，可以并处一万元以上三万元以下的罚款，向社会公告；构成犯罪的，依法追究刑事责任。

**第二十四条**　电信管理机构工作人员在对用户个人信息保护工作实施监督管理的过程中玩忽职守、滥用职权、徇私舞弊的，依法给予处理；构成犯罪的，依法追究刑事责任。

## 第六章　附则

**第二十五条**　本规定自 2013 年 9 月 1 日起施行。

# 电话用户真实身份信息登记规定

（2013年6月28日　工业和信息化部第2次部务会议审议通过，
自2013年9月1日起施行）

**第一条**　为了规范电话用户真实身份信息登记活动，保障电话用户和电信业务经营者的合法权益，维护网络信息安全，促进电信业的健康发展，根据《全国人民代表大会常务委员会关于加强网络信息保护的决定》和《中华人民共和国电信条例》，制定本规定。

**第二条**　中华人民共和国境内的电话用户真实身份信息登记活动，适用本规定。

**第三条**　本规定所称电话用户真实身份信息登记，是指电信业务经营者为用户办理固定电话、移动电话（含无线上网卡，下同）等入网手续，在与用户签订协议或者确认提供服务时，如实登记用户提供的真实身份信息的活动。

本规定所称入网，是指用户办理固定电话装机、移机、过户，移动电话开户、过户等。

**第四条**　工业和信息化部和各省、自治区、直辖市通信管理局（以下统称电信管理机构）依法对电话用户真实身份信息登记工作实施监督管理。

**第五条**　电信业务经营者应当依法登记和保护电话用户办理入网手续时提供的真实身份信息。

**第六条**　电信业务经营者为用户办理入网手续时，应当要求用户出示有效证件、提供真实身份信息，用户应当予以配合。

用户委托他人办理入网手续的，电信业务经营者应当要求受托人出示用户和受托人的有效证件，并提供用户和受托人的真实身份信息。

**第七条**　个人办理电话用户真实身份信息登记的，可以出示下列有效证件之一：

（一）居民身份证、临时居民身份证或者户口簿；

（二）中国人民解放军军人身份证件、中国人民武装警察身份证件；

（三）港澳居民来往内地通行证、台湾居民来往大陆通行证或者其他有效旅行证件；

（四）外国公民护照；

（五）法律、行政法规和国家规定的其他有效身份证件。

**第八条**　单位办理电话用户真实身份信息登记的，可以出示下列有效证件之一：

（一）组织机构代码证；

（二）营业执照；

（三）事业单位法人证书或者社会团体法人登记证书；

（四）法律、行政法规和国家规定的其他有效证件或者证明文件。

单位办理登记的，除出示以上证件之一外，还应当出示经办人的有效证件和单位的授权书。

**第九条**　电信业务经营者应当对用户出示的证件进行查验，并如实登记证件类别以及证件上所记载的姓名（名称）、号码、住址信息；对于用户委托他人办理入网手续的，应当同时查验受托人的证件并登记受托人的上述信息。

为了方便用户提供身份信息、办理入网手续，保护用户的合法权益，电信业务经营者复印用户身份证件的，应当在复印件上注明电信业务经营者名称、复印目的和日期。

**第十条**　用户拒绝出示有效证件，拒绝提供其证件上所记载的身份信息，冒用他人的证件，或者使用伪造、变造的证件的，电信业务经营者不得为其办理入网手续。

**第十一条**　电信业务经营者在向电话用户提供服务期间及终止向其提供服务后两年内，应当留存用户办理入网手续时提供的身份信息和相关材料。

**第十二条**　电信业务经营者应当建立健全用户真实身份信息保密管理制度。

电信业务经营者及其工作人员对在提供服务过程中登记的用户真实身份信息应当严格保密，不得泄露、篡改或者毁损，不得出售或者非法向他人提供，不得用于提供服务之外的目的。

**第十三条**　电话用户真实身份信息发生或者可能发生泄露、毁损、丢失的，电信业务经营者应当立即采取补救措施；造成或者可能造成严重后果的，应当立即向相关电信管理机构报告，配合相关部门进行调查处理。

电信管理机构应当对报告或者发现的可能违反电话用户真实身份信息保护规定的行为的影响进行评估；影响特别重大的，相关省、自治区、直辖市通信管理局应当向工业和信息化部报告。电信管理机构在依据本规定作出处理决定前，可以要求电信业务经营者暂停有关行为，电信业务经营者应当执行。

**第十四条**　电信业务经营者委托他人代理电话入网手续、登记电话用户真实身份信息的，应当对代理人的用户真实身份信息登记和保护工作进行监督和管理，不得委托不符合本规定有关用户真实身份信息登记和保护要求的代理人代办相关手续。

**第十五条**　电信业务经营者应当对其电话用户真实身份信息登记和保护情况每年至少进行一次自查，并对其工作人员进行电话用户真实身份信息登记和保护相关知识、技能和安全责任培训。

**第十六条**　电信管理机构应当对电信业务经营者的电话用户真实身份信息登记和保护情况实施监督检查。电信管理机构实施监督检查时，可以要求电信业务经营者提供相关材料，进入其生产经营场所调查情况，电信业务经营者应当予以配合。

电信管理机构实施监督检查，应当记录监督检查的情况，不得妨碍电信业务经营者正常的经营或者服务活动，不得收取任何费用。

电信管理机构及其工作人员对在实施监督检查过程中知悉的电话用户真实身份信息应当予以保密，不得泄露、篡改或者毁损，不得出售或者非法向他人提供。

**第十七条**　电信业务经营者违反本规定第六条、第九条至第十五条的规定，或者不配合电信管理机构依照本规定开展的监督检查的，由电信管理机构依据职权责令限期改正，予以警告，可以并处一万元以上三万元以下罚款，向社会公告。其中，《中华人民共和国电信条例》规定法律责任的，依照其规定处理；构成犯罪的，依法追究刑事责任。

**第十八条**　用户以冒用、伪造、变造的证件办理入网手续的，电信业务经营者不得为其提供服务，并由相关部门依照《中华人民共和国居民身份证法》、《中华人民共和国治安管理处罚法》、《现役军人和人民武装警察居民身份证申领发放办法》等规定处理。

**第十九条**　电信管理机构工作人员在对电话用户真实身份信息登记工作实施监督管理的过程中玩忽职守、滥用职权、徇私舞弊的，依法给予处理；构成犯罪的，依法追究刑事责任。

**第二十条**　电信业务经营者应当通过电话、短信息、书面函件或者公告等形式告知用户并采取便利措施，为本规定施行前尚未提供真实身份信息或者所提供身份信息不全的电话用户补办登记手续。

电信业务经营者为电话用户补办登记手续，不得擅自加重用户责任。

电信业务经营者应当在向尚未提供真实身份信息的用户确认提供服务时，要求用户提供真实身份信息。

**第二十一条**　本规定自 2013 年 9 月 1 日起施行。

# 电信设备抗震性能检测管理办法

工业和信息化部令第3号

(2009年2月4日工业和信息化部第6次部务会议审议通过，自2009年4月10日起施行。原信息产业部2001年6月15日发布的《电信设备抗震性能检测管理暂行办法》(信息产业部令第12号) 同时废止)

## 第一章 总则

**第一条** 为了保证公用电信网的安全性、可靠性，提高公用电信网中主要电信设备的抗震性能，根据国家有关规定，制定本办法。

**第二条** 本办法适用于我国抗震设防烈度7烈度以上（含7烈度）地区的公用电信网中的交换类、传输类、接入类、服务器网关类、移动基站类、通信电源类等主要电信设备的抗震性能检测管理，具体设备目录由中华人民共和国工业和信息化部（以下称工业和信息化部）制定并公布。

**第三条** 在我国抗震设防烈度7烈度以上地区的公用电信网中使用的主要电信设备，应当经过抗震性能检测，并获得工业和信息化部颁发的电信设备抗震性能检测合格证（以下简称检测合格证）。

**第四条** 工业和信息化部负责全国电信设备抗震性能检测管理工作。

省、自治区、直辖市通信管理局依照本办法的规定，负责本行政区域内电信设备抗震性能的监督检查工作。

**第五条** 工业和信息化部为检测合格证申请的受理机关。

**第六条** 本办法第二条所列电信设备抗震性能的具体检测工作，由工业和信息化部指定的电信设备抗震性能检验机构负责。

电信设备抗震性能检验机构应当依据国家标准、通信行业标准及工业和信息化部的有关规定对电信设备进行抗震性能检测。

## 第二章 申请检测合格证的条件和程序

**第七条** 申请检测合格证的，应当符合下列条件：

（一）申请人是依法设立的、具有独立法人地位的企业。

（二）电信设备经过7烈度以上抗震性能检测合格。

**第八条** 电信设备生产企业（以下简称生产企业）申请检测合格证，应当向受理机关提交下列申请材料：

（一）检测合格证申请表。申请表应当由生产企业法定代表人或其委托代理人签字并加盖公章；境外电信设备生产企业应当委托中国境内的代理机构提交申请表，并出具委托书原件；申请人与生产企业为不同的法人的，应当提交双方法定代表人或其委托代理人签字并加盖公章的委托加工协议书。

（二）企业法人营业执照复印件（境外企业可以提供其境内分支机构或者代理人的有效执照复印件）。

（三）设备外观和内部结构照片。

（四）实行进网许可制度的电信设备，应当提交工业和信息化部颁发的进网许可证复印件。

（五）电信设备抗震性能检测报告。

申请人应当同时提供上述材料的原件，交由受理机关验证后退回申请人。

**第九条**　受理机关应当对申请材料进行形式审查。申请材料齐全、符合法定形式的，受理机关应当受理；申请材料不齐全或者不符合法定形式的，应当当场或者在5个工作日内一次告知申请人需要补正的全部内容。

工业和信息化部应当自受理之日起20个工作日内作出是否颁发检测合格证的决定。20个工作日内不能作出决定的，经工业和信息化部负责人批准，可以延长10个工作日，并应当将延长期限的理由告知申请人。

**第十条**　工业和信息化部定期向社会公布获得检测合格证的电信设备。

## 第三章　检测合格证和检测合格标志

**第十一条**　生产企业应当在其获得检测合格证的电信设备上粘贴电信设备抗震性能检测合格标志。

未获得检测合格证或者检测合格证有效期届满的电信设备上不得粘贴检测合格标志。

**第十二条**　检测合格证的有效期为3年。有效期届满后需要延续的，生产企业应当在检测合格证有效期届满3个月前，向受理机关提出延续申请，并提交下列材料：

（一）申请检测合格证应当提交的全部资料。电信设备未发生结构设计、连接工艺或者框架材料等影响抗震性能的变化的，可以提供原电信设备抗震性能检测报告。

（二）原检测合格证。

**第十三条**　检测合格证中有关电信设备生产企业名称、设备产地等登记事项发生变化的，应当向受理机关提出变更申请，并提交下列材料：

（一）检测合格证变更申请表。

（二）所变更内容的证明材料。

（三）原检测合格证。

经审查，申请材料齐全、符合法定形式的，受理机关应当受理，并自受理申请之日起10个工作日内完成变更手续。

## 第四章　监督管理

**第十四条**　生产企业获得检测合格证后，应当保证电信设备的质量和性能稳定，不得随意改变电信设备的结构设计、连接工艺和框架材料等。

违反前款规定，擅自改变电信设备的结构设计、连接工艺和框架材料的，由工业和信息化部或者省、自治区、直辖市通信管理局依据职责给予警告，可以并处1万元以下的罚款；情节严重的，处 1 万元以上 3 万元以下的罚款。

**第十五条**　电信业务经营者在抗震设防烈度 7 烈度以上地区的公用电信网中应当使用获得检测合格证的电信设备。

违反前款规定，在抗震设防烈度 7 烈度以上地区的公用电信网中使用未获得检测合格证的电信设备的，由工业和信息化部或者省、自治区、直辖市通信管理局依据职责责令改正，并给予警告；拒不改正的，处 1 万元以下的罚款；情节严重的，处 1 万元以上 3 万元以下的罚款。

**第十六条**　工业和信息化部和省、自治区、直辖市通信管理局对获得检测合格证的电信设备进行抽查，并向社会公布抽查记录。

工业和信息化部和省、自治区、直辖市通信管理局对电信设备实行检查，不得妨碍生产企业正常的生产经营活动，不得收取任何费用。

工业和信息化部和省、自治区、直辖市通信管理局对电信设备实行检查时，应当记录检查情况和处理结果，由检查人员签字后归档。公众有权查阅检查记录。

**第十七条**　生产企业隐瞒有关情况或者提供虚假材料申请检测合格证的，工业和信息化部不予受理或者不予颁发检测合格证，并给予警告，生产企业在一年内不得再次申请检测合格证。

生产企业以欺骗、贿赂等不正当手段取得检测合格证的，由工业和信息化部撤销其检测合格证，给予警告，并视情节轻重处 5000 元以上 3 万元以下的罚款，生产企业在三年内不得再次申请检测合格证。

**第十八条**　电信设备抗震性能检测报告、检测合格证及检测合格标志不得伪造、冒用、涂改和转让。

违反前款规定，伪造、冒用、涂改、转让检测合格证的，由工业和信息化部或者省、自治区、直辖市通信管理局依据职责责令改正，给予警告，可以并处 1 万元以下的罚款；情节严重的，处 1 万元以上 3 万元以下的罚款。

**第十九条**　有下列情形之一的，工业和信息化部应当依法注销检测合格证，并公告证书作废，生产企业应当及时交回检测合格证：

（一）检测合格证有效期届满，未依法延续的。

（二）生产企业依法终止的。

（三）检测合格证依法被撤销、撤回或者吊销的。

（四）法律、行政法规规定的应当注销检测合格证的其他情形。

**第二十条**　电信设备抗震性能检验机构及其工作人员有下列行为之一的，由工业和信息化部责令改正；构成犯罪的，依法追究刑事责任：

（一）泄露被检设备的技术秘密的。

（二）出具虚假证明或者出具错误数据造成严重后果的。

**第二十一条**　生产企业对电信设备抗震性能检验机构出具的检测结论和检测收费有异议的，或者认为电信设备抗震性能检验机构和受理机关的工作人员有违法违纪行为的，可以向工业和信息化部申诉。

**第二十二条**　从事检测合格证申请受理、审批的工作人员玩忽职守、滥用职权、徇私舞弊的，依法给予行政处分；构成犯罪的，依法追究刑事责任。

**第二十三条**　本办法自 2009 年 4 月 10 日起施行。2001 年 6 月 15 日发布的《电信设备抗震性能检测管理暂行办法》（中华人民共和国信息产业部令第 12 号）同时废止。

# 木马和僵尸网络监测与处置机制

工信部保〔2009〕157 号

**第一条** 为有效防范和处置木马和僵尸网络引发的网络安全隐患，规范监测和处置行为，净化网络环境，维护我国公共互联网安全，依据《中华人民共和国电信条例》、《互联网网络安全应急预案》，制定本办法。

**第二条** 木马是指由攻击者安装在受害者计算机上秘密运行并用于窃取信息及远程控制的程序。僵尸网络是指由攻击者通过控制服务器控制的受害计算机群。木马和僵尸网络对网络信息安全造成危害和威胁，是造成个人隐私泄露、丢失泄密、垃圾邮件和大规模拒绝服务攻击的重要原因。

**第三条** 本办法适用于对危害公共互联网安全的木马和僵尸网络控制端（以下简称木马和僵尸网络）及其使用的 IP 地址和恶意域名的监测和处置。

**第四条** 工业和信息化部指导、组织、监督全国木马和僵尸网络的监测和处置工作。工业和信息化部通信保障局（以下简称通信保障局）负责具体工作。

各省、自治区、直辖市通信管理局（以下简称通信管理局）指导、组织、监督本行政区域内木马和僵尸网络的监测和处置工作。

国家计算机网络应急技术处理协调中心（以下简称 CNCERT）受通信保障局委托，负责对木马和僵尸网络的规模、类型、活跃程度、危害等情况进行监测、汇总、分析、核实，组织开展通报工作，协调处置木马和僵尸网络 IP 地址和恶意域名。

基础电信运营企业负责对本单位网内木马和僵尸网络进行监测、核实，对 CNCERT 汇总通报的涉及本单位的木马和僵尸网络进行处置和反馈。

互联网域名注册管理机构负责对 CNCERT 通报的由自身管理的恶意域名进行处置。对于由国内互联网域名注册服务机构注册的由境外域名注册管理机构管理的域名，由 CNCERT 直接协调国内互联网域名注册服务机构进行处置。

**第五条** 基础电信运营企业、互联网接入服务提供商、IDC 服务提供商、互联网域名注册管理机构、国内互联网域名注册服务机构在提供互联网接入服务、域名解析服务时，应在与用户签订的服务协议、合同中告知用户承担的网络安全保障责任。

**第六条** CNCERT、基础电信运营企业应不断提高木马和僵尸网络的监测能力。CNCERT、基础电信运营企业、互联网域名注册管理机构、国内互联网域名注册服务机构应建立健全本单位的处置机制，协同配合、快速处置，共同做好木马和僵尸网络的监测和处置工作。

**第七条** 木马和僵尸网络事件分为特别重大、重大、较大、一般共四级。

特别重大事件：涉及全国范围或省级行政区域，单个木马和僵尸网络规模超过 100 万个 IP 地址，对社会造成特别重大影响。

重大事件：涉及全国范围或省级行政区域，同一时期存在一个或多个木马和僵尸网络，总规模超过 50 万个 IP 地址，对社会造成重大影响。

较大事件：涉及全国范围或省级行政区域，同一时期存在一个或多个木马和僵尸网络，总规模超过 10 万个 IP 地址，对社会造成较大影响。

一般事件：涉及全国范围或省级行政区域，发生木马和僵尸网络事件，对社会造成一定影响，但未造成上述后果。

通信保障局负责对分级规范进行修订。

**第八条** 监测和通报：

（一）CNCERT、基础电信运营企业负责对木马和僵尸网络进行监测。

（二）基础电信运营企业按照本机制第七条对监测到的事件进行分级，特别重大、重大、较大事件应在发现后 2 小时内报送通信保障局，同时抄报 CNCERT；一般事件应在发现后 5 个工作日内报送 CNCERT。

报送内容包括：控制端 IP 地址、端口、发现时间及其使用的恶意域名。

（三）CNCERT 汇总自主监测、基础电信运营企业报送和从其他渠道收集的事件，进行综合分析、分级。对于特别重大、重大、较大事件，CNCERT 应在 2 小时内向通信保障局报告，并及时通报相关通信管理局。通信保障局认为必要时，组织有关单位和专家进行研判。事件情况及研判结果由通信保障局直接或委托 CNCERT 通报相关单位。对于一般事件，CNCERT 应在发现后 5 个工作日内通报相关单位。

事件通报内容包括：

1. 威胁较大的木马和僵尸网络 IP 地址、端口、发现时间、所属基础电信运营企业。

2. 木马和僵尸网络使用的恶意域名。

3. 木马和僵尸网络的规模和潜在危害。

监测和通报流程图见附件一。①

**第九条** 处置和反馈：

基础电信运营企业、互联网域名注册管理机构、互联网域名注册服务机构接到 CNCERT 木马和僵尸网络事件通报后，应按如下流程处理：

（一）通知与木马和僵尸网络 IP 地址和恶意域名相关的具体用户进行清除，并跟踪用户处置情况。

对于域名注册信息不真实、不准确、不完整的，互联网域名注册管理机构、互联网域名注册服务机构根据《中国互联网域名管理办法》有关规定进行处置。

（二）反馈用户的处置情况。特别重大、重大、较大事件的处置情况应在接到事件通报后 4 小时内向 CNCERT 反馈，一般事件的处置情况应在 5 个工作日内向 CNCERT 反馈。

反馈内容包括：用户已处置的 IP 地址和恶意域名、单位名称、用户未处置的 IP 地址和恶意域名及未处置的原因。

（三）监测单位验证处置情况。

对于 CNCERT 自主监测的事件，由 CNCERT 对处置情况进行验证。特别重大、重大、较大事件应在接到处置单位反馈后 2 小时内向处置单位反馈验证结果，一般事件应在 5 个工作日内反馈验证结果。

对于基础电信运营企业监测到的事件由基础电信运营企业自行验证。特别重大、重大、较大事件应在接到 CNCERT 事件通报后 6 小时内向 CNCERT 反馈验证结果，一般事件应在 10 个工作日内向 CNCERT 反馈验证结果。

（四）对于未处置或经验证仍存在恶意连接的木马和僵尸网络 IP 地址和恶意域名，按如下方式

---

① 附件未摘录，请自行查阅。

处置：

对于重要信息系统单位，向通信保障局反馈用户相关情况，抄报 CNCERT，由通信保障局或当地通信管理局书面通知其主管部门。

对于其他单位用户和个人用户，应依据与用户签署的服务协议、合同等进行处置。

（五）对于特别重大、重大、较大事件的处置情况，CNCERT 应在接到处置单位反馈后 2 小时内向通信保障局和相关通信管理局反馈处置结果，一般事件处置情况由 CNCERT 每月汇总，按照互联网网络安全信息通报有关办法通报监测和处置情况。

处置和反馈流程见附件二[①]。

**第十条**　CNCERT、基础电信运营企业、互联网域名注册管理机构、国内互联网域名注册服务机构应留存木马和僵尸网络相关数据或资料以备查验。数据或资料保存时间为 60 天。

**第十一条**　CNCERT、基础电信运营企业、互联网域名注册管理机构、国内域名注册服务机构应保护用户正当权益，规范处置流程，建立用户申诉机制，妥善解决用户争议。

**第十二条**　通信保障局通过会商制度，组织相关单位和专家研讨木马和僵尸网络相关问题及其应对策略。

**第十三条**　事件通报和反馈应按照统一表格以书面方式报送（报送格式见附件三）。[②] 紧急情况下，可以先电话联系，后补表格。

**第十四条**　对于国家举办重要活动等特殊时期，对木马和僵尸网络监测和处置工作另有要求的，从其规定。

**第十五条**　相关单位应将本单位木马和僵尸网络监测和处置工作主管领导，责任部门负责人、联系人、联系方式报送通信保障局，抄送 CNCERT。以上信息发生变更，应在 3 个工作日内报送变更情况。

**第十六条**　CNCERT 应与非经营性互联单位合作，协调非经营性互联单位处置其网内木马和僵尸网络；应与网络安全研究机构、网络安全技术支撑单位、网络安全企业、病毒厂商等单位合作，建立研究、分析机制。

本机制中非经营性互联单位指中国教育和科研计算机网、中国科技网、中国国际经济贸易网、中国长城互联网。

**第十七条**　对于涉嫌犯罪的木马和僵尸网络事件，应报请公安机关依法调查处理。

**第十八条**　通信管理局应参照本办法制定本行政区域内木马和僵尸网络监测和处置机制。

基础电信运营企业集团公司应督促本单位省级公司按照当地通信管理局要求，及时反馈木马和僵尸网络事件监测处置情况，接受当地通信管理局的监督管理。

**第十九条**　本办法中重要信息系统指政府部门、军队以及银行、海关、税务、电力、铁路、证券、保险、民航等关系国计民生的重要行业使用的信息系统。

**第二十条**　本办法自 2009 年 6 月 1 日起实施。

---

①② 附件未摘录，请自行查阅。

# 通信防雷产品标准符合性认定管理实施细则

信息产业部信部科［2007］255 号

（2007 年 5 月 28 日）

## 第一章　总则

**第一条**　为保障进入通信网的防雷产品质量安全可靠，规范通信防雷产品标准符合性认定管理，根据信息产业部《信息技术标准符合性认定管理办法》（信部科［2006］540 号）、《通信网防御雷电安全保护检测管理办法》（信部科［2004］463 号）、《关于落实通信局（站）在用防雷系统安全检查责任的通知》（信部科［2006］719 号），特制定本实施细则。

**第二条**　通信防雷产品标准符合性认定是指按照规定的技术方案进行审查、检测、试验，确认防雷产品符合相关技术法规及技术标准的活动。

**第三条**　本细则适用于通信防雷产品标准符合性认定。认定遵循自愿的原则。

**第四条**　通信网上使用的防雷产品应符合相关国家标准和通信行业标准的要求，电信运营企业应选用经标准符合性认定的通信防雷产品。

**第五条**　信息产业部通过政府网站发布标准符合性认定的相关信息。

**第六条**　实行标准符合性认定的通信防雷产品目录由信息产业部科学技术司印发（第一批防雷产品标准符合性检验目录见附录 1）。

## 第二章　组织管理

**第七条**　信息产业部负责通信防雷产品标准符合性认定的管理，具体工作由科学技术司组织实施。

**第八条**　信息产业部通信防雷安全检测管理办公室负责协助科技司管理通信防雷产品标准符合性认定的日常受理和审查工作，并将审查结果报科技司。

**第九条**　信息产业部授权的检验机构负责依据标准符合性认定技术方案实施标准符合性检测，并出具检验报告。

## 第三章　标准符合性认定程序

**第十条**　标准符合性认定申请单位应提供下列材料：

（一）通信防雷产品标准符合性认定申请表（见附录2），[1]应当由企业法定代表人或其授权人签字并加盖公章；

（二）企业法人营业执照（复印件）；

（三）企业情况介绍，包括企业概况、生产条件、仪表配置、质量体系和售后服务措施等内容；

（四）生产企业的ISO9000质量体系认证证书（复印件）；

（五）防雷产品介绍，包括产品功能、性能指标、原理框图、内外观照片和使用说明书（中文）等内容；

（六）符合国家行政许可或国家认证认可规定质量证明文件和产品检验报告。

**第十一条** 申请单位按以下程序申请办理标准符合性认定：

（一）申请单位自主选择信息产业部授权的检验机构，以委托方式向检验机构申请抽样检验；

（二）申请单位向通信防雷安全检测管理办公室（以下简称管理办公室）提交申请材料和检验报告；

（三）管理办公室对上报材料进行审查，并将审查结果书面通知申请单位；

（四）管理办公室将审查结果报信息产业部科学技术司审定。

**第十二条** 信息产业部对通过标准符合性认定的通信防雷产品在政府网站上公布。

## 第四章 监督管理

**第十三条** 通过标准符合性认定的单位应当保证通信防雷产品的一致性和可靠性，不得降低产品质量和性能。

**第十四条** 已通过认定的防雷产品发生与信息产业部网站上公布信息不一致的变更情况，相关单位应在变更后一个月内向管理办公室提交变更证明，经信息产业部确认后更改相关信息。

**第十五条** 已通过标准符合性认定的防雷产品及相关单位有下列情形之一的，撤销其在信息产业部网站上公布的认定信息，并通报违反规定的情况：

（一）在申报过程中弄虚作假，不提供真实文件的；

（二）违反自我声明承诺事项的；

（三）产品生产、经营违反国家法律、行政法规的；

（四）国家产品质量监督抽查不合格或强制认证未通过的；

（五）产品出现重大用户投诉或质量事故的；

（六）违反认定管理的其他行为的。

凡被撤销认定信息的，自被撤销之日起一年内不受理其重新认定。

**第十六条** 检验机构及其工作人员，弄虚作假、徇私舞弊，擅自泄露被检产品技术秘密的，由信息产业部责令其改正；情节严重的，取消检验机构对通信防雷产品标准符合性检测的授权。

## 第五章 附则

**第十七条** 本细则由信息产业部负责解释。

**第十八条** 本细则自发布之日起施行。

---

[1] 附录未摘录，请自行查阅。

# 附录 1：

## 第一批防雷产品标准符合性检验目录

<table>
<tr><th>产品类别</th><th>产品名称</th><th>容量</th><th>检验标准</th></tr>
<tr><td rowspan="6">低压配电系统用浪涌保护器</td><td>一端口单相交流浪涌保护器</td><td rowspan="4">T 型：$I_n\geqslant 60kA$<br>H 型：$I_n\geqslant 40kA$<br>M 型：$I_n\geqslant 15kA$<br>L 型：$I_n\geqslant 5kA$</td><td rowspan="6">YD/T 1235.1-2002 通信局（站）低压配电系统用电涌保护器技术要求<br>YD/T 1235.2-2002 通信局（站）低压配电系统用电涌保护器测试方法</td></tr>
<tr><td>二端口单相交流浪涌保护器</td></tr>
<tr><td>一端口三相交流浪涌保护器</td></tr>
<tr><td>二端口三相交流浪涌保护器</td></tr>
<tr><td>一端口直流浪涌保护器</td><td rowspan="2">H 型：$I_n\geqslant 5kA$<br>L 型：$I_n\geqslant 2kA$</td></tr>
<tr><td>二端口直流浪涌保护器</td></tr>
<tr><td rowspan="6">信号网络浪涌保护器</td><td>平衡线浪涌保护器</td><td rowspan="6">$I_n\leqslant 1kA$<br>$1kA<I_n\leqslant 3kA$<br>$3kA<I_n\leqslant 10kA$<br>$10kA<I_n\leqslant 20kA$<br>$20kA<I_n$</td><td rowspan="6">YD/T1542-2006 信号网络浪涌保护器（SPD）技术要求和测试方法</td></tr>
<tr><td>同轴线浪涌保护器</td></tr>
<tr><td>以太网接口浪涌保护器</td></tr>
<tr><td>控制接口浪涌保护器</td></tr>
<tr><td>数据接口浪涌保护器</td></tr>
<tr><td>天馈线接口浪涌保护器</td></tr>
<tr><td></td><td colspan="2">保安单元</td><td>YD/T 694 总配线架<br>YD/T 1329-2004 通信设备过电压过电流保护用集成电路型保安单元</td></tr>
</table>

注：开关型（间隙型）及开关组合型，用可替换型的 c 级模块并联成大通流量的防雷器不在目录范围内。

# 通信网络供电系统运行安全监督管理办法

工信部电管［2010］563号

## 第一章　总则

**第一条**　为了加强通信网络供电系统运行安全监督管理，预防由于供电系统原因造成的电信网络运行事故的发生，保障通信网络运行稳定可靠，根据《中华人民共和国安全生产法》、《中华人民共和国电信条例》等相关法律、行政法规，制定本办法。

**第二条**　工业和信息化部和各省、自治区、直辖市通信管理局（以下简称电信监管部门）对基础电信业务经营者的通信网络供电系统运行安全工作和由于供电系统原因造成的电信网络运行事故的预防、报告、处理等活动的监督管理，适用本办法。

**第三条**　本办法所称的通信网络供电系统是指为通信局（站）内各种通信设备负荷、保证建筑负荷、一般建筑负荷等提供用电的柴油发电机组、高低压配电设备、直流配电设备、蓄电池组、不间断电源设备（UPS）等设备组成的供电系统。

**第四条**　基础电信业务经营者各级机构是通信网络供电系统运行安全管理的责任主体，应当遵守本办法和通信局（站）供电系统总技术要求及其他技术规范，加强通信网络供电系统运行维护管理，建立健全通信网络供电系统运行维护监督制度，完善通信网络供电系统运行安全条件，确保通信网络运行稳定可靠。

**第五条**　电信监管部门是通信网络供电系统运行监督管理的主管部门。工业和信息化部在全国范围内履行监督管理职责。各省、自治区、直辖市通信管理局在本行政区内按照职责分工履行监督管理职责。

## 第二章　运行维护责任

**第六条**　基础电信业务经营者各级机构的主要负责人对本单位的通信网络供电系统运行安全工作负有下列职责：

（一）建立健全通信网络供电系统运行维护责任制，不断完善通信网络供电系统运行维护规程；

（二）落实通信网络供电系统运行安全工作所需经费，保证通信网络供电系统运行安全投入的有效实施；

（三）督促、检查通信网络供电系统运行安全工作，对通信网络供电系统运行安全状况进行考核与评估，及时消除通信网络供电系统运行安全隐患；

（四）组织制定、实施由于供电系统原因造成的电信网络运行事故应急处置预案，并定期进行演练；

（五）组织对相关人员进行网络运行安全的教育和培训；

（六）及时、如实报告电信网络运行事故。

**第七条** 基础电信业务经营者各级机构的主要负责人和网络运行维护管理人员应当具备相应的通信网络供电系统运行安全管理能力，负责指挥、协调通信网络供电系统运行安全管理工作。各级通信网络供电系统运行维护管理人员应当确保每天24小时沟通渠道的畅通。

各级通信网络供电系统运行维护人员应当具备必要的通信网络供电系统运行维护知识，熟悉并严格执行有关通信网络供电系统运行维护制度和操作流程，提高通信网络供电系统运行维护技能，以及由于供电系统原因造成的电信网络运行事故预防和应急处理能力。

**第八条** 市电引入与供电系统的配置应当满足通信电源设备安装工程设计等相关技术规范要求，并做好以下检查工作。

省级、地市级通信枢纽等重要通信局（站）应当采用两路市电供电方式，并配置一套发电机组。两路市电应当从两个稳定可靠的独立电源引入，并配置自动倒换装置，两路市电不能因检修同时停电。发电机组的容量应当能同时满足通信负荷功率、蓄电池组充电功率、机房保证空调以及照明、消防电梯、消防水泵等其他保证负荷功率。

当省级、地市级通信枢纽等重要通信局（站）不具备引入两路市电的条件时，应当配置两套发电机组。发电机组的容量要求同上。

为保障省级、地市级通信枢纽等重要通信局（站）供电系统应急安全，各基础电信业务经营者省级机构应当配置一定数量的移动发电机组。移动发电机组的容量应当满足上述重要通信局（站）应急抢修使用。

为保障移动通信基站供电系统应急安全，各基础电信业务经营者省级机构应当根据当地自然灾害的发生频次和严重程度配置一定数量的移动发电机。基础电信业务经营者省级机构相关移动发电机配置数量不足时，应当由基础电信业务经营者总部在公司内部紧急调度。移动发电机的容量应当满足移动通信基站应急抢修使用。

各基础电信业务经营者应当做好发电机组燃油供给保障的应急预案及演练。

**第九条** 储油容器设置和线路敷设应当满足相关技术规范要求，并做好以下检查工作。

总储量超过1立方米的柴油燃料容器不应当设置在通信机楼或办公楼内，与建筑物的防火间距以及与架空电力线的水平间距应当符合建筑设计防火规范，不符合建筑设计防火规范的，应当进行改造。储油室应当定时排风。储油容器应当设置水位监测点，防止储油容器进水导致发电机组无法启动。

交流电源线、直流电源线、信号线严禁交叉、重叠。双回路配电的线路应当分开敷设，暂无法分开时应当采用规范的防护隔离措施。通信配电线路及机房辅助照明线路应当采用阻燃、耐火型的电缆、母线槽和电源开关。

**第十条** 省级、地市级通信枢纽等重要通信局（站）的高压配电室应当实行24小时有人值守制度，并实行集中监控；应当对市电供电、发电机组、蓄电池组的充放电状态、电压、电流等状态予以监控、检查；应当安装门禁系统，记录机房值班人员的出入情况，避免值班人员擅离职守。

无人值守配电室的电源运行情况应当实行定期巡视、集中监控。

**第十一条** 基础电信业务经营者应当定期检测通信网络供电系统的运行情况（检测细则见附件1），[①] 保证市电供电、发电机组、蓄电池组、不间断电源设备（UPS）等电源设备的各环节处于良好状态。

发电机组应当每月开机检测一次，半年带载运行30分钟以上，并记录水温、机油压力、启动情况，以及启动电池充电电流、市电与发电机组倒换、发电机组之间倒换情况等重要信息。

蓄电池组应当每季度检测一次，应当对每组电池的电压、充放电电流、标识电池的温度、储备

① 附件未摘录，请自行查阅。

容量、电导（内阻）等进行检测。

不间断电源设备（UPS）应当每月检测一次，应当对零线电流、电力电容的温升进行检测，定期更换电力电容和风扇。不间断电源设备（UPS）输入端严禁主路与旁路接在同一开关上。

防雷接地系统应当每年雷季前按照有关技术规范检测一次。

**第十二条**　基础电信业务经营者应当建立通信网络供电系统的统计信息制度，每季度向电信监管部门报送供电系统运行安全情况（统计信息内容见附件2）。①

**第十三条**　发生由于供电系统原因造成的电信网络运行事故后，基础电信业务经营者有关人员应当立即报告本单位负责人。单位负责人接到事故报告后，应当迅速采取有效措施组织抢修，并按照电信网络运行事故处理流程报告电信监管部门。

**第十四条**　基础电信业务经营者应当认真总结经验教训，排除事故隐患，落实整改措施，并将对事故责任单位和责任人的处理意见报相关电信监管部门。

## 第三章　监督管理

**第十五条**　电信监管部门应当对基础电信业务经营者的通信网络供电系统运行维护责任制度、对相关行业标准的执行情况、对由于供电系统原因造成的电信网络运行事故应急处置预案的制定和演练情况、对相关人员网络运行安全的教育和培训等进行监督、检查。

**第十六条**　省、自治区、直辖市通信管理局对辖区内各基础电信业务经营者保障重要通信局（站）供电系统应急安全的移动发电机组实施登记管理，协调、调度各基础电信业务经营者的移动发电机组，实现紧急状态下企业间的相互支援。

**第十七条**　电信监管部门按照有关测试方法，组织对双路市电的真实性、发电机组的容量是否符合本办法第八条的要求进行检查和安全性评估。

**第十八条**　电信监管部门应当督促基础电信业务经营者对由于供电系统原因造成的电信网络运行事故调查处理，督促基础电信业务经营者及时提交书面报告并进行责任追究。必要时，电信监管部门可以直接组织事故调查。

**第十九条**　电信监管部门应当结合通信行业实际情况，组织对基础电信业务经营者的从业人员和代维人员进行通信网络供电系统运行安全的教育和培训。

**第二十条**　基础电信业务经营者有下列行为之一，电信监管部门应当责令追究责任并要求限期改正。逾期未改正的，在行业内予以通报批评。

（一）未建立通信网络供电系统运行维护责任制度和运行维护规程的；

（二）未执行通信网络供电系统相关行业标准和建筑设计防火规范的；

（三）未保证通信网络供电系统运行安全投入的；

（四）未及时消除通信网络供电系统运行安全隐患的；

（五）发生由于供电系统原因造成的电信网络运行事故，未及时、如实上报的；

（六）未按要求向电信监管部门报送统计数据的。

## 第四章　附则

**第二十一条**　本办法由工业和信息化部负责解释。

**第二十二条**　本规定自印发之日起施行。

---

① 附件未摘录，请自行查阅。

# 通信机楼消防安全监督管理办法

工信部电管［2010］543号

## 第一章　总则

**第一条**　为加强通信行业的消防安全监督管理，预防火灾事故，减少火灾危害，保证通信业安全生产，根据《中华人民共和国消防法》、《中华人民共和国安全生产法》、《生产安全事故报告和调查处理条例》、《中华人民共和国电信条例》等相关法律、法规，制定本办法。

**第二条**　工业和信息化部和各省、自治区、直辖市通信管理局（以下简称电信监管部门）对基础电信业务经营者在网络运行过程中的消防安全工作和火灾事故的预防、报告、处理等活动的监督管理，适用本办法。

为防止和减少涉及人身安全和财产损失的生产安全事故而采取的安全生产措施另有规定的，从其规定。

**第三条**　各基础电信业务经营者各级机构是通信机楼消防安全管理的责任主体，应当遵守本办法和有关消防法规、行业标准，加强消防安全管理，落实消防责任，建立健全管理制度和操作规程，完善消防安全条件，确保通信生产安全。

**第四条**　本办法所称的通信机楼是指安装国际出入口局、国内长途局、汇接局、端局、模块局、TMSC（汇接移动交换中心）、MSC（移动交换中心）、BSC（基站控制器）、RNC（无线网络控制器）、网间关口局的交换、传输、信令设备，以及互联网骨干网、城域网的路由设备，域名解析设备，IDC（互联网数据中心）设备等通信设施的建筑物。

## 第二章　消防安全管理责任

**第五条**　基础电信业务经营者各级机构的主要负责人对本单位的通信机楼消防安全工作负有下列职责：

（一）贯彻执行国家消防法规、标准和规定，接受当地公安消防部门、地方政府安全生产监督管理部门和电信监管部门的监督指导；

（二）建立健全通信机楼的消防安全责任制，不断完善各项消防安全操作规程；

（三）批准通信机楼的消防工作计划，落实所需经费，保证消防安全投入的有效实施；

（四）组织防火检查，对消防安全状况进行考核与评估，及时消除火灾事故隐患，及时处理涉及消防安全的重大问题；

（五）组织制定、实施通信机楼消防应急处置预案，保证防火分区、防火间距符合消防技术标准；

（六）组织对相关人员进行消防安全的教育和培训；

（七）及时、如实报告火灾事故。

**第六条**　基础电信业务经营者各级机构应当配备通信机楼专、兼职消防安全管理人员，各通信机楼的消防安全管理人员应当具备必要的消防安全管理知识，督促各项制度的执行和落实，切实做好消防安全管理工作。

基础电信业务经营者员工应当具备必要的消防知识，掌握本岗位消防安全操作规程，熟悉灭火器具的功能和操作，做到会报警、会疏散自救、会扑灭初起火灾。

**第七条**　基础电信业务经营者和其他单位合用同一通信机楼的，按照产权归属确定消防安全管理责任。

产权单位应当与使用单位签订消防安全协议，使用单位在做好使用范围内消防安全管理的同时，应当服从产权单位的统一管理；多个单位共同拥有产权的，可协商确定责任单位，由责任单位承担通信机楼的消防安全管理工作，不能协调一致的，由当地通信管理局协调解决。

对于合用通信机楼的，相关单位应当定期组织火灾隐患联合检查，相互监督并对排查出的隐患整改和复查。

**第八条**　通信机楼应当设置防火分区，防火分区内的门、窗、地面和墙，防火间距应当符合消防技术标准要求。

通信机楼的下列部位应当做好防火封堵的定期检查：防火分隔构件、建筑外墙及建筑屋顶等部位的空开口和贯穿孔口、建筑缝隙、基站电缆馈线窗。

防火封堵应当综合考虑贯穿物、贯穿孔口类型、建筑缝隙的类型以及机房环境等因素，选择适当的防火封堵组件。防火封堵组件的耐火极限不应当低于被贯穿物的耐火极限。

防火封堵材料应当符合国家和行业标准要求。应用于重点区域的防火封堵，应当具有良好的耐久和烟密性能。

**第九条**　通信机楼应当按照国家和行业标准配置火灾自动报警和灭火系统等消防设施及器材，设置消防安全标志，并定期组织检验、维修，确保完好有效。重点机房宜选用高灵敏度早期报警系统。

**第十条**　基础电信业务经营者省级、地市级通信枢纽等重要通信局（站）应当建立消防监控平台，对通信机楼的报警、灭火等系统进行集中监控。

消防监控系统应当监控通信机楼消防设施系统分布信息，建立日常消防安全管理日志，将通信机楼的日常防火管理信息自动记录到系统中。

**第十一条**　基础电信业务经营者应当按照国家和行业标准对消防安全工作进行检查，对报警、灭火、监控等系统定期进行有效性测试，发现火灾隐患及设备故障应当及时排除。必要时邀请当地公安消防部门的有关专家进行工作指导。

**第十二条**　通信机楼不得使用易燃材料进行装修，楼内不得堆放易燃易爆物品。应当保障通信机楼疏散通道、安全出口畅通，楼内（包括在电缆井、管道井等角落处）严禁堆积杂物或安装、放置影响疏散的障碍物。

**第十三条**　通信机楼应当保持防火门闭合状态，楼内的疏散走道、安全出口处应当设疏散指示标志和应急照明。

**第十四条**　通信机楼内禁止吸烟，禁止擅自使用明火。基础电信业务经营者应当定期检查禁烟的落实情况，并对有吸烟习惯的员工进行登记管理，加强宣传教育。

**第十五条**　通信机楼不得设置歌舞娱乐厅、员工宿舍等易影响通信设备运行安全或者易产生火源的用房。

通信机楼除出租给本行业做通信机房外，原则上不得对外出租，特殊情况需要出租的，不得与机房同层，出租层的装修和管理应当符合通信机楼的消防要求。

**第十六条** 通信机楼内电气设备的使用和线路的敷设，应当符合国家和行业标准要求。

（一）通信机楼内严禁擅自使用电热器、电饭煲等大功率电器，必要时通过实时监测相关用电负荷的方法监督落实情况。对电烙铁的使用进行备案管理；在通信机楼内使用电烙铁时应当设专用开关和支架，避开易燃物，使用电烙铁期间，维修人员不得离开现场。

（二）应当定期检测通信配电线路及机房辅助照明线路是否具有短路保护和过载保护，是否采用阻燃、耐火型电缆、母线槽和电源开关。

（三）应当定期检查通信设备的动力线和信号线的布线方式，原则上应当采用上走线的布线方式。通信机楼内严禁直流电源线、交流电源线与信号线混敷，已经混敷的应当进行改造。

**第十七条** 通信机楼内应加强明火作业管理，必须进行电、气焊等明火作业的，应当向本企业消防管理部门申请办理相关手续，确定安全防范措施，并指派随工人员随工后方可进行。随工人员应当监督工程作业人员按照有关规范安全作业。

**第十八条** 基础电信业务经营者应当结合通信机楼的实际情况，组织制定通信机楼消防应急处置预案，明确指挥体系及职责、预防和报警机制、应急响应、后期处置、保障措施等。

基础电信业务经营者应当按照有关消防法律、法规的要求，实行通信机楼每日防火巡查制度，发现隐患及时处置、报告。

通信机楼内的员工应当熟悉通信机楼灭火流程，准确执行灭火和组织疏散逃生预案。

**第十九条** 基础电信业务经营者对电信监管部门依据本办法进行的监督、检查或检测，应当予以配合，不得拒绝、阻挠。

**第二十条** 通信机楼发生火灾后，基础电信业务经营者相关人员应当立即报告本单位负责人，单位负责人接到火灾报告后，应当迅速组织灭火，配合公安消防部门对火灾事故调查处理，并报告电信监管部门。

国际出入口局、国内长途局、汇接局、TMSC（汇接移动交换中心）、万门以上端局、MSC（移动交换中心）、BSC（基站控制器）、RNC（无线网络控制器）、网间关口局的交换、传输、信令设备，以及互联网骨干网、城域网的路由设备，域名解析设备，IDC（互联网数据中心）设备等通信设施所在机楼发生火灾造成部分通信设备损坏的，应由各基础电信业务经营者总部及其省级机构分别向工业和信息化部和相关省、自治区、直辖市通信管理局报告，由工业和信息化部和相关省、自治区、直辖市通信管理局监督管理。万门以下端局、模块局相关设备所在机楼发生火灾造成部分通信设备损坏的，应由各基础电信业务经营者总部及其省级机构分别向工业和信息化部和相关省、自治区、直辖市通信管理局报告，由相关省、自治区、直辖市通信管理局监督管理（报告时限、简要报告及专题报告格式分别见附件 1、附件 2、附件 3）。[①]

**第二十一条** 基础电信业务经营者应当认真总结火灾事故教训，提出防范和整改措施，提出对火灾事故责任单位和责任人的处理意见，并书面上报相关电信监管部门。

## 第三章 消防安全监督管理

**第二十二条** 电信监管部门应当定期对基础电信业务经营者的通信机楼消防安全管理情况、消防标准的执行情况、消防应急处置预案的制定和演练情况、对有关人员消防安全的教育和培训等进行监督、检查，督促基础电信业务经营者采取有效措施，做好消防安全管理工作。

**第二十三条** 电信监管部门的监督检查人员应当保守企业秘密，在监督、检查或检测过程中，

---

① 附件此处未摘录，请自行查阅。

不得干扰电信网络的正常运行。

**第二十四条**　电信监管部门应当督促基础电信业务经营者配合公安消防部门对火灾事故进行调查处理，督促基础电信业务经营者及时提交书面报告并进行责任追究。必要时，电信监管部门可以直接组织事故调查。

**第二十五条**　基础电信业务经营者有下列行为之一，构成犯罪的，由司法机关依法追究刑事责任。不构成犯罪的，电信监管部门应当责令追究责任并要求限期改正。逾期未改正的，在行业内予以通报批评。

（一）通信机楼未配备专、兼职消防安全管理人员，或者消防设施及器材配置或维护落实不到位的；

（二）通信机楼有吸烟、使用明火情况存在的；

（三）通信机楼内擅自使用电热器、电饭煲等大功率电器的；

（四）通信机楼内设置歌舞娱乐厅、员工宿舍等易影响通信设备运行安全或者易产生火源用房的；

（五）通信机楼内堆放杂物及易燃易爆物品的；

（六）通信配电线路及机房辅助照明线路、电源开关老化未及时更新，或者未采用阻燃、耐火型电缆、母线槽、电源开关的；

（七）机房配线架防止外电侵入未做安全保护或安全保护不到位的；

（八）通信线缆穿墙孔洞、电缆井、管道井等防火封堵，防火分区的门、窗、地面和墙不符合消防要求的；

（九）未按照本办法要求追究火灾责任或者未及时报告火灾事故的。

## 第四章　附则

**第二十六条**　本办法由工业和信息化部负责解释。

**第二十七条**　本规定自印发之日起施行。

# 关于组织实施2013年国家信息安全专项有关事项的通知

发改办高技［2013］1965号

工业和信息化部、公安部、安全部、质检总局、中科院、国家保密局、国家密码局办公厅（室），各省、自治区、直辖市及计划单列市、新疆生产建设兵团发展改革委，相关中央直属企业：

为了贯彻落实《国务院关于大力推进信息化发展和切实保障信息安全的若干意见》（国发［2012］23号）的工作部署，针对金融、云计算与大数据、信息系统保密管理、工业控制等领域面临的信息安全实际需要，国家发展改革委决定继续组织国家信息安全专项。现将有关事项通知如下：

## 一、专项重点支持领域

### （一）信息安全产品产业化

产品自身应具有较高的安全性，不低于目前GB/T 20281-2006、GB/T 20275-2006、GB/T 18336-2008等国家标准中3级的相关要求。

1. 金融信息安全领域

（1）金融领域智能入侵检测产品。适用于金融机构电子银行等应用业务系统，支持IPv4/IPv6环境，具有双向数据检测、历史数据关联分析、网络报警数据筛选过滤、反馈测试、自学习和自定义检测规则、多维度展现，以及攻击影响分级等功能，吞吐量不低于20Gbps，基于国内外主流特征库检测的漏报率低于10%、误报率低于5%。

（2）高级可持续威胁（APT）安全监测产品。适用于金融机构的业务网络和应用系统，支持IPv4/IPv6环境，具有规模化虚拟机或沙箱执行等动态检测技术的威胁感知功能，具备对各类设备网络文件传输异常行为、漏洞利用行为、未知木马、隐蔽信道传输等多样性、组合性和持续性攻击的检测能力，支持1000个以上的并发检测能力，基于国内外主流特征库检测的漏报率低于5%、误报率低于10%。

（3）面向电子银行的Web漏洞扫描产品。适用于金融机构电子银行业务系统，具备开放式Web应用程序安全项目（OWASP）通用漏洞的高启发、高强度、交互式检测能力，具有漏洞验证、基于电子银行系统业务流程的流量录制重放式的逻辑漏洞分析等功能，基于国内外主流漏洞特征库扫描的漏报率低于5%、误报率低于10%。

（4）金融领域应用软件源代码安全检查产品。适用于金融机构各类业务应用系统，具备适用于金融领域特点、可更新和自定义的安全扫描规则库，可定制扫描策略，在Linux、Aix、Windows、Android、iOS等环境下，具有对Java、C/C++、C#、JSP、COBOL、VB、Ruby等主流编程语言和.NET、Eclipse、Matlab等集成软件工具开发的应用系统进行源代码扫描的功能，对源代码潜在问题分析给出分级别建议，每小时扫描百万行以上代码，基于国内外主流软件源代码漏洞特征库检测的误报率低于30%、漏报率低于35%。

2. 云计算与大数据信息安全领域

（1）高性能异常流量检测和清洗产品。支持IPv4/IPv6环境，适用于云计算和大数据的应用，具备流量牵引和回注、网络层和应用层攻击检测与清洗等功能，支持地址区间的IP保护，可实现对100万个以上IP地址的异常攻击流量清洗，启用全部检测和清洗功能后，设备整体吞吐量达到100Gbps以上。

（2）云操作系统安全加固和虚拟机安全管理产品。支持IPv4/IPv6环境，支持虚拟化认证授权、访问控制和安全审计，具备虚拟机逃逸监控、实时操作监测与控制、防恶意软件加载和安全隔离等功能，具备1万台以上安全可控轻量级虚拟机的安全管理能力。

（3）高速固态盘阵安全存储产品。支持IPv4/IPv6环境，具备双控及冗余保护机制，具有缓存镜像、掉电保护、采用国家密码局规定算法的数据加密等功能，支持原生命令队列（NCQ）技术及多种主流接口协议，单盘持续读写性能不低于200MB/s，容量大于512GB，每秒输入输出次数（IOPS）大于12000，单阵列支持500块以上单盘扩展，响应时间小于800μs，非加密通道IOPS大于220000，加密吞吐量大于1Gb/s。

（4）大数据平台安全管理产品。支持IPv4/IPv6环境，具有对不少于3种大数据应用平台进行漏洞扫描、配置基线检查、弱口令检测、版本检测和补丁管理等功能，可实现大数据去隐私化处理和策略化数据抽取与集成、统一的策略管理、统一事件分析、全文检索及多维度大数据审计，能够对用户访问敏感信息行为进行报警、阻断、跟踪和追溯，关键安全策略同时支持结构化与非结构化数据的管理，支持1000万以上并发业务访问。

3. 信息安全分级保护领域

（1）网络保密检查和失泄密核查取证产品。适用于涉密网和普通业务网络，支持各类主流操作系统，具备对各种网络失密泄密事件证据保全、提取和分析的功能，支持只读方式、多种硬盘接口、DD或AFF等多种镜像格式，支持已删除文件、注册表、分区的恢复，具有自定义策略取证、关键词搜索、2000万个以上文件并行搜索、加密文件快速检测的能力，对带有密级标志的图形、版式等类型文件识别率大于95%。

（2）特殊木马检查产品。适用于涉密网和普通业务网络，支持各类主流操作系统，具有已知木马和未知特殊木马检测的能力，具备木马样本及其配置信息的提取、特征归类检测等功能，能够定期进行升级，已知木马检测准确率为100%，未知特殊木马检测准确率大于70%。

（3）涉密信息系统安全保密风险评估软件产品。符合涉密信息系统分级保护相关国家保密标准，具备合规性检测、漏洞扫描等功能，以自动检测为主、人工判定为辅，评估内容覆盖涉密信息系统安全保密风险评估全部项目，评估结论准确可靠，能够自动生成评估报告。

4. 工业控制信息安全领域

（1）面向现场设备环境的边界安全专用网关产品。支持IPv4/IPv6及工业以太网，适用于集散控制系统（DCS）、数据采集与监视控制系统（SCADA）、现场总线等现场环境，具备5种以上工业控制专有协议以及多种状态或指令主流格式数据的检查、过滤、交换、阻断等功能，数据传输可靠性达到100%，可保护节点数不少于500点，设备吞吐量达到线速运行水平，延时小于100ms。

（2）面向集散控制系统（DCS）的异常监测产品。适用于电厂、石油、化工、供热、供水等工艺流程，具有对工业控制系统的DCS工程师站组态变更、DCS操作站数据与操控指令变更，以及各种主流现场总线访问、负载变更、通信行为、异常流量等安全监测能力，具备过程状态参数、控制信号的阈值检查与报警功能。

（3）安全采集远程终端单元（RTU）产品。支持工业以太网协议，适用于-40℃~+70℃温度环境，电磁兼容性（EMC）不低于 4 级，具有内置安全模块，实现数据采集与监视控制系统（SCADA）软件端到端的信源加密，具备基于数字证书的安全认证功能，支持基于国家密码局规定算法的数据加密，加密速率不小于 20Mb/s。

（4）工业应用软件漏洞扫描产品。适用于石油化工、先进制造领域，具有对符合 IEC61131-3 标准的控制系统上位机（SCADA/HMI）软件、DCS 控制器嵌入式软件以及各种主流现场总线离线漏洞扫描能力，具有对数字化设计制造软件平台（如产品数据管理 PDM、专用数控机床通信软件 eXtremeDNC、高级设计系统 ADS 等）漏洞扫描能力，具备检测与发现软件安全漏洞、评估漏洞安全风险、可视化展示、漏洞修复建议等功能，漏洞检测率达到 90%以上。

**（二）重要信息系统安全可控试点示范**

1. 金融信息安全试点示范

支持商业银行开展一体化信息安全风险感知体系试点示范，按照信息安全等级保护相关要求，建立银行系统整体信息安全风险感知预警、网点集中管控的防护体系，完善灾备能力检测、第三方安全服务质量评价等管理规范。

支持商业银行开展电子银行和移动支付业务系统安全态势监控试点示范，按照信息安全等级保护相关要求，构建银行新型增值业务应用的安全管理机制，并形成相应标准规范体系。

支持商业银行、信息安全专业机构、行业主管部门对电子银行系统联合开展金融领域钓鱼网站和金融诈骗事件安全应急保障试点示范，探索银行、机构和政府部门合作的新模式，建立联合处置、及时有效的应急保障机制。

2. 云计算与大数据安全应用试点示范

按照信息安全等级保护的相关要求，在金融、能源、交通、电子政务、电子商务和互联网服务领域，支持重点骨干企业，围绕主要业务应用，采用安全可控的技术和产品，开展云计算和大数据安全应用试点示范，研究制定云计算和大数据应用的安全管理机制、责任认定机制、数据保护和使用安全机制与规范。

3. 信息系统保密管理试点示范

在国家重点党政机构和涉密单位，按照信息安全等级保护相关要求，开展基于密级标识的涉密信息及载体管控试点示范，部署电子文件密级标识管理、涉密计算机和涉密移动存储介质识别管理等系统，探索重要信息系统保密管理新方式。

支持商业机构、专业机构开展电子邮箱安全保密试点示范，采用国家密码局规定算法，以及相关信息安全防护技术，建设安全邮箱服务平台，形成电子邮箱防泄密、反窃密综合保障能力，探索安全加密邮件与智能终端电子邮件消息加密推送等新服务模式。

4. 工业控制信息安全领域示范

在电力电网、石油石化、先进制造、轨道交通领域，支持大型重点骨干企业，按照信息安全等级保护相关要求，建设完善安全可控的工业控制系统。建立以杜绝重大灾难性事件为底线的工业控制系统综合安全防护体系，建立完善工业控制信息安全技术与管理的机制和规范。

## 二、申报要求

（1）申请项目主管部门根据投资体制改革精神和《国家高技术产业发展项目管理暂行办法》的有关规定，结合本单位、本地区实际情况，认真做好项目组织和备案工作，组织编写项目资金申请报告并协调落实项目建设资金、环境影响评价、节能评估等相关建设条件，同时汇总相关申请材料并报我委。

（2）通过国务院有关部门及中央直属企业申报的项目，项目单位应与有关部门和中央直属企业有财务隶属关系。其他项目应按照属地管理原则，通过项目单位所在地的省级发展和改革委员会申报。

（3）项目主管部门应对报送的材料，如资金申请报告、银行贷款承诺、自有资金证明、各类许可资质等，进行认真核实，并负责对其真实性予以确认。

（4）项目纸质申报材料包括项目资金申请报告（达到可行性研究报告深度）、项目简表和项目汇总表，上述材料一式两份。项目简表、项目汇总表、项目备案文件、自有资金证明、投资及信贷承诺等所有附件要与项目资金申请报告一并装订（项目简表和汇总表应订装在报告正文前）。各项目材料一经提供不予退还，请做好备份。资金申请报告的具体编制要求详见附件 1、附件 2。[①]

（5）项目材料的具体报送时间、地点和相关要求将在 2013 年 9 月下旬在国家发展改革委高技术司网站（网址 http：//gjss.ndrc.gov.cn）信息化栏目下另行通知。

（6）信息安全产品产业化项目的承担单位原则上应为企业法人。申报项目应具备以下条件：①按规定在当地政府备案；②已落实项目建设资金；③采用的科技成果应具有自主知识产权；④项目申报单位必须具有较强的技术开发和项目实施能力，具备较好的资信等级，资产负债率在合理范围内；⑤项目答辩时各单位应已有相关产品。

（7）重要信息系统安全可控试点示范项目的承担单位应为企业法人或事业法人（不包含高校和科研机构），项目的具体要求及项目资金申请报告的编制要点详见附件 2。[②]

（8）本次信息安全专项分两阶段开展。第一阶段受理金融信息安全、云计算与大数据安全、信息系统保密管理项目的申报，截止时间为 2013 年 10 月 15 日。第二阶段受理工业控制信息安全项目申报，截止时间为 2014 年 7 月 15 日。我委对项目进行初步评审后，将组织现场答辩。其中，专项拟支持的产品将全部委托第三方检测机构进行公开测试，有关具体项目答辩和测试名单、时间和地点，以及公开测试的时间将另行通知。

①② 附件此处未摘录，请自行查阅。

# 关于加强移动智能终端进网管理的通知

工信部电管［2013］120号

各相关单位：

为维护用户个人信息安全和合法权益，保障网络与信息安全，促进行业健康发展，根据《全国人民代表大会常务委员会关于加强网络信息保护的决定》、《中华人民共和国电信条例》，依据《电信设备进网管理办法》有关规定，现将加强移动智能终端进网管理有关要求进一步明确如下：

一、本通知所称移动智能终端是指接入公众移动通信网络、具有操作系统、可由用户自行安装应用软件的移动通信终端产品。

二、申请进网许可的移动智能终端应当符合通信行业标准有关移动智能终端安全的基本要求，检测机构在进网检测时应当依据相关标准进行检测。

三、生产企业申请移动智能终端进网许可时，应当在申请材料中提供操作系统版本、预置应用软件基本配置信息。

四、生产企业不得在移动智能终端中预置具有以下性质的应用软件：

（一）未向用户明示并经用户同意，擅自收集、修改用户个人信息的；

（二）未向用户明示并经用户同意，擅自调用终端通信功能，造成流量消耗、费用损失、信息泄露等不良后果的；

（三）影响移动智能终端正常功能或通信网络安全运行的；

（四）含有《中华人民共和国电信条例》禁止发布、传播的信息内容的；

（五）其他侵害用户个人信息安全和合法权益以及危害网络与信息安全的。

五、获得进网许可的移动智能终端新增预置应用软件，或者操作系统升级发生的变化涉及进网检测中终端基本安全要求项目的，生产企业应当向工业和信息化部报备。

六、生产企业应当在其获得进网许可的产品或其包装显著位置标注工业和信息化部规定的进网许可标志查验网址。

七、本通知自2013年11月1日起执行。

# 第三编　通信监管类政策法规

# 电信网络运行监督管理办法

工业和信息化部　2009 年 4 月 24 日

## 第一章　总则

**第一条**　为了加强电信网络运行监督管理，保障电信网络运行稳定可靠，预防电信网络运行事故发生，促进电信行业持续稳定发展，根据《中华人民共和国安全生产法》、《中华人民共和国电信条例》等相关法律、行政法规，制定本办法。

**第二条**　工业和信息化部和各省、自治区、直辖市通信管理局（以下简称电信监管部门）对基础电信业务经营者的网络运行维护（包括局数据和软件版本管理等），网络运行安全，安全生产，网络运行事故的预防、报告、处理等活动的监督管理，适用本办法。

应对自然灾害、事故灾难、公共卫生事件和社会安全事件等突发事件而采取的应急通信保障措施，应对网络攻击、网络入侵、网络病毒、非法远程控制等网络安全防护措施，为满足特殊通信需求而采取的网络运行安全措施，为防止和减少涉及人身伤亡和财产损失的生产安全事故而采取的安全生产措施另有规定的，从其规定。

**第三条**　本办法所称的网络运行事故是指由于突发公共事件、人为破坏、施工损坏或网络自身故障造成的电信基础设施损坏、电信网络中断、电信业务中断等情况。分为特别重大事故、重大事故、较大事故和一般事故（网络运行事故划分见附件 1）。

**第四条**　基础电信业务经营者总部及各级分支机构是网络运行维护管理的责任主体，应当遵守本办法和有关网络运行维护的行业标准，加强网络运行维护管理，建立健全网络运行维护监督制度，完善网络运行安全条件，确保网络运行稳定可靠。

基础电信业务经营者总部及各级分支机构的主要负责人，对本单位的网络运行维护管理工作全面负责。

**第五条**　电信监管部门是网络运行监督管理的主管部门。工业和信息化部在全国范围内履行监督管理职责。各省、自治区、直辖市通信管理局在本行政区内按照职责分工履行监督管理职责。

## 第二章　网络运行维护责任

**第六条**　基础电信业务经营者总部及各级分支机构的主要负责人对本单位的网络运行维护工作负有下列职责：

（一）建立健全本单位网络运行维护责任制；

（二）组织制定本单位网络运行维护制度，不断完善网络运行维护规程；

（三）保证本单位网络运行安全投入的有效实施；

（四）督促、检查本单位网络运行维护工作，对本单位网络运行安全状况进行考核与评估，及时消除网络运行事故隐患；

（五）加强本单位网络规划、建设施工与网络运行维护的协调，防止对网络运行可能造成的危害；

（六）组织制定并实施本单位的网络运行事故应急处置预案；

（七）组织对从业人员进行网络运行安全和安全生产的教育和培训；

（八）及时、如实报告网络运行事故。

**第七条** 基础电信业务经营者总部及各级分支机构的主要负责人和网络运行维护管理人员应当具备相应的网络运行管理能力，负责指挥、协调网络运行维护管理工作。各级网络运行维护管理人员应当确保每天 24 小时沟通渠道的畅通。

各级网络运行维护人员应当具备必要的网络运行维护知识，熟悉并严格执行有关网络运行维护制度和操作流程，提高网络运行维护技能，增强网络运行事故预防和应急处理能力。

**第八条** 在重大活动及重要节假日期间，基础电信业务经营者应当配合电信监管部门采取相应的网络运行安全管理措施，必要时，应当按照电信监管部门的要求，停止相关通信干线和通信枢纽的施工、系统割接、版本升级等工作。

遇有重大活动、突发公共事件时，基础电信业务经营者应当按照电信监管部门的要求，及时提供本企业的网络拓扑图、网络运行基础数据等信息，并接受电信监管部门的指挥、调度以及对网络资源的调配，保障网络运行稳定可靠。

**第九条** 基础电信业务经营者应当加强电信基础设施的日常巡护和重要部位的重点保护，加大宣传力度，增强防护力量，推广技防应用，不断提高电信基础设施防护能力，防止和减少盗窃、破坏电信设施事件的发生。

**第十条** 基础电信业务经营者新建、改建、扩建工程项目的安全设施，应当与主体工程同时设计、同时施工、同时投入生产和使用。安全设施投资应当纳入建设项目预算。

基础电信业务经营者应当建立本单位网络建设与运行维护的日常沟通机制，对网络运行稳定可靠可能造成影响的施工，建设部门应当提前与运行维护部门协商一致，避免由于自身原因造成网络运行事故的发生。

**第十一条** 基础电信业务经营者应当按照相关网络运行维护行业标准和安全防护行业标准的要求，严格机房出入制度，利用人防、技防等手段，加强机房的封闭式管理。对机房划分区域管理，区域之间设置物理隔离装置，在重要区域前设置交付或安装等过渡区域，重要区域应当配置门禁设施，控制进入人员。

**第十二条** 基础电信业务经营者应当掌握电信网络的技术特性，按照相关技术标准和维护手册操作，采取有效的防护措施，做好机房等电信设施的防火、防雷、防水、防潮、防鼠、防虫、防尘、防盗、防静电和防电磁干扰等工作。

**第十三条** 基础电信业务经营者应当建立网络运行维护岗位责任制，强化值班与交接班制度，加强备品备件和技术档案管理，定期对电信设备的多重节点、多重路由、负荷分担、自动倒换、冗余配置等网络架构保护措施的有效性进行测试与演练，定期对供电、空调、消防、安防等配套设施进行检查与保养。

**第十四条** 基础电信业务经营者应当定期对电信设备进行测试、清洁、维修，合理调整电信设备配置，做好全程全网的协作配合，定期分析网络运行质量情况，保证电信设备的各项维护技术指标达到相关行业标准，确保网络运行稳定可靠。

**第十五条** 基础电信业务经营者将电信设备、传输线路的运行维护工作外包的，应当严格考查代维企业的资质，签署保密协议，留存操作记录，定期检查和评估代维企业的网络运行维护管理水平，并对代维企业在网络运行维护工作中造成的网络运行事故负责。

**第十六条** 基础电信业务经营者应当对电话网局数据（如交换网中的路由、局向、电路、信令、计费、控制方式等数据）进行分级管理，并定期备份相关系统文件和局数据文件。

局数据的创建、修改应当设置相应的权限和密码。修改重要局数据或大量局数据时应当制定相关预案并在话务闲时进行，相关局数据修改前应当制作系统备份文件。

**第十七条** 基础电信业务经营者应当对交换、传输、信令等设备的软件版本进行分级管理，并做好系统文件的备份。软件版本升级前应当制定相关预案，在软件版本升级失败时，能及时倒换恢复。

国际出入口局、长途交换局、TMSC（汇接移动交换中心）、网间关口局、省际传输设备、省际信令设备等的软件版本应当由基础电信业务经营者总部向工业和信息化部定期报送；汇接局、端局、MSC（移动交换中心）、省内传输设备、省内信令设备等的软件版本应当由基础电信业务经营者省级机构向各省、自治区、直辖市通信管理局定期报送。

**第十八条** 基础电信业务经营者总部及其省级机构应当按照相关要求，分别向工业和信息化部和各省、自治区、直辖市通信管理局定期报送网络运行基础数据，报送内容应当真实有效。基础电信业务经营者应当加强事故隐患的分析与检查，制定并落实整改措施。

## 第三章 网络架构保护措施

**第十九条** 本办法所称的网络架构保护措施是指对交换设备、传输设备、传输线路、供电系统等通信设施以及信令网、同步网等支撑网设备所采取的多重节点、多重路由、负荷分担、自动倒换、冗余配置等保护措施。通过采取上述措施，最大限度地减少事故隐患，确保网络运行稳定可靠。

**第二十条** 基础电信业务经营者应当对国内长途电话网采取以下网络架构保护措施：

（一）省会城市和具备条件的非省会城市的长途交换局应当采用双节点或多节点方式配置，并通过负荷分担方式来保证业务畅通，避免单一长途交换局瘫痪时导致业务全阻。

省际长途交换局间应当具备两个以上长途路由，省际长途交换局应当与两个以上的国际出入口局相连。

（二）长途电路应当采用物理上的双路由或多路由方式配备，在不同的传输设备和传输线路上相互保护，确保传输路径的可靠，避免单一传输通道阻断时导致业务全阻。

**第二十一条** 基础电信业务经营者应当对固定本地电话网采取以下网络架构保护措施：

（一）汇接局应当采用双节点或多节点方式配置，并通过负荷分担方式来保证业务畅通，避免单一汇接局瘫痪时导致业务全阻。

汇接局与长途交换局间应当具备两个以上路由。

（二）在条件具备时，端局至长途交换局、汇接局、端局间应当具备双路由或多路由。

（三）局间中继电路应当采用物理上的双路由或多路由方式配备，在不同的传输设备和传输线路上相互保护，确保传输路径的可靠，避免单一传输通道阻断时导致业务全阻。

**第二十二条** 基础电信业务经营者应当对陆地蜂窝移动通信网采取以下网络架构保护措施：

（一）TMSC 应当采用双节点或多节点方式配置，并通过负荷分担方式来保证业务畅通，避免单一 TMSC 瘫痪时导致业务全阻。

TMSC 间及其与国际出入口局间应当具备两个以上路由。

（二）在条件具备时，MSC 至 TMSC、MSC 间应当具备双路由或多路由。

（三）在条件具备时，HLR（归属位置寄存器）应当采用 1+1 或 N+1 备份。

（四）局间中继电路应当采用物理上的双路由或多路由方式配备，在不同的传输设备和传输线路上相互保护，确保传输路径的可靠，避免单一传输通道阻断时导致业务全阻。

（五）在条件具备时，基站传输应当采用物理上的双路由或多路由方式配备，在不同的传输设备和传输线路上相互保护，确保传输路径的可靠，避免单一传输通道阻断时导致业务全阻。

**第二十三条** 基础电信业务经营者应当对卫星通信网采取以下网络架构保护措施：

（一）在条件具备时，重要卫星地球站的发射机等配置应当采用 N+1 备份。在条件具备时，不同卫星地球站之间应当采用卫星链路备份，避免单一卫星链路阻断时导致业务全阻。

（二）在条件具备时，卫星地球站至其他电信网应当采用物理上的双路由或多路由方式配备，在不同的传输设备和传输线路上相互保护，确保传输路径的可靠，避免单一传输通道阻断时导致业务全阻。

（三）在条件具备时，卫星通信网在组网时应当有备份卫星转发器，避免单一卫星转发器阻断时导致业务全阻。

**第二十四条** 基础电信业务经营者应当对互联网骨干网采取以下网络架构保护措施：

（一）网络路由设备均须采用双路由或多路由、双归属或多归属方式互为备份，在条件具备时，采用双节点或多节点方式互为冗余。

（二）应当在域名解析服务器等重要服务器使用防火墙和防病毒等软件，具备一定的容错、防病毒传播、防恶意软件、防网络攻击、防黑客攻击及防范其他来自内部和外部各种常见攻击的能力。

（三）域名解析服务器应当冗余配置，在条件具备时，其他应用服务器应当冗余配置，并有相应的数据备份机制，在单一服务器发生故障或进行系统升级时，避免引起互联网业务的中断或系统瘫痪。

（四）应当对重要服务器的各种操作进行权限控制，并保留相应的操作记录。相关服务器应当设置必要的控制策略，尽可能减少相关服务器的共享和开放端口。

**第二十五条** 基础电信业务经营者应当对网间互联互通采取以下网络架构保护措施：

（一）网间关口局应当成对设置。暂不具备成对设置关口局的，应当通过其他具备关口局功能的交换机疏通网间业务。

（二）网间中继电路应当采用物理上的双路由或多路由方式配备，在不同的传输设备和传输线路上相互保护，确保传输路径的可靠，避免单一传输通道阻断时导致网间业务全阻。

网间中继电路除配备直达中继电路以外，基础电信业务经营者应当相互配合，制作相关局数据，预置经由第三方网络转接的迂回电路，避免直达中继电路都中断时导致网间业务全阻。

（三）网间关口局至本网络应当采用物理上的双路由或多路由方式配备，在不同的传输设备和传输线路上相互保护，确保传输路径的可靠，避免单一传输通道阻断时导致业务全阻。

**第二十六条** 基础电信业务经营者应当对机房供电系统采取以下网络架构保护措施：

（一）机房供电线路应当配置过电压防护设备，并根据需要配置稳压器。

（二）交流电力供应应当采用来自不同主变压器的双路供电，在条件具备时，应当采用来自不同电网的双路供电。

（三）在交流电停电或断电的情况下，应当由蓄电池提供备用电力供应，并立即启动油机发电。

（四）应当定期对蓄电池及油机供电的有效性进行测试。

**第二十七条** 基础电信业务经营者应当对信令网采取以下网络架构保护措施：

信令路由组中应当设置多个信令路由，包括直达信令路由、准直联信令路由以及采用负荷分担方式的信令路由，保证两个具有信令关系的信令点之间传送信令的可靠性。

**第二十八条** 基础电信业务经营者应当对同步网采取以下网络架构保护措施：

（一）同步网应当采用主从同步法，网络拓扑结构应当采用三级等级结构。每个同步网节点都赋予一个等级，只容许高等级节点向较低等级或同等级的节点传送定时基准信号。

（二）应当选择稳定可靠、传输性能好的物理路由作为同步网的定时链路。二级和三级节点时钟应当能接收到至少两路来自一级基准时钟的主备用定时信号，其对应的主用和备用定时链路应当选择不同的物理路由。

（三）同步网定时源头的配置应当保证每个同步区均有两个定时基准源。定时基准源可以是以铯钟作为主用的全国基准时钟 PRC，也可以是以卫星定位系统作为主用的区域基准时钟 LPR。LPR 应当至少有两路地面信号作为备用定时信号，其中至少一路能够溯源至 PRC。

**第二十九条** 基础电信业务经营者对国际出入口局、国际通信陆海光（电）缆采取的网络架构保护措施另行规定。

## 第四章 网络运行事故处理

**第三十条** 发生网络运行事故后，基础电信业务经营者有关人员应当立即报告本单位负责人。

单位负责人接到事故报告后，应当迅速采取有效措施，组织抢修，防止事故扩大，减少社会影响和财产损失。

**第三十一条** 发生特别重大、重大事故后，基础电信业务经营者总部应当向工业和信息化部报告事故情况，同时其省级机构应当向相关省、自治区、直辖市通信管理局报告事故情况。

发生较大事故后，基础电信业务经营者省级机构应当向相关省、自治区、直辖市通信管理局报告事故情况。

发生一般事故后，基础电信业务经营者省级机构应当向相关省、自治区、直辖市通信管理局定期报送。

发生网络运行事故后，任何单位和个人不得迟报、漏报、谎报或者瞒报。

**第三十二条** 网络运行事故报告分为口头报告、简要书面报告（格式见附件 2）[①] 和专题书面报告（格式见附件 3）[②] 三种。

发生网络运行事故后，基础电信业务经营者总部及其省级机构应当在规定时限内向电信监管部门报告（具体报告时限见附件 4）。

**第三十三条** 基础电信业务经营者上报的简要书面报告应当经本企业主管领导或主管部门领导认定，专题书面报告须经本企业主管领导认定。

**第三十四条** 事故的口头报告内容应当包括事故发生时间、地点、预计影响范围、事故原因的初步判断、已经或即将采取的措施。简要书面报告的内容应当包括事故发生时间、地点、影响范围、事故原因的初步判断、事故初步处理措施等。专题书面报告的内容应当包括事故发生时间、地点、影响范围、事故原因、责任认定、处理意见、防范措施等。

**第三十五条** 基础电信业务经营者应当认真总结经验教训，排除事故隐患，落实整改措施，并将对事故有关责任单位和责任人的处理意见报相关电信监管部门。

## 第五章 网络运行监督管理

**第三十六条** 电信监管部门应当对基础电信业务经营者的网络运行维护责任制、网络运行维护制度、网络运行维护行业标准的执行情况、网络运行事故应急处置预案的制定和演练情况、网络架构保

①② 附件未摘录，请自行查阅。

护措施的有效性测试和演练、对从业人员网络运行安全和安全生产的教育和培训等进行监督、检查。

**第三十七条** 根据实际需要，电信监管部门按照网络运行维护行业标准和安全防护行业标准，对网络架构保护措施进行抽测。经抽测，不符合相关行业标准的，由电信监管部门督促相关基础电信业务经营者进行整改。

**第三十八条** 基础电信业务经营者对电信监管部门依据本办法进行的监督、检查或检测，应当予以配合，不得拒绝、阻挠。

**第三十九条** 电信监管部门的监督、检查人员应当忠于职守、坚持原则，保守企业秘密，在监督、检查或检测过程中，不得干扰电信网络的正常运行。

**第四十条** 电信监管部门应当配合公安机关，组织基础电信业务经营者严厉打击盗窃、破坏电信设施的行为，督促基础电信业务经营者采取有效措施，做好电信设施的防护工作。

**第四十一条** 电信监管部门应当责成基础电信业务经营者对网络运行事故调查处理，按照相关时限提交简要书面报告和专题书面报告。必要时，电信监管部门可以直接组织事故调查组进行调查。事故调查组的组成应当遵循精简、效能的原则。

事故调查组履行下列职责：

（一）查明事故发生的经过、原因等情况；

（二）认定事故的性质和事故责任；

（三）提出对事故责任单位和责任人的处理意见；

（四）总结事故教训，提出防范和整改措施；

（五）提交事故调查报告。

**第四十二条** 电信监管部门应当建立网络运行情况通报制度，定期向基础电信业务经营者通报网络运行情况。

**第四十三条** 电信监管部门应当结合电信行业实际情况，组织对基础电信业务经营者的从业人员进行网络运行安全和安全生产的教育和培训。

**第四十四条** 基础电信业务经营者有下列行为之 ，电信监管部门应当予以警告并责令其限期改正。逾期未改正的，可以在行业内予以通报批评。

（一）未建立网络运行维护责任制，或者未制定网络运行维护制度的；

（二）未按照本办法规定保证网络运行安全所必需的资金投入，致使生产经营单位不具备网络运行安全条件的；

（三）未制定和演练网络运行事故应急处置预案的；

（四）未对从业人员进行网络运行安全和安全生产的教育和培训的；

（五）新建、改建、扩建工程项目时未同时考虑网络运行安全设施建设的；

（六）未执行网络运行维护行业标准的；

（七）对电信设备、传输线路的代维企业管理不力，引发网络运行事故的；

（八）发生网络运行事故，未及时、如实上报或者对事故调查处理不力的；

（九）未按时向电信监管部门报送网络运行基础数据的；

（十）不配合电信监管部门对网络运行维护工作的监督检查及对网络运行事故的调查处理的；

（十一）在重大活动、重要节假日以及公共突发事件时，不执行网络运行安全管理措施或不听从电信监管部门指挥、调度的。

## 第六章 附则

**第四十五条** 公用电信网与专用电信网之间的网络运行监督管理参照本办法执行。

**第四十六条**　本办法由工业和信息化部负责解释。

**第四十七条**　本办法自2009年5月1日起施行,《电信运营业重大事故报告规定（试行）》(信部电〔2002〕114号）同时废止。

## 附件1：

### 电信网络运行事故划分

一、特别重大事故是指符合下列条件之一的情况：

（一）3条以上国际通信陆海光（电）缆中断，或通达某一国家的国际电话通信全阻持续超过1小时；

（二）5个以上卫星转发器通信中断持续超过1小时；

（三）不同基础电信业务经营者的网间电话通信全阻持续超过5小时；

（四）省际长途电话通信1个方向全阻持续超过2小时；

（五）固定电话通信中断影响超过50万户，且持续超过1小时；

（六）移动电话通信中断影响超过50万户，且持续超过1小时；

（七）短消息平台、多媒体消息平台及其他增值业务平台中断服务持续超过5小时；

（八）省级以上党政军重要机关、与国计民生和社会安定直接有关的重要企事业单位相关通信中断。

二、重大事故是指符合下列条件之一且不属于特别重大事故的情况：

（一）1条以上国际通信陆海光（电）缆中断；

（二）1个以上卫星转发器通信中断持续超过1小时；

（三）不同基础电信业务经营者的网间电话通信全阻持续超过2小时或者直接影响范围5万(用户×小时）以上；

（四）长途电话通信1个方向全阻超过1小时；

（五）固定电话通信中断影响超过10万户，且持续超过1小时；

（六）移动电话通信中断影响超过10万户，且持续超过1小时；

（七）短消息平台、多媒体消息平台及其他增值业务平台中断服务持续超过1小时；

（八）地市级以上党政军重要机关、与国计民生和社会安定直接有关的重要企事业单位相关通信中断；

（九）具有重大影响的会议、活动期间等相关通信中断。

三、较大事故是指符合下列条件之一且不属于特别重大、重大事故的情况：

（一）卫星转发器通信中断持续超过20分钟；

（二）不同基础电信业务经营者的网间电话通信全阻持续超过20分钟或者直接影响范围1万(用户×小时）以上；

（三）长途电话通信1个方向全阻持续超过20分钟；

（四）固定电话通信中断影响超过3万户，且持续超过20分钟；

（五）移动电话通信中断影响超过3万户，且持续超过20分钟；

（六）短消息平台、多媒体消息平台及其他增值业务平台中断服务持续超过20分钟；

（七）地市级以下党政军重要机关、与国计民生和社会安定直接有关的重要企事业单位相关通信中断。

四、一般事故是指符合下列条件之一且不属于特别重大、重大、较大事故的情况：

（一）卫星转发器通信中断；

（二）不同基础电信业务经营者的网间电话通信全阻；

（三）长途电话通信 1 个方向全阻；

（四）固定电话通信中断影响超过 1 万户；

（五）移动电话通信中断影响超过 1 万户；

（六）短消息平台、多媒体消息平台及其他增值业务平台中断服务。

注："网络运行事故划分"中所称"以上"包括本数，所称"以下"不包括本数。

## 附件 4：

### 电信网络运行事故报告时限

一、基础电信业务经营者总部及其省级机构应当在特别重大事故发生后，立即分别向工业和信息化部电信管理局和相关省、自治区、直辖市通信管理局做出口头报告，4 小时内做出简要书面报告，事故处理结束后的 2 日内做出专题书面报告。

相关省、自治区、直辖市通信管理局应当在接到基础电信业务经营者省级机构的口头报告后，立即向工业和信息化部电信管理局做出口头报告，并于次日 10:00 前在"突发事件通信恢复及保障情况每日报告"中书面报告。

工业和信息化部电信管理局在接到基础电信业务经营者总部或相关省、自治区、直辖市通信管理局的口头报告后，立即上报主管部领导。

二、基础电信业务经营者总部及其省级机构应当在重大事故发生后，在 4 小时内分别向工业和信息化部电信管理局和相关省、自治区、直辖市通信管理局做出口头报告，24 小时内做出简要书面报告，事故处理结束后的 5 日内做出专题书面报告。

相关省、自治区、直辖市通信管理局应当在接到基础电信业务经营者省级机构的口头报告后，在 1 小时内向工业和信息化部电信管理局做出口头报告，并于次日 10:00 前在"突发事件通信恢复及保障情况每日报告"中书面报告。

三、基础电信业务经营者省级机构应当在较大事故发生后，在 4 小时内向相关省、自治区、直辖市通信管理局做出口头报告，24 小时内做出简要书面报告，事故处理结束后的 5 日内做出专题书面报告。

四、基础电信业务经营者省级机构应当每月汇总一般事故发生情况，并向相关省、自治区、直辖市通信管理局报送。在重大活动及重要节假日期间，可以调整上报频次和时限。

# 电信业务经营许可管理办法

工业和信息化部令第5号

（2009年2月4日工业和信息化部第6次部务会议审议通过，自2009年4月10日起施行。原信息产业部2001年12月26日公布的《电信业务经营许可证管理办法》（信息产业部令第19号）同时废止）

## 第一章　总则

**第一条**　为加强电信业务经营许可管理，根据《中华人民共和国电信条例》及其他法律、行政法规的规定，制定本办法。

**第二条**　在中华人民共和国境内申请、审批和管理电信业务经营许可证（以下简称经营许可证），适用本办法。

**第三条**　中华人民共和国工业和信息化部（以下称工业和信息化部）和省、自治区、直辖市通信管理局（以下统称电信管理机构）是经营许可证的审批管理机构。

电信管理机构在经营许可证审批管理中应当遵循便民、高效、公开、公平、公正的原则。

**第四条**　经营电信业务，应当依法取得电信管理机构颁发的经营许可证。

电信业务经营者在电信业务经营活动中，应当遵守经营许可证的规定，接受、配合电信管理机构的监督管理。

电信业务经营者按照经营许可证的规定经营电信业务受国家法律保护。

## 第二章　经营许可证的申请

**第五条**　申请经营基础电信业务的，应当符合下列条件：

（一）经营者为依法设立的专门从事基础电信业务的公司，并且公司的国有股权或者股份不少于51%。

（二）有业务发展研究报告和组网技术方案。

（三）有与从事经营活动相适应的资金和专业人员。

（四）有从事经营活动的场地、设施及相应的资源。

（五）有为用户提供长期服务的信誉或者能力。

（六）在省、自治区、直辖市范围内经营的，注册资本最低限额为1亿元人民币；在全国或者跨省、自治区、直辖市范围经营的，注册资本最低限额为10亿元人民币。

（七）公司及其主要出资者和主要经营管理人员三年内无违反电信监督管理制度的违法记录。

（八）国家规定的其他条件。

**第六条** 申请经营增值电信业务的，应当符合下列条件：

（一）经营者为依法设立的公司。

（二）有与开展经营活动相适应的资金和专业人员。

（三）有为用户提供长期服务的信誉或者能力。

（四）在省、自治区、直辖市范围内经营的，注册资本最低限额为100万元人民币；在全国或者跨省、自治区、直辖市范围经营的，注册资本最低限额为1000万元人民币。

（五）有必要的场地、设施及技术方案。

（六）公司及其主要出资者和主要经营管理人员三年内无违反电信监督管理制度的违法记录。

（七）国家规定的其他条件。

**第七条** 申请办理基础电信业务经营许可证的，应当向工业和信息化部提交下列申请材料：

（一）公司法定代表人签署的经营基础电信业务的书面申请。内容包括：申请经营电信业务的种类、业务覆盖范围、公司名称、公司通信地址、邮政编码、联系人、联系电话、电子信箱地址等。

（二）公司的企业法人营业执照副本及复印件。

（三）公司概况。包括公司基本情况，拟从事电信业务的机构设置和管理情况、技术力量和经营管理人员情况，与从事经营活动相适应的场地、设施等情况。

（四）公司最近经会计师事务所审计的企业法人年度财务会计报告或者验资报告及工业和信息化部规定的其他相关会计资料。

（五）公司章程、公司股权结构及股东的有关情况。

（六）业务发展研究报告。包括：申请经营电信业务的业务发展和实施计划、服务项目、业务覆盖范围、收费方案、预期服务质量、效益分析等。

（七）组网技术方案。包括：网络结构、网络规模、网络建设计划、网络互联方案、技术标准、电信设备的配置、电信资源使用方案等。

（八）为用户提供长期服务和质量保障的措施。

（九）网络与信息安全保障措施。

（十）证明公司信誉的有关材料。

（十一）公司法定代表人签署的公司依法经营电信业务的承诺书。

尚未获得企业法人营业执照的申请人，应当提交公司的企业名称预先核准通知书，不需提交前款第（二）项、第（十）项规定的材料。对于前款第（一）项规定的书面申请和第（十一）项规定的承诺书，拟成立有限责任公司的，应当由全体股东签署；拟成立股份有限公司的，应当由全体发起人签署。

**第八条** 申请办理增值电信业务经营许可证的，应当向电信管理机构提交下列申请材料：

（一）公司法定代表人签署的经营增值电信业务的书面申请。内容包括：申请经营电信业务的种类、业务覆盖范围、公司名称、公司通信地址、邮政编码、联系人、联系电话、电子信箱地址等。

（二）公司的企业法人营业执照副本及复印件。

（三）公司概况。包括：公司基本情况，拟从事增值电信业务的人员、场地和设施等情况。

（四）公司最近经会计师事务所审计的企业法人年度财务会计报告或者验资报告及电信管理机构规定的其他相关会计资料。

（五）公司章程、公司股权结构及股东的有关情况。

（六）申请经营电信业务的业务发展、实施计划和技术方案。

（七）为用户提供长期服务和质量保障的措施。

（八）信息安全保障措施。

（九）证明公司信誉的有关材料。

（十）公司法定代表人签署的公司依法经营电信业务的承诺书。

申请经营的电信业务依照法律、行政法规及国家有关规定须经有关主管部门事先审核同意的，应当提交有关主管部门审核同意的文件。

尚未获得企业法人营业执照的申请人，应当提交公司的企业名称预先核准通知书，不需提交前款第（二）项、第（九）项规定的材料。对于前款第（一）项规定的书面申请和第（十）项规定的承诺书，拟成立有限责任公司的，应当由全体股东签署；拟成立股份有限公司的，应当由全体发起人签署。

## 第三章　经营许可证的审批

**第九条**　经营许可证分为《基础电信业务经营许可证》和《增值电信业务经营许可证》两类。其中，《增值电信业务经营许可证》分为《跨地区增值电信业务经营许可证》和省、自治区、直辖市范围内的《增值电信业务经营许可证》。

《基础电信业务经营许可证》和《跨地区增值电信业务经营许可证》由工业和信息化部审批。省、自治区、直辖市范围内的《增值电信业务经营许可证》由省、自治区、直辖市通信管理局审批。

外商投资电信企业的电信业务经营许可证，由工业和信息化部根据《外商投资电信企业管理规定》审批。

**第十条**　工业和信息化部应当对申请经营基础电信业务的申请材料进行审查。申请材料齐全、符合法定形式的，应当向申请人出具受理申请通知书。申请材料不齐全或者不符合法定形式的，应当当场或者在五日内一次告知申请人需要补正的全部内容。

工业和信息化部受理申请之后，应当组织专家对第七条第一款第（六）项、第（七）项申请材料进行评审，形成评审意见。

工业和信息化部应当自受理申请之日起180日内完成审查工作。予以批准的，颁发《基础电信业务经营许可证》。不予批准的，应当书面通知申请人并说明理由。

**第十一条**　电信管理机构应当对申请经营增值电信业务的申请材料进行审查。申请材料齐全、符合法定形式的，应当向申请人出具受理申请通知书。申请材料不齐全或者不符合法定形式的，应当当场或者在五日内一次告知申请人需要补正的全部内容。

电信管理机构应当自收到申请之日起60日内完成审查工作，作出予以批准或者不予批准的决定。予以批准的，颁发《跨地区增值电信业务经营许可证》或者省、自治区、直辖市范围内的《增值电信业务经营许可证》。不予批准的，应当书面通知申请人并说明理由。

**第十二条**　经营许可证由发证机关的批准文件和许可证书组成。

发证机关的批准文件包括经营许可证使用规定、经营者的权利和义务、特别规定事项、年检和违法记录表等文件。原发证机关根据管理需要可以按照工业和信息化部的规定增加相应内容。

许可证书应当载明公司名称、法定代表人、业务种类、业务覆盖范围、有效期限、发证机关和发证日期、签发人、经营许可证编号等内容。

经营许可证的具体内容由工业和信息化部依法另行制定。工业和信息化部可以根据实际情况，依法调整电信业务经营许可证的内容，重新公布。

**第十三条**　《基础电信业务经营许可证》的有效期，根据电信业务种类分为5年、10年。

《跨地区增值电信业务经营许可证》和省、自治区、直辖市范围内的《增值电信业务经营许可证》的有效期为 5 年。

**第十四条**《基础电信业务经营许可证》、《跨地区增值电信业务经营许可证》以及外商投资电信企业的电信业务经营许可证由工业和信息化部部长签发。

省、自治区、直辖市范围内的《增值电信业务经营许可证》由省、自治区、直辖市通信管理局局长签发。

**第十五条**　经营许可证由公司法定代表人领取，或者由其委托代理人凭委托书领取。

## 第四章　经营许可证的使用

**第十六条**　获准经营电信业务的公司，应当按照经营许可证所载明的电信业务种类，在规定的业务覆盖范围和期限内，按照经营许可证的规定经营电信业务。

**第十七条**　获准经营电信业务的公司持经营许可证到工商行政管理机关办理公司变更登记手续。

获准经营无线电通信业务的，持经营许可证到无线电管理机构申请办理无线电频率使用手续。

**第十八条**　获准跨地区经营电信业务的公司，应当按照经营许可证的要求，在相应的省、自治区、直辖市设立分公司或子公司等相应机构经营电信业务。

基础电信业务经营者的子公司中，国有股权或者股份的比例应当符合国家有关电信的法律、行政法规的规定。

**第十九条**　获准经营电信业务的公司经发证机关批准，可以授权其持有股份不少于 51%并符合经营电信业务条件的子公司经营其获准经营的电信业务。该子公司的名称、法定代表人、业务种类、业务覆盖范围等内容，由发证机关在获准经营电信业务的公司的经营许可证书附页中载明。在一个地区不能授权两家或者两家以上子公司经营同一项电信业务。

**第二十条**　获准经营基础电信业务或者跨地区经营增值电信业务的公司，应当凭经营许可证到相关省、自治区、直辖市通信管理局办理备案手续，并提交下列备案材料：

（一）负责当地业务经营、客户服务等事务的相应机构情况。内容包括：公司负责备案地业务经营、客户服务等事务的相应机构的名称、通信地址、邮政编码、联系人、联系电话、电子信箱地址等。

（二）经营许可证复印件。

（三）公司负责当地业务经营、客户服务等事务的相应机构的营业执照复印件、章程等有关材料。

（四）在当地开展业务的方案。

省、自治区、直辖市通信管理局收到前款规定的备案材料后，对材料齐全的，应当在 15 日内出具备案确认书，并报工业和信息化部。对材料不齐全的，应当在 5 日内书面一次告知需要补正的全部内容。

未办理备案手续的，不得在当地经营电信业务。负责当地业务经营、客户服务等事务的机构可以是获准经营电信业务的公司本身或者其在备案地之外的相关省、自治区、直辖市设立的机构，但应当符合经营许可证的要求。

第一款所列材料发生变化的，负责当地业务经营、客户服务等事务的相应机构应当在 20 日内，向当地的省、自治区、直辖市通信管理局及发证机关报告。

**第二十一条**　除经营许可证中有特别规定外，电信业务经营者取得经营许可证后，应当在 1 年内按照经营许可证规定的业务种类和业务覆盖范围提供电信服务。不能在 1 年内提供电信服务的，应当在申请经营许可证时提出并说明理由，报电信管理机构批准，并在经营许可证中作出特别规定。

**第二十二条** 任何单位和个人不得伪造、涂改、冒用和以任何方式转让经营许可证。

## 第五章 经营行为的规范

**第二十三条** 基础电信业务经营者应当按照公开、平等的原则为取得经营许可证的公司提供经营相关电信业务所需的电信服务和电信资源，不得为无经营许可证或者未办理备案手续的单位或个人提供用于经营电信业务的电信资源或者提供网络接入、业务接入服务。

**第二十四条** 电信业务经营者不得以任何方式实施不正当竞争。

**第二十五条** 为增值电信业务经营者提供网络接入、代理收费和业务合作的基础电信业务经营者，应当对相应增值电信业务的内容、资费与收费、合作行为等进行规范、管理，并建立相应的发现、监督和处置制度和措施。

**第二十六条** 基础电信业务经营者调整与增值电信业务经营者之间的合作条件、协议等的，应当事先告知相关增值电信业务经营者并充分听取其意见。

有关意见征求情况及记录应当留存，并在电信管理机构监督检查时予以提供。

**第二十七条** 提供网站接入服务的增值电信业务经营者应当遵守下列规定：

（一）应当租用获得相应经营许可证的基础电信业务经营者提供的网络接入等电信资源从事业务经营活动，不得向其他从事网站接入服务的增值电信业务经营者转租所获得的网络接入等电信资源。

（二）不得为未经许可或未备案的网站提供接入或代收费等服务。

（三）按照电信管理机构的规定，建立相应的网站经营许可管理和备案管理的业务管理系统，实现对代报备网站用户信息的动态维护和更新，并定期向电信管理机构报送网站管理所需有关信息。

（四）对所接入网站传播违法信息的行为进行监督，发现传播明显属于《中华人民共和国电信条例》第五十七条规定的信息的，应当立即停止接入和代收费等服务，保存有关记录，并向国家有关机关报告。

（五）按照电信管理机构的要求终止或者暂停对违法网站的接入服务。

**第二十八条** 电信管理机构应当建立电信业务经营者的违法行为记录和公示制度，对有违法行为记录的电信业务经营者实施重点监管。

基础电信业务经营者向增值电信业务经营者提供网络接入、代收费和业务合作时，应当考虑电信管理机构公示的有关违法行为记录。

**第二十九条** 电信管理机构建立电信业务市场监测制度。相关电信业务经营者应当按照规定向电信管理机构报送相应的监测信息。

## 第六章 经营许可证的变更和注销

**第三十条** 经营许可证有效期届满需要继续经营的，应当提前 90 日向原发证机关提出续办经营许可证的申请；不再继续经营的，应当提前 90 日向原发证机关报告，并做好善后工作。

**第三十一条** 取得电信业务经营许可证的公司或者其授权经营电信业务的子公司，遇有合并或者分立、有限责任公司股东变化、业务经营权转移等涉及经营主体需要变更的情形，或者业务范围需要变化的，应当自公司作出决定之日起 30 日内向原发证机关提出申请，经批准后方可实施。

其中，涉及有限责任公司股东变化、业务经营权转移的，应当符合下列条件：

（一）变更后的公司应当符合本办法第五条、第六条规定的条件。

（二）提出申请时，公司的业务已开通并且没有违反电信监督管理制度的行为。

**第三十二条**　在经营许可证的有效期内，变更公司名称、法定代表人的，应当在完成公司的工商变更登记手续后 30 日内向原发证机关申请办理电信业务经营许可证变更手续。

**第三十三条**　在经营许可证的有效期内，电信业务经营者需要终止经营的，应当符合下列条件：

（一）终止经营基础电信业务的，应当符合电信管理机构确定的电信行业管理总体布局。

（二）有可行的用户妥善处理方案并已妥善处理用户善后问题。

**第三十四条**　在经营许可证的有效期内，电信业务经营者需要终止经营的，应当向原发证机关提交下列申请材料：

（一）公司法定代表人签署并加盖公章的终止经营电信业务书面申请。内容包括公司名称、联系方式、经营许可证编号、申请终止经营的电信业务种类、业务覆盖范围等。

（二）公司股东会关于同意终止经营电信业务的决定。

（三）公司法定代表人签署的做好用户善后处理工作的承诺书。

（四）公司关于解决用户善后问题的情况说明。内容包括用户处理方案、社会公示情况说明、用户意见汇总、实施计划等。

（五）公司的电信业务经营许可证原件，企业法人营业执照复印件。

原发证机关收到终止经营电信业务的申请后应当向社会公示，公示期为 30 日。自公示期结束 60 日内，原发证机关应当完成审查工作，作出予以批准或者不予批准的决定。对于符合退出电信业务市场条件的，原发证机关应当予以批准，收回并注销电信业务经营许可证，或者注销相应的电信业务种类或者电信业务覆盖范围；对于不符合退出电信业务市场条件的，原发证机关应当不予批准，书面通知申请人并说明理由。

对申请终止经营基础电信业务或者跨地区增值电信业务的，工业和信息化部应当将予以批准或者不予批准的决定抄送相关省、自治区、直辖市通信管理局，相关省、自治区、直辖市通信管理局应当依法注销相应的电信业务经营许可备案。

**第三十五条**　电信业务经营者被有关机关依法处罚，不能继续经营电信业务的，原发证机关应当将其经营许可证收回注销。

**第三十六条**　发证机关吊销或者注销电信业务经营者的经营许可证后，应当通知相应的工商行政管理机关，并向社会公布。

发证机关吊销、撤销或者注销电信业务经营者的经营许可证，涉及用户善后问题的，可以通过招标方式指定业务承接单位。

被吊销或者注销经营许可证的公司，应当及时到相应工商行政管理机关办理相关手续。

## 第七章　经营许可的监督检查

**第三十七条**　发证机关对经营许可证实行年检制度。电信业务经营者应当在报告年的次年第一季度向原发证机关报送下列年检材料：

（一）本年度的电信业务经营情况；网络建设、业务发展、人员及机构变动情况；服务质量情况；执行国家和电信管理机构有关规定的情况等。

（二）公司的企业法人营业执照复印件。

（三）发证机关要求报送的其他材料 。

**第三十八条**　省、自治区、直辖市通信管理局应当对跨地区电信业务经营者在当地开展电信业务的有关情况进行监督检查，并向工业和信息化部报告有关检查结果。

**第三十九条**　发证机关进行经营许可证年检时，应当对电信业务经营者报送的材料进行全面审核，并对其经营主体、经营行为、电信设施建设、电信资费和服务质量、执行国家和电信管理机构有关规定的情况等进行检查。

按时参加年检并且年检事项符合规定的，为年检合格。未按规定参加年检或者年检事项不符合规定的，电信管理机构应当责令改正，并依法给予相应的行政处罚；按时改正的，为经整改年检合格；拒不改正的，为年检不合格。

年检结果和处罚情况应当在经营许可证附件《年检和违法记录》中记录，向社会公布并通报工商行政管理机关。

**第四十条**　电信管理机构对经营许可证实行年检等监督检查，不得妨碍电信业务经营者正常的生产经营活动，不得收取任何费用。

电信管理机构对经营许可证实行年检等监督检查时，应当记录监督检查的情况和处理结果，由监督检查人员签字后归档。公众有权查阅监督检查记录。

电信业务经营者应当按照国家规定的服务标准、资费政策和电信管理机构的规定，向用户提供安全、方便、稳定的服务，并履行普遍服务的义务；未经发证机关批准，不得停业、歇业。电信业务经营者不履行上述义务的，电信管理机构应当责令限期改正，或者依法采取有效措施督促其履行义务。

## 第八章　罚则

**第四十一条**　隐瞒有关情况或者提供虚假材料申请电信业务经营许可的，电信管理机构不予受理或者不予行政许可，并给予警告，申请人在一年内不得再次申请该行政许可。

以欺骗、贿赂等不正当手段取得电信业务经营许可的，电信管理机构撤销该行政许可，给予警告，并视情节轻重处5000元以上3万元以下的罚款，申请人在3年内不得再次申请该行政许可；构成犯罪的，依法追究刑事责任。

**第四十二条**　违反本办法第十六条、第三十一条规定的，依照《中华人民共和国电信条例》第七十条规定予以处罚。

**第四十三条**　违反本办办法第二十二条规定的，依照《中华人民共和国电信条例》第六十九条规定予以处罚。

**第四十四条**　违反本法第二十四条规定的，依照《中华人民共和国电信条例》第七十二条规定予以处罚。

**第四十五条**　违反本办法第四条第二款、第十八条、第十九条、第二十条第三款和第四款、第二十一条、第二十三条、第二十五条、第二十六条、第二十七条、第三十条、第三十二条、第三十四条和第三十七条规定的，由电信管理机构责令改正，给予警告，并处5000元以上3万元以下的罚款。

**第四十六条**　当事人对电信管理机构作出的行政许可和行政处罚决定不服的，可以依法申请行政复议或者提起行政诉讼。

当事人逾期不申请行政复议也不提起行政诉讼，又不履行行政处罚决定的，由作出行政处罚决定的电信管理机构申请人民法院强制执行。

**第四十七条**　电信管理机构的工作人员在经营许可证管理工作中，玩忽职守、滥用职权、徇私舞弊，构成犯罪的，移交司法机关依法追究刑事责任；尚不构成犯罪的，由所在单位或者上级主管部门给予行政处分。

## 第九章　附则

**第四十八条**　经营许可证由工业和信息化部统一印制。

**第四十九条**　本办法自 2009 年 4 月 10 日起施行。2001 年 12 月 26 日公布的《电信业务经营许可证管理办法》（信息产业部令第 19 号）同时废止。

# 电信服务质量监督管理暂行办法

信息产业部令第6号

（经2001年1月5日第5次部务会议审议通过，自发布之日起施行）

**第一条** 为了促进我国电信事业健康、有序、快速地发展，维护电信用户的合法权益，加强对电信业务经营者服务质量的监督管理，根据《中华人民共和国电信条例》及有关法律、行政法规的规定，制定本办法。

**第二条** 本办法适用于中华人民共和国境内所有获得经营许可的电信业务经营者。

**第三条** 信息产业部根据国家有关法律、行政法规对电信业务经营者提供的电信服务质量进行监督管理。

省、自治区、直辖市通信管理局负责对电信业务经营者在本行政区域提供的电信服务质量进行监督管理（信息产业部，省、自治区、直辖市通信管理局以下统称电信管理机构）。

**第四条** 电信服务质量监督管理工作遵循公平、公正、公开的原则，实行政府监管、企业自律、社会监督相结合的机制。

**第五条** 电信服务质量监督管理的任务是对电信业务经营者提供的电信服务质量实施管理和监督检查；监督电信服务标准的执行情况；依法对侵犯用户合法利益的行为进行处罚；总结和推广先进、科学的电信服务质量管理经验。

**第六条** 电信管理机构服务质量监督的职责是：

（一）制定颁布电信服务质量有关标准、管理办法并监督实施；

（二）组织用户对电信服务质量进行评价，实时掌握服务动态；

（三）纠正和查处电信服务中的质量问题，并对处理决定的执行情况进行监督，实施对违规电信业务经营者的处罚，对重大的质量事故进行调查、了解，并向社会公布重大服务质量事件的处理过程和结果；

（四）表彰和鼓励电信服务工作中用户满意的先进典型；

（五）对电信业务经营者执行资费政策标准情况、格式条款内容进行监督；

（六）负责组织对有关服务质量事件的调查和争议的调解。

**第七条** 电信管理机构工作人员在监督检查服务质量和处理用户申诉案件时，可以行使下列职权：

（一）询问被检查的单位及相关人员，并要求提供相关材料；

（二）有权进入被检查的工作场所，查询、复印有关单据、文件、记录和其他资料，暂时封存有关原始记录。

电信管理机构工作人员实施监督检查过程中，应出示有效证件，并由两名或两名以上工作人员共同进行。

**第八条** 电信管理机构不定期组织对电信业务经营者的服务质量进行抽查，并向社会公布有关抽查结果。

**第九条** 电信管理机构将用户满意度指数作为对电信业务经营者服务质量评价的核心指标，组织进行电信服务质量的用户满意度评价活动。鼓励电信业务经营者建立科学的用户满意度评价体系。

**第十条** 电信管理机构定期向社会公布电信服务质量状况和用户满意度指数。

**第十一条** 电信管理机构可以依靠全国电信用户委员会以及社会舆论等，沟通与广大用户的联系，听取用户的意见与建议，充分发挥用户的监督作用。

电信用户申诉受理中心应当定期通报受理用户申诉和统计分析情况。

**第十二条** 电信用户有对电信业务经营者的服务质量及保护用户权益工作进行监督的权利，有权向电信业务经营者及电信管理机构提出改善电信服务的意见和建议，有权检举、控告损害用户权益的行为及有关工作人员在监督检查工作中的违法失职行为。

**第十三条** 电信管理机构有权要求并督促电信业务经营者采取有效措施，保证所提供的服务质量得以持续改进。

**第十四条** 电信业务经营者应当按规定向电信用户申诉受理中心交纳服务质量保证金。

**第十五条** 电信业务经营者制定和使用格式条款应当报电信管理机构备案。格式条款应当符合国家有关法律、行政法规的规定，全面、准确地界定经营者与用户间的权利和义务，并采取合理的方式提请用户注意免除或限制电信业务经营者责任的条款，按照对方的要求，对该条款予以说明。根据业务发展情况，应及时规范和调整格式条款的有关内容。

**第十六条** 电信业务经营者应对外公布投诉电话，配备受理用户投诉的人员；对用户投诉应在规定的时限内予以答复，不得互相推诿；对电信管理机构督办的事宜，应在规定的时限内将处理结果或处理过程向其报告；对用户提出的改善电信服务的意见和建议要认真研究，主动沟通。

**第十七条** 用户要求查询通信费用时，在计费原始数据保存期限内，电信业务经营者应提供查询方便，做好解释工作。在与用户发生争议、尚未解决的情况下，电信业务经营者应负责保存相关原始资料。

计费原始数据保存期限为 5 个月。

**第十八条** 电信业务经营者应定期对照电信服务标准进行自查。跨省经营的电信业务经营者将自查情况每半年向信息产业部报告，其分支经营单位及取得省内经营电信业务许可证的经营者将自查情况每半年向本省（自治区、直辖市）通信管理局报告。

对《电信服务标准（试行）》中规定的重大通信障碍阻断，电信业务经营者应立即向电信管理机构报告。

**第十九条** 代办电信业务单位（或个人）的服务质量，由委托的电信业务经营者负责，并负责管理和监督检查。

**第二十条** 电信业务经营者必须配合电信管理机构的检查或调查工作，如实提供有关资料和情况，不得干扰检查或调查活动。

**第二十一条** 对电信业务经营者违反电信服务标准，并损害用户合法权益的行为，由电信管理机构发出限期整改书；对逾期不改者，视情节轻重给予警告或者处以 500 元以上、10000 元以下罚款。

**第二十二条** 电信业务经营者妨碍电信管理机构进行监督检查和调查工作或提供虚假资料的，责令改正并予以警告，逾期不改的，处以 10000 元以下罚款。

**第二十三条** 电信业务经营者不能按期、如实向电信管理机构报告服务质量自查情况的，给予警告。

**第二十四条**　电信业务经营者对行政处罚决定不服的，可以向其上一级机关申请复议，对复议决定不服的，可以向人民法院提起诉讼，也可以直接向人民法院提起诉讼。

**第二十五条**　电信管理机构工作人员对调查所得资料中涉及当事人隐私、商业秘密等事项有保密义务。

**第二十六条**　电信管理机构工作人员滥用职权、玩忽职守或包庇电信业务经营者侵害用户合法权益的，由其所在部门或上级机关给予行政处分；情节严重构成犯罪的，依法追究刑事责任。

**第二十七条**　本办法自发布之日起施行。

# 电信网间互联争议处理办法

信息产业部令第15号

（经2001年11月8日第8次部务会议审议通过，自2002年1月1日起施行）

**第一条** 为了妥善处理电信网间互联争议，保障电信网各方的合法权益，提高电信网的综合效益，根据《中华人民共和国电信条例》，制定本办法。

**第二条** 本办法适用于中华人民共和国境内的基础电信业务经营者之间及其与专用电信网单位（以下简称“专用网单位”）之间发生的下列电信网间的互联争议：

（一）因互联技术方案而产生的争议；

（二）因与互联有关的网络功能及通信设施的提供而产生的争议；

（三）因互联时限而产生的争议；

（四）因电信业务的提供而产生的争议；

（五）因网间通信质量而产生的争议；

（六）因与互联有关的费用而产生的争议；

（七）信息产业部规定应当依照本办法处理的其他电信网间互联争议。

**第三条** 信息产业部负责全国电信网间互联争议处理协调、指导和监督。信息产业部电信管理局具体负责对经营全国性基础电信业务公司总部之间及其与跨省、自治区、直辖市专用网单位之间的互联争议的处理。

省、自治区、直辖市通信管理局负责对全国性基础电信业务公司总部以下的经营机构之间及其与专用电信网单位之间的互联争议的处理。

**第四条** 基础电信业务经营者和专用网单位是电信网间互联争议的当事人。

**第五条** 处理电信网间互联争议应当遵循下列原则：

（一）着重协调，及时处理；

（二）以事实为基础，以法律、行政法规和部门规章为依据；

（三）当事人在适用法律、行政法规和部门规章上一律平等。

**第六条** 发生电信网间互联争议，争议双方当事人应当协商解决；协商不成的，可以向信息产业部或者省、自治区、直辖市通信管理局（以下简称“电信主管部门”）申请协调；协调不成的，由电信主管部门作出行政决定；对行政决定不服的，可以依法申请行政复议或者提起行政诉讼。

**第七条** 基础电信业务经营者之间及其与专用网单位之间发生互联争议，经双方当事人协商解决不成的，其中任何一方均可以向电信主管部门提出互联争议协调申请。

互联争议协调申请应当以书面形式提出（电信网间互联争议协调申请书格式附后）[①]。

**第八条** 电信主管部门收到互联争议协调申请书后，对协调申请书的内容进行初步审查。经审查发现申请协调的争议不符合本办法第二条规定的范围或者不属于本办法第三条规定的管辖范围

---

① 由于篇幅所限，本书未摘录，请自行查阅。

的，应当在 5 个工作日内书面答复不予受理或告知由相关机构处理。经审查符合本办法规定要求的，电信主管部门应当在 7 日内正式开始进行协调。

**第九条** 电信主管部门的协调工作按下列程序进行：

（一）听取争议双方的陈述，确定主要分歧，开展必要的调查研究，提出初步协调意见。如争议双方接受初步协调意见，则结束协调工作。

（二）如争议一方或双方均不接受初步协调意见的，在征求争议双方的相关主管部门意见或有关专家意见后，提出最后协调意见，结束协调工作。

协调阶段应当自开始协调之日起 45 日内结束。

**第十条** 电信主管部门在协调的每个阶段，均应当出具《电信网间互联争议协调意见书》（格式附后）[①] 正本一式三份，副本若干份。正本由争议双方各执一份，电信主管部门存档一份。

省、自治区、直辖市通信管理局出具的《电信网间互联争议协调意见书》副本应当报信息产业部备案。

**第十一条** 协调不能使争议双方达成协议的，电信主管部门应当根据不同类型的互联争议，随机邀请电信技术、经济、法律方面的专家进行公开论证。电信主管部门至少应当在论证前 7 日向应邀专家通报论证事项和有关情况。

**第十二条** 论证会由下列人员参加：

（一）电信主管部门的代表；

（二）电信技术、经济、法律方面的专家；

（三）争议双方当事人。

必要时，可以邀请新闻单位参加。

论证会由电信主管部门主持。

**第十三条** 处理互联争议邀请的专家由电信技术、经济、法律方面的专家组成。

每次论证会邀请的电信技术、经济、法律专家不少于 5 人。

**第十四条** 论证会应当遵循下列程序进行：

（一）争议双方的陈述；

（二）电信主管部门对争议协调的意见；

（三）专家发表论证意见或建议，并提出网间互联争议解决方案。

在论证期间，对需要进一步由有关方面说明的情况或需要现场调查的项目，由电信主管部门组织调查研究，并请专家再次论证和提出网间互联争议解决方案。

**第十五条** 电信主管部门应当根据所邀专家的公开论证结论和提出的网间互联争议解决方案，在 45 日内作出行政决定。

电信主管部门作出行政决定应当充分尊重专家的论证意见和建议。对未予采纳的建议和意见，应当向专家作出说明，但涉及国家机密的除外。

行政决定一般应由电信主管部门领导集体讨论决定，由主要负责人签署。

行政决定作出后，应当向信息产业部行政复议机构备案。

电信主管部门对作出的行政决定应当以适当方式向社会公布。

**第十六条** 互联双方在电信主管部门作出行政决定前，可以自行达成互联协议，并报电信主管部门备案。

**第十七条** 行政决定作出后，争议双方应当在决定规定的时限内自觉履行。

**第十八条** 争议一方或双方对行政决定不服，可以依法申请行政复议或者提起行政诉讼。行政

① 由于篇幅所限，本书未摘录，请自行查阅。

复议或行政诉讼期间，行政决定不停止执行。

**第十九条** 违反本办法规定，拒不执行电信主管部门依法作出的互联争议解决行政决定的，由电信主管部门依据《中华人民共和国电信条例》第七十三条的规定予以处罚。

**第二十条** 处理互联争议的电信主管部门工作人员在互联争议处理活动中，徇私舞弊、收受贿赂、滥用职权、泄露秘密，构成犯罪的，依法追究刑事责任；尚未构成犯罪的，依法给予行政处分。

**第二十一条** 本办法自 2002 年 1 月 1 日起施行。

# 通信工程质量监督管理规定

信息产业部令第18号

（经2001年7月11日第7次部务会议审议通过，自2002年1月1日起施行）

## 第一章　总则

**第一条**　为了加强对通信工程质量的监督管理，确保通信工程质量，根据国务院《建设工程质量管理条例》，结合通信工程的特点，制定本规定。

**第二条**　在中华人民共和国境内实施通信工程质量监督管理适用本规定。

**第三条**　信息产业部负责全国通信工程质量监督管理工作，省、自治区、直辖市通信管理局负责本行政区域内通信工程质量监督管理工作。

信息产业部或者省、自治区、直辖市通信管理局可以委托经信息产业部考核认定的通信工程质量监督机构，依法对通信工程质量进行监督。

**第四条**　通信工程建设、勘察设计、施工、系统集成、用户管线建设、监理等单位，必须遵守通信建设市场管理有关规定，依法对通信工程质量负责，依照本规定接受质量监督。

**第五条**　任何单位和个人有权对通信工程的质量事故、质量缺陷检举、控告和投诉。

## 第二章　质量监督内容及机构职责

**第六条**　通信工程质量监督工作的主要内容是对参与通信工程建设各方主体的质量行为以及工程执行强制性标准的情况进行监督。具体内容包括：

（一）对建设单位相关质量行为进行监督；

（二）对勘察设计、施工、系统集成、用户管线建设、监理等单位的相关质量行为进行监督；

（三）对各参建单位和人员的资质和资格进行监督；

（四）对参建单位执行通信工程建设强制性标准的情况进行监督；

（五）受理单位或个人有关通信工程质量的检举、控告和投诉。

**第七条**　通信工程质量监督工作应依据国家和信息产业部发布的有关法律、法规及通信工程建设强制性标准进行。

**第八条**　通信工程质量监督机构受信息产业部委托，负责全国通信工程质量监督工作，其主要职责是：

（一）对省级通信工程质量监督机构进行业务指导；

（二）组织通信工程质量监督工程师和质量监督员的培训考核工作；

（三）对国家重点通信工程实施质量监督，对跨省的通信工程组织、协调相关省通信工程质量监督机构共同实施质量监督；

（四）根据信息产业部的委托，开展通信工程执法检查和通信工程质量检查，参与通信工程重大质量事故的调查和处理；

（五）收集、分析通信工程质量状况，总结通信工程质量监督工作经验，提出进一步搞好通信工程质量监督工作的建议。

**第九条** 省通信工程质量监督机构受省、自治区、直辖市通信管理局委托，负责本行政区内通信工程质量监督工作，并根据本行政区实际情况确定分支机构或派出人员。其主要职责是：

（一）负责本行政区通信工程质量监督工作及国家重点、跨省通信工程在本行政区内的具体监督工作；

（二）参与通信工程重大质量事故的调查和处理。

**第十条** 通信工程质量监督机构在履行质量监督职责时，有权采取下列措施：

（一）要求被监督工程的参建单位提供有关文件和资料；

（二）进入被监督工程的施工现场和有关场所进行检查、检测、拍照、录像；

（三）发现有影响工程质量的缺陷，可以责令改正；

（四）向有关单位和个人调查情况，并取得证明材料。

**第十一条** 通信工程质量监督机构、质量监督工程师及质量监督员资格应当按信息产业部的有关规定，经考核认定后方可实施通信工程质量监督。

**第十二条** 通信工程质量监督机构按国家有关规定收取质量监督费。

发生通信工程质量事故需要通信工程质量监督机构进行调查和处理时，所发生的费用由责任方承担。

**第十三条** 通信工程质量监督机构在履行质量监督职责时应遵循公平、公正、公开的原则。任何单位和个人都有权对通信工程质量监督机构和质量监督人员进行监督，有权对其违法、失职行为向其主管部门提出检举、控告、投诉。

## 第三章 质量监督工作程序

**第十四条** 建设单位应在工程开工前 7 日向通信工程质量监督机构办理质量监督申报手续。其中，国家重点通信工程、跨省通信工程应向部通信工程质量监督机构申报；省内通信工程应向所在省通信工程质量监督机构申报。

**第十五条** 建设单位办理质量监督申报手续，应填写《通信工程质量监督申报表》（见附表一），[①] 并提供以下资料：

（一）项目立项批准文件；

（二）施工图设计审查批准文件；

（三）工程勘察设计、施工、系统集成、用户管线建设、监理等单位的资质等级证书（复印件）；

（四）其他相关文件。

**第十六条** 通信工程质量监督机构受理申报后，应及时确定负责该项工程的质量监督人员，制定质量监督工作方案。质量监督工作方案应根据国家有关法律、法规和通信工程建设强制性标准，针对不同专业工程的特点，明确质量监督的具体内容和监督方式，做出实施监督的计划安排，并将《通信工程质量监督通知书》（见附表二）[②] 通知建设单位。

①② 附表未摘录，请自行查阅。

**第十七条**　通信工程质量监督机构应根据质量监督工作方案检查、抽查、监督通信工程建设各方主体的质量行为。内容包括：

（一）核查施工现场工程建设各方主体及有关人员的资质或资格；检查勘察设计、施工、系统集成、用户管线建设、监理等单位质量保证体系和质量责任制落实情况；检查建设工程从立项、勘察设计、设备采购、施工、验收全过程的质量行为和有关质量文件、技术资料是否齐全并符合规定。

（二）抽查涉及通信工程建设强制性标准内容的相关实体质量；对可能影响通信质量、设备安全、使用寿命的薄弱环节进行现场实际抽查。

（三）监督建设单位组织的工程竣工验收的组织形式、验收程序以及在验收过程中提供的有关资料和形成的质量评定文件是否符合有关规定，实体质量是否存有严重缺陷，工程质量是否符合通信工程验收标准。

**第十八条**　通信工程质量监督机构在质量监督过程中发现问题应填写《通信工程质量监督检查记录表》（见附表三），① 并以书面形式通知建设单位及有关责任单位，责令其改正。

**第十九条**　建设单位应在工程竣工验收合格后 15 日内到信息产业部或者省、自治区、直辖市通信管理局或者受其委托的通信工程质量监督机构办理竣工验收备案手续，并提交《通信工程竣工验收备案表》（见附表四），② 以及工程验收证书。

**第二十条**　通信工程质量监督机构应在工程竣工验收合格后 15 日内向委托部门报送《通信工程质量监督报告》（见附表五），③ 并同时抄送建设单位。报告中应包括工程竣工验收和质量是否符合有关规定、历次抽查该工程发现的质量问题和处理情况、对该工程质量监督的结论意见以及该工程是否具备备案条件等内容。

**第二十一条**　信息产业部及省、自治区、直辖市通信管理局或受其委托的通信工程质量监督机构应依据通信工程质量监督报告，对报备材料进行审查，如发现建设单位在竣工验收过程中有违反国家建设工程质量管理规定行为的，应在收到备案材料 15 日内书面通知建设单位，责令停止使用，由建设单位组织整改后重新组织验收和办理备案手续。

**第二十二条**　未办理质量监督申报手续或竣工验收备案手续的通信工程，不得投入使用。

**第二十三条**　通信工程质量事故发生后，建设单位必须在 24 小时以内以最快的方式，将事故的简要情况向信息产业部或省、自治区、直辖市通信管理局及相应的通信工程质量监督机构报告。

## 第四章　罚则

**第二十四条**　通信工程的建设单位有下列行为之一的，信息产业部或省、自治区、直辖市通信管理局或受其委托的通信工程质量监督机构应责令其改正，并依据《建设工程质量管理条例》第五十六条的规定予以处罚：

（一）未按照本规定办理工程质量监督手续的；

（二）明示或者暗示设计单位或者施工单位违反工程建设强制性标准，降低工程质量的；

（三）建设项目必须实行工程监理而未实行工程监理的；

（四）未按照本规定办理竣工验收备案手续的。

**第二十五条**　建设单位选择未经信息产业部或省、自治区、直辖市通信管理局审查同意或不具有相应资质等级的勘察设计、施工、系统集成、用户管线建设、监理等单位承担通信建设项目的，信息产业部或省、自治区、直辖市通信管理局或受其委托的通信工程质量监督机构应责令其改正，

---

①②③ 附表未摘录，请自行查阅。

并依据《建设工程质量管理条例》第五十四条的规定予以处罚。

**第二十六条** 通信工程的建设单位有下列行为之一的，信息产业部或者省、自治区、直辖市通信管理局或者受其委托的通信工程质量监督机构应责令其改正，并依据《建设工程质量管理条例》第五十八条的规定予以处罚：

（一）未组织竣工验收，擅自交付使用的；

（二）验收不合格，擅自交付使用的；

（三）对不合格的建设工程按照合格工程验收的。

**第二十七条** 勘察设计、施工、系统集成、用户管线建设、监理等单位超越本单位资质等级承揽通信工程或者允许其他单位或者个人以本单位名义承揽通信工程的，信息产业部或者省、自治区、直辖市通信管理局或者受其委托的通信工程质量监督机构应责令其停止违法行为，并依据《建设工程质量管理条例》第六十条、第六十一条的规定予以处罚。

**第二十八条** 通信工程承包单位将承包的工程转包或者违法分包的、监理单位转让工程监理业务的，信息产业部或者省、自治区、直辖市通信管理局或者受其委托的通信工程质量监督机构应责令其改正，并依据《建设工程质量管理条例》第六十二条的规定予以处罚。

**第二十九条** 勘察设计单位未按照通信工程建设强制性标准进行设计的，信息产业部或者省、自治区、直辖市通信管理局或者受其委托的通信工程质量监督机构应责令其改正，并依据《建设工程质量管理条例》第六十三条的规定予以处罚。

**第三十条** 施工单位在施工中偷工减料的，使用不合格材料和设备的，或者有不按照工程设计文件和通信工程建设强制性标准施工的其他行为的，信息产业部或者省、自治区、直辖市通信管理局或者受其委托的通信工程质量监督机构应责令其改正，并依据 《建设工程质量管理条例》第六十四条的规定予以处罚。

**第三十一条** 通信工程监理单位与建设或者施工单位串通，弄虚作假、降低工程质量的，或者将不合格的通信工程按照合格签字的，信息产业部或者省、自治区、直辖市通信管理局或者受其委托的通信工程质量监督机构应责令其改正，并依据《建设工程质量管理条例》第六十七条的规定予以处罚；颁发资质证书的部门应降低其资质等级或者吊销资质证书；造成损失的，监理单位应承担连带赔偿责任。

**第三十二条** 发生重大通信工程质量事故隐瞒不报、谎报或者拖延报告期限的，有关单位应当依据《建设工程质量管理条例》的规定，对直接负责的主管人员和其他责任人员依法给予行政处分。

**第三十三条** 通信工程建设、勘察设计、施工、系统集成、用户管线建设、监理等单位违反国家规定，降低工程质量标准，造成重大安全事故，构成犯罪的，由有关部门对直接责任人员依法追究刑事责任。

## 第五章 附则

**第三十四条** 抢险救灾通信工程，不适用本规定。

**第三十五条** 本规定自 2002 年 1 月 1 日起施行。

# 电信用户申诉处理暂行办法

信息产业部令第7号

（经2001年1月5日第5次部务会议审议通过，自发布之日起施行）

## 第一章　总则

**第一条**　为了保护电信用户的合法权益，规范用户申诉处理行为，根据《中华人民共和国电信条例》及其他有关法律、行政法规的规定，制定本办法。

**第二条**　本办法适用于处理用户在接受电信服务的过程中与电信业务经营者发生的争议。

**第三条**　本办法所称电信管理机构，是指信息产业部或省、自治区、直辖市通信管理局。

本办法所称申诉受理机构，是指全国电信用户申诉受理中心和省、自治区、直辖市电信用户申诉受理机构。

本办法所称申诉人，是指在使用电信业务、接受电信服务中，与电信业务经营者发生争议并向申诉受理机构提出申诉的电信用户。

本办法所称被申诉人，是指因与用户发生争议而被用户申告的电信业务经营者。

**第四条**　信息产业部对全国电信用户申诉处理工作进行监督指导。全国电信用户申诉受理中心受信息产业部委托，依据本办法开展全国电信用户申诉受理工作。

省、自治区、直辖市通信管理局可以根据本地实际情况设立电信用户申诉受理机构。电信用户申诉受理机构受省、自治区、直辖市通信管理局的委托并在其监督指导下，依据本办法开展本行政区电信用户申诉受理工作。

**第五条**　申诉处理以事实为依据，以法律为准绳，坚持公正、合理、合法的原则。

**第六条**　申诉受理机构对电信用户申诉案件实行调解制度，并可以出具调解意见书。

**第七条**　申诉受理机构每季度将受理用户申诉的统计报表上报同级电信管理机构。

## 第二章　受理

**第八条**　电信业务经营者应当认真受理用户的投诉，并在接到用户投诉之日起15个工作日内答复用户。用户对电信业务经营者的处理结果不满意或者电信业务经营者在接到投诉后15个工作日内未答复的，可以向申诉受理机构提出申诉。

**第九条**　申诉人应当向被申诉人所在省、自治区、直辖市的申诉受理机构提出申诉。被申诉人所在省、自治区、直辖市没有设立申诉受理机构的，申诉人可以向全国电信用户申诉受理中心提出申诉。

**第十条** 申诉受理机构对有下列情形之一的申诉案件不予受理：

（一）属于话费争议的申诉，申诉事项发生时距提起申诉时超过五个月的，其他申诉，申诉事项发生时距提起申诉时超过两年的；

（二）申诉人与被申诉人已经达成和解协议并执行的；

（三）申诉受理机构已经就申诉事项进行过调解并出具调解意见书的；

（四）人民法院、仲裁机构或者消费者组织已经受理或者处理的；

（五）国家法律、行政法规及部门规章另有规定的。

**第十一条** 用户申诉应当符合下列条件：

（一）申诉人是与申诉案件有直接利害关系的当事人；

（二）有明确的被申诉人；

（三）有具体的申诉请求和事实根据。

**第十二条** 申诉采用书面形式。申诉材料应当包括下列内容：

（一）申诉人姓名或名称、地址、电话号码、邮政编码；

（二）被申诉人名称、地址；

（三）申诉要求、理由、事实根据；

（四）申诉日期。

**第十三条** 申诉受理机构在接到用户申诉时，应当询问用户是否就申诉事项向电信业务经营者提出过投诉，电信业务经营者是否给予处理或答复。对于未经电信业务经营者处理的用户申诉，申诉受理机构应当告知用户先向电信业务经营者投诉。对于咨询有关电信政策的用户申诉，申诉受理机构应当向用户作出解答。

**第十四条** 申诉受理机构应当于收到申诉之日，作出受理或者不予受理的决定，并通知申诉人。对于不予受理的申诉，应当告知不予受理的理由。

## 第三章 办理

**第十五条** 对于决定受理的用户申诉，申诉受理机构应当在受理用户申诉后2个工作日内将用户申诉内容和转办通知书发送被申诉人。

转办通知书应当载明申诉受理机构名称及联系方式、申诉人名称及联系方式、申诉人的申诉请求摘要、申诉受理机构对申诉处理的要求等。

**第十六条** 对申诉受理机构要求回复处理意见的，被申诉人收到转办通知书后，应当在10个工作日内将申诉事项的事实情况和处理结果或者处理意见以及申诉人对处理结果的意见（满意程度）反馈给申诉受理机构。

**第十七条** 申诉受理机构应当在收到申诉30个工作日内向申诉人作出答复，将申诉处理情况告知申诉人。

对于被申诉人与申诉人协商和解的申诉，申诉受理机构可以作结案处理。

对于被申诉人与申诉人未能协商和解的申诉，申诉受理机构可以进行调解。

**第十八条** 对于被申诉人侵犯申诉人合法权益的申诉，必要时申诉受理机构应当将申诉案件转呈同级电信管理机构依照相关法律、行政法规和部门规章对被申诉人进行行政处罚。

## 第四章 调解

**第十九条** 对于属于民事争议的下列情形，申诉受理机构可以组织双方当事人进行调解：

（一）申诉人与被申诉人已经就申诉事项进行过协商，但未能和解的；

（二）申诉人、被申诉人同意由申诉受理机构进行调解的；

（三）信息产业部规定的其他情形。

**第二十条** 申诉受理机构就所争议的事项对双方当事人进行调解，达成协议的，可以制作调解书，视为结案；仍达不成调解协议的，应争议任何一方的要求，申诉受理机构可以出具调解意见书，视为结案。

**第二十一条** 申诉受理机构调解无效的，争议双方可以依照国家有关法律规定就申诉事项向仲裁机构申请仲裁或者向人民法院提起诉讼。

## 第五章 调查

**第二十二条** 申诉受理机构可以通过电话、传真、书信以及实地调查等方式向申诉人和被申诉人了解有关情况，要求提供有关证据；申诉受理机构可以根据有关法律、行政法规和部门规章的规定，收集证据或者召集有关当事人进行调查。

**第二十三条** 申诉受理机构的调查人员有权行使下列权利：

（一）询问当事人和有关人员；

（二）要求有关单位和个人提供书面材料和证明；

（三）要求当事人提供有关技术材料；

（四）查阅、复制有关文件等。

**第二十四条** 调查应当由两名工作人员共同进行，调查时应当出示有效证件和有关证明，并应当制作调查笔录。调查人员对涉及当事人隐私、商业秘密等事项负有保密义务。

**第二十五条** 被调查人员必须如实回答调查人员的询问，提供相关证据。

**第二十六条** 申诉受理机构认为需要对有关设备、系统进行检测或者鉴定的，经同级电信管理机构批准后，交由指定检测或者鉴定机构进行检测、鉴定。被申诉的电信业务经营者应当予以配合。

## 第六章 附则

**第二十七条** 申诉受理机构按照用户申诉的工作量从电信业务经营者交纳的服务质量保证金中扣除一定的处理费。

**第二十八条** 申诉受理机构每季度将受理用户申诉的统计报表向电信业务经营者进行通报。

**第二十九条** 对于电信用户与公用电话等代办点的争议，电信用户可以向委托代办的电信业务经营者投诉；对于电信用户与宾馆、饭店等电信业务代办点的争议，电信用户可以直接向申诉受理机构提出申诉。

**第三十条** 本办法自发布之日起施行。

# 电子信息产品污染控制管理办法

信息产业部、国家发展和改革委员会、商务部、海关总署、国家工商行政管理总局、国家质量监督检验检疫总局、国家环境保护总局令第39号

（自2007年3月1日起施行）

## 第一章 总则

**第一条** 为控制和减少电子信息产品废弃后对环境造成的污染，促进生产和销售低污染电子信息产品，保护环境和人体健康，根据《中华人民共和国清洁生产促进法》、《中华人民共和国固体废物污染环境防治法》等法律、行政法规，制定本办法。

**第二条** 在中华人民共和国境内生产、销售和进口电子信息产品过程中控制和减少电子信息产品对环境造成污染及产生其他公害，适用本办法。但是，出口产品的生产除外。

**第三条** 本办法下列术语的含义是：

（一）电子信息产品，是指采用电子信息技术制造的电子雷达产品、电子通信产品、广播电视产品、计算机产品、家用电子产品、电子测量仪器产品、电子专用产品、电子元器件产品、电子应用产品、电子材料产品等产品及其配件。

（二）电子信息产品污染，是指电子信息产品中含有有毒、有害物质或元素，或者电子信息产品中含有的有毒、有害物质或元素超过国家标准或行业标准，对环境、资源以及人类身体生命健康以及财产安全造成破坏、损害、浪费或其他不良影响。

（三）电子信息产品污染控制，是指为减少或消除电子信息产品中含有的有毒、有害物质或元素而采取的下列措施：

1. 设计、生产过程中，改变研究设计方案、调整工艺流程、更换使用材料、革新制造方式等技术措施；

2. 设计、生产、销售以及进口过程中，标注有毒、有害物质或元素名称及其含量，标注电子信息产品环保使用期限等措施；

3. 销售过程中，严格进货渠道，拒绝销售不符合电子信息产品有毒、有害物质或元素控制国家标准或行业标准的电子信息产品等；

4. 禁止进口不符合电子信息产品有毒、有害物质或元素控制国家标准或行业标准的电子信息产品；

5. 本办法规定的其他污染控制措施。

（四）有毒、有害物质或元素，是指电子信息产品中含有的下列物质或元素：

1. 铅；

2. 汞；

3. 镉；

4. 六价铬；

5. 多溴联苯（PBB）；

6. 多溴二苯醚（PBDE）；

7. 国家规定的其他有毒、有害物质或元素。

（五）电子信息产品环保使用期限，是指电子信息产品中含有的有毒、有害物质或元素不会发生外泄或突变，电子信息产品用户使用该电子信息产品不会对环境造成严重污染或对其人身、财产造成严重损害的期限。

**第四条** 中华人民共和国信息产业部（以下简称“信息产业部”）、中华人民共和国国家发展和改革委员会（以下简称“发展改革委”）、中华人民共和国商务部（以下简称“商务部”）、中华人民共和国海关总署（以下简称“海关总署”）、国家工商行政管理总局（以下简称“工商总局”）、国家质量监督检验检疫总局（以下简称“质检总局”）、国家环境保护总局（以下简称“环保总局”），在各自的职责范围内对电子信息产品的污染控制进行管理和监督。必要时上述有关主管部门建立工作协调机制，解决电子信息产品污染控制工作重大事项及问题。

**第五条** 信息产业部商国务院有关主管部门制定有利于电子信息产品污染控制的措施。

信息产业部和国务院有关主管部门在各自的职责范围内推广电子信息产品污染控制和资源综合利用等技术，鼓励、支持电子信息产品污染控制的科学研究、技术开发和国际合作，落实电子信息产品污染控制的有关规定。

**第六条** 信息产业部对积极开发、研制新型环保电子信息产品的组织和个人，可以给予一定的支持。

**第七条** 省、自治区、直辖市信息产业，发展改革，商务，海关，工商，质检，环保等主管部门在各自的职责范围内，对电子信息产品的生产、销售、进口的污染控制实施监督管理。必要时上述有关部门建立地区电子信息产品污染控制工作协调机制，统一协调，分工负责。

**第八条** 省、自治区、直辖市信息产业主管部门对在电子信息产品污染控制工作以及相关活动中做出显著成绩的组织和个人，可以给予表彰和奖励。

## 第二章 电子信息产品污染控制

**第九条** 电子信息产品设计者在设计电子信息产品时，应当符合电子信息产品有毒、有害物质或元素控制国家标准或行业标准，在满足工艺要求的前提下，采用无毒、无害或低毒、低害、易于降解、便于回收利用的方案。

**第十条** 电子信息产品生产者在生产或制造电子信息产品时，应当符合电子信息产品有毒、有害物质或元素控制国家标准或行业标准，采用资源利用率高、易回收处理、有利于环保的材料、技术和工艺。

**第十一条** 电子信息产品的环保使用期限由电子信息产品的生产者或进口者自行确定。电子信息产品生产者或进口者应当在其生产或进口的电子信息产品上标注环保使用期限，由于产品体积或功能的限制不能在产品上标注的，应当在产品说明书中注明。

前款规定的标注样式和方式由信息产业部商国务院有关主管部门统一规定，标注的样式和方式应当符合电子信息产品有毒、有害物质或元素控制国家标准或行业标准。

相关行业组织可根据技术发展水平，制定相关电子信息产品环保使用期限的指导意见。

**第十二条** 信息产业部鼓励相关行业组织将制定的电子信息产品环保使用期限的指导意见报送

信息产业部。

**第十三条**　电子信息产品生产者、进口者应当对其投放市场的电子信息产品中含有的有毒、有害物质或元素进行标注，标明有毒、有害物质或元素的名称、含量、所在部件及其可否回收利用等；由于产品体积或功能的限制不能在产品上标注的，应当在产品说明书中注明。

前款规定的标注样式和方式由信息产业部商国务院有关主管部门统一规定，标注的样式和方式应当符合电子信息产品有毒、有害物质或元素控制国家标准或行业标准。

**第十四条**　电子信息产品生产者、进口者制作并使用电子信息产品包装物时，应当依据电子信息产品有毒、有害物质或元素控制国家标准或行业标准，采用无毒、无害、易降解和便于回收利用的材料。

电子信息产品生产者、进口者应当在其生产或进口的电子信息产品包装物上，标注包装物材料名称；由于体积和外表面的限制不能标注的，应当在产品说明书中注明。

前款规定的标注样式和方式由信息产业部商国务院有关主管部门统一规定，标注的样式和方式应当符合电子信息产品有毒、有害物质或元素控制国家标准或行业标准。

**第十五条**　电子信息产品销售者应当严格进货渠道，不得销售不符合电子信息产品有毒、有害物质或元素控制国家标准或行业标准的电子信息产品。

**第十六条**　进口的电子信息产品，应当符合电子信息产品有毒、有害物质或元素控制国家标准或行业标准。

**第十七条**　信息产业部商环保总局制定电子信息产品有毒、有害物质或元素控制行业标准。

信息产业部商国家标准化管理委员会起草电子信息产品有毒、有害物质或元素控制国家标准。

**第十八条**　信息产业部商发展改革委、商务部、海关总署、工商总局、质检总局、环保总局编制、调整电子信息产品污染控制重点管理目录。

电子信息产品污染控制重点管理目录由电子信息产品类目、限制使用的有毒、有害物质或元素种类及其限制使用期限组成，并根据实际情况和科学技术发展水平的要求进行逐年调整。

**第十九条**　国家认证认可监督管理委员会依法对纳入电子信息产品污染控制重点管理目录的电子信息产品实施强制性产品认证管理。

出入境检验检疫机构依法对进口的电子信息产品实施口岸验证和到货检验。海关凭出入境检验检疫机构签发的《入境货物通关单》办理验放手续。

**第二十条**　纳入电子信息产品污染控制重点管理目录的电子信息产品，除应当符合本办法有关电子信息产品污染控制的规定以外，还应当符合电子信息产品污染控制重点管理目录中规定的重点污染控制要求。

未列入电子信息产品污染控制重点管理目录中的电子信息产品，应当符合本办法有关电子信息产品污染控制的其他规定。

**第二十一条**　信息产业部商发展改革委、商务部、海关总署、工商总局、质检总局、环保总局，根据产业发展的实际状况，发布被列入电子信息产品污染控制重点管理目录的电子信息产品中不得含有有毒、有害物质或元素的实施期限。

## 第三章　罚则

**第二十二条**　违反本办法，有下列情形之一的，由海关、工商、质检、环保等部门在各自的职责范围内依法予以处罚：

（一）电子信息产品生产者违反本办法第十条的规定，所采用的材料、技术和工艺不符合电子信息产品有毒、有害物质或元素控制国家标准或行业标准的；

（二）电子信息产品生产者和进口者违反本办法第十四条第一款的规定，制作或使用的电子信息产品包装物不符合电子信息产品有毒、有害物质或元素控制国家标准或行业标准的；

（三）电子信息产品销售者违反本办法第十五条的规定，销售不符合电子信息产品有毒、有害物质或元素控制国家标准或行业标准的电子信息产品的；

（四）电子信息产品进口者违反本办法第十六条的规定，进口的电子信息产品不符合电子信息产品有毒、有害物质或元素控制国家标准或行业标准的；

（五）电子信息产品生产者、销售者以及进口者违反本办法第二十一条的规定，自列入电子信息产品污染控制重点管理目录的电子信息产品不得含有有毒、有害物质或元素的实施期限之日起，生产、销售或进口有毒、有害物质或元素含量值超过电子信息产品有毒、有害物质或元素控制国家标准或行业标准的电子信息产品的；

（六）电子信息产品进口者违反本办法进口管理规定进口电子信息产品的。

**第二十三条**　违反本办法的规定，有下列情形之一的，由工商、质检、环保等部门在各自的职责范围内依法予以处罚：

（一）电子信息产品生产者或进口者违反本办法第十一条的规定，未以明示的方式标注电子信息产品环保使用期限的；

（二）电子信息产品生产者或进口者违反本办法第十三条的规定，未以明示的方式标注电子信息产品有毒、有害物质或元素的名称、含量、所在部件及其可否回收利用的；

（三）电子信息产品生产者或进口者违反本办法第十四条第二款的规定，未以明示的方式标注电子信息产品包装物材料成分的。

**第二十四条**　政府工作人员滥用职权，徇私舞弊，纵容、包庇违反本办法规定的行为的，或者帮助违反本办法规定的当事人逃避查处的，依法给予行政处分。

## 第四章　附则

**第二十五条**　任何组织和个人可以向信息产业部或者省、自治区、直辖市信息产业主管部门对造成电子信息产品污染的设计者、生产者、进口者以及销售者进行举报。

**第二十六条**　本办法由信息产业部商发展改革委、商务部、海关总署、工商总局、质检总局、环保总局解释。

**第二十七条**　本办法自 2007 年 3 月 1 日起施行。

# 互联网骨干网网间通信质量监督管理暂行办法

信息产业部　信部电［2008］113 号

（2008 年 3 月 15 日实施）

## 第一章　总则

**第一条**　为加强互联网骨干网网间通信质量监督管理，规范网间通信障碍处理，保障互联网骨干网网间通信畅通，根据《中华人民共和国电信条例》和《公用电信网间互联管理规定》制定本办法。

**第二条**　本办法适用于互联网骨干网通过互联单位签署协议实现直联以及通过信息产业部批准的互联网交换中心（以下简称交换中心）转接的网间通信质量监督管理。

**第三条**　信息产业部负责全国范围内的互联网骨干网网间通信质量监督管理。

省、自治区、直辖市通信管理局负责本行政区域内除大区直联链路扩容和交换中心接入链路扩容之外的网间通信质量监督管理。

**第四条**　互联网骨干网网间通信质量应符合信息产业部颁布的相关技术标准的规定。对互联网骨干网网间通信质量的测试应按照信息产业部规定的方法及本办法的要求进行。

**第五条**　信息产业部和省、自治区、直辖市通信管理局（以下统称电信监管部门）按照 A 类障碍和 B 类障碍的网间通信障碍分类对网间通信质量予以监督管理：

（一）A 类障碍：

1. 互联双方互联设备间数据包双向转发时延、双向转发丢失率（即附件 5[①] 中 PB 或 PE 区段的双向转发时延、双向转发丢失率，下同）连续三日忙时平均值均达到《网间通信障碍时延与丢包率对应表》（附件 4,[②] 下同）中的相应数值。

2. 在互联双方指定节点间的测试（测试次数不少于 2 次）中，跨网数据包在进入对方网络至离开对方网络，产生的转发时延平均超过 35ms，或产生的转发丢失率平均超过 0.5%；且与对方网内非跨网数据包从互联节点至目的测试点的双向转发时延、双向转发丢失率（即附件 5[③] 中 PC 或 PD 区段的双向转发时延、双向转发丢失率，下同）相比，时延或转发丢失率超过对方网内同类指标的 25%以上。

从互联一方网内指定节点向互联对方网内指定节点发起数据包跨网转发测试的频次不小于 2 次/小时，每次发送测试数据包不小于 1000 个。

数据包在对方网内产生转发时延、转发丢失率的具体计算方法见《跨网通信中对方网内障碍指标计算方法》（附件 5[④]，下同）。

---

①②③④ 附件未摘录，请自行查阅。

3. 由于互联另一方的原因，互联一方的某一 IP 地址段的用户无法正常访问某一访问点或无法正常使用某一业务。

4. 信息产业部规定的其他网间通信障碍。

本办法所称 A 类障碍是指符合上述条件之一且不属于 B 类障碍的情况。

（二）B 类障碍：

1. 互联双方互联设备间数据包双向转发时延、双向转发丢失率连续三日忙时平均值均达到《网间通信障碍时延与丢包率对应表》中的相应数值。

2. 在互联双方指定节点间的测试（测试次数不少于 2 次）中，跨网数据包在进入对方网络至离开对方网络，产生的转发时延平均超过 50ms，或产生的转发丢失率平均超过 2%；且与对方网内非跨网数据包从互联节点至目的测试点的双向转发时延、双向转发丢失率相比，时延或转发丢失率超过对方网内同类指标的 100%以上。

从互联一方网内指定节点向互联对方网内指定节点发起数据包跨网转发测试的频次不小于 2 次/小时，每次发送测试数据包不小于 1000 个。

数据包在对方网内产生转发时延、转发丢失率的计算方法见《跨网通信中对方网内障碍指标计算方法》。

3. 由于互联另一方的原因，互联一方的某一 IP 地址段的用户无法访问某一访问点或无法使用某一业务（互联双方事先商定的互不提供的某些访问点除外）。

4. 信息产业部规定的其他网间通信障碍。

本办法所称 B 类障碍是指符合上述条件之一的情况。

本办法所称忙时，由电信监管部门指定。

本办法所称大区直联，是指负责疏通全国范围或由多个省级行政区域组成的相应片区内网间互通流量的互联网骨干网网间直联。

本办法中涉及的测试数据，是指在指定互联方向以及指定链路上忙时进行的测试。

## 第二章　网间通信质量保障

**第六条**　互联单位应设立互联工作机构负责互联网骨干网网间通信质量管理工作，明确总部和省级机构的网间通信质量管理职责分工、联络人及责任人，设立网间通信障碍二十四小时的联络方式（如申告电话、传真电话、电子邮箱等），保证每天二十四小时网间通信障碍沟通渠道的畅通。未设立省级机构或者相关管理职责不在省级机构的，互联单位在省、自治区、直辖市内的网间通信质量管理职能，由其总部代为行使。

本办法所称联络人是指负责总部或省级机构网间通信质量管理的一般管理人员，主要职责是对本单位或下属机构反映，或者其他互联单位申告的双方运行维护人员沟通、协调未果或沟通失败的网间通信障碍，与对方联络人实时沟通、协调，及时排除网间通信障碍。网间通信障碍未予以及时排除的，向本单位责任人及时报告。

本办法所称责任人是指负责总部或省级机构网间通信质量管理的互联单位领导、互联工作机构领导，主要职责是对本单位联络人反映，或者其他互联单位申告的网间通信障碍，予以沟通、协调、指挥、调度，在网间通信障碍处理过程中发挥领导者的作用。

**第七条**　互联单位应相互书面通报本单位网间通信质量管理职责分工，联络人、责任人的姓名、联络方式，以及网间通信障碍二十四小时的联络方式（如申告电话、传真电话、电子邮箱等），并向电信监管部门备案。

若上述信息发生变化，变更的信息应在二十四小时内以双方商定的方式向其他互联单位通报，并在十日内向电信监管部门备案。如果双方就变更信息的通报方式事先未商定或不能达成一致，互联单位应将变更的信息在二十四小时内以传真方式向对方通报。

**第八条** 互联单位应按照事先告知对方的网间通信质量管理职责分工做好省级机构层面和总部间的沟通、协调工作。需要省级机构层面沟通、协调的，当省级机构层面的沟通、协调未果或沟通失败时，应采用总部间的沟通方式予以沟通、协调。不需要省级机构层面沟通、协调的，应直接采用总部间的沟通方式予以沟通、协调。

**第九条** 当接到网间通信障碍用户申诉、互联单位申告，或者经电信监管部门测试发现网间通信障碍时，互联单位应按照先本网后他网的障碍排查顺序，排查网间通信障碍的障碍段落是在本网还是在他网。

在确认非本网原因后，互联单位应按照双方事先商定的申告方式向对方申告。

如果双方就申方式事先未商定或不能达成一致，可采用传真方式提交或当面提交《网间通信障碍申告单》（附件 1[①]，下同）的书面方式申告，也可采用相互书面通报过的电话方式申告。

当采用传真方式提交《网间通信障碍申告单》时，应使用网间通信障碍二十四小时申告电话、联络人电话确认对方是否收到传真；被申告方应在收到书面申告后一小时内传真回执签收的《网间通信障碍申告单》。当面提交《网间通信障碍申告单》时，被申告方应在《网间通信障碍申告单》（一式两份）上签收。

当采用相互书面通报过的电话方式申告时，应做好电话记录，视本方工作需要做好电话录音，并在一小时内向对方补交《网间通信障碍申告单》。被申告方应在收到书面申告后一小时内传真回执签收的《网间通信障碍申告单》。

**第十条** 互联单位向对方申告后，双方联络人、责任人应积极沟通，紧密配合，及时采取有效措施排除网间通信障碍，尽快恢复网间通信。

网间通信障碍排除后，被申告方应按照双方事先商定的告知方式告知对方。如果互联双方就告知方式不能达成一致，被申告方应填写《网间通信障碍申告单》相关栏目传真告知对方，并电话确认对方是否收到传真；申告方应在收到传真后一小时内向对方传真回执确认障碍是否消除，并电话确认对方是否收到传真回执。

对由于互联双方互联设备间直联链路不足和交换中心接入链路不足的原因造成的 A 类障碍、B 类障碍，双方就扩容事宜协商解决不成的，互联单位可以向电信监管部门申请协调，由电信监管部门按照《电信网间互联争议处理办法》予以协调、作出行政决定。

互联单位应按照以下原则并参照本网内同类障碍的处理时限，共同制定网间通信障碍的处理时限：

（一）对由于互联双方互联设备间直联链路不足和交换中心接入链路不足之外的原因造成的 A 类障碍，从收到《网间通信障碍申告单》到消除网间通信障碍的最长时间不得超过七十二小时（互联双方对 IP 地址段等数据事先商定更新周期的，按双方商定的周期更新数据，下同），其中对由于互联另一方的原因，互联一方的某一 IP 地址段的用户无法正常访问某一访问点或无法正常使用某一业务，从收到《网间通信障碍申告单》到消除网间通信障碍的最长时间不得超过二十四小时。

（二）对由于互联双方互联设备间直联链路不足和交换中心接入链路不足之外的原因造成的 B 类障碍，从收到《网间通信障碍申告单》到消除网间通信障碍的最长时间不得超过七十二小时，其中对由于互联另一方的原因，互联一方的某一 IP 地址段的用户无法访问某一访问点或无法使用某一业务，从收到《网间通信障碍申告单》到消除网间通信障碍的最长时间不得超过二十四小时。

**第十一条** 互联单位省级机构遇有网间通信障碍不能及时排除的，应以本单位内部规定的沟通方式（如书面方式、电话方式等）及时与本方总部沟通，由本方总部继续协调。与本方总部沟通的

---

① 附件未摘录，请自行查阅。

时限、程序及其他条件由互联单位自行确定。

**第十二条**　互联单位在网间通信障碍的沟通、协调过程中，应妥善保存以下相关证据，以便电信监管部门确定责任方，相关证据应真实、准确，并至少保存一年：

1. 用户申诉记录或互联单位申告材料（书面材料、电话记录及电话录音等）；

2. 网间通信障碍的测试记录；

3. 与对方的沟通协调记录。

互联单位采用的网间通信障碍测试手段应能科学判别网间通信障碍的障碍段落是在本网还是在他网。

**第十三条**　互联单位遇有由于互联另一方的原因，互联一方的某一IP地址段的用户无法访问某一访问点或无法使用某一业务的B类障碍，应立即与对方沟通，互联双方相关机构责任人应参与指挥网间通信障碍排除。在排障遇到困难时，应本着先抢通、后排障的原则立即恢复通信。

**第十四条**　互联单位遇有由于互联双方互联设备间直联链路不足和交换中心接入链路不足之外的原因造成的A类障碍、B类障碍，需要省级机构层面沟通、协调的，沟通、协调后，在本办法规定的时限内仍不能排除的，互联单位相关机构可提交《网间通信障碍申告单》及相关证据，向省、自治区、直辖市通信管理局申告。不需要省级机构层面沟通、协调的，由互联单位总部沟通、协调后，在本办法规定的时限内仍不能排除的，互联单位总部可提交《网间通信障碍申告单》及相关证据，向信息产业部电信管理局申告。

互联单位相关机构向省、自治区、直辖市通信管理局提交《网间通信障碍申告单》后，发现网间通信障碍消失或得到排除时，应立即向省、自治区、直辖市通信管理局报告。

互联单位相关机构向省、自治区、直辖市通信管理局提交的相关证据应符合本办法第十二条的要求。

互联单位有义务配合电信监管部门对网间通信障碍调查取证。

**第十五条**　互联单位相关机构向省、自治区、直辖市通信管理局提交《网间通信障碍申告单》后，在下列时限内网间通信障碍未得到排除，且未收到省、自治区、直辖市通信管理局下达《网间通信障碍责任判定书》（附件2①，下同）的，互联单位总部可提交《网间通信障碍申告单》及相关证据，向信息产业部电信管理局申告：

对于A类障碍，从提交《网间通信障碍申告单》到消除网间通信障碍或收到《网间通信障碍责任判定书》的最长时间原则上不超过十日；

对于B类障碍，从提交《网间通信障碍申告单》到消除网间通信障碍或收到《网间通信障碍责任判定书》的最长时间原则上不超过七日。

互联单位总部与信息产业部电信管理局间沟通，可以和互联单位总部间沟通交叉进行。

互联单位总部向信息产业部电信管理局提交的相关证据应符合本办法第十二条的要求。

**第十六条**　互联单位应相互配合，制定并实施网间通信保障的应急预案，保证在节假日、重大活动等异常流量突发情况及其他紧急状态下的网间通信畅通和通信安全。在实施应急预案遇到困难时，可按照职责分工向电信监管部门申请协调。

## 第三章　网间通信质量监督

**第十七条**　电信监管部门应监督互联单位建立定期沟通机制，在制度上保证网间通信障碍在基层得以沟通、协调。

---

① 附件未摘录，请自行查阅。

电信监管部门应主动听取互联单位的意见和建议，关注用户申诉，发现问题或问题隐患后应及时疏导，妥善处理，避免突发事件和恶性事件的发生。

沟通的频次应随互联网骨干网网间通信质量问题涉及范围及严重程度的变化而变化。

**第十八条** 电信监管部门应利用以下渠道，分析本行政区域内互联网骨干网网间通信质量的主要矛盾，突出监控重点：

（一）定期分析省内用户申诉受理电话（12300）及其他用户申诉渠道涉及互联网骨干网网间通信质量问题的数据信息，组织互联单位排查网间通信障碍；

（二）要求互联单位对网间通信质量定期测试，并提交能科学判别网间通信障碍的障碍段落是在本网还是在他网的测试记录。

分析及测试的频次应随本行政区域内网间通信质量问题涉及范围及严重程度的变化而变化。

**第十九条** 电信监管部门应不定期组织网间通信质量的监督抽查，及时了解网间通信质量状况，并视情况向互联单位通报监督抽查结果。

**第二十条** 电信监管部门收到互联单位相关机构提交的《网间通信障碍申告单》及相关证据后，应在下列时限内予以取证，下达《网间通信障碍责任判定书》并及时告知申告方：

对于 A 类障碍，从收到《网间通信障碍申告单》到下达《网间通信障碍责任判定书》的最长时间原则上不超过十日；

对于 B 类障碍，从收到《网间通信障碍申告单》到下达《网间通信障碍责任判定书》的最长时间原则上不超过七日。

电信监管部门可采用必要的技术手段，判定网间通信障碍的障碍段落是在申告方的网络还是在被申告方的网络。

电信监管部门在取证期间，发现网间通信障碍消失或得到排除时，应在上述时限内告知申告方，不再下达《网间通信障碍责任判定书》。

**第二十一条** 信息产业部电信管理局收到互联单位总部提交的《网间通信障碍申告单》及相关证据后，应填写《网间通信障碍申告转办单》（附件 3①，下同），转交相关省、自治区、直辖市通信管理局办理。相关省、自治区、直辖市通信管理局收到《网间通信障碍申告转办单》后，应在转办单上规定的时限内办理完毕。

**第二十二条** 信息产业部电信管理局应每月发布互联网骨干网网间通信质量的情况通报，对全国范围内互联网骨干网网间通信质量予以监督。通报内容包括：由于互联网骨干网网间通信质量问题对互联单位的处罚情况、网间通信障碍用户申诉情况、网间通信障碍互联单位申告情况等。

**第二十三条** 信息产业部电信管理局应要求各互联单位定期报送互联网骨干网网间通信质量相关数据。

如互联双方报送数据不一致，信息产业部电信管理局可采用必要的技术手段或指定第三方机构进行测试、判定，要求相关互联单位限期改正。

**第二十四条** 电信监管部门应要求互联单位制定并实施网间通信保障应急预案。当互联单位实施应急预案遇到困难时，应予以协调，保证在节假日、重大活动等异常流量突发情况及其他紧急状态下的互联网骨干网网间通信畅通和通信安全。

## 第四章 网间通信质量检查与处理

**第二十五条** 违反本办法第十条第三款规定，拒不执行信息产业部依法作出的行政决定的，由

① 附件未摘录，请自行查阅。

信息产业部依据《中华人民共和国电信条例》第七十三条的规定予以处罚。

违反本办法第十条第四款第（一）项、第（二）项规定，未在规定时限内排除网间通信障碍的，电信监管部门应根据《中华人民共和国电信条例》第七十一条的规定对责任方进行处罚，视情况给予通报批评，并可建议有关部门或者单位对相关互联单位的主要领导给予记过处分，对直接责任人员给予警告或记过的行政处分。

**第二十六条** 有下列行为之一的，电信监管部门应视情况给予通报批评，并可建议有关部门或者单位对相关互联单位的主要领导给予记过处分，对直接责任人员给予警告或记过的行政处分：

（一）违反本办法第七条的规定，未向对方通报本方联络人、责任人的姓名、联络方式，网间通信障碍二十四小时的联络方式及变更的信息；

（二）违反本办法第九条的规定，不受理对方书面申告或电话申告，或者收到对方书面申告后未签收或未在规定时限内传真回执；

（三）违反本办法第十二条的规定，故意向电信监管部门提供虚假的网间通信障碍相关证据，或者采用的网间通信障碍测试手段经电信监管部门组织专家论证会论证或由信息产业部指定的检测机构检测证明无法科学判别网间通信障碍的障碍段落是在本网还是在他网，屡次利用此测试手段作为申告证据；

（四）违反本办法第十四条的规定，拒绝配合电信监管部门对网间通信障碍调查取证；

（五）违反本办法第二十三条的规定，报送数据有误，不按照有关要求改正。

**第二十七条** 同一互联方向上由于互联双方互联设备间直联链路不足和交换中心接入链路不足之外的原因造成的 A 类障碍、B 类障碍的同类情况在三个月内共出现两次以上（含两次）申告或者在六个月内共出现三次以上（含三次）申告，且责任方为同一互联单位的，电信监管部门应视情况对责任方给予通报批评，并可建议有关部门或者单位对相关互联单位的主要领导给予记过处分，对直接责任人员给予警告或记过的行政处分。

**第二十八条** 擅自中断互联网骨干网网间互联互通，关闭或限制原已互联互通的网间业务的，电信监管部门应根据《中华人民共和国电信条例》第七十条、《公用电信网间互联管理规定》第四十八条的规定进行处罚，并可建议有关部门或者单位对相关互联单位的主要领导给予记过以上行政处分，对直接责任人员给予记大过、降级、撤职直至开除的行政处分。

**第二十九条** 以擅自降低互联网骨干网网间通信质量的方式限制电信用户选择其他互联单位依法开办的电信服务的，信息产业部应根据《中华人民共和国电信条例》第七十二条以及《公用电信网间互联管理规定》第四十七条的规定进行处罚，并可建议有关部门或者单位对相关互联单位的主要领导给予记过以上行政处分，对直接责任人员给予记过、记大过、撤职直至开除的行政处分。

**第三十条** 发生网间通信中断或网间通信严重不畅时，未立即采取有效措施恢复通信的，电信监管部门应根据《公用电信网间互联管理规定》第四十八条的规定进行处罚，并可根据不同后果，建议有关部门或者单位对相关互联单位的主要领导给予记过以上行政处分，对直接责任人员给予记大过、降级直至开除的行政处分。

## 第五章 附则

**第三十一条** 本办法由信息产业部负责解释。

**第三十二条** 本办法自 2008 年 3 月 15 日起施行，以前有关规定凡与本办法不符的，以本办法为准。

# 关于进一步加强通信建设工程监理工作的通知

工信部通函［2011］313号

各省、自治区、直辖市通信管理局，中国电信集团公司、中国移动通信集团公司、中国联合网络通信集团有限公司，相关单位：

为进一步加强通信建设管理工作，规范通信建设工程监理活动，提高工程监理水平，解决工程监理存在的问题，促进工程监理健康、有序发展，现就有关事项通知如下：

## 一、充分认识工程监理的重要性

工程监理制是我国工程建设的一项基本制度，是工程管理的重要手段。国务院颁布的《建设工程质量管理条例》和《建设工程安全生产管理条例》，明确了监理企业对工程质量和安全生产的监理责任。通信建设工程监理工作经过十多年的发展，监理法规、标准框架初步形成，监理队伍逐渐壮大，通过实施监理，有效地促进通信建设任务的顺利完成。

2010年，部组织开展了通信工程建设领域突出问题排查工作，发现工程建设的质量和安全生产存在诸多问题。特别是近期发生的几起较大安全生产事故，暴露出工程管理不规范、监理工作不到位等问题十分突出，急需强化通信建设工程监理工作。各单位要充分认识监理工作的重要性，严格落实工程监理制，发挥监理对保证工程质量、安全、投资效益上的重要作用，进一步促进通信建设工程管理水平的显著提高。

## 二、逐步扩大工程监理的实施范围

通信建设工程具有点多、面广、专业性强等特点，对工程管理人员要求高，建设单位应充分发挥监理对工程全过程监督的重要作用，逐步扩大通信建设工程监理的覆盖面。

（一）严格执行国家有关规定，项目总投资在3000万元以上（含3000万元）的电信枢纽、通信、信息网络等项目必须实行监理；

（二）对于易发生质量和安全生产事故的通信管道工程、通信铁塔工程、通信线路工程建议实施监理；

（三）其他工程鼓励实施监理；

（四）对于未实施监理的工程，建设单位应指派专人负责工程质量和安全生产的管理工作。

## 三、保障监理履职的合理费用

工程建设的合理投入是保障工程质量和安全生产的前提，是监理企业有效履行职责、实现自身发展的需要。建设单位要按照与监理企业签订的合同约定，要求监理企业认真履约，并按规定支付相应的监理费用。

（一）必须实施监理的项目，要严格按照《建设工程监理与相关服务收费管理规定》（发改价格

[2007] 670 号）支付监理费，监理费浮动幅度不得高于 20%；对于投资在 500 万元以下工程，监理费应按不低于投资为 500 万元工程的取费费率（3.3%）计取。

（二）非必须实施监理的项目，建议参照执行上述规定。

（三）监理费的计取应按每个项目批准的投资额为基数单独计取，不得将多个项目投资额汇总做基数计取监理费。

（四）建设单位要求监理企业承担监理业务以外的工作，应另行支付费用。

## 四、严格落实工程监理的职责

监理企业和监理人员要切实履行监理职责，遵守监理职业道德，重视工程质量和安全生产的监督管理，促进通信建设工程管理水平的进一步提高。

（一）加强企业自身建设。监理企业要建立健全内部管理制度，加强对监理人员质量、安全和新技术的培训，提高监理人员职业道德和业务素质；要在资质许可范围内承接业务，不得允许其他单位以本单位名义承接业务及转让监理业务。

（二）提高履职的自觉性。监理人员担负着工程质量和安全生产管理的重要责任，总监理工程师和安全监理人员需取得部或省通信管理局颁发的《安全生产考核合格证书》后方可上岗；总监理工程师不得同时承担超过三个监理项目，专业监理工程师和监理员只能同时承担一个监理项目；监理人员应按照相关监理规范进行旁站或巡检，不得无故擅离监理岗位。

（三）加强施工现场的监理。监理人员要审查施工安全生产预案、安全保障设施和装备情况是否符合安全生产要求，审查施工现场是否有专职安全生产人员；要加强对安全隐患较大工程和隐蔽工序等环节的监理，对存在安全生产隐患或不到位的，不得同意施工；要做好监理日志，不得对不合格的工程验收通过。

（四）加强行业自律。监理企业应规范竞争行为，维护公平、公正市场竞争秩序，不得采取低收费、降低服务质量的方式承接监理业务，不得低于国家指导价投标，杜绝挂靠投标、收取管理费出借资质等违法违规行为，认真履行自律公约，促进监理行业健康发展。

## 五、强化对监理工作的管理

各省（区、市）通信管理局要进一步加强对监理工作的管理，抓好通知精神的贯彻落实。加大对监理招投标、监理收费标准执行情况的监督检查，对不执行政府指导价、未按规定实施监理、低价竞标、无资质、超资质或挂靠投标、出借资质收取管理费以及转让监理业务等违法违规行为，依法严肃处理。

各电信企业要认真落实《通信建设工程监理管理规定》（信部规 [2007] 168 号）及本通知要求，进一步提高工程管理水平，逐步扩大通信建设工程的监理范围，严格要求监理人员依照法律、法规以及有关工程建设标准实施监理，保障监理企业履职费用，确保通信建设工程质量和安全生产。

# 移动互联网恶意程序监测与处置机制

工业和信息化部　2011 年 12 月 9 日

**第一条**　为净化公共互联网网络环境，保护用户权益，维护网络安全，有效防范和处置移动互联网恶意程序，依据《中华人民共和国电信条例》、《公共互联网网络安全应急预案》，制定本机制。

**第二条**　移动互联网恶意程序是指运行于包括智能手机在内的具有移动通信功能的移动终端之上，存在窃听用户通话、窃取用户信息、破坏用户数据、擅自使用付费业务、发送垃圾信息、推送广告或欺诈信息、影响移动终端运行、危害互联网网络安全等恶意行为的计算机程序。

**第三条**　本机制适用于移动互联网恶意程序及其传播服务器、控制服务器的监测和处置。

**第四条**　工业和信息化部指导、组织、监督全国移动互联网恶意程序的监测和处置工作。工业和信息化部通信保障局负责具体工作。

各省、自治区、直辖市通信管理局（以下简称通信管理局）指导、组织、监督本行政区域内移动互联网恶意程序的监测和处置工作。

国家计算机网络应急技术处理协调中心（以下简称 CNCERT）受工业和信息化部委托，负责对移动互联网恶意程序样本进行认定命名，对移动互联网恶意程序进行监测、分析、通报，协调处置传播服务器、控制服务器和攻击源。

移动通信运营企业负责报送移动互联网恶意程序疑似样本，对 CNCERT 认定通报的移动互联网恶意程序进行监测、处置和反馈，为本单位所服务的用户提供信息提示和查杀技术咨询。

互联网域名注册管理机构和注册服务机构负责对 CNCERT 通报的由自身管理的恶意域名进行处置。

**第五条**　移动通信运营企业、互联网接入服务提供商、IDC 服务提供商、互联网域名注册管理机构、互联网域名注册服务机构在提供互联网接入服务、托管服务、域名注册解析等服务时，应在与用户签订的服务协议、合同中约定用户承担的网络安全保障责任。

**第六条**　移动通信运营企业、CNCERT 应不断提高移动互联网恶意程序的样本捕获和监测处置能力，建设完善相关技术平台。移动通信运营企业应具备覆盖本企业网内的监测处置能力，CNCERT 应具备跨不同企业移动互联网的监测能力。

**第七条**　CNCERT、移动通信运营企业、互联网域名注册管理和服务机构应建立健全本单位的处置机制，加强协同配合，共同做好移动互联网恶意程序的监测和处置工作。

**第八条**　移动互联网恶意程序事件分为特别重大、重大、较大、一般共四级。

特别重大事件：单个移动互联网恶意程序造成用户通信费用损失累计超过一千万元人民币，或 24 小时内受感染用户规模超过十万个手机号码，对社会造成特别重大影响。

重大事件：单个移动互联网恶意程序造成用户通信费用损失累计超过五百万元人民币，或 24 小时内受感染用户规模超过五万个手机号码，对社会造成重大影响。

较大事件：单个移动互联网恶意程序造成用户通信费用损失累计超过一百万元人民币，或24小时内受感染用户规模超过一万个手机号码，对社会造成较大影响。

一般事件：发生移动互联网恶意程序事件，对社会造成一定影响，但未造成上述后果。

工业和信息化部负责对分级规范进行修订。

**第九条** 样本捕获与认定命名。

（一）移动通信运营企业自主捕获或从其他渠道获得疑似恶意程序样本，应于发现后进行初步分析并提出命名建议，在3个工作日内将样本和分析结果报送CNCERT（报送格式见附件一）。①

（二）CNCERT汇总自主捕获、移动通信运营企业报送和从其他渠道收集的疑似恶意程序样本，依据《移动互联网恶意程序描述格式》进行分析、认定和命名，将认定结果和处置建议在5个工作日内反馈各样本报送单位和相关通信管理局（反馈格式见附件二）。②

**第十条** 事件监测和通报。

（一）CNCERT、移动通信运营企业负责对移动互联网恶意程序进行监测。

（二）移动通信运营企业按照本机制第八条规定，对监测到的事件进行分级。特别重大、重大事件应在发现后2小时内报工业和信息化部，同时抄报相关通信管理局和CNCERT；较大事件应在发现后4小时内报送工业和信息化部，同时抄报相关通信管理局和CNCERT；一般事件应按约定电子接口方式报CNCERT汇总（较大以上事件报送格式见附件三）。③

（三）CNCERT汇总自主监测、移动通信运营企业报送和从其他渠道收集的移动互联网恶意程序事件，对事件情况开展综合分析、分级。特别重大、重大事件应在发现后2小时内报工业和信息化部，同时抄报相关通信管理局；较大事件应在发现后4小时内报送工业和信息化部，同时抄报相关通信管理局。工业和信息化部认为必要时，组织有关单位和专家进行研判。事件情况及研判结果由工业和信息化部直接或委托CNCERT通报相关单位。一般事件由CNCERT每月汇总，按照互联网网络安全信息通报办法规定通报监测情况（较大以上事件通报格式见附件四）。④

**第十一条** 事件处置和反馈。

CNCERT、移动通信运营企业、互联网域名注册管理和服务机构应按如下要求进行处置：

（一）移动通信运营企业通过自有的移动互联网恶意程序监测处置平台采取处置措施。对于特别重大、重大和较大事件，向本单位所服务的用户提供信息提示和查杀技术咨询。

（二）互联网域名注册管理机构和注册服务机构对移动互联网恶意程序控制服务器和传播服务器使用的恶意域名进行处置。

（三）CNCERT对境外注册的恶意域名进行协调处置。

（四）反馈事件的处置情况。特别重大、重大事件的处置情况应在接到事件通报后2小时内向CNCERT反馈；较大事件的处置情况应在接到事件通报后4小时内向CNCERT反馈；一般事件的处置情况应按月度汇总后以电子表格形式向CNCERT反馈（较大以上事件反馈格式见附件五）。⑤

（五）CNCERT验证处置情况。特别重大、重大事件应在接到处置单位反馈后2小时内向工业和信息化部、相关通信管理局和处置单位反馈验证结果；较大事件应在接到处置单位反馈后4小时内向工业和信息化部、相关通信管理局和处置单位反馈验证结果；一般事件无须验证。

**第十二条** CNCERT、移动通信运营企业、互联网域名注册管理机构和注册服务机构应留存所监测和处置的移动互联网恶意程序相关数据或资料以备查验。数据或资料保存时间为60天。

**第十三条** CNCERT、移动通信运营企业、互联网域名注册管理机构和注册服务机构应保护用户正当权益，加强用户信息保护，规范处置流程，建立用户投诉机制，妥善解决用户争议。

**第十四条** 工业和信息化部建立会商制度，组织相关单位和专家研讨移动互联网恶意程序相关

①②③④⑤ 附件未摘录，请自行查阅。

问题及应对策略。

**第十五条**　较大以上事件通报和反馈应按照统一表格以书面方式报送，紧急情况下，可以先通过电话、电子邮件等方式联系，后补书面材料。

**第十六条**　对于国家举办重要活动等特殊时期，对移动互联网恶意程序监测和处置工作另有要求的，从其规定。

**第十七条**　相关单位应将本单位移动互联网恶意程序监测和处置工作主管领导和责任部门负责人、联系人、联系方式报送工业和信息化部，抄送 CNCERT。以上信息发生变更，应在 3 个工作日内报送变更情况。

**第十八条**　对于涉嫌制作、传播恶意程序或利用恶意程序牟利的移动互联网服务提供商及其他合作伙伴等，移动通信运营企业应依据双方签订的合同，对其进行处理，并报当地通信管理局依法处罚。对于涉嫌犯罪的事件，应报请公安机关依法调查处理。

**第十九条**　各单位开展信息报送应遵循及时、客观、准确、完整的原则，不得迟报、谎报、瞒报和漏报。工业和信息化部定期对各单位信息报送情况进行通报。

**第二十条**　各通信管理局应依据本机制落实本行政区域内相关工作。

**第二十一条**　本机制自 2012 年 1 月 1 日起执行。

# 工业和信息化部关于进一步规范基础电信运营企业校园电信业务市场经营行为的意见

工信部电管［2013］107号

各省、自治区、直辖市通信管理局，中国电信集团公司、中国移动通信集团有限公司、中国联合网络通信集团有限公司：

我部《关于规范基础电信运营企业校园电信业务市场经营行为的意见》（工信部电管函［2011］306号）自发布以来，对规范市场竞争秩序、保护校园用户合法权益起到了重要作用。为进一步规范基础电信运营企业（以下简称电信企业）的校园电信业务经营及网络建设等行为，贯彻落实《全国人民代表大会常务委员会关于加强网络信息保护的决定》，切实保障用户权益，提出如下意见：

## 一、进一步规范校园电信业务经营行为

**（一）电信企业应当公平竞争，守法经营，保护用户合法权益，保障用户知情权、选择权，不得有下列行为**

1. 与学校等各级教育机构或下属部门签订排他性合作协议（含口头协议），禁止或限制竞争对手进入校园开展电信业务营销活动。

2. 非法获取学生、教师或学生家长（以下简称校园用户）个人信息（如姓名、性别、年龄、家庭住址、联系电话等信息），未经本人许可向校园用户邮寄或与其他单位合作邮寄移动电话用户身份识别卡和业务宣传资料。

3. 强制校园用户选择移动业务和宽带业务等组合类电信资费方案，在对电信业务以套餐方式进行销售时，不提供套餐包内各单项业务的资费方案供校园用户选择。

4. 与学校、学校下属部门或学生社团组织签订佣金、业务运营分成协议，或聘用教师在学生中发展电信业务用户。

5. 擅自宣传推广未履行审批备案程序的电信资费方案，低于成本提供电信服务，进行不正当竞争。

6. 进行附加影响电信市场公平竞争条件的校园捐赠。

7. 在校园业务宣传中含有虚假、误导用户等内容，或贬低、诋毁竞争对手。利用互联网等媒体散布虚假信息，恶意炒作，攻击竞争对手。

**（二）规范“家校沟通”业务**

“家校沟通”业务是指针对幼儿园和中小学开发的包含家校互通、平安短信等功能的综合信息服务。

鼓励电信企业积极拓宽“家校沟通”业务功能，丰富相关资源。“家校沟通”业务应对本网及

异网所有用户开放，电信企业应严格执行电信资费规定，对本网和异网用户不得有差异性要求，并为用户选择服务与退出服务提供便利。

**（三）规范“校园一卡通”业务**

“校园一卡通”业务是指具有校园身份识别和支付消费等功能的智能卡业务。电信企业为学校提供的“校园一卡通”业务不得强制与指定移动通信业务或手机终端捆绑。

**（四）规范校园网络建设活动**

电信企业应当守法经营，理性竞争，参与校园网络建设、信息化合作项目的投资建设模式、投标行为以及资产转移处置等均应符合国家有关法律法规规定，不得以低于成本的价格参与校园网络建设、信息化建设招投标。

电信企业不得将参与的校园网络建设、信息化合作项目与校园营销活动相捆绑，不得变相进行电信业务垄断。

## 二、强化工作保障机制

**（一）通信管理局**

各通信管理局负责对当地电信企业经营、服务、通信建设等行为进行监管，使其合规有序地开展电信业务营销、校园网络建设活动，维护校园通信市场秩序。

各通信管理局负责对当地电信企业校园营销涉嫌违规的行为进行调查，对于违反规定的电信企业依法予以行政处罚。情节严重的，提请工业和信息化部向电信企业集团公司、国资委通报情况，建议对电信企业责任人予以行政处分。

各通信管理局应将定期巡查与日常监管相结合，每年第四季度将本地校园电信市场竞争情况及管理工作总结报我部。在发生突发的重大校园电信市场竞争事件时，应及时处置，并第一时间报我部。

各通信管理局负责指导当地电信企业或行业协会积极开展各种行业自律活动，通过电信企业自我约束、互相监督，共同维护校园电信市场公平竞争秩序。

**（二）电信企业**

电信企业集团公司应制定校园电信业务市场管理办法，并于 2013 年 4 月 30 日前向我部报备。电信企业集团公司和省级公司应合理确定校园市场业绩考核指标，将是否发生校园市场违规竞争行为、是否受到电信主管部门处罚等情况纳入基层单位绩效考核。

电信企业集团公司应制定相应的责任追究制度，明确责任，切实加强对基层员工和代理代办人员的管理。电信企业省级公司及下属企业主要负责人为规范校园电信市场秩序的责任人。对于代理代办人员的违规行为，追究委托方电信企业责任。

# 中国信息安全产业反不正当竞争公约

（2003 年 12 月 29 日）

## 第一章　总则

**第一条**　为促进我国信息安全产业发展，保障信息安全市场健康有序，维护信息安全产业的共同利益，规范信息安全企业市场行为，表达信息安全企业的共同意愿，特制定本公约。

**第二条**　本公约所称信息安全产业指从事信息安全技术的研究、开发，信息安全产品的生产、测试、销售、集成和商业认证，包括信息安全咨询、服务、培训及其他。

**第三条**　本公约实行“遵纪守法、诚信自律、公平竞争、共同监督”的原则。

**第四条**　本公约适用于所有中国信息产业商会信息安全产业分会的成员。

**第五条**　中国信息产业商会信息安全产业分会为本公约的执行机构并全权负责组织本公约的实施。

## 第二章　遵纪守法

**第六条**　遵守国家法律法规，维护国家与民族利益。

**第七条**　遵守国家颁布的信息安全市场准入、测评认证、服务资格、商密管理等有关行政与技术法规。

**第八条**　遵守我国政府签署的有关国际公约。

**第九条**　积极参与国家信息安全立法、宣传、贯彻、监督等方面的相关工作，参与国家、政府信息安全政策、方针、法规、条例等方面的建设工作，反映我国信息安全产业的意见与要求。

**第十条**　积极参与我国政府与国际组织及其他国家签订有关信息安全方面的国际公约等活动。接受国家委托，代表国家及其有关部门与国外相关组织、企业进行相关的国际规则等方面的合作。

## 第三章　诚信自律

**第十一条**　公约成员要建立严格的质量管理体系，在信息安全产品研发、系统建设、服务过程中全面贯彻质量管理要求，自觉接受国家质量技术监督部门的监督与管理。

**第十二条**　公约成员要积极参与信息安全标准的起草、制定、试用和推广工作，实现信息安全产业标准体系的建设，自觉依据标准进行产品开发、系统建设及安全服务；积极贯彻、完善国家、行业、用户相关信息安全标准；积极参与信息安全国际标准化组织的活动。

**第十三条**　公约成员要坚持“用户至上”的原则，自觉维护用户的合法权益，严格履行用户服务承诺，与用户同舟共济。

**第十四条**　公约成员要严格遵守国家、地方、行业、用户的保密规定。

**第十五条**　公约成员不允许生产、销售、提供不符合质量要求、未通过国家市场准入和国家测评认证，并且不满足用户标准要求、损害用户利益的技术、产品、系统和服务。

## 第四章　公平竞争

**第十六条**　本公约以“公开、公平、公正”的原则鼓励竞争，反对不正当竞争，尤其是违反职业道德、恶性的不正当竞争。

**第十七条**　鼓励信息安全人才正常流动，规范信息安全人才流动秩序，支持、建立统一的信息安全领域人力资源管理规范与体系，维护公约成员的信息安全人才权益。

**第十八条**　鼓励公约成员之间进行技术交流与合作，建立技术标准联盟，共同谋求发展，推动信息安全产业的技术进步。保护公约成员企业知识产权与商业秘密，反对用不正当手段获取其他企业的技术秘密及情报。

**第十九条**　鼓励企业在市场中的正常合作，杜绝以不正当手段，排挤其他竞争对手，获取商业利益或市场地位；杜绝通过媒体或其他方式对自身产品、技术进行虚假宣传；杜绝捏造、散布虚假信息，损害竞争对手的企业形象、商誉及其技术产品的声誉；支持企业间采取各种有效方式，开展信息安全科研、生产及服务等领域的协作，共同创造良好的产业发展环境。

**第二十条**　公约企业应当自觉遵守价格法律法规和政策，实行价格自律。遵循公平、合法和诚实信用的原则，依据生产经营成本和市场供求状况制定价格，维护消费者的合法权益。

**第二十一条**　公约成员单位有权维护本公约成员的共同利益，在市场、技术、人才、价格等方面受到不正当竞争的损害，其利益应受公约成员的关注和保护。被损害者可以将不正当竞争的情况上报中国信息产业商会信息安全产业分会，经分会理事长会议决定，分会可以协助受损害者调查受损情况，调解企业之间的争议，必要时可提请国家有关部门依据相关法律法规给予行政处罚。

**第二十二条**　中国信息产业商会信息安全产业分会有责任在必要时向国家有关部门反映信息安全产业发展的数据与信息。

## 第五章　共同监督

**第二十三条**　中国信息产业商会信息安全产业分会负责向公约成员传递信息安全产业管理的法规、政策及行业自律信息，及时向政府有关主管部门反映公约成员的意愿和要求，维护公约成员的正当利益，并对公约成员遵守本公约的情况进行督促与检查。

**第二十四条**　本公约成员应自觉尊重并履行公约的各项自律条款，自觉维护信息安全产业整体的团结和利益。

**第二十五条**　公约成员之间发生争议时，争议各方应本着互谅互让的原则解决争议，也可以请求本公约执行机构进行调解和仲裁。

**第二十六条**　公约成员违反本公约的条款，损害中国信息产业商会信息安全产业分会名誉的，经分会理事长会议决定，可以采取必要的方式在社会或产业界披露、澄清等，以避免损失。情节严重的，由分会理事长会议决定，提请全体成员大会讨论决定，暂时中止或终止其成员资格，同时该成员也自动退出本公约。

**第二十七条**　本公约所有成员均有权对公约执行机构执行本公约的合法性和公正性进行监督，并有权向相关主管部门检举。

**第二十八条**　成员单位有权对本公约提出修改意见，并经分会秘书处提交分会理事长会议讨论。理事长会议决定不采纳修改意见的，应书面通知该成员单位；认为有必要修改的，应提交分会全体成员大会审议，经全体成员三分之二同意的，本公约可以修改。

## 第六章　附则

**第二十九条**　本公约经中国信息产业商会信息安全产业分会理事长会议批准同意后即由分会秘书处对社会公布。

**第三十条**　本公约采取自愿原则，凡信息安全产业从业者愿意加入中国信息产业商会信息安全产业分会，并愿意接受本公约自律条款的，均可提交申请加入，经分会理事长批准同意其为分会成员单位后，该公约即对该成员单位生效。成员单位申请退出中国信息产业商会信息安全产业分会的，经分会理事长批准同意，该公约即对该成员单位失去约束力。公约执行机构将定期公布加入或退出本公约的成员单位。

**第三十一条**　公约成员可以在本公约条款之下发起制定各分支行业的自律协议，经公约成员同意后，作为本公约的附件公布实施。

**第三十二条**　本公约由中国信息产业商会信息安全产业分会负责解释。

**第三十三条**　本公约自公布之日起实施。

# 第四编　通信资源管理类政策法规

# 电信网码号资源管理办法

信息产业部令第28号
（经信息产业部2003年1月9日第12次部务会议通过，
自2003年3月1日起开始施行）

## 第一章　总则

**第一条**　为有效利用电信网码号资源，保障公平竞争，促进电信事业的健康发展，依据《中华人民共和国电信条例》，制定本办法。

**第二条**　在中华人民共和国境内管理和使用电信网码号资源（以下简称码号资源），应当遵守本办法。

本办法所称码号资源，是指由数字、符号组成的用于实现电信功能的用户编号和网络编号。

**第三条**　码号资源属于国家所有。国家对码号资源实行有偿使用制度，具体收费标准和收费办法另行制定。

**第四条**　信息产业部负责全国码号资源的统一管理工作。

省、自治区、直辖市通信管理局在信息产业部授权范围内，依照本办法的规定，对本行政区域内的码号资源实施管理。

**第五条**　国家对码号资源的使用实行审批制度。

未经信息产业部和省、自治区、直辖市通信管理局（以下合称电信主管部门）批准，任何单位或者个人不得擅自启用码号资源。

**第六条**　码号资源管理应当遵循公开、公平、公正的原则，统一规划，集中管理，合理分配，有效利用。

**第七条**　电信主管部门管理的码号资源范围包括：

（一）固定电话网码号。

1. 长途区号、网号、过网号和国际来话路由码；

2. 国际、国内长途字冠；

3. 本地网号码中的短号码、接入码、局号等；

4. 智能网业务等新业务号码。

（二）移动通信网码号。

1. 数字蜂窝移动通信网的网号、归属位置识别码、短号码、接入码等；

2. 卫星移动通信网网号、归属位置识别码、短号码；

3. 标识不同运营者的代码。

（三）数据通信网码号。

1. 数据网网号；

2. 网内紧急业务号码、网间互通号码；

3. 国际、国内呼叫前缀。

（四）信令点编码。

1. 国际 No.7 信令点编码；

2. 国内 No.7 信令点编码。

信息产业部根据电信技术、业务和市场的发展需要，可以对码号资源的管理范围进行调整。

**第八条** 电信主管部门分配管理的码号资源范围、各种码号的结构、位长、含义和管理要求见本办法所附的《电信网码号资源分类管理目录》（以下简称目录）。

信息产业部根据实际情况，可以对该目录作局部调整，重新公布。

**第九条** 信息产业部代表国家向国际电信组织或其他有关机构申请码号资源，提出国际码号资源修改、分配建议。

信息产业部授权的机构向国际电信组织或其他有关机构申请码号资源，或提出国际码号资源修改、分配建议，应当向信息产业部备案。

**第十条** 信息产业部根据国际电信组织的相关建议，以及电信网网络、技术、业务发展和码号资源使用情况，组织编制全国码号资源规划。各省、自治区、直辖市通信管理局依据信息产业部制定的码号资源总体规划，组织编制授权管理的行政区域内码号资源使用规划。

## 第二章 码号资源的申请与分配

**第十一条** 申请跨省、自治区、直辖市行政区域范围使用的码号，应当向信息产业部提出申请。

申请在省、自治区、直辖市行政区域范围内使用的码号，应当向当地省、自治区、直辖市通信管理局提出申请。

电信主管部门可以委托码号资源咨询受理机构承担码号资源申请的受理工作。

**第十二条** 码号申请人的资格条件以及可提出使用申请的码号资源范围，参见本办法所附目录。①

码号申请人提出码号资源使用申请，应当提交本办法所附目录中要求的申请材料。

**第十三条** 有下述情形之一的，电信主管部门不受理码号申请：

1. 码号申请人不具备本办法所附目录② 规定的申请人资格的；

2. 码号申请人提出的码号资源超出本办法所附目录③ 规定范围的；

3. 提交的申请材料不完备的；

4. 申请人违反本办法受到电信主管部门的行政处罚，申请人无法定事由拒不履行行政处罚决定的；

5. 申请人欠缴码号资源占用费的。

**第十四条** 电信业务经营者违反本办法，一年内受到信息产业部行政处罚 1 次的，自行政处罚做出之日起一年内，信息产业部不受理其码号申请；超过 1 次的，自第 2 次行政处罚做出之日起两年内，信息产业部不受理其码号申请。

电信业务经营者各省子公司、分公司或其他分支机构违反本办法，一年内受到省、自治区、直辖市通信管理局行政处罚 3 次的，自第 3 次行政处罚做出之日起一年内，当地省、自治区、直辖市通信管理局不受理其码号申请，且其不得在当地省、自治区、直辖市行政区域内使用信息产业部在

---

①②③ 目录未摘录，请自行查阅。

此期间分配的码号资源；所受行政处罚超过 3 次的，自第 4 次行政处罚做出之日起两年内，当地省、自治区、直辖市通信管理局不受理其码号申请，且其不得在当地省、自治区、直辖市行政区域内使用信息产业部在此期间分配的码号资源。

**第十五条**　电信主管部门应当根据码号资源规划、申请码号的用途和申请人的预期服务能力审批码号。

前款所称预期服务能力，是指申请人申请码号时提出的、表明其在一定时间内服务应当达到的覆盖范围和用户容量等。

**第十六条**　信息产业部应当自收到申请人的申请材料之日起 10 个工作日内，发出是否受理的通知。自发出受理通知之日起 50 个工作日内，完成对申请材料的审查，作出批准或不予批准的决定。予以批准的，发给申请人正式批准文件，并抄送相关省、自治区、直辖市通信管理局和相关基础电信业务经营者；不予批准的，书面通知申请人并说明理由。

省、自治区、直辖市通信管理局应当自收到申请人的申请材料之日起 10 个工作日内，发出是否受理的通知。自发出受理通知之日起 30 个工作日内，完成对申请材料的审查，作出批准或不予批准的决定。予以批准的，发给申请人正式批准文件，并报信息产业部备案；不予批准的，书面通知申请人并说明理由。

**第十七条**　专用电信网单位应根据网内用户情况申请码号资源，需要使用本地网局号资源的，应向当地省、自治区、直辖市通信管理局提出申请。当地省、自治区、直辖市通信管理局根据本办法第十六条第二款的规定予以办理。

专用电信网单位需要使用千层号、百层号码号资源的，可与当地基础电信业务经营者协商，基础电信业务经营者无正当理由不得拒绝。基础电信业务经营者与专用电信网单位就码号资源的使用达成一致的，应将有关情况向当地省、自治区、直辖市通信管理局备案。

自基础电信业务经营者收到专用电信网单位的协商要求之日起 30 个工作日内，双方未能达成一致的，任何一方均可以申请当地省、自治区、直辖市通信管理局协调。省、自治区、直辖市通信管理局应当自收到书面申请之日起 10 个工作日内完成协调，经协调仍不能达成一致的，省、自治区、直辖市通信管理局组织专家公开论证，并作出是否允许专用电信网单位使用千层号、百层号码号资源的决定。

**第十八条**　码号申请人获准使用码号资源后，电信主管部门可以采用指配、随机选择和拍卖等方式分配码号。

码号资源拍卖管理办法由信息产业部另行制定。

电信业务经营者取得码号使用权后，未经电信主管部门批准，不得擅自拍卖用户号码资源，不得向用户收取选号费或占用费。

## 第三章　码号资源的使用

**第十九条**　电信业务经营者使用码号资源的期限和范围，应当与电信业务经营许可证或相关批准文件的期限和使用范围相一致。其他码号使用者的使用期限为 5 年，使用范围由信息产业部或省、自治区、直辖市通信管理局根据具体情况确定。

码号使用期限届满或因业务发生变化停用的，码号使用者应自届满或停用之日起 10 个工作日内上报原码号分配机关。码号使用者需要延长码号使用期、扩大使用范围和改变码号用途的，应当向原码号分配机关办理有关手续。

本办法所称码号使用者，是指获准使用码号资源的电信业务经营者、专用电信网单位、政府部门、社会团体和其他企事业单位等。

**第二十条** 码号使用者应当在规定的时限内启用所分配的码号。有最低使用规模要求的，应达到规定的最低使用规模；无最低使用规模要求的，应达到预期的服务能力。

前款所称码号最低使用规模，是指码号使用者在规定的时限内利用码号开展业务时应当达到的最低业务覆盖范围和服务能力。

各类码号启用时限和最低使用规模参见本办法所附目录。[①]

**第二十一条** 码号使用者应当严格按照电信主管部门审批时规定的码号结构、位长、用途、用户拨号方式和使用范围使用码号。

码号使用者不得转让或出租码号，不得超范围或跨本地网使用码号，不得将码号作为商标进行注册；未经信息产业部或省、自治区、直辖市通信管理局批准，码号使用者不得擅自改变码号用途。

**第二十二条** 专用电信网单位使用本地网码号资源实行属地管理。对跨本地网的专用电信网，应根据所跨本地网的服务范围，分别使用所属本地网的码号资源；本地网内的专用电信网应使用所属本地网码号资源。

**第二十三条** 码号使用者从信息产业部获得码号使用权后，应与相关基础电信业务经营者总公司协商签署码号开通协议。相关基础电信业务经营者总公司应自协议签署之日起 10 个工作日内，通知码号使用范围内所有子公司或者其他分支机构，配合码号使用者开通码号。

码号使用者对规定范围内码号开通的前期工作准备就绪后，应持信息产业部的批准文件和备案材料（包括码号启用技术方案、码号启用前期准备情况、码号启用实施进度安排和联系方式）向当地省、自治区、直辖市通信管理局备案。省、自治区、直辖市通信管理局应当自收齐上述材料之日起 10 个工作日内，向本地相关电信业务经营者和专用电信网单位发出备案通知。

各本地网内相关电信业务经营者或专用电信网单位应自码号使用者提出开通码号的书面要求和当地省、自治区、直辖市通信管理局备案通知收齐之日起 10 个工作日内，配合码号使用者完成局数据制作，开通码号，并在码号开通后 5 个工作日内将开通情况报当地省、自治区、直辖市通信管理局。

**第二十四条** 码号使用者从省、自治区、直辖市通信管理局获得码号使用权后，应当与省、自治区、直辖市内相关基础电信业务经营者协商签署码号开通协议。相关基础电信业务经营者应自协议签署之日起 10 个工作日内，通知码号使用范围内所有子公司或者其他分支机构，配合码号使用者开通码号，并在码号开通后 5 个工作日内将开通情况报当地省、自治区、直辖市通信管理局。

各本地网内相关电信业务经营者或专用电信网单位应自码号使用者提出开通码号的书面要求和当地省、自治区、直辖市通信管理局的批准文件收齐之日起 10 个工作日内，配合码号使用者完成局数据制作，开通码号。

**第二十五条** 码号使用者应当有效使用码号资源。电信业务经营者和专用电信网单位应于每年 3 月底前向原码号分配机关报告上年度码号资源使用情况和本年度码号资源使用需求。上报信息产业部的报告应同时抄报当地通信管理局。

报告的内容应当包括：

（一）码号启用时间、范围或数量；

（二）业务种类和服务能力；

（三）本企业（或单位）本年度电信网络、业务发展对码号资源的需求。

**第二十六条** 电信主管部门应当向社会公布码号资源分配和使用情况，并对使用情况实施监督检查。

---

① 目录未摘录，请自行查阅。

码号使用者改变地址或联系方式的，应在变更后 10 个工作日内通知原码号分配机关。

## 第四章 码号资源的调整

**第二十七条** 电信主管部门对本地网用户电话号码升位实行计划管理，对局部用户号码调整实行备案管理，对长途编号区调整和短号码位长拓展实行审批管理。

未经信息产业部批准，任何单位和个人不得擅自调整长途编号区。具体长途编号区调整管理办法另行制定。

**第二十八条** 达到下列条件之一的，当地主导的电信业务经营者应当向其总公司提出本地网用户电话号码 7 位升 8 位计划，并同时报当地通信管理局：

（一）在 7 位编号本地网中，交换机容量达到 120 万门，局号利用率达到 35%的；

（二）根据未来 10 年城市发展规划和电信网发展规划，交换机容量达到 350 万门，局号利用率达到 30%的；

（三）尚未完全达到第（一）项、第（二）项条件，但由于城市发展，使原 7 位编号的某些 P 位局号严重紧张的；

（四）因城市信息化发展的需要以及基础电信业务经营者对电信网能力和新业务需求的增加，要求升 8 位的。

**第二十九条** 符合本办法第二十八条规定升 8 位条件，当地主导的电信业务经营者未提出升位计划的，当地通信管理局也可以提出升位建议。省、自治区通信管理局向信息产业部提出下年度用户电话号码升位建议的，应提前征求当地基础电信业务经营者意见，并于每年 3 月底前上报下年度需升位的本地网名称和各本地网升位建议。信息产业部收到省、自治区通信管理局升位建议后，初审符合本地网升位条件的，应通知相关基础电信业务经营者总公司和当地省、自治区通信管理局。

**第三十条** 本地网全网升位实施方案由所在本地网主导电信业务经营者总公司负责组织制订。当地主导电信业务经营者总公司应于每年 8 月底前统一将下年度需升位的本地网名称和各本地网具体升位实施方案报信息产业部。

前款所称升位实施方案的主要内容应当包括：

（一）码号使用现状及码号升位的必要性；

（二）未来 5 年、10 年城市发展对号码资源的需求；

（三）号码升位技术方案和宣传方案；

（四）号码升位实施进度和宣传方案；

（五）技术保证措施；

（六）需要其他电信业务经营者配合的技术方案。

制定升位实施方案时，需要其他电信业务经营者配合的，省、自治区、直辖市通信管理局应负责协调。

**第三十一条** 信息产业部收到当地主导电信业务经营者总公司升位实施方案后，当年 9 月组织专家和基础电信业务经营者论证。经论证升位实施方案周密可行的，信息产业部列入下年度升位计划，于当年 11 月底前向社会公布，并通知相关基础电信业务经营者总公司做好升位前期准备和按时实施工作。

**第三十二条** 具体升位方案由当地主导电信业务经营者总公司负责组织实施，其他基础电信业务经营者总公司和专用电信网单位应予以配合，根据实施方案统一组织对本企业网络进行同步调整。

在号码升位方案具体实施中，当地通信管理局负责对行政区域内基础电信业务经营者和专网单位进行协调和监督，并在升位方案实施之前至少 20 个工作日组织现场测试。

在协调、监督和现场测试过程中发现可能影响升位的问题时，当地通信管理局应在 5 个工作日内报信息产业部。

**第三十三条**　电信业务经营者利用电信主管部门分配的码号资源提供电信业务时，应当保证电信用户的合法权益，不得随意更改调整号码。

电信业务经营者对局部用户号码进行调整的，应制订周密的调整方案，并将局部用户号码调整实施方案和用户权益保障措施提前向原码号分配机关备案。

**第三十四条**　拓展短号码位长的，码号使用者应向原码号分配机关提出申请，并报送相应拓展方案、技术实施方案和用户权益保障措施。

原码号分配机关自收到申请之日起 30 个工作日内，对申请人提交的申请和实施方案审查完毕，作出批准或不予批准的决定。予以批准的，发给申请人正式批准文件，并通知相关基础电信业务经营者；不予批准的，书面通知申请人并说明理由。

**第三十五条**　信息产业部根据码号资源情况，可以组织本地网用户电话号码升位、本地网长途编号区调整、短号码位长拓展和其他码号调整。省、自治区、直辖市通信管理局可以组织对授权管理的码号进行调整和位长拓展。

信息产业部或省、自治区、直辖市通信管理局要求或批准进行的本地网用户电话号码升位、长途编号区调整、短号码位长拓展和其他码号调整，电信用户和相关码号使用者应当予以配合。

**第三十六条**　本地网用户电话号码升位、短号码位长拓展和其他码号调整产生的码号资源，由信息产业部或省、自治区、直辖市通信管理局统一规划，重新分配。

**第三十七条**　本地网用户电话号码升位后，国际、国内长途来话（含 IP 来话）新旧号码并存服务时间为 2 个月，号码并存补位和冲突检测，由升位的本地网承担。并存期届满后，各基础电信业务经营者应对国际、国内长途来话（含 IP 来话）在网内实施拦截和语音提示，语音提示服务时间为 3 个月。

短号码位长拓展和局部用户号码调整的，码号使用者应至少提前 45 天向用户公告；短号码位长拓展和局部用户号码调整后，码号使用者应提示来话，来话提示服务时间不得少于 45 天。短号码位长拓展需要新、旧号码并存服务的，相关基础电信业务经营者应予以配合。

**第三十八条**　信息产业部或省、自治区、直辖市通信管理局在码号资源管理中，发现有下列情形之一的，可以收回已分配的码号资源：

（一）已终止占用码号资源业务的；

（二）在规定时间内未启用码号资源的；

（三）以欺诈手段获得码号资源的；

（四）超过规定期限使用码号资源的；

（五）改变电信主管部门规定的码号结构、位长、拨号方式和使用范围使用码号资源的；

（六）擅自启用、扩大范围、改变用途、改变长途编号区或跨本地网使用用户号码资源的；

（七）转让、出租码号资源或将码号作为商标进行注册的；

（八）拒不按照规定缴纳码号资源使用费的；

（九）拒不执行电信主管部门的码号调整要求的。

**第三十九条**　电信主管部门决定收回的码号，相关基础电信业务经营者应按照电信主管部门的要求在规定的时间内对码号局数据进行调整。

## 第五章　罚则

**第四十条**　违反本办法的规定有下列情形之一的，信息产业部或者省、自治区、直辖市通信管理局责令改正，视情节轻重可以给予警告，并处5000元以上3万元以下的罚款：

（一）以欺诈手段获得码号资源的；

（二）无正当理由拒绝专用电信网单位对码号资源需求的；

（三）擅自拍卖用户码号资源的；

（四）改变用户拨号方式的，或将码号作为商标擅自进行注册的；

（五）未按照规定时间启用码号或未达到最低使用规模或预期服务能力的；

（六）未按规定报告码号资源使用情况的；

（七）未按规定向电信主管部门备案的；

（八）未按规定配合码号使用者制作局数据，开通码号的；

（九）未按规定组织或配合本地网号码升位方案制订或实施的；

（十）不配合或不按规定配合电信主管部门要求或批准进行的本地网号码升位、长途编号区调整、号码位长拓展和码号调整的；

（十一）未按规定保护电信用户号码使用权益的。

**第四十一条**　违反本办法，有下列情形之一的，由信息产业部或者省、自治区、直辖市通信管理局依据《中华人民共和国电信条例》第七十条的规定责令改正，没收违法所得，处违法所得3倍以上5倍以下罚款；没有违法所得或者违法所得不足5万元的，处10万元以上100万元以下罚款：

（一）擅自启用码号资源的；

（二）擅自拓展号码位长使用的；

（三）超过规定的使用期限继续使用码号资源的；

（四）擅自改变长途编号区或跨本地网使用用户号码资源的；

（五）擅自转让、出租或变相转让、出租码号资源的；

（六）擅自改变码号资源用途的。

**第四十二条**　当事人对信息产业部或省、自治区、直辖市通信管理局行政处罚决定不服的，可依法申请行政复议或者向人民法院提起诉讼。

**第四十三条**　从事码号资源管理的工作人员玩忽职守，滥用职权，徇私舞弊，构成犯罪的，依法追究刑事责任；尚不构成犯罪的，依法给予行政处分。

## 第六章　附则

**第四十四条**　未与公用电信网互联的专用电信网的用户编号和网络编号资源，不适用本办法。

**第四十五条**　本办法自2003年3月1日起施行。信息产业部2000年4月25日发布的《电信网码号资源管理暂行办法》（信息产业部令第1号）同时废止。

# 电信网码号资源申请受理制度

工业和信息化部

**第一条** 为规范工业和信息化部电信网码号资源申请受理程序，切实保障申请人的合法权益，根据《中华人民共和国行政许可法》和《电信网码号资源管理办法》及部门有关要求，制定本制度。

**第二条** 本制度所称受理是指咨询中心对申请人提出的申请进行形式审查后，认为申请事项属于咨询中心职责范围，且申请材料齐全、符合规定形式，因而对其申请予以接受的行为。

**第三条** 申请事项属于行政许可范围的，统一依照行政许可要求受理；申请事项不属于行政许可范围的，统一依照部有关要求受理。

**第四条** 按照“公开、公平、公正” 的原则，秉承鼎力支撑政府，热诚服务企业的服务宗旨，对受理事项内容予以公示：

（一）受理事项名称、法律依据；

（二）受理事项的许可条件、数量、程序和期限；

（三）要求申请人提交的申请材料目录；

（四）申请受理的联系方式：单位地址、邮政编码、受理申请咨询的电话号码和电子邮箱等；

（五）其他需要公示的内容。

**第五条** 公示方式：

（一）咨询中心网站（网址：http：//www.chinacc.com.cn）；

（二）电信网码号管理系统网站（http：//www.miinac.gov.cn）；

（三）法律、法规规定的其他方式。

**第六条** 申请人可根据情况通过电子政务方式提交申请材料，并在工作时间到咨询中心提交书面申请材料或通过信函方式交付书面申请材料。

**第七条** 申请材料有格式文本及要求的，申请人须按照申请材料格式文本及有关要求提供申请材料。申请材料格式文本及要求可在咨询中心网站（网址：http：//www.chinacc.com.cn）下载。

**第八条** 申请人采取电子政务方式交付申请材料且申请材料不齐全或者不符合要求形式的，受理人员应当在 2 个工作日内告知申请人办理程序、申报材料说明以及需要补正的全部材料。

**第九条** 申请材料齐全和符合要求，受理人员应及时对申请材料建档保存。

**第十条** 受理人员接收申请材料后应在 2 个工作日内按职责分工出具办理意见，载明办理时限要求，与接收的申请材料一并报送工业和信息化部审核。

**第十一条** 如申请材料内容不符合相关规范要求，应一次告知申请人需要补正的全部材料，要求申请人于 20 个工作日内澄清和补充相关材料。逾期视为申请人放弃申请。

**第十二条** 申请人提交的申请材料或者按照要求补正全部申请材料后，符合申请条件的，应当受理。需要发放受理通知书的，应自工业和信息化部同意受理之后的 5 个工作日内发放。

**第十三条**　属下列情况之一的，不予受理。

（一）申请事项不属于《电信网码号资源管理办法》及工业和信息化部有关电信网码号资源申请受理范围的；

（二）申请人提交的申请材料不齐备或不符合相关法律、法规和规章的规定的。

**第十四条**　工业和信息化部同意申请事项的，应于决定作出之日起 10 个工作日内发放自相关文件或证书。

**第十五条**　工业和信息化部出具的文件或证书，可由申请人当面领取或委托咨询中心通过 EMS 方式寄送。具体要求可参见咨询中心网站（网址：http：//www.chinacc.com.cn）。

**第十六条**　工业和信息化部不同意申请事项的，应自工业和信息化部作出决定之日起 10 个工作日内告知申请人。

**第十七条**　本制度自发布之日起执行。

# 电信网码号资源类文档管理制度

工业和信息化部

**第一条** 为加强电信网码号资源类文件档案管理工作，规范文档收集、整理、保存、管理和利用，特制定本制度。

**第二条** 电信网码号资源类文件档案管理范围：

（一）申请材料：申请材料、补充材料、修改材料、联系人及联系方式等；

（二）处理意见：各级受理、处理人员意见等；

（三）交接手续：各级材料交接签字单据，收发件单据等；

（四）处理结果：文件、证书（含证书存根）、受理通知书、不予受理通知书、不予批准答复材料等；

（五）其他资料：通话记录等；

（六）年报检材料：年报表格等。

**第三条** 码号资源类文件档案采用集中制管理，设立专用文件档案柜，档案管理工作实行专人负责制，由受理人员负责。

**第四条** 受理人员接到申请人申请材料后，对符合要求、能够接收的申请材料当天建立档案，并做好记录；对有补充材料的，将补充材料与原材料合并归档，并做好记录；对修改材料的，用修改材料替换原材料归档，并做好记录。

对不符合要求、不能够接收的申请材料，不予建立档案，但需做好记录。如能当场退还的，当场退还，交接件过程中要严格履行登记手续，并做好记录；如不能当场退还的，与申请人协商后退还或销毁，并做好记录。

**第五条** 对办结的申请，在收到主管部门的答复意见、文件、证书等相关材料后，由受理人员将办理结果通知申请人，有需要交接文件、证书等文档的，交接件过程中要严格履行登记手续，并做好记录。对同一申请过程中涉及的所有文件、材料、记录档案合并归档，在发放证书或文件后5个工作日完成归档工作。

**第六条** 对已经办结的文件档案进行统一整理、分类、排序、编号，保证资料齐全、完整、有效，目录清晰、管理规范，方便日常查阅。

**第七条** 已归档的材料，部有明确要求的，按照部要求执行；部无明确要求的，按照永久保管期限执行。

**第八条** 归档材料的销毁须经过码号部主管认可，且必须进行粉碎或按照有关保密规定处理。严禁随意丢弃未经粉碎处理的归档材料。

**第九条** 归档材料的借阅须经过码号部门主管或中心主管批准，借阅者需办理借阅手续，需要借走的资料一周内必须归还。

**第十条** 因工作需要，发生档案移交的，应严格履行档案交接手续。移交的材料应包括电子文档和书面文档两部分。原档案管理人员应书面列明档案内容清单，并在码号部主任、中心档案管理负责人员的监督下，与新任档案管理人员就清单内容逐一核对交接。核对无误后，原档案管理人员、新任档案管理人员、码号部主任、中心档案管理负责人员共同签字，完成档案管理移交工作。

**第十一条**　本制度自发布之日起执行。

# 电信网码号资源占用费征收管理暂行办法

信部联清［2004］517 号

（信息产业部、财政部、国家发展和改革委员会 2004 年 12 月 31 日）

**第一条** 为了合理、有效地配置、使用电信网码号资源，保障公平竞争，促进电信业发展，根据《中华人民共和国电信条例》，制定本办法。

**第二条** 电信网码号资源（以下简称码号资源）属国家所有，国家对码号资源实行有偿使用制度。

码号资源占用费应当按照国家有关规定纳入中央财政预算管理。

本办法所称码号资源，是指由数字、符号组成的用于实现电信功能的用户编号和网络编号。

**第三条** 在中华人民共和国境内占有、使用码号资源的电信业务经营者应当按照本办法的规定缴纳码号资源占用费。

占有使用未与公用电信网互联的专用电信网的码号资源，不适用本办法。

**第四条** 下列码号资源应当缴纳码号资源占用费：

（一）固定电话网码号；

（二）移动电话网码号；

（三）数据通信网码号；

（四）信令点编码；

（五）国务院信息产业、财政和价格主管部门认定的其他码号资源。

**第五条** 下列社会公益性号码免收码号资源占用费：

（一）110 匪警电话；

（二）119 火灾报警电话；

（三）120 急救服务电话；

（四）122 交通事故报警电话；

（五）123 系列以及其他公益服务电话。

**第六条** 根据分配管理权限，经国务院信息产业主管部门或者省、自治区、直辖市电信管理机构批准，电信业务经营者利用本办法第四条所列码号资源经营电信业务，自取得用户码号资源之日起，第一年内可以免缴码号资源占用费，第二年内按照规定的收费标准减半缴纳，第三年开始按照规定的收费标准缴纳。

**第七条** 调整码号资源占用费标准，由国务院信息产业主管部门根据码号资源配置、使用情况及其他相关因素提出意见，经国务院价格主管部门会同国务院财政部门批准后执行。

**第八条** 根据分配管理权限，国务院信息产业主管部门和省、自治区、直辖市电信管理机构可以对新启用的或者重新启用的码号资源的使用权向电信业务经营者进行拍卖。

**第九条**　码号资源占用费由国务院信息产业主管部门和省、自治区、直辖市电信管理机构按照码号资源分配管理权限收取。

国务院信息产业主管部门和省、自治区、直辖市电信管理机构可以委托其他单位收取码号资源占用费。

电信业务经营者分配给专用电信网占用的码号资源，由电信业务经营者按照规定的收费标准向专用电信网收取。

**第十条**　国务院信息产业主管部门和省、自治区、直辖市电信管理机构按照本办法规定收取码号资源占用费，应当按照规定到同级价格主管部门办理《收费许可证》，使用国务院财政部门统一印制的票据。

**第十一条**　码号资源占用费按月计费、按季度缴纳。

电信业务经营者应在每季度第 1 个月 10 日前缴纳上季度的码号资源占用费。

占有、使用码号资源不足一个月的，免缴码号资源占用费。

**第十二条**　国务院信息产业主管部门以及各省、自治区、直辖市电信管理机构应当在收到码号资源占用费后的当日内将其全额就地上缴中央国库。

码号资源占用费缴库时使用“一般缴款书”，并填列政府预算收支科目“一般预算收入”科目第 42 类“行政性收费收入”第 4225 款“信息产业行政性收费收入”第 422502 项“码号资源占用费”（新增）科目。

码号资源占用费由国务院财政部门驻各省、自治区、直辖市财政监察专员办事处负责监督解缴入库。各省、自治区、直辖市电信管理机构应按缴纳期限将码号资源占用费收取情况及入库凭证（或复印件）送当地财政监察专员办事处。

**第十三条**　被委托单位收取的码号资源占用费应当按照本办法第十一条规定全额上缴国务院信息产业主管部门或者省、自治区、直辖市电信管理机构。其代收费用在国务院信息产业主管部门的部门预算经费核定后。

**第十四条**　省、自治区、直辖市电信管理机构应当在上缴码号资源占用费的同时将码号资源占用费收取情况报告国务院信息产业主管部门；国务院信息产业主管部门将码号资源占用费收入情况统一汇总后，报送国务院财政部门。

**第十五条**　码号资源占用费由占有、使用码号资源的电信业务经营者承担，电信业务经营者不得向电信用户收取码号资源占用费。

**第十六条**　电信业务经营者应当按照本办法规定的期限足额缴纳码号资源占用费。未按照规定缴纳的，依据《中华人民共和国电信条例》第七十一条的规定予以处罚。

**第十七条**　码号资源拍卖等相关收入随同码号资源占用费一并全额缴入中央国库。

**第十八条**　国务院信息产业主管部门和省、自治区、直辖市电信管理机构应当严格按照本办法规定的收费项目、范围和标准收取码号资源占用费，并按照规定将码号资源占用费及时足额上缴中央国库。

**第十九条**　码号资源占用费上缴中央国库后，由中央财政统筹安排使用。

**第二十条**　非电信业务经营者占有、使用码号资源按照本办法规定执行。

**第二十一条**　违反本规定的，由国务院相关部门按国家有关规定依法查处。

**第二十二条**　本办法由国务院信息产业、财政和价格主管部门负责解释。

**第二十三条**　本办法自 2005 年 1 月 1 日起执行。

# 电信网码号资源占用费标准

（信息产业部、财政部、国家发展和改革委员会　2004 年 12 月 31 日）

<table>
<tr><th colspan="4">电信网码号资源类别</th><th>收费标准</th></tr>
<tr><td rowspan="7">固定电话网码号</td><td colspan="3">局号</td><td>1200 元/年 * 局号 * 本地网</td></tr>
<tr><td rowspan="6">短号码</td><td colspan="2">3 位号</td><td>420 万元/年 * 号</td></tr>
<tr><td colspan="2">4 位号</td><td>120 万元/年 * 号</td></tr>
<tr><td rowspan="2">5 位号</td><td>跨省使用</td><td>24 万元/年 * 号</td></tr>
<tr><td>省内使用</td><td>4.8 万元/年 * 号</td></tr>
<tr><td rowspan="2">6 位号</td><td>跨省使用</td><td>2.4 万元/年 * 号</td></tr>
<tr><td>省内使用</td><td>0.48 万元/年 * 号</td></tr>
<tr><td>移动通信网码号</td><td colspan="3">网号</td><td>1200 万元/年 * 网号</td></tr>
</table>

注：①移动通信网占用的码号资源按照实际占用的 $H_0$ 进行收费；电信业务经营者分配给专用电信网的码号资源按照 12 元/年 * 百层号 * 本地网收取。

②西部地区的用户号码资源占用费减半收取（包括重庆、四川、贵州、云南、西藏、陕西、甘肃、青海、宁夏、新疆、内蒙古、广西）。

③公益性短号码免收码号资源占用费，包括 110、119、120、122、123××（“××”从 00~99）。

④信令点编码和数据通信网码号资源暂不收费。

⑤400、600、700、800 等智能网业务号码暂不收费。

⑥114、117、121、106×（“×”从 0~9）、长途过网号的码号资源暂不收费。

⑦非固定电话网短号码资源占用费按照固定电话网短号码收费标准收取。

# 电信设备进网管理办法

信息产业部令第11号

（经2001年4月29日第6次部务会议审议通过，自发布之日起施行）

## 第一章　总则

**第一条**　为了保证公用电信网的安全畅通，加强电信设备进网管理，维护电信用户和电信业务经营者的合法权益，根据《中华人民共和国电信条例》，制定本办法。

**第二条**　本办法所称电信设备是指电信终端设备、无线电通信设备和涉及网间互联的设备。

电信终端设备是指连接在公用电信网末端，为用户提供发送和接收信息功能的电信设备。

无线电通信设备是指连接在公用电信网上，以无线电为通信手段的电信设备。

涉及网间互联的设备是指涉及不同电信业务经营者的网络之间或者不同电信业务的网络之间互联互通的电信设备。

**第三条**　国家对接入公用电信网的电信终端设备、无线电通信设备和涉及网间互联的电信设备实行进网许可制度。

实行进网许可制度的电信设备必须获得信息产业部颁发的进网许可证；未获得进网许可证的，不得接入公用电信网使用和在国内销售。

**第四条**　实行进网许可制度的电信设备目录由信息产业部会同国务院产品质量监督部门制定和公布。

**第五条**　电信设备生产企业（以下简称生产企业）申请电信设备进网许可必须符合国家法律、法规和政策规定。申请进网许可的电信设备必须符合国家标准、通信行业标准以及信息产业部的规定。电信设备生产企业应当具有完善的质量保证体系和售后服务措施。

**第六条**　生产企业申请电信设备进网许可，应当附送国务院产品质量监督部门认可并经信息产业部授权的检测机构出具的检测报告或者认证机构出具的产品质量认证证书。

检测机构对申请进网许可的电信设备进行检测的依据、检测规程和出具的检测报告应当符合国家或信息产业部的规定。

**第七条**　信息产业部电信管理局具体负责全国电信设备进网管理和监督检查工作。

省、自治区、直辖市通信管理局负责本行政区域内电信设备进网管理和监督检查工作。

经信息产业部授权的受理机构承担电信设备进网许可申请的具体受理事宜。

## 第二章　进网许可程序

**第八条**　生产企业申请电信设备进网许可，应当向信息产业部授权的受理机构提交下列申请材料：

（一）电信设备进网许可申请表（见附件）。[①] 申请表应当由生产企业法定代表人或其授权人签字并加盖公章。境外生产企业应当委托中国境内的代理机构提交申请表，并出具委托书。

（二）企业法人营业执照。境内生产企业应当提供企业法人营业执照。受境外生产企业委托代理申请电信设备进网许可的代理机构，应当提供代理机构有效执照。

（三）企业情况介绍。包括企业概况、生产条件、仪表配备、质量保证体系和售后服务措施等内容。对国家规定包修、包换和包退的产品，还应提供履行有关责任的文件。

（四）质量体系认证证书或审核报告。通过质量体系认证的，提供认证证书；未通过质量体系认证的，提供信息产业部授权的质量体系审核机构出具的质量体系审核报告。

（五）电信设备介绍。包括设备功能、性能指标、原理框图、内外观照片和使用说明等内容。

（六）检测报告或产品认证证书。应当是国务院产品质量监督部门认可并经信息产业部授权的检测机构出具的检测报告或者认证机构出具的产品认证证书。

申请进网许可的无线电发射设备，应当提供信息产业部颁发的“无线电发射设备型号核准证”。

无线电通信设备、涉及网间互联的设备或新产品应当提供总体技术方案和试验报告。

前列申请材料中证书、执照类材料应当提供原件和一份复印件，或者盖有发证机构证明印章的复印件；其他材料必须使用中文。

**第九条**　自受理机构收到完备的申请材料之日起60日内，信息产业部电信管理局对生产企业提交的申请材料进行审查，经审查符合条件的，颁发进网许可证并核发进网许可标志；不符合条件的，书面答复生产企业。

**第十条**　生产企业通过质量体系认证的，其提供检测机构检测的样品由生产企业按规定数量自行选取。

生产企业未通过质量体系认证的，其提供检测机构检测的样品由省、自治区、直辖市通信管理局按信息产业部规定的抽样办法执行，并由省、自治区、直辖市通信管理局组织经信息产业部授权的质量体系审核机构进行质量体系审核。

**第十一条**　申请进网许可的无线电通信设备、涉及网间互联的设备或者新产品，应当在中国境内的电信网上或者信息产业部指定的模拟实验网上进行至少三个月的试验，并由试验单位出具试验报告。

信息产业部电信管理局组织专家对前款电信设备总体技术方案、试验报告、检测报告等进行评审，根据专家评审意见，经审查符合条件的，颁发进网许可证。

**第十二条**　生产企业对获得进网许可证的电信设备进行技术、外型改动的，须进行检测或重新办理进网许可证。

对获得进网许可证的电信设备外型改动较小，生产企业要求减免测试项目的，可以将改动前后的照片、电路原理图、改动说明和改动后的样品等交检测机构进行审核。检测机构向信息产业部电信管理局出具审核意见，检测机构审核认为可以减免测试项目的，经信息产业部电信管理局同意，可以减免测试项目。

**第十三条**　实行进网许可制度但尚无国家标准、行业标准的电信新设备，由生产企业自行将样

① 附件未摘录，请自行查阅。

品送到检测机构，检测机构根据国际标准或者企业标准进行检测，并出具检测报告。

信息产业部电信管理局对检测报告和有关材料进行审查，在符合国家产业政策和不影响网络安全畅通的条件下，批准进网试验，待国家标准、行业标准颁布后再按程序办理进网许可证。

**第十四条**　我国与其他国家或地区政府间签署电信设备检测实验室和检测报告相互认可协议的，按协议规定执行。

## 第三章　进网许可证和进网许可标志

**第十五条**　生产企业应当在其获得进网许可的电信设备上粘贴进网许可标志。进网许可标志由信息产业部统一印制和核发。进网许可标志属于质量标志。

未获得进网许可和进网许可证失效的电信设备上不得加贴进网许可标志。

**第十六条**　进网许可证和进网许可标志不得转让、涂改、伪造和冒用。

**第十七条**　进网许可证的有效期为 3 年。

生产企业需要继续生产和销售已获得进网许可的电信设备的，在进网许可证有效期届满前 3 个月，应当重新申请办理进网许可证，并附送 1 年内的送样检测报告或产品质量监督抽查报告，原证交回。

**第十八条**　电信设备进网许可证中规定的内容发生变化的，生产企业应当重新办理进网许可证。

**第十九条**　获得进网许可证的生产企业应当向其经销商以及需要进网许可证复印件的用户提供复印件，复印件应当由生产企业负责人签字并加盖公章。生产企业应当对复印件编号登记。

**第二十条**　生产企业应当在获得进网许可的电信设备包装上和刊登的广告中标明进网许可证编号。

## 第四章　监督管理

**第二十一条**　信息产业部定期向社会公布获得进网许可证的电信设备和生产企业。

获得进网许可证的生产企业应当及时向所在的省、自治区、直辖市通信管理局备案，并接受监督管理。

任何单位不得对已获得进网许可证的电信设备进行重复检测、发证。

**第二十二条**　省、自治区、直辖市通信管理局应当于每年 12 月 31 日前，对本行政区域内获得进网许可的电信设备和生产企业进行年度检查，并于第二年 1 月 31 日前，将年度检查情况汇总报信息产业部电信管理局。

**第二十三条**　获得电信设备进网许可证的生产企业应当保证电信设备获得进网许可证前后的一致性，保证产品质量稳定、可靠，不得降低产品质量和性能。

信息产业部配合国务院产品质量监督部门对获得进网许可证的电信设备进行质量跟踪和监督抽查，并向社会公布抽查结果。

**第二十四条**　获得进网许可的电信设备及其外包装必须标有国家规定的中文标识；产品必须附有中文说明书和保修卡；对国家规定包修、包换和包退的产品，还应有相应的凭证。

**第二十五条**　实行进网许可制度的电信设备未获得进网许可的，电信业务经营者不得使用。

**第二十六条**　用户有权自主选择电信终端设备，电信业务经营者不得拒绝用户使用自备的已经取得进网许可的电信终端设备。

**第二十七条**　电信设备检测机构或产品质量认证机构必须执行国家标准、行业标准和信息产业部规定。检测机构或产品质量认证机构及其工作人员不得弄虚作假，不得利用职务之便剽窃或泄露生产企业的技术秘密。

## 第五章 罚则

**第二十八条** 违反本办法规定，销售未获得进网许可的电信终端设备的，由省、自治区、直辖市通信管理局责令改正，并处 1 万元以上 10 万元以下罚款。

**第二十九条** 违反本办法规定，伪造、冒用、转让进网许可证，编造进网许可证编号或粘贴伪造的进网许可标志的，由信息产业部或者省、自治区、直辖市通信管理局没收违法所得，并处违法所得 3 倍以上 5 倍以下罚款；没有违法所得或者违法所得不足 1 万元的，处 1 万元以上 10 万元以下罚款。

**第三十条** 违反本办法规定，生产企业获得进网许可证后降低产品质量和性能的，由产品质量监督部门依照有关法律法规予以处罚。

**第三十一条** 违反本办法规定，生产企业未在获得进网许可的设备外包装和刊登的广告中注明进网许可证编号的，由信息产业部或者省、自治区、直辖市通信管理局责令改正，并给予警告。

**第三十二条** 违反本办法规定，生产企业有下列行为之一的，由信息产业部给予警告；情节严重的，信息产业部取消其申请进网许可的资格或不再受理其进网许可申请：

（一）申请进网许可时提供不真实申请材料的；

（二）不能保证电信设备获得进网许可证前后的一致性的；

（三）售后服务不落实，对国家规定包修、包换和包退的产品不履行相应义务的；

（四）不按规定向省、自治区、直辖市通信管理局备案或者不参加年检的。

**第三十三条** 违反本办法规定，电信业务经营者拒绝用户自备的获得进网许可的电信终端设备进网的，由省、自治区、直辖市通信管理局责令改正，并向电信用户赔礼道歉，赔偿电信用户损失；拒不改正并赔礼道歉、赔偿损失的，处以警告，并处 1 万元以上 10 万元以下的罚款；情节严重的，责令停业整顿。

**第三十四条** 违反本办法规定，对已获得进网许可证的电信设备进行重复检测、发证的，由信息产业部责令改正。

**第三十五条** 违反本办法规定，检测机构、产品质量认证机构有下列行为之一的，信息产业部对其出具的检测报告或认证证书不予承认；情节严重的，信息产业部取消对其授权：

（一）弄虚作假，有作弊行为的；

（二）不按规定标准进行检测或认证的；

（三）不按信息产业部规定出具检测报告或认证证书的。

**第三十六条** 从事电信设备进网许可申请受理、检测、审批及有关工作的人员滥用职权、徇私舞弊或者利用职务之便剽窃、泄露生产企业技术秘密的，依法给予行政处分。构成犯罪的，依法追究刑事责任。

## 第六章 附则

**第三十七条** 对进入公用电信网的电信设备抗震性能的检测管理办法，信息产业部另行制定。

**第三十八条** 未实行进网许可制度的电信设备可以由生产企业自愿向国务院产品质量监督部门认可的电信设备进网认证机构申请产品认证。

**第三十九条** 本办法自发布之日起施行。1998 年 12 月 31 日信息产业部发布的《电信设备进网审批管理办法》同时废止。

# 关于降低移动电话国内漫游通话费上限标准的通知

信部清函［2008］75号

各省、自治区、直辖市通信管理局、发改委、物价局，中国移动通信集团公司、中国联合通信有限公司：

为适应电信市场发展，进一步推动移动电话资费水平下降，让广大消费者更好地享有电信市场发展、技术进步的成果，促进电信行业健康持续稳定发展，经召开听证会、座谈会，开展网上调查等多种形式，征求各方面意见，决定降低移动电话国内（除港澳台地区外，下文所说“国内”均与此同）漫游通话费上限标准。现就有关事项通知如下：

一、简化漫游资费结构，合并国内漫游通话费和漫游状态下的国内长途通话费；不区分后付费和预付费用户；国内漫游通话费上限标准实行主被叫差别定价。

移动电话国内漫游通话费，主叫上限标准降为每分钟0.6元，被叫上限标准降为每分钟0.4元。占用国内长途电路不再另行加收国内长途通话费。

二、各电信企业应按照《关于调整部分电信业务资费管理方式的通知》（信部联清［2005］408号）的要求，在不高于上限标准之下自主制定资费方案，报信息产业部、国家发展改革委或省（自治区、直辖市）通信管理局和同级价格主管部门备案。

三、现行资费方案中，国内漫游状态下的通话费（含漫游状态下的国内长途通话费）高于上述标准的，由有关电信企业按照上述标准降低；低于上述标准的，不得借机涨价。

四、各省通信管理局和价格主管部门要进一步鼓励电信企业有效有序竞争；加大电信资费监管力度，切实保护消费者的合法权益，防止电信企业借机涨价；加强对相关电信企业的指导和监督，遇到新情况、新问题应及时报信息产业部和国家发展改革委。

五、各电信企业要抓紧计费系统的技术改造，于2008年3月1日起按调整后标准执行。本次移动电话国内漫游通话费上限标准调整，电信企业对计费系统进行技术改造，需要一定的技术准备期。确因技术原因不能按期执行的，经批准后可适当后延执行时间，但最迟不得超过2008年5月1日零时起执行新标准。

# 信息产业部关于规范电信资费方案管理的指导意见

信部清［2008］81号

各省、自治区、直辖市通信管理局，中国电信集团公司、中国网络通信集团公司、中国移动通信集团公司、中国联合通信有限公司、中国卫星通信集团公司、中国铁通集团有限公司：

通过集中开展资费套餐清理工作，资费套餐种类显著减少，清理效果初步显现，但在资费设计和宣传环节中仍存在比较突出的问题。为进一步维护消费者合法权益，指导各电信企业规范电信资费方案管理，力求资费方案简单清晰、通俗易懂，便于消费者分析、比较、选择和使用，现提出以下指导意见：

一、电信企业应深入贯彻科学发展观，坚持以人为本和全面协调可持续发展，加强资费研究，科学制定资费方案，通过技术、服务和管理创新逐步降低成本，努力促进电信资费总体水平稳步下降，与广大用户共享电信发展和改革的成果。

二、电信企业应考虑用户的不同需求，提供多种资费方案供用户选择；同时，为方便用户比较和选择，应适当控制资费方案的种类，在同一本地网营业区（或业务区）内，可供用户选择的同一网络的资费方案原则上不超过10种。

三、资费方案结构应简单清晰，鼓励电信企业推出按实际使用量给予不同优惠幅度的资费方案；对于设定基本消费的资费方案，在基本消费包含的收费项目外不应再额外附加必选的收费项目；对于现行叠加收费的电信业务，鼓励电信企业简化资费结构，采用单一费率方式收费，对于其他电信业务，电信企业应避免采用叠加收费方式。

四、资费方案设计应科学合理，与企业技术、服务和管理能力相匹配；资费方案的适用区域应尽可能扩大，在同一本地网营业区（或业务区）内，电信企业应保证具有同等交易条件的同类用户对资费方案具有同等的选择权利；鼓励电信企业为农村用户提供更加优惠的资费方案。除此之外，不宜针对特定区域设计资费方案。

五、电信企业应建立资费方案公示制度，通过营业厅、代理代办点、网站等方式公布现行资费方案，在业务宣传推广时应全面、准确，对资费方案限制性条件及其他需引起用户注意的事项，电信企业应履行提醒义务，不得片面夸大资费优惠幅度或作容易引起用户误解的宣传。

六、电信企业应进一步提高收费透明度，尽可能为用户查询相关信息提供方便，向用户提供的账单中所列收费项目应与用户选择的资费方案相符合，方便用户明白消费。

七、用户对资费方案享有自主选择权，电信企业应给予充分尊重，不得限制用户选择其指定的资费方案，未经用户同意，不得擅自更改与用户约定的资费方案。

各电信企业集团公司应根据上述指导意见，切实加强对下属企业的指导和协调，做好本企业的电信资费管理工作。各省、自治区、直辖市通信管理局应按照上述要求，指导本辖区电信企业推出符合消费者需求的资费方案，规范电信企业资费宣传行为，切实维护用户的合法权益。

# 关于第三代公众移动通信系统频率规划问题的通知

信部无［2002］479号

各省、自治区、直辖市无线电管理机构、通信管理局、信息产业厅，各相关单位：

依据国际电联有关第三代公众移动通信系统（IMT—2000）频率划分和技术标准，按照我国无线电频率划分规定，结合我国无线电频谱使用的实际情况，现将我国第三代公众移动通信系统频率规划有关事宜通知如下：

一、第三代公众移动通信系统的工作频段为：

（一）主要工作频段：

频分双工（FDD）方式：1920—1980MHz / 2110—2170MHz；

时分双工（TDD）方式：1880—1920MHz / 2010—2025MHz 。

（二）补充工作频率：

频分双工（FDD）方式：1755—1785MHz / 1850—1880MHz；

时分双工（TDD）方式：2300—2400MHz，与无线电定位业务共用，均为主要业务，共用标准另行制定。

（三）卫星移动通信系统工作频段：1980—2010MHz / 2170—2200MHz。

二、目前已规划给公众移动通信系统的 825—835MHz / 870—880MHz 、885—915MHz / 930—960MHz 和 1710—1755MHz / 1805—1850MHz 频段，同时规划为第三代公众移动通信系统 FDD 方式的扩展频段，上、下行频率使用方式不变。已分配给中国移动通信集团公司、中国联合通信有限公司的频段可按照批准文件继续用于 GSM 或 CDMA 公众移动通信系统，若要改变为第三代公众移动通信系统体制，须另行报批。

三、上述各规划频段作为第三代公众移动通信频段，由国家无线电管理机构管理。具体技术指标、频率分配以及台站管理规定另行制定。

四、自发文之日起，各省、自治区、直辖市无线电管理机构停止分配和指配上述各频段频率，停止审批本通知第一条所述频段内新设无线电台站。

五、对上述各频段内既设无线电台站，应本着既要保障移动通信业务发展需求，又要妥善处理现用设备的原则，按照信息产业部《关于调整 1—30GHz 数字微波接力通信系统容量系列及射频波道配置的通知》（信部无［2000］705号）和《关于清理 1885—2025MHz 及 2110—2200MHz 频段有关问题的通知》（信部无［2001］522号）精神处理。

以往有关频率规划，凡与本通知相抵触的，以本通知为准。

# 工业和信息化部关于鼓励和引导民间资本进一步进入电信业的实施意见

工信部通［2012］293号　2012年6月27日

为贯彻落实《国务院关于鼓励和引导民间投资健康发展的若干意见》（国发［2010］13号）“鼓励民间资本参与电信建设。鼓励民间资本以参股方式进入基础电信运营市场。支持民间资本开展增值电信业务。加强对电信领域垄断和不正当竞争行为的监管，促进公平竞争，推动资源共享”的要求，促进电信业持续健康发展，结合电信行业特点，提出如下实施意见：

## 一、指导思想

鼓励电信业进一步向民间资本开放。引导民间资本通过多种方式进入电信业，积极拓宽民间资本的投资渠道和参与范围。加快推进电信法制建设，坚持依法行政，为民间资本参与电信业竞争创造良好的发展环境。

## 二、鼓励和引导的重点领域

（一）鼓励民间资本开展移动通信转售业务试点，通过竞争促进服务提升和资费水平下降，为用户提供更便捷、优惠和多样化的移动通信服务。

（二）鼓励民间资本开展接入网业务试点和用户驻地网业务，促进宽带发展。完善相关监管制度和手段，保障企业实现平等接入，用户实现自由选择，推动提高宽带接入性价比。

（三）鼓励民间资本开展网络托管业务。引导电信企业将自有或租用的国内的网络、网络元素或设备，委托民营企业第三方进行管理和维护服务，促进专业化分工，提升服务水平。

（四）鼓励民间资本开展增值电信业务。支持民间资本在互联网领域投资，进一步明确对民间资本开放互联网数据中心（IDC）和互联网接入服务（ISP）业务的相关政策，引导民间资本参与IDC和ISP业务的经营活动。

（五）鼓励符合条件的民营企业申请通信工程设计、施工、监理、信息网络系统集成、用户管线建设以及通信建设项目招标代理机构等企业资质。凡具有相应资质的民营企业，平等参与通信建设项目招标，不得设立其他附加条件。

（六）鼓励民间资本参与基站机房、通信塔等基础设施的投资、建设和运营维护。引导基础电信企业积极顺应专业化分工经营的趋势，将基站机房、通信塔等基础设施外包给第三方民营企业，加强基础设施的共建共享。

（七）鼓励民间资本以参股方式进入基础电信运营市场。鼓励基础电信企业在境内上市，通过降低上市公司的国有股权比例或增资扩股的方式引入民间资本。支持基础电信企业引入民间战略投资者。

（八）鼓励民营电信企业“走出去”，积极参与国际竞争。支持民营电信企业开展国际化经营，开拓国际市场。

## 三、保障措施

（一）推动电信法制建设，完善维护国家安全、用户信息保护、网络与信息安全、规范市场竞争秩序等相关立法。加快出台试点办法和规章制度。抓紧研究出台鼓励和引导民间资本进一步进入电信业的具体事项和试点办法，以及电信业务的申请条件、期限和程序等配套政策和规定，通过多种形式和渠道及时发布，不断提高政策透明度。

（二）加强对电信业的监管制度和能力建设。保护企业和用户的合法权益，培育和维护公平竞争的市场环境。加强对电信领域垄断和不正当竞争行为的监管，促进公平竞争，推动资源共享。加强对增值电信业务的应用示范和引导，鼓励中小电信企业创新。

（三）完善对民间资本投资电信业的服务。积极履行行业管理服务职责，加强政策宣传，搭建与民间投资主体交流沟通的平台。进一步发挥行业协会等组织的作用，为民间资本提供政策咨询和服务，推动民间资本在电信领域健康发展。

（四）加强对民营电信企业“走出去”的支持和服务。通过多种渠道和形式，为民营电信企业“走出去”争取公平的投资、贸易和优惠政策，积极为企业解决实际困难和问题。

（五）加强指导和监督。督促电信企业遵守电信业相关法律法规，指导民营电信企业完善内部规章制度建设，提高自身素质和能力，依法经营，诚实守信，积极履行企业社会责任。

# 非经营性互联网信息服务备案管理办法

信息产业部令第33号

(2005年1月28日信息产业部第十二次部务会议审议通过，
自2005年3月20日起施行)

**第一条** 为规范非经营性互联网信息服务备案及备案管理，促进互联网信息服务业的健康发展，根据《互联网信息服务管理办法》、《中华人民共和国电信条例》及其他相关法律、行政法规的规定，制定本办法。

**第二条** 在中华人民共和国境内提供非经营性互联网信息服务，履行备案手续，实施备案管理，适用本办法。

**第三条** 中华人民共和国信息产业部（以下简称信息产业部）对全国非经营性互联网信息服务备案管理工作进行监督指导，省、自治区、直辖市通信管理局（以下简称省通信管理局）具体实施非经营性互联网信息服务的备案管理工作。

拟从事非经营性互联网信息服务的，应当向其住所所在地省通信管理局履行备案手续。

**第四条** 省通信管理局在备案管理中应当遵循公开、公平、公正的原则，提供便民、优质、高效的服务。

非经营性互联网信息服务提供者从事非经营性互联网信息服务时，应当遵守国家的有关规定，接受有关部门依法实施的监督管理。

**第五条** 在中华人民共和国境内提供非经营性互联网信息服务，应当依法履行备案手续。

未经备案，不得在中华人民共和国境内从事非经营性互联网信息服务。

本办法所称在中华人民共和国境内提供非经营性互联网信息服务，是指在中华人民共和国境内的组织或个人利用通过互联网域名访问的网站或者利用仅能通过互联网IP地址访问的网站，提供非经营性互联网信息服务。

**第六条** 省通信管理局通过信息产业部备案管理系统，采用网上备案方式进行备案管理。

**第七条** 拟从事非经营性互联网信息服务的，应当通过信息产业部备案管理系统如实填报《非经营性互联网信息服务备案登记表》（以下简称《备案登记表》，格式见本办法附录），[①] 履行备案手续。

信息产业部根据实际情况，对《备案登记表》进行调整和公布。

**第八条** 拟通过接入经营性互联网络从事非经营性互联网信息服务的，可以委托互联网接入服务业务经营者、互联网数据中心业务经营者和以其他方式为其网站提供接入服务的电信业务经营者代为履行备案、备案变更、备案注销等手续。

**第九条** 拟通过接入中国教育和科研计算机网、中国科学技术网、中国国际经济贸易互联网、

① 附录未摘录，请自行查阅。

中国长城互联网等公益性互联网络从事非经营性互联网信息服务的，可以由为其网站提供互联网接入服务的公益性互联网络单位代为履行备案、备案变更、备案注销等手续。

**第十条**　互联网接入服务业务经营者、互联网数据中心业务经营者以及以其他方式为网站提供接入服务的电信业务经营者和公益性互联网络单位（以下统称互联网接入服务提供者）不得在已知或应知拟从事非经营性互联网信息服务的组织或者个人的备案信息不真实的情况下，为其代为履行备案、备案变更、备案注销等手续。

**第十一条**　拟从事新闻、出版、教育、医疗保健、药品和医疗器械、文化、广播电影电视节目等互联网信息服务，根据法律、行政法规以及国家有关规定应经有关主管部门审核同意的，在履行备案手续时，还应向其住所所在地省通信管理局提交相关主管部门审核同意的文件。

拟从事电子公告服务的，在履行备案手续时，还应当向其住所所在地省通信管理局提交电子公告服务专项备案材料。

**第十二条**　省通信管理局在收到备案人提交的备案材料后，材料齐全的，应在二十个工作日内予以备案，向其发放备案电子验证标识和备案编号，并通过信息产业部备案管理系统向社会公布有关备案信息；材料不齐全的，不予备案，在二十个工作日内通知备案人并说明理由。

**第十三条**　非经营性互联网信息服务提供者应当在其网站开通时在主页底部的中央位置标明其备案编号，并在备案编号下方按要求链接信息产业部备案管理系统网址，供公众查询核对。

非经营性互联网信息服务提供者应当在其网站开通时，按照信息产业部备案管理系统的要求，将备案电子验证标识放置在其网站的指定目录下。

**第十四条**　非经营性互联网信息服务提供者在备案有效期内需要变更其《备案登记表》中填报的信息的，应当提前三十日登录信息产业部备案系统向原备案机关履行备案变更手续。

**第十五条**　非经营性互联网信息服务提供者在备案有效期内需要终止提供服务的，应当在服务终止之日登录信息产业部备案系统向原备案机关履行备案注销手续。

**第十六条**　非经营性互联网信息服务提供者应当保证所提供的信息内容合法。

本办法所称非经营性互联网信息服务提供者提供的信息内容，是指互联网信息服务提供者的网站的互联网域名或IP地址下所包括的信息内容。

**第十七条**　省通信管理局应当建立信誉管理、社会监督、情况调查等管理机制，对非经营性互联网信息服务活动实施监督管理。

**第十八条**　互联网接入服务提供者不得为未经备案的组织或者个人从事非经营性互联网信息服务提供互联网接入服务。

对被省通信管理局处以暂时关闭网站或关闭网站处罚的非经营性互联网信息服务提供者或者非法从事非经营性互联网信息服务的组织或者个人，互联网接入服务提供者应立即暂停或终止向其提供互联网接入服务。

**第十九条**　互联网接入服务提供者应当记录其接入的非经营性互联网信息服务提供者的备案信息。

互联网接入服务提供者应当依照国家有关规定做好用户信息动态管理、记录留存、有害信息报告等网络信息安全管理工作，根据信息产业部和省通信管理局的要求对所接入用户进行监督。

**第二十条**　省通信管理局依法对非经营性互联网信息服务备案实行年度审核。

省通信管理局通过信息产业部备案管理系统，采用网上方式进行年度审核。

**第二十一条**　非经营性互联网信息服务提供者应当在每年规定时间登录信息产业部备案管理系统，履行年度审核手续。

**第二十二条**　违反本办法第五条的规定，未履行备案手续提供非经营性互联网信息服务的，由住所所在地省通信管理局责令限期改正，并处一万元罚款；拒不改正的，关闭网站。

超出备案的项目提供服务的，由住所所在地省通信管理局责令限期改正，并处五千元以上一万元以下罚款；拒不改正的，关闭网站并注销备案。

**第二十三条**　违反本办法第七条第一款的规定，填报虚假备案信息的，由住所所在地省通信管理局关闭网站并注销备案。

**第二十四条**　违反本办法第十条、第十八条、第十九条的规定的，由违法行为发生地省通信管理局责令改正，并处一万元罚款。

**第二十五条**　违反本办法第十三条的规定，未在其备案编号下方链接信息产业部备案管理系统网址的，或未将备案电子验证标识放置在其网站指定目录下的，由住所所在地省通信管理局责令改正，并处五千元以上一万元以下罚款。

**第二十六条**　违反本办法第十四条、第十五条的规定，未在规定时间履行备案变更手续，或未依法履行备案注销手续的，由住所所在地省通信管理局责令限期改正，并处一万元罚款。

**第二十七条**　非经营性信息服务提供者违反国家有关法律规定，依法应暂停或终止服务的，省通信管理局可根据法律、行政法规授权的同级机关的书面认定意见，暂时关闭网站，或关闭网站并注销备案。

**第二十八条**　在年度审核时，非经营性互联网信息服务提供者有下列情况之一的，由其住所所在地的省通信管理局通过信息产业部备案系统等媒体通告责令其限期改正；拒不改正的，关闭网站并注销备案：

（一）未在规定时间登录备案网站提交年度审核信息的；

（二）新闻、教育、公安、安全、文化、广播电影电视、出版、保密等国家部门依法对各自主管的专项内容提出年度审核否决意见的。

**第二十九条**　本办法自2005年3月20日起施行。

# 第五编　通信建设类政策法规

# 电信建设管理办法

信息产业部　国家发展计划委员会第20号令
（自2002年2月1日起施行）

## 第一章　总则

**第一条**　为加强电信建设的统筹规划和行业管理，促进电信业健康、有序发展，根据《中华人民共和国电信条例》和国家有关规定，制定本办法。

**第二条**　凡在中华人民共和国境内新建、改建和扩建公用电信网、专用电信网和广播电视传输网，均须遵守本办法。

**第三条**　信息产业部依法对全国公用电信网、专用电信网和广播电视传输网的建设实施监督管理。

各省、自治区、直辖市通信管理局，在信息产业部领导下，依法对本行政区域内的公用电信网、专用电信网和广播电视传输网的建设实施监督管理。

**第四条**　全国性电信网络工程和国际电信建设项目是电信建设管理的重点。

本办法所称全国性电信网络工程是指跨省（自治区、直辖市）公用电信网、专用电信网和广播电视传输网以及其组成部分的建设工程。

**第五条**　电信网络和电信设施建设须严格遵守国家有关法律、政策，符合电信网体制标准及通信工程建设标准、建设规范。

**第六条**　电信建设管理应维护国家通信主权，破除垄断，鼓励竞争，促进资源合理利用，维护通信建设市场秩序，营造公开、公平、公正的竞争环境。

## 第二章　规划编制与管理

**第七条**　信息产业部负责编制电信行业发展规划，各省、自治区、直辖市通信管理局负责编制所辖行政区电信行业发展规划。

投资建设公用电信网、广播电视传输网的企业（或单位），必须根据行业规划的要求，编制本企业（或单位）五年规划（含传输网五年专题规划），并逐年编制滚动规划（含传输网滚动专题规划）。

投资建设专用电信网的企业（或单位），应根据本企业（或单位）对通信传输线路及带宽的需求编制本企业（或单位）传输网五年专题规划，并根据实际建设和发展情况逐年编制传输网滚动专题规划（含自建、购买、租用等）。

企业（或单位）可以根据情况确定滚动规划期限为三年或五年。

**第八条** 企业（或单位）五年规划应当包括以下内容：

（一）本企业（或单位）电信网现状；

（二）本企业（或单位）五年发展思路、目标、重点；

（三）本企业（或单位）建设资金估算和资金筹措计划；

（四）本企业（或单位）五年重点建设项目框架等。

**第九条** 企业（或单位）滚动规划应当包括以下内容：

（一）本企业（或单位）电信网现状及上年度完成情况；

（二）本企业（或单位）当年发展目标、重点及建设项目框架、资金估算和资金筹措计划；

（三）本企业（或单位）滚动期末发展思路、目标。

**第十条** 传输网五年专题规划应当包括以下内容：

（一）本企业（或单位）传输网现状（含路由图）；

（二）本企业（或单位）传输网五年需求、发展目标、重点及规划路由图；

（三）本企业（或单位）传输网五年建设项目框架（含路由、距离、容量、投资等）。

**第十一条** 传输网滚动专题规划应当包括以下内容：

（一）本企业（或单位）传输网现状（含路由图、上一年度传输网建设项目完成情况）；

（二）本年度传输网项目建设计划（含项目路由、距离、容量、投资以及资金来源等）；

（三）本年度传输网建设路由图；

（四）滚动期末传输网发展思路、目标及建设项目框架。

**第十二条** 企业（或单位）五年规划、传输网五年专题规划和滚动规划实行备案制度。

企业（或单位）五年规划、传输网五年专题规划应于国家每个五年规划期开始前上报备案，滚动规划应于每年 1 月底前上报备案。

拥有全国性电信网络的非计划单列企业（或单位）的规划，报信息产业部。拥有全国性电信网络的计划单列企业的规划，同时报国家计委和信息产业部。

各省、自治区、直辖市行政区域内的公用电信网和广播电视传输网、专用电信网建设企业（或单位）的规划，报本省、自治区、直辖市通信管理局。

国家计委、信息产业部或省、自治区、直辖市通信管理局在收到上报备案规划 30 个工作日内未提出不同意见的，该规划即自动生效，国家另有规定的从其规定。

**第十三条** 企业（或单位）传输网滚动专题规划实行审批制度。

企业（或单位）年度传输网滚动专题规划应于当年 1 月底前报信息产业部或省、自治区、直辖市通信管理局。行业主管部门应在收到上报规划的 45 个工作日内作出审批。

信息产业部或省、自治区、直辖市通信管理局对企业（或单位）上报的传输网滚动专题规划组织专家咨询、评审，并在此基础上出具批复意见。

**第十四条** 国家计委、信息产业部和省、自治区、直辖市通信管理局，依据国民经济和社会发展五年规划及其重点专项规划、电信行业规划，指导各相关企业（或单位）规划、传输网五年专题规划和滚动规划、传输网滚动专题规划的编制工作，并监督检查其执行情况。

## 第三章 项目审批

**第十五条** 公用电信网、专用电信网、广播电视传输网的建设必须严格执行国家有关规定。其建设程序应包括编制和批准项目建议书、可行性研究报告、初步设计和进行竣工验收等。其中：利用外资的电信建设项目按照有关法律法规规定，履行报批手续；自筹资金的电信建设项目可由业主单位自行进行初步设计和竣工验收，限额以下项目可以可行性研究报告代项目建议书一并审批。

**第十六条**　建设项目要严格按照国家规定的项目审批权限进行审批。各项目建设单位不得将整体项目化整为零，规避主管部门审查。审批项目应以业主单位的电信业务许可证范围为依据。

**第十七条**　国内传输网新建或改建、扩建项目在按照国家基本建设程序审批前，须经相应通信主管部门初审，行业初审同意的项目方可获得批准。

项目审批部门对行业初审结果有不同意见的，由项目审批部门和出具初审意见的部门协商解决。

**第十八条**　申报国内传输网跨省建设项目或国家规定的限额以上项目，应同时抄报信息产业部；申报国内传输网省内限额以下建设项目，应同时抄报本省、自治区、直辖市通信管理局。计划单列企业按照项目审批权限自行审批的限额以下国内传输网项目，应抄报国家计委和信息产业部。申报项目单位应提供电信业务经营许可证等材料。

行业主管部门在收到抄报文件20个工作日内，向项目审批部门出具行业初审意见。

**第十九条**　信息产业部或省、自治区、直辖市通信管理局对企业（或单位）当年传输网滚动专题规划的批复同意意见，视同对该滚动规划中国内传输网当年建设项目的行业初审同意。未列入企业（或单位）当年滚动规划内的项目，在审批前必须报信息产业部或者省、自治区、直辖市通信管理局初审。

**第二十条**　国际传输网、国际通信出入口等国际电信建设项目由国家统一审批。其中，限额以上基本建设项目或限额以上的技术改造项目经信息产业部初审同意后，由国家计委或国家经贸委审批或核报国务院审批；限额以下项目由信息产业部审批，其他部门（或单位）无权审批国际电信建设项目。投资建设或参与投资建设国际电信项目的单位必须拥有国际通信基础设施经营权。

信息产业部在受理国际电信建设项目行业初审申请后，应在30个工作日内予以答复。限额以下国际电信建设项目审批应在申请之日起45个工作日内予以批复。

**第二十一条**　国家鼓励有权建设传输网的电信运营企业和有关单位联合建设国内传输网络。联合建设项目应依照本办法第十七条规定按一个项目联合报批。申报联合建设项目除规定内容外，还应注明合建方及牵头单位，并补充各自的建设规模和出资额。

参与军民合建项目的地方企业或单位必须与经总参通信部批准的军队项目联合建设。

**第二十二条**　参与联合建设国内传输网的各投资方必须事先签署联合建设协议，并明确联合建设的牵头单位和各方的权利与义务。全国性网络联合建设协议报信息产业部备案，省、自治区、直辖市内网络联合建设协议报省、自治区、直辖市通信管理局备案。

**第二十三条**　项目审批或初审应采取专家咨询、专家评审等方式，并在此基础上批复或出具行业初审意见。

## 第四章　电信建设市场管理

**第二十四条**　信息产业部对全国电信建设市场、电信建设工程质量、招标投标等电信建设活动以及通信工程建设强制性标准的执行情况实施监督管理。

省、自治区、直辖市通信管理局对本行政区域内电信建设市场、电信建设工程质量、招标投标等电信建设活动，以及通信工程建设强制性标准的执行情况实施监督管理。

**第二十五条**　基础电信业务经营者可以在电信业务经营许可证规定的范围内投资建设和经营电信设施。

任何企业（或单位）不得从无网络元素出租、出售业务许可证的企业（或单位）购买、租用网络资源。

**第二十六条**　省、自治区、直辖市通信管理局负责本行政区内电信管道建设的统筹规划和协调。地方各级人民政府应将电信管道建设规划纳入城镇建设总体规划，电信管道的建设规模、容量应当满足电信业务发展的需要。

**第二十七条** 公共场所的经营者或管理者有义务协助基础电信业务经营者依法在该场所内从事电信设施建设，不得阻止或者妨碍基础电信业务经营者向电信用户提供公共电信服务。

**第二十八条** 在民用建筑物上设置小型天线、移动通信基站等公用电信设施时，必须满足建筑物荷载等条件，不得破坏建筑物的安全性。

**第二十九条** 建设地下、水底等隐蔽电信设施，应当设置标志并注明产权人。其中光缆线路建设应当按照通信工程建设标准的有关规定设置光缆线路标石和水线标志牌；海缆登陆点处应设置明显的海缆登陆标志，海缆路由应向国家海洋管理部门和港监部门备案。产权人发现标志受损或丢失的，应及时修复、补齐，并有权依法追究破坏电信设施标志的单位或个人的责任。

在已设置标志或备案的情况下电信设施损坏所造成的损失由责任方承担；因无标志或未备案而发生的电信设施损坏造成的损失由产权人自行承担。

**第三十条** 任何单位或者个人不得擅自改动或者迁移他人的电信线路及其他电信设施；遇有特殊情况必须迁改的，应当征得该电信设施产权人的同意，并签订协议。在迁改过程中，双方应采取措施尽量保证通信不中断。迁改费用、保证通信不中断所发生的费用以及中断通信造成的损失，由提出迁改要求的单位或者个人承担或赔偿，割接期间的中断除外。

**第三十一条** 从事施工、生产、种植树木等活动，应与电信线路或者其他电信设施保持一定的安全距离，不得危及电信线路等电信设施的安全或者妨碍线路畅通。可能危及电信安全时，应当事先通知有关电信业务经营者，并由从事该活动的单位或者个人负责采取必要的安全防护措施。建筑物、其他设施、树木等与电信线路及其他电信设施的最小安全距离应根据通信工程建设标准的有关规定确定。

**第三十二条** 从事电信线路建设，在路由选择时应尽量避开已建电信线路，并根据通信工程建设标准的有关规定与已建的电信线路保持必要的安全距离，避免同路由、近距离敷设。受地形限制必须近距离甚至同沟敷设或者线路必须交越的，电信线路建设项目的建设单位应当与已建电信线路的产权人协商并签订协议，制定安全措施，在双方监督下进行施工，确保已建电信线路的畅通。

经协商不能达成协议的，根据电信线路建设情况，跨省线路由信息产业部协调解决，省内线路由相关省、自治区、直辖市通信管理局协调解决。

**第三十三条** 从事微波通信建设，应按国家无线电管理的有关规定到当地无线电管理机构办理设台手续，其微波传输通道应向当地城市规划部门备案。

建设微波通信设施、移动通信基站等无线通信设施不得妨碍已建通信设施的通信畅通。妨碍已建无线通信设施的通信畅通的，由当地省、自治区、直辖市无线电管理机构责令其改正。

**第三十四条** 信息产业部和省、自治区、直辖市通信管理局可委托经信息产业部考核合格的通信工程质量监督机构具体实施电信建设项目的质量监督。

参与电信建设的各方主体应当遵循国家法律、法规及强制性标准的规定，对其承接的项目质量和安全负责。

**第三十五条** 按有关规定必须进行招标的电信建设项目实行招标备案制。电信建设项目业主单位应在确定中标人之日起 15 日内填写“通信建设项目招标情况备案表”，其中跨省（自治区、直辖市）建设的项目报国家计委和信息产业部备案，其他建设项目报省、自治区、直辖市通信管理局备案。涉及机电设备的国际招标项目应遵守国家有关规定。

**第三十六条** 参与电信网络建设的单位应经信息产业部或省、自治区、直辖市电信建设管理部门审查同意后，按照国家有关规定，办理资质审批和年检手续，未经信息产业部或省、自治区、直辖市电信建设管理部门审查同意的，不得承接电信建设项目。

通信信息网络系统集成和通信用户管线建设企业，应当按信息产业部有关规定取得通信信息网络系统集成企业资质或通信用户管线建设许可证书。否则不得承接电信建设项目。

**第三十七条**　电信建设项目业主单位不得选择未经通信主管部门审查同意或未取得相应电信建设资质证书的设计、施工、监理、咨询、系统集成、用户管线建设、招投标代理单位承担电信建设项目。

**第三十八条**　信息产业部和省、自治区、直辖市通信管理局对电信建设进行监督检查时，被检查单位应当按要求提供有关电信建设的文件和资料，配合有关人员进入工作现场进行检查，并接受信息产业部和省、自治区、直辖市通信管理局对违规行为作出的处理。妨碍监督检查工作，或拒不接受处理的，应依法追究有关责任。

## 第五章　罚则

**第三十九条**　违反本办法第十五条、第十六条、第十七条、第十九条、第二十条、第二十一条有关规定审批的项目，审批无效。

违反本办法规定擅自进行电信建设的，在建项目一律停止建设、整顿，并由国家计委、信息产业部或省、自治区、直辖市通信管理局会同有关部门依据职责查处，对建设单位及审批单位给予通报批评并责令改正，已建成的项目暂不允许投入运营。造成国家资源浪费、扰乱电信市场秩序、危害电信安全等后果的，对建设单位和审批单位的主管人员和直接责任人依法给予行政处分，构成犯罪的，移交司法机关追究刑事责任。

**第四十条**　企业（或单位）没有电信业务经营许可证或超出电信业务经营许可证规定范围进行电信建设活动的，信息产业部或省、自治区、直辖市通信管理局应当责令其改正；情节严重的，责令停业整顿，并处一万元以上、三万元以下罚款。

**第四十一条**　违反第三十条、第三十一条、第三十二条规定，危及电信线路等电信设施的安全或者妨碍线路畅通的，省、自治区、直辖市通信管理局应当责令其恢复原状或者予以修复，并赔偿由此造成的经济损失。中断电信业务给电信业务经营者造成的经济损失包括直接经济损失、电信企业采取临时措施疏通电信业务的费用以及因中断电信业务而向用户支付的损失赔偿费。情节严重的，处一万元以上、三万元以下罚款。

**第四十二条**　参与电信建设的各方主体违反国家有关电信建设工程质量管理规定的，信息产业部或省、自治区、直辖市通信管理局可依据《建设工程质量管理条例》的规定责令其改正或予以处罚，已竣工验收的须在整改后重新组织竣工验收。

**第四十三条**　电信建设项目投资业主单位委托未经通信主管部门审查同意或未取得相应电信建设资质证书的单位承担电信建设项目设计、施工、监理、咨询、系统集成、用户管线建设、招投标代理的，信息产业部或省、自治区、直辖市通信管理局应责令改正，已竣工的不得投入使用，造成重大经济损失的，电信建设单位和相关设计、施工、监理、咨询、系统集成、用户管线建设、招投标代理等单位领导应承担相应法律责任。

**第四十四条**　设计、施工、监理、咨询、系统集成、用户管线建设、招投标代理等单位发生违规、违纪行为，或出现质量、安全事故的，除按《建设工程质量管理条例》的规定予以相应处罚外，信息产业部或省、自治区、直辖市通信管理局应视情节轻重给予下列处罚：

（一）发生一般质量事故的，给予通报批评；

（二）转包、违法分包、越级承揽电信建设项目或者发生重大质量事故、安全事故的，取消责任单位 1~2 年参与电信建设活动的资格。

## 第六章　附则

**第四十五条**　本办法由信息产业部、国家计委解释。

**第四十六条**　本办法自 2002 年 2 月 1 日起施行。

# 国际通信设施建设管理规定

信息产业部令第23号

（经2002年3月14日第9次部务会议审议通过，自2002年8月1日起施行）

**第一条** 为加强国际通信设施建设的统筹规划和行业管理，维护国家利益，保障国家通信主权和安全，促进国际通信网健康、有序发展，根据《中华人民共和国电信条例》和国家有关规定，制定本规定。

**第二条** 在中华人民共和国境内从事国际通信设施建设（含新建、改建、扩建和产权变更）活动，必须遵守本规定。

本规定所称的国际通信设施，包括国际通信出入口和国际传输网等电信设施。

国际通信出入口包括国际通信信道出入口、国际通信业务出入口和边境地区国际通信出入口。

国际传输网是指从境内的国际通信信道出入口至境外国家和地区间进行通信的所有有线、无线和卫星等电信设施。

**第三条** 信息产业部依照本规定对国际通信设施建设实施监督管理。

省、自治区、直辖市通信管理局在信息产业部领导下，依照本规定对本行政区域内的国际通信设施建设实施监督管理。

**第四条** 国际通信设施建设管理遵循维护国家通信主权，保证通信网络和信息安全，破除垄断、鼓励竞争，促进资源合理利用，维护通信建设市场秩序和公开、公平、公正的原则。

**第五条** 进行国际传输网和国际通信信道出入口建设，必须拥有国际通信基础设施经营权。

进行国际通信业务出入口和边境地区国际通信出入口建设，必须拥有国际通信业务经营权。

**第六条** 国际通信设施建设必须遵守我国的有关法律、法规，维护我国国家权益。

国际通信设施建设必须符合国家国际通信发展规划的要求。

国际通信设施建设必须符合国家安全的有关规定，配置国家有关部门要求的安全设施。

**第七条** 我国领土、领海内国际传输网、国际通信信道出入口的经营权和维护权，必须由获得我国国际通信基础设施经营权的电信业务经营者拥有。

我国领土、领海内国际通信业务出入口和边境地区国际通信出入口的经营权和维护权，必须由获得我国国际通信业务经营权的电信业务经营者拥有。

**第八条** 信息产业部综合规划司具体负责编制国际通信发展规划，并依据规划对国际通信设施建设进行管理。

**第九条** 进行国际通信设施建设必须经信息产业部初审或审批同意。

**第十条** 国际通信设施建设项目的审批应当遵循下列程序：

（一）国家规定的限额以上基本建设项目，经信息产业部初审同意后，由国家发展计划委员会审批；

（二）国家规定的限额以上的技术改造项目，经信息产业部初审同意后，由国家经济贸易委员会审批；

（三）国家规定的限额以下建设项目由信息产业部审批。

除按前款规定的程序和权限对国际通信设施建设项目进行审批外，其他任何部门或单位无权审批国际通信设施建设项目。

**第十一条** 国际通信设施建设单位与外国的组织或个人或者我国香港特别行政区、澳门特别行政区、台湾地区的组织或个人签署国际传输网建设谅解备忘录和建设维护协议，应在签署前报信息产业部审批，经批准后方可签署。

**第十二条** 建设单位申请审批国际传输网建设谅解备忘录或建设维护协议应当提供下列材料：

（一）申请报告。报告内容应包括合作方的主要情况，谅解备忘录或协议的主要内容及重大问题。

（二）谅解备忘录或协议的文本。

**第十三条** 信息产业部应在受理建设单位的国际传输网建设谅解备忘录或建设维护协议审批申请后20个工作日内书面答复申请人。对不予批准的，应当书面通知申请人并说明理由。

**第十四条** 对不涉及与外国的组织或个人或者我国香港特别行政区、澳门特别行政区、台湾地区的组织或个人合作的国际通信设施建设项目，建设单位向信息产业部申请项目初审或审批时，应当提供下列材料：

（一）申请报告。包括项目建设原因、主要建设内容及规模、投资估算及资金筹措、进度安排等主要内容。

（二）项目建议书、可行性研究报告或项目建设方案。其内容及编制单位的资质应符合国家有关规定。

（三）营业执照及相关的电信业务经营许可证复印件。

（四）资信证明。

（五）信息产业部要求提交的其他材料。

涉及国际通信出入口建设的，还应提供获准设置国际通信出入口的批准文件。

**第十五条** 对涉及与外国的组织或个人或者我国香港特别行政区、澳门特别行政区、台湾地区的组织或个人合作的国际通信设施建设项目，建设单位向信息产业部申请项目初审或审批时，除应提供第十四条所列各项材料外，还应提供谅解备忘录文本和建设维护协议文本。

**第十六条** 信息产业部进行国际通信设施建设项目的初审或审批，可以采用组织专家评议、委托咨询机构评估等方式，并在此基础上出具初审意见或批复。

**第十七条** 信息产业部受理企业所报限额以上国际通信设施建设项目行业初审申请后，应当在30个工作日内书面答复申请人。对未通过初审的，应当书面通知申请人并说明理由。

信息产业部受理企业所报限额以下国际通信设施建设项目审批申请后，应当在45个工作日内书面答复申请人。对不予批准的，应当书面通知申请人并说明理由。

**第十八条** 建设单位在国际通信设施建设项目实施过程中应接受信息产业部和国际通信设施建设所在地省、自治区、直辖市通信管理局的监督、检查和指导。

**第十九条** 未经信息产业部审批同意私自与外国的组织或个人或者我国香港特别行政区、澳门特别行政区、台湾地区的组织或个人签署协议的国际通信设施建设项目，以及在申请初审或审批过程中隐瞒有关问题的国际通信设施建设项目，信息产业部不予初审或审批；已通过信息产业部初审或审批的，信息产业部撤销原初审意见或批准文件；已经国家发展计划委员会或国家经济贸易委员会审批同意的，信息产业部告知审批单位撤销批准文件；已经进行建设的，不得运营。

**第二十条** 未经信息产业部批准，擅自建设国际通信设施进行国际通信的，由信息产业部或者省、自治区、直辖市通信管理局按照《中华人民共和国电信条例》第七十条的规定处罚。构成犯罪的，依法追究刑事责任。

**第二十一条**　从事国际通信设施建设管理的国家工作人员违反本规定的，按照《中华人民共和国电信条例》第七十九条的规定处罚。

**第二十二条**　与我国香港特别行政区、澳门特别行政区、台湾地区进行通信的通信设施建设，参照国际通信设施建设管理。

**第二十三条**　本规定自 2002 年 8 月 1 日起施行。

# 互联网交换中心网间结算办法

信部电［2007］557号

## 第一章　总则

**第一条**　为促进互联网骨干网的网间互联和公平竞争，保障网间结算的实施，维护各互联单位的合法权益，制定本办法。

**第二条**　本办法适用于通过信息产业部指定的互联网交换中心（以下简称交换中心）进行互联的互联网骨干网之间的结算。

## 第二章　结算原则

**第三条**　各互联单位在进行互联网骨干网网间互联时，应依照本办法协商确定结算方式和结算费用。互联单位在协商结算时，应充分考虑网络规模、流量等因素。

**第四条**　中国电信集团公司、中国网络通信集团公司、中国教育和科研计算机网之外的互联单位，在与中国电信集团公司、中国网络通信集团公司进行互联网骨干网网间互联时，应依据网间数据通信速率，按照不高于本办法确定的标准（见附录），向中国电信集团公司、中国网络通信集团公司支付结算费用。非经营性互联单位结算费用标准减半。

除前款所述情形外，互联双方可自行协商确定结算方式和结算费用。

**第五条**　互联双方不能就网间结算达成一致的，按照《电信网间互联争议协调处理办法》（信息产业部令第15号），由信息产业部协调、做出行政决定。

**第六条**　结算在互联单位总部之间实施。结算双方应以协议方式明确双方的权利和义务及其他相关事宜，并报信息产业部备案。

## 第三章　结算数据采集及费用计算

**第七条**　结算按月进行，每月1日零时起至每月最后一日24时为当月结算周期。

**第八条**　结算数据采集点为直接与交换中心交换机相连的各互联单位的路由器。各互联单位应为结算数据采集提供必要的条件。

**第九条**　对于在交换中心进行互联结算的收费方网络A和付费方网络B，交换中心按每5分钟一次的频率，采集从A到B以及从B到A的数据通信速率，得到两组数据，分别将5%的最高值去掉，余下的最高值的算术平均值作为结算速率，并按照本办法确定的标准计算结算费用金额。

**第十条**　各交换中心将结算数据汇总，由北京交换中心于每月第7个工作日前向各互联单位提供上月结算费用金额和结算速率等相关原始数据。

**第十一条**　各互联单位依据交换中心提供的结算费用金额进行结算。

## 第四章　结算数据核对和争议处理

**第十二条**　互联单位可于每月第 14 个工作日之前（核对申请期）向交换中心书面提交对上月数据的核对申请，并提供相关技术信息。

**第十三条**　下列数据核对申请视为无效，交换中心可不予受理：

（一）数据采集和统计方法与本办法不符的；

（二）超过核对申请期的。

**第十四条**　交换中心应在收到有效的数据核对申请后 1 个月内，与提出申请的互联单位共同分析原因、完成复核，并出具书面结果。

**第十五条**　数据复核期间，互联单位应依据交换中心提供的结算数据按时结算，待复核完成后，从下一结算周期中冲抵。

**第十六条**　各方应当保证结算数据的真实性。任何一方有权对另一方的弄虚作假等违规行为向信息产业部提出申诉，并提交相关证据。信息产业部应进行调查并做出处理。

## 第五章　附则

**第十七条**　本办法自 2007 年 12 月 1 日起施行。《互联网交换中心网间结算办法》（信部电[2006] 648 号）同时废止。

**附录：**

### 互联网交换中心结算标准

结算费用（元/月）= 1000（元/Mbps 月）× 结算速率（Mbps）

# 互联网接入服务规范

工信部电管［2013］261号

电信业务经营者向公众用户提供互联网接入服务，应符合本规范所规定的服务质量指标和通信质量指标。

本规范适用于电信业务经营者和用户之间签订的服务协议中约定的互联网接入服务。其中互联网拨号接入业务应遵守《电信服务规范》附录3.1① “互联网拨号接入业务的服务标准”。

## 一、服务质量指标

**第一条** 预受理时限

平均值≤2个工作日，最长为5个工作日。

预受理时限指用户登记后，电信业务经营者进行网络资源确认，答复用户能否开通业务所需要的时间。

**第二条** 业务开通、移机时限

对于不具备线路条件，但可以进行线路施工的情况：

城镇：平均值≤10个工作日，最长为16个工作日；

农村：平均值≤15个工作日，最长为20个工作日。

对于已具备线路条件的情况，平均值≤5个工作日，最长为7个工作日（不分城镇和农村）。

业务开通、移机时限指自用户和电信业务经营者签订业务开通或移机协议起，到业务开通止所需要的时间。在不具备线路条件，并且也不具备施工条件的情况下，应在第一条规定的预受理时限内向用户说明。

**第三条** 障碍修复时限

城镇：平均值≤24小时，最长为48小时；

农村：平均值≤36小时，最长为72小时。

障碍修复时限指自用户提出障碍申告时起，至障碍排除或采取其他方式恢复用户正常通信所需要的时间。

本规范所指障碍不包含用户自有或自行维护的接入线路和设备的故障。

**第四条** 服务变更时限

平均值≤12小时，最长为24小时。

服务变更时限指用户办理更名、过户、暂停、恢复、停机等服务变更项目，自柜台或网络办理完毕登记手续且结清账务时起，至实际变更完成所需要的时间。对于需要进行资源确认的服务变更，其时限比照本规范第二条“业务开通时限”。

① 附录未摘录，请自行查阅。

**第五条** 客户服务应答时限

客户服务中心的应答时限最长为15秒。人工服务的应答时限最长为15秒。人工服务的应答率≥85%。

客户服务中心的应答时限指用户拨号完毕后，自听到回铃音起，至话务员（包括电脑话务员）应答所需要的时间。人工服务的应答时限指自用户选择人工服务后，至人工话务员应答所需要的时间。人工服务的应答率指用户在接入客户服务中心后，实际得到人工话务员应答服务次数和用户选择人工服务总次数之比。

**第六条** 用户信息保护义务

电信业务经营者应依照法律和有关规定对提供服务过程中收集、使用的用户个人信息严格保密，不得泄露、篡改或者毁损，不得出售或者非法向他人提供。

**第七条** 互联网接入服务协议续存时限

互联网接入服务协议（包括纸质的和电子的）续存时限至少为5个月。

互联网接入服务协议续存时限指从服务协议终止（服务协议有效期届满或用户与电信业务经营者共同协商解除合同）之时起，电信业务经营者需要继续保存协议的时间。

互联网接入服务电子协议指电信业务经营者与用户通过短信、客服电话、互联网等形式约定的业务定制或变更关系。

**第八条** 计费原始数据保存时限

电信业务经营者应根据用户的需要，免费向用户提供收费详细清单（含预付费业务）查询。计费原始数据保存时限至少为5个月。

**第九条** 互联网接入终端用户手册/使用说明

电信业务经营者提供互联网接入终端的，应同时提供纸质或电子类介质的用户手册或使用说明，至少包括配置方法、使用方法、日常故障的自我诊断方法等。

**第十条** 无线接入网络覆盖范围及漫游范围

采用无线接入方式提供互联网接入服务的电信业务经营者，应向社会公布其无线网络覆盖范围及漫游范围，并及时更新。

**第十一条** 提醒服务

电信业务经营者应向用户提供套餐的到量预警、超量提醒、到期提醒等提醒服务。

到量预警指用户套餐内互联网接入服务实际使用量接近套餐限量前，通过短信、语音、互联网等方式，提醒用户本计费周期内业务已使用量、套餐限量等信息。

套餐超量提醒指实际使用量达到套餐限量时，及时通知用户，并告知超出套餐外继续使用该业务的收费标准和收费查询方式。

套餐到期提醒指在套餐有效期届满前的一个合理的提前时段内，提醒用户现行套餐到期日，并告知用户套餐到期后终止或延续服务的方式，以及相应的收费标准。

## 二、通信质量指标

**第十二条** 有线接入连接建立成功率

有线接入连接建立成功率≥98%。

有线接入连接建立成功率指在用户账号、密码正确的前提下，接入服务器的接通次数与用户申请建立连接的总次数之比。

**第十三条** 有线接入用户接入认证平均响应时间

有线接入用户接入认证平均响应时间≤8秒，最大值为11秒。

有线接入用户接入认证平均响应时间指用户申请建立网络连接时，从用户提交完账号和密码起，至接入服务器完成认证并返回响应止的时间平均值。

**第十四条** 有线接入速率

有线接入速率的平均值应能达到签约速率的 90%。

有线接入速率指从用户终端到接入服务器（BRAS）之间的接入速率。

**第十五条** 无线接入网络可接入率

在无线接入网络覆盖范围内的 90%位置，99%的时间、在 20 秒内无线终端均可接入网络。

**第十六条** 无线接入连接建立成功率

无线接入连接建立成功率≥95%。

无线接入连接建立成功率指无线终端发起分组数据连接建立请求并成功建立连接的次数与无线终端发起分组数据连接建立请求总次数之比。

**第十七条** 无线接入用户接入认证平均响应时间

无线接入用户接入认证平均响应时间≤8 秒，最大值为 11 秒。

无线接入用户接入认证平均响应时间指从用户提交完数据连接建立请求时起，至网络返回连接响应时止的时间平均值。

**第十八条** 无线接入中断率

无线接入中断率≤5%。

无线接入中断率指互联网业务进行过程中发生业务中断的概率，即互联网接入连接中断的次数与用户使用互联网业务总次数之比。本规范所指中断是在终端正常进行数据传送过程中由于电信业务经营者网络原因造成的接入连接断开。

**第十九条** 互联网接入计费差错率

互联网接入计费差错率≤$10^{-4}$。

互联网接入计费差错率指互联网接入计费相关设备出现计费差错的概率，采用如下公式计算：

计费差错率=有错误的计费记录条数/总计费记录条数。

# 公用电信网间互联管理规定

信息产业部令第9号

（经2001年4月29日第6次部务会议审议通过，自发布之日起施行）

## 第一章　总则

**第一条**　为了维护国家利益和电信用户的合法权益，保护电信业务经营者之间公平、有效竞争，保障公用电信网间及时、合理地互联，根据《中华人民共和国电信条例》，制定本规定。

**第二条**　本规定适用于中华人民共和国境内经营基础电信业务的经营者在下列电信网间的互联：

（一）固定本地电话网；

（二）国内长途电话网；

（三）国际电话网；

（四）IP电话网；

（五）陆地蜂窝移动通信网；

（六）卫星移动通信网；

（七）互联网骨干网；

（八）信息产业部规定的其他电信网。

**第三条**　电信网之间应当按照技术可行、经济合理、公平公正、相互配合的原则实现互联。

**第四条**　信息产业部和省、自治区、直辖市通信管理局（以下合称“电信主管部门”）是电信网间互联的主管部门。信息产业部负责本规定在全国范围内的实施工作，省、自治区、直辖市通信管理局负责本规定在本行政区域内的实施工作。

**第五条**　本规定下列用语的含义是：

（一）互联，是指建立电信网间的有效通信连接，以使一个电信业务经营者的用户能够与另一个电信业务经营者的用户相互通信或者能够使用另一个电信业务经营者的各种电信业务。互联包括两个电信网网间直接相联实现业务互通的方式，以及两个电信网通过第三方的网络转接实现业务互通的方式。

（二）互联点，是指两个电信网网间直接相联时的物理接口点。

（三）主导的电信业务经营者，是指控制必要的基础电信设施，并且所经营的固定本地电话业务占本地网范围内同类业务市场50%以上的市场份额，能够对其他电信业务经营者进入电信业务市场构成实质性影响的经营者。

（四）非主导的电信业务经营者，是指主导的电信业务经营者以外的电信业务经营者。

## 第二章 电信业务经营者的互联义务

**第六条** 电信业务经营者应当设立互联工作机构负责互联工作。互联工作机构应当建立正常的工作联系制度，保证电信业务经营者与电信主管部门之间以及电信业务经营者之间工作渠道的畅通。

**第七条** 主导的电信业务经营者应当根据本规定制定包括网间互联的程序、时限、互联点的数量、用于网间互联的交换机局址、非捆绑网络元素提供或出租的目录及费用等内容的互联规程。互联规程报信息产业部批准后执行。互联规程对主导的电信业务经营者的互联互通活动具有约束力。

**第八条** 电信业务经营者不得拒绝其他电信业务经营者提出的互联要求，不得违反国家有关规定擅自限制用户选择其他电信业务经营者依法开办的电信业务。

**第九条** 主导的电信业务经营者有义务向非主导的电信业务经营者提供与互联有关的网络功能（含网络组织、信令方式、计费方式、同步方式等）、设备配置（光端机、交换机等）的信息，以及与互联有关的管道（孔）、杆路、线缆引入口及槽道、光缆（纤）、带宽、电路等通信设施的使用信息。

非主导的电信业务经营者有义务向主导的电信业务经营者提供与互联有关的网络功能、设备配置的计划和规划信息。

双方应当对对方提供的信息保密，并不得利用该信息从事与互联无关的活动。

**第十条** 非主导的电信业务经营者的电信网与主导的电信业务经营者的电信网网间互联，互联传输线路必须经由主导的电信业务经营者的管道（孔）、杆路、线缆引入口及槽道等通信设施的，主导的电信业务经营者应当予以配合提供使用，并不得附加任何不合理的条件。

两个非主导的电信业务经营者的电信网网间直接相联，互联传输线路必须经由主导的电信业务经营者的楼层院落、管道（孔）、杆路、线缆引入口及槽道等通信设施的，主导的电信业务经营者应当予以配合提供使用，并不得附加任何不合理的条件。

前款主导的电信业务经营者的通信设施经省、自治区、直辖市通信管理局确认无法提供使用的，非主导的电信业务经营者可以通过架空、直埋等其他方式解决互联传输线路问题。

**第十一条** 主导的电信业务经营者应当在规定的互联时限内提供互联，非主导的电信业务经营者应当在规定的互联时限内实施互联。双方均不得无故拖延互联时间。

**第十二条** 电信业务经营者应当执行信息产业部制定的相关网间互联技术规范、技术规定。

网间通信质量应当符合国家有关标准。电信业务经营者应当保证网间通信质量不低于其网络内部同类业务的通信质量。

**第十三条** 应非主导的电信业务经营者要求，主导的电信业务经营者应当向对方网的用户提供电话号码查询业务，并经双方协商后，可按查号规则查询到对方网的可查询用户号码。非主导的电信业务经营者应当按查号规则向对方提供网的可查询用户号码资料。

应非主导的电信业务经营者的要求，主导的电信业务经营者应当向对方网的用户提供火警、匪警、医疗急救、交通事故报警等紧急特种业务。非主导的电信业务经营者应当每日进行紧急特种业务的拨叫例测。双方应当共同保证紧急特种业务的通信质量。

**第十四条** 电信业务经营者向本网开放的各种电信业务接入号码（含短号码）、其他特种业务号码（含电信业务经营者所用的业务号码、政府公务类业务号码、社会服务类业务号码）、智能业务号码等，应一方的要求，应当及时向对方网开放，并保证通信质量。

**第十五条** 两个非主导的电信业务经营者的电信网网间直接相联，由双方协商解决。

两个非主导的电信业务经营者的电信网网间未直接相联的，其网间业务应当经第三方的固定本地电话网或信息产业部指定的机构的网络转接实现互通。非主导电信业务经营者选择主导的电信业务经营者的固定本地电话网作为第三方的网络时，主导的电信业务经营者不得拒绝提供转接，并应当保证转接的通信质量。

## 第三章　互联点的设置及互联费用的分摊与结算

**第十六条**　非主导的电信业务经营者的电信网与主导的电信业务经营者的电信网网间互联时，互联点应当设置在互联传输线路的一端，即远离非主导的电信业务经营者侧的设备的一端（例如，当互联传输线路为光缆时，互联点设置在主导的电信业务经营者光缆配线架外侧）。

两个非主导的电信业务经营者的电信网网间直接相联时，互联点的具体位置由双方协商确定。

**第十七条**　互联点数量应当根据双方业务发展以及网间通信安全的需要协商确定。在一个本地网内各电信网网间互联原则上应当有两个以上（含两个）互联点。

互联点两侧的电信设备可以由各电信网共用，也可以由各电信网分设。当互联点两侧的电信设备由各电信网共用时，如果各电信网网间结算标准不一致，对方又不易采用技术手段进行计费核查的，互联中继电路可以分群设置。

**第十八条**　非主导的电信业务经营者的电信网与主导的电信业务经营者的电信网网间互联的，互联传输线路及管道由双方各自承担一半。

两个非主导的电信业务经营者的电信网网间直接相联的，互联传输线路的费用分摊由双方协商确定。

**第十九条**　互联点两侧的电信设备（含各自网内的电信设备，下同）的建设、扩容改造的费用（含信令方式、局数据修改、软件版本升级等费用）由双方各自承担。

互联点两侧的电信设备的配套设施（含机房、空调、电源、测试仪器、计费设备及其他配套设施）的费用由双方各自承担。

**第二十条**　互联传输线经由主导的电信业务经营者的管道（孔）、杆路、线缆引入口及槽道等通信设施的，主导的电信业务经营者应当按规定标准收取租用费。暂无规定标准的，相关费用以建设成本为基础由双方协商解决。

**第二十一条**　电信业务经营者在互联互通中应当执行信息产业部制定的《电信网间通话费结算办法》，不得在规定标准以外加收费用。

电信业务经营者应当按互联协议规定的结算周期进行网间结算，不得无故拖延应向对方结算的费用。

**第二十二条**　电信业务经营者应当按国家有关规定核算本网与互联有关的收支情况及互联成本，经相关中介机构审查验证后，于每年3月31日前将上一年度的数据报信息产业部。

网间结算标准应当以成本为基础核定。在电信业务经营者互联成本尚未确定之前，网间结算标准暂以资费为基础核定。

## 第四章　互联协议与工程建设

**第二十三条**　互联协议应当由电信业务经营者省级以上（含省级）机构之间签订（含修订）。电信业务经营者省级以下机构不再另行签订互联协议。互联双方应当本着友好合作和相互配合的原则协商互联协议。

**第二十四条**　互联协商的主要内容包括：签订协议的依据、互联工程进度时间表、互通的业务、互联技术方案（包括互联点的设置、互联点两侧的设备设置、拨号方式、路由组织、中继容量，以及信令、计费、同步、传输质量等）、与互联有关的网络功能及通信设施的提供、与互联有关的设备配置、互联费用的分摊、互联后的网络管理（包括互联双方维护范围、网间通信质量相互通报制度、网间通信障碍处理制度、网间通信重大障碍报告制度、网间通信应急方案等）、网间结算、违约责任等。

**第二十五条** 互联双方省级以上机构应当按照《中华人民共和国合同法》及国家有关规定签订互联协议，互联协议不得含有歧视性内容和损害第三方利益的内容。

**第二十六条** 互联双方省级以上机构应当自协议签订之日起 15 日内将协议发至各自下属机构，并向电信主管部门备案。

**第二十七条** 互联双方应当在规定的互联时限内，根据商定的互联工程进度、互联技术方案，在各自的建设范围内组织施工建设，并协同组织互联测试，全部工程初验合格后即可开通业务。

## 第五章 互联时限与互联监管

**第二十八条** 涉及全国范围（跨省、自治区、直辖市）同步实施的网间互联，非主导的电信业务经营者应当根据本网工程进度情况或网络运行情况，向主导的电信业务经营者当面提交互联的书面要求，并向信息产业部备案后，互联工作开始启动。

互联双方应当从互联启动之日起两个月内签订互联协议。

涉及全国范围同步实施的网间互联需要新设互联点的，应当自互联启动之日起七个月内实现业务开通。

涉及全国范围同步实施的网间互联不需新设互联点，只需进行网络扩容改造的，应当自互联启动之日起四个月内实现业务开通。

涉及全国范围同步实施的网间互联只涉及局数据修改的，应当自互联启动之日起两个月内实现业务开通。

必要时，信息产业部对涉及全国范围同步实施的网间互联提出具体的业务开通时间要求。

**第二十九条** 不涉及全国范围同步实施的网间互联，非主导的电信业务经营者省级以上机构应当根据本网工程进度情况或者网络运行情况，向主导的电信业务经营者省级机构当面提交互联的书面要求，并向省、自治区、直辖市通信管理局备案后，互联工作开始启动。主导的电信业务经营者省级机构不得拒收对方提交的互联书面要求。

互联双方应当在互联工程实施以前签订工程协议，工程协议的签订应当不影响整个互联工程的进度。双方应当在业务开通前签订网间业务互通、互联后的网络管理以及网间结算协议。协议的协商可与工程实施同步进行。

网间互联需新设互联点的，应当自互联启动之日起七个月内实现业务开通。

网间互联不需新设互联点，只需进行网络扩容改造的，应当自互联启动之日起四个月内实现业务开通。

网间互联只涉及局数据修改的，应当自互联启动之日起一个月内实现业务开通。

必要时，省、自治区、直辖市通信管理局对网间互联提出具体的业务开通时间要求。

**第三十条** 互联实施中，因客观原因致使互联不能在规定的互联时限内完成的，经互联双方认可并向电信主管部门备案后，可以顺延互联时间。

**第三十一条** 互联双方应当在业务开通后 30 日内，将互联启动日期、业务开通日期及业务开通后 3 日内的网间通信质量情况，以书面形式向电信主管部门报告。电信主管部门根据具体情况以适当方式予以公布。

**第三十二条** 电信主管部门应当定期或不定期地召开相关电信业务经营者的互联协调会，督促解决互联实施过程中存在的问题。

信息产业部电信管理局应当向省、自治区、直辖市通信管理局及相关电信业务经营者通报互联工作情况。

## 第六章　互联后的网络管理

**第三十三条**　在信息产业部确定的用于网间互联的交换机局址上实施的互联，互联点应当保持相对稳定，已设互联点原则上不允许变更。

主导的电信业务经营者对已设互联点单方面提出变更要求的，应当事先向相关电信业务经营者提交拟变更的方案，经与对方协商一致后，方可启动改造工程。改造工程应当在七个月内完成。改造工程的费用原则上由主导的电信业务经营者承担。

**第三十四条**　互联一方因网内扩容改造、可能影响对方网的用户通信的，应当提前三个月以书面形式向对方通报情况。

互联一方因网内发生路由组织、中继电路、信令方式、局数据、软件版本等的调整，可能影响到对方网的用户通信的，应当提前 15 日以书面形式向对方通报情况。

**第三十五条**　电信业务经营者对网间路由组织、中继电路、信令方式、局数据、软件版本等的调整应当予以配合，保证网间通信质量符合要求。

**第三十六条**　电信业务经营者应当明确划分网间运行维护责任，定期协同分析网间通信质量，建立网间通信质量相互通报制度，并定期向电信主管部门报告。电信主管部门根据具体情况组织召开通信质量协调会。

**第三十七条**　电信业务经营者应当建立网间通信障碍处理制度，互联一方发现网间通信障碍时，应当及时通知对方，双方相互配合共同处理网间通信障碍。网间通信障碍的处理时限与本网处理同类障碍的时限相同。

**第三十八条**　未经信息产业部批准，电信业务经营者不得擅自中断网间通信。电信业务经营者应当建立网间通信重大障碍报告制度。发生网间通信中断或网间通信严重不畅时，电信业务经营者应当立即采取有效措施恢复通信，并及时向电信主管部门报告。

前款所称网间通信严重不畅，是指网间接通率（应答试呼比）低于 20%，以及用户有明显感知的时延、断话、杂音等情况。

## 第七章　互联争议的协调与处理

**第三十九条**　电信主管部门应当依据信息产业部制定的电信网间互联争议解决办法解决电信业务经营者之间的互联争议。

**第四十条**　在互联实施中，电信业务经营者发生下列争议致使互联不能继续进行，或者互联后电信业务经营者发生下列争议影响网间业务互通时，任何一方均可以向电信主管部门申请协调：

（一）互联技术方案；

（二）与互联有关的网络功能及通信设施的提供；

（三）互联时限；

（四）电信业务的提供；

（五）网间通信质量；

（六）与互联有关的费用；

（七）其他需要协调的问题。

**第四十一条**　电信主管部门收到协调申请后，对申请的内容进行初步审核。经审核发现申请的内容与国家有关规定明显不符或者超出电信主管部门职责权限的，应当书面答复不予受理。经审查申请的内容符合要求的，电信主管部门正式开始协调工作。

**第四十二条** 电信主管部门组织相关人员对电信业务经营者的互联争议进行协调。

协调应当自开始协调之日起 45 日内结束。

**第四十三条** 协调结束后，争议双方不能达成一致意见的，电信主管部门应当随机邀请电信技术、经济、法律方面的专家进行公开论证。电信主管部门根据论证意见或建议对互联争议作出决定，强制争议双方执行。

**第四十四条** 决定应当在协调结束之日起 45 日内作出。省、自治区、直辖市通信管理局作出的决定应当向信息产业部备案。电信主管部门对作出的决定以适当方式向社会公布。

**第四十五条** 决定作出后，争议双方应当在决定规定的时限内予以履行。

争议一方或双方对决定不服，可以依法申请行政复议或者提起行政诉讼。复议或诉讼期间，决定不停止执行。

## 第八章 罚则

**第四十六条** 违反本规定第九条、第十条、第十一条、第十二条第一款、第十三条、第十四条、第十五条、第二十一条第二款、第三十三条、第三十五条、第三十六条、第三十七条规定的，由电信主管部门视情节轻重，依据职权责令改正、处五千元以上三万元以下罚款。

因违反前款规定给其他的电信业务经营者造成直接经济损失的，应当予以经济赔偿。

**第四十七条** 违反本规定第八条、第十二条第二款和第四十五条规定的，由电信主管部门依据职权责令改正，并按《中华人民共和国电信条例》中的有关规定处以罚款。

**第四十八条** 违反本规定第二十一条第一款、第三十八条的，由电信主管部门依据职权责令改正，有违法所得的，没收违法所得，并按《中华人民共和国电信条例》的有关规定处以罚款。

## 第九章 附则

**第四十九条** 本规定自发布之日起施行。1999 年 9 月 7 日信息产业部发布的《电信网间互联管理暂行规定》同时废止。

# 关于推进第三代移动通信网络建设的意见

工信部联通［2010］106号

（工业和信息化部、国家发展和改革委员会、科学技术部、财政部、国土资源部、环境保护部、住房和城乡建设部、国家税务总局 2010年3月17日）

各省、自治区、直辖市、计划单列市及新疆生产建设兵团工业和信息化主管部门、通信管理局、发展改革委、科技厅（委、局）、财政厅（局）、国土资源厅（局）、环保厅（局）、建设厅（局）、国税局、地税局，中国电信集团公司、中国移动通信集团公司、中国联合网络通信集团有限公司：

为落实《电子信息产业调整和振兴规划》，引导推进第三代移动通信（以下简称3G）网络建设，拉动国内相关产业发展，切实发挥3G对国民经济和社会发展的促进作用，现就推进我国3G网络建设提出以下意见：

## 一、充分认识3G网络建设的重要性，共同推进网络建设发展

发展3G是提升自主创新能力和相关产业竞争力的重要手段，也是应对金融危机影响，实现扩内需、保增长、促就业的重要举措，对于我国国民经济和社会长远发展具有重要意义。TD-SCDMA（以下简称TD）是我国通信业第一个拥有自主知识产权的3G国际标准，对于建设创新型国家，加快产业结构调整和优化升级，保障网络与信息安全具有重要意义。3G网络建设是3G发展中的关键环节，是促进产业壮大和应用繁荣的基础，关系3G发展的成败。

自2009年初3G牌照发放以来，电信企业制定了3G发展规划，在各方的共同努力和支持下，3G网络建设基本顺利开展，投资已超过1600亿元。但目前在3G网络建设中，基站选址困难、业务应用不足等问题日益突出，将影响到后续3G建设的顺利开展。

各有关单位要充分认识3G网络建设的重要意义，着力解决3G网络建设和应用中的困难和问题，共同推进网络建设发展。

## 二、落实3G发展规划，促进网络协调持续发展

电信企业要切实落实3G发展规划，按照国家有关规定和技术规范开展3G网络建设，加大加深3G网络覆盖，积极开展网络优化，改善网络性能，确保网络与信息安全。要统筹协调3G与2G以及未来网络演进的关系，充分利用2G已有网络资源，发挥已有投资效益，逐步引入增强型技术，在网络建设中考虑与未来演进的结合，保障网络的平滑升级。要通过电信基础设施共建共享加快网络建设，节约建设成本，减少重复建设。到2011年，3G网络覆盖全国所有地级以上城市及大部分县城、乡镇、主要高速公路和风景区等，3G建设总投资4000亿元，3G基站超过40万个，3G用户达到1.5亿户。

## 三、制定和出台 3G 网络建设的支持政策，解决网络建设困难

各级通信行业主管部门要会同城乡规划、国土资源、市政等部门，组织电信企业编制基站站址、管道、杆路等设施的专项规划，专项规划应符合当地土地利用总体规划和城乡规划的要求并做好相关衔接。各级城乡规划、国土资源和投资主管部门在住宅小区、商住楼、办公楼等建设项目的审批中，明确为通信建设配套预留站址资源（包括机房、天面、铁塔、管道、分布系统等），在地铁、机场、车站、铁路、公路等公共设施项目的审批中统筹考虑通信建设的需求，并保证电信企业的平等进入。各级环保部门应根据移动通信网络点多面广的特点，在保障人民群众健康安全的同时，通过对移动通信网络建设规划的环评审批加快审批进度，对基站的建设可简化审批手续。各相关单位要积极协调推动政府机关、企事业单位开放楼宇资源提供站址，支持 3G 建设。

## 四、引导和支持 3G 网络应用发展和创新，带动 3G 网络建设升级

电信企业要以市场为导向，联合产业链相关企业，发挥各自网络和技术优势，开发适合 3G 网络及移动互联网的特色业务，不断丰富 3G 业务种类，加快 3G 应用的创新，探索 3G 应用的商业模式，形成差异经营、合作共赢的良性发展局面，促进工业化和信息化融合，以应用带动网络建设升级。对利用 3G 开展研发、技术改造、增值服务的企业，符合税收法律法规规定条件的，依法享受有关税收优惠政策。将 TD 等 3G 的网络建设、应用和研发纳入《产业结构调整指导目录》鼓励类。TD 产品和应用，经认定为国家自主创新产品的，可列入《国家自主创新产品目录》和《政府采购自主创新产品目录》。鼓励政府、行业信息化和电子商务中广泛应用 TD 等 3G 技术。

## 五、继续落实和完善支持 3G 发展的其他政策措施，保障 3G 网络建设

继续利用国家科技重大专项、高新技术产业化专项、科技支撑计划、电子发展基金、重点产业振兴和技术改造专项资金、自主创新产业化资金等相关政策措施，落实国家对 TD 等 3G 的各项支持。开展 3G 增强型技术和未来演进技术的标准化、产业化和业务应用研发等工作，同时促进设备及终端产业的发展，根据发展需要，增加 3G 及其演进技术发展所需频率资源。加强对 3G 网络与信息安全的监督和管理，完善网间互联互通监管措施，完善电信基础设施共建共享配套措施，营造健康有序的市场竞争环境。

## 六、加强组织领导，确保各项工作落到实处

各有关单位要加强组织领导，落实责任分工，密切配合协作，务求实效，及时研究解决发展中出现的突出问题和矛盾，不断调整完善相关政策，进一步发挥 3G 网络建设和业务应用对国民经济和社会发展的促进作用。有关单位要加强对本意见贯彻执行情况的督促检查。

# 关于推进光纤宽带网络建设的意见

工信部联通［2010］105号

（工业和信息化部、国家发展和改革委员会、科学技术部、财政部、国土资源部、环境保护部、住房和城乡建设部、国家税务总局 2010年3月17日）

各省、自治区、直辖市、计划单列市及新疆生产建设兵团工业和信息化主管部门、通信管理局、发展改革委、科技厅（委、局）、财政厅（局）、国土资源厅（局）、建设厅（局）、国税局、地税局，中国电信集团公司、中国移动通信集团公司、中国联合网络通信集团有限公司：

为落实《电子信息产业调整和振兴规划》，引导推进光纤宽带网络建设，拉动国内相关产业发展，切实发挥光纤宽带对国民经济和社会发展的基础和促进作用，现就推进我国光纤宽带网络建设提出以下意见：

## 一、充分认识光纤宽带网络建设的重要性，共同推进网络建设发展

光纤宽带产业是当前信息产业中成长最快、发展空间最大的产业之一。推进光纤宽带网络建设能升级网络基础设施，提高自主创新能力，拉动相关产业发展，对应对金融危机影响，实现扩内需、保增长、促就业，以至提升国家长远竞争力均具有重要的战略意义。

近几年，我国光纤宽带网络已逐步开始部署，网络覆盖和接入速率不断提高。但在光纤宽带网络建设中，仍存在小区内网络部署困难、城市农村地区发展不平衡、宽带应用相对匮乏等问题。同时由于在经济不发达的农村地区开展光纤宽带网络建设投入大、效益差，电信企业缺乏积极性。上述问题的解决需要相关政策引导和扶持。

各有关单位要充分认识光纤宽带网络建设的重要意义，着力解决光纤宽带网络建设和应用中的困难和问题，共同推进光纤宽带网络建设发展。

## 二、加快光纤宽带网络建设，提升信息基础设施能力

电信企业要按照国家有关规定和技术规范开展光纤宽带网络建设，积极采取多种模式，以需求为导向，以光纤尽量靠近用户为原则，加快光纤宽带接入网络部署。新建区域直接部署光纤宽带网络，已建区域加快“光进铜退”的网络改造。有条件的商业楼宇和园区直接实施光纤到楼、光纤到办公室，有条件的住宅小区直接实施光纤到楼、光纤到户。优先采用光纤宽带方式加快农村信息基础设施建设，推进光纤到村。加强光纤宽带网络的共建共享和有效利用，积极推进三网融合。同步提升骨干网传输和交换能力，提高骨干网互联互通水平，改善网络服务质量，保障网络与信息安全。

到2011年，光纤宽带端口超过8000万，城市用户接入能力平均达到8兆比特每秒以上，农村用户接入能力平均达到2兆比特每秒以上，商业楼宇用户基本实现100兆比特每秒以上的接入能

力。3 年内光纤宽带网络建设投资超过 1500 亿元，新增宽带用户超过 5000 万。

## 三、制定和完善光纤宽带网络建设的配套措施，支持网络建设发展

各级通信行业主管部门要会同城乡规划、国土资源、市政等部门，组织电信企业编制管道、杆路、光缆等传输线路的专项规划，专项规划应符合当地土地利用总体规划和城乡规划的要求并做好相关衔接。

各级城乡规划、国土资源和投资主管部门在住宅小区、商住楼、办公楼等新建、改扩建项目的审批中，明确为光纤宽带建设预留管道、设备间、电力配套等资源，所需投资纳入建设项目概算，并保证电信企业平等进入，维护用户的选择权。通信行业主管部门组织电信企业参与相关建设方案制定和项目验收，并通过共建共享减少重复建设。

加快制定和完善光纤宽带网络相关的技术标准、工程规范和验收规范，加快城市新建住宅小区、商用楼预先布放光缆等规范的出台和落实。

## 四、引导宽带应用发展和创新，带动光纤宽带网络建设

电信企业要以市场为导向，联合产业链相关企业，发挥各自网络和技术优势，开发适合光纤宽带网络的特色业务，加快宽带应用的创新，积极推动三网融合业务发展，促进工业化和信息化融合，实现各方的合作共赢。

对利用宽带开展研发、技术改造、增值服务的企业，符合税收法律法规规定条件的，依法享受有关税收优惠政策。将光纤宽带网络的建设、应用和研发纳入《产业结构调整指导目录》鼓励类。基于光纤宽带网络的产品和应用，经认定为国家自主创新产品的，可列入《国家自主创新产品目录》和《政府采购自主创新产品目录》。

在实施“村村通电话”工程的基础上，结合家电下乡，加快推进宽带下乡的工作进程。鼓励各级地方政府对农村光纤宽带建设，优先保障供电需求，减免光缆敷设赔补费用。

鼓励各级地方政府对公共服务机构的光纤宽带使用、对软件及服务外包园区的高速宽带通道建设费用，给予财政补贴。鼓励政府和行业信息化的光纤宽带网络应用，促进宽带在电子政务、医疗卫生、城市管理、社区服务等领域的普及，推广基于宽带的视频应用，发展基于宽带的信息服务和文化创意产业。继续利用现有资金渠道和有关政策，鼓励大学生基于光纤宽带网络的创业，支持企业和单位利用光纤宽带网络开展业务、吸纳大学生就业。

## 五、完善其他相关配套措施，保障光纤宽带网络建设

加大光纤宽带通信核心芯片、器件、系统设备和应用等的研发投入和政策支持，鼓励光纤通信技术创新和提出自主光纤宽带技术标准，带动产业发展，支撑网络建设。加强对光纤宽带网络与信息安全的监督和管理，完善网间互联互通监管措施，完善电信基础设施共建共享配套措施，营造健康有序的市场竞争环境。

## 六、加强组织领导，确保各项工作落到实处

各有关单位要加强组织领导，落实责任分工，密切配合协作，务求实效，及时研究解决发展中出现的突出问题和矛盾，不断调整完善相关政策，进一步发挥光纤宽带网络建设和业务应用对国民经济的促进作用。有关单位要加强对本意见贯彻执行情况的督促检查。

# 卫星移动通信系统终端地球站管理办法

工业和信息化部令第 19 号
（2011 年 3 月 23 日工业和信息化部第 17 次部务会议审议通过，
自 2011 年 6 月 1 日起施行）

**第一条** 为了规范卫星移动通信系统终端地球站的设置使用，避免和减少卫星移动通信系统之间、卫星移动通信系统与其他无线电业务系统之间的干扰，根据《中华人民共和国无线电管理条例》，制定本办法。

**第二条** 在中华人民共和国境内设置使用卫星移动通信系统终端地球站，适用本办法。

本办法所称卫星移动通信系统终端地球站（以下简称“移动地球站”），是指使用卫星移动业务频率的卫星移动通信系统中民用的船载终端、航空器载终端、车载终端、固定终端、便携式终端和手持机。

**第三条** 设置使用移动地球站的，应当使用中华人民共和国工业和信息化部（以下简称“工业和信息化部”）批准的卫星移动通信系统或者卫星移动业务频率，通过工业和信息化部批准的境内关口地球站进行通信，并通过国家批准的在境内经营卫星移动通信业务的服务提供者（以下简称“境内经营者”）办理入网手续。但是，本办法另有规定的除外。

**第四条** 设置使用卫星移动通信系统车载终端、固定终端、便携式终端和手持机（以下统称“陆地移动地球站”）的，应当按照本办法的规定向无线电管理机构申请办理无线电台注册登记手续，领取电台执照。

在具有中华人民共和国国籍的船舶或者航空器上设置使用卫星移动通信系统船载终端、航空器载终端的，应当按照《中华人民共和国无线电管理条例》的规定办理设置使用无线电台手续，领取电台执照。

**第五条** 工业和信息化部委托省、自治区、直辖市无线电管理机构负责受理陆地移动地球站无线电台注册登记手续的申请，核发电台执照。

**第六条** 陆地移动地球站的设置使用人可以自行办理无线电台注册登记手续，也可以委托为其办理入网手续的境内经营者代办。

**第七条** 陆地移动地球站的设置使用人或者其代理人应当向设置使用人住所地的省、自治区、直辖市无线电管理机构申请办理无线电台注册登记手续，领取电台执照。

申请办理无线电台注册登记手续，应当提交下列材料：

（一）《移动地球站注册登记申请表》（附录一）①；

（二）单位证明或者个人身份证明材料的原件、复印件或者扫描件；

---

① 附录未摘录，请自行查阅。

（三）已办理相关卫星移动通信系统入网手续的证明材料的原件、复印件或者扫描件。

受理单位在验证前款第二项、第三项材料的真实性后应当及时将原件退还申请人。

申请人可以通过受理单位指定的信息系统，进行网上申请。

**第八条** 申请材料不全、不符合法定形式的，无线电管理机构应当当场或者在五个工作日内一次告知申请人需要补正的全部内容。

申请材料齐全、符合法定形式和本办法规定的，无线电管理机构应当当场或者在二十个工作日内核发电台执照；不符合规定条件的，应当书面通知申请人不予核发电台执照并说明理由。

**第九条** 变更已领取电台执照的陆地移动地球站的设备或者使用人的，应当按照本办法的规定重新办理无线电台注册登记手续，换发电台执照。

停止使用已领取电台执照的陆地移动地球站的，应当到原发照机构办理注销手续，交回电台执照，并告知设备处理情况。

**第十条** 无线电管理机构应当自核发、换发或者注销电台执照之日起三十日内，将相关陆地移动地球站的有关资料和电台执照编号录入工业和信息化部的无线电管理相关数据库。

**第十一条** 境内经营者入网开通各种类型或者型号的陆地移动地球站设备，应当提前四十五日填写《移动地球站技术资料备案表》（附录二）[①]，报工业和信息化部备案。

资料齐备、真实的，工业和信息化部应当在相关设备入网使用前将上述陆地移动地球站技术资料录入工业和信息化部无线电管理相关数据库，并通知各省、自治区、直辖市无线电管理机构。

**第十二条** 境内经营者为陆地移动地球站设置使用人办理入网手续，应当告知其需按照本办法的规定办理无线电台注册登记手续，领取电台执照。

**第十三条** 境内经营者应当按照工业和信息化部的要求报送系统中移动地球站的有关资料，配合无线电管理机构对系统中移动地球站进行的监督管理。

**第十四条** 应对突发事件、危及人民生命财产安全等紧急情况的，可以临时设置使用未取得电台执照的陆地移动地球站，但是应当及时向临时设置使用地的省、自治区、直辖市无线电管理机构报告。紧急情况解除后需要继续使用的，应当按照本办法的规定办理无线电台注册登记手续，领取电台执照。

**第十五条** 临时设置使用移动地球站，涉及使用未经批准的卫星移动通信系统或者卫星移动业务频率的，应当向工业和信息化部提出申请。经审查批准、领取电台执照后方可设置使用，使用期限不得超过六个月。

**第十六条** 境外短期来华的团体和个人拟临时入境使用已在境外办理入网手续的陆地移动地球站的，由国内接待单位或者对口的业务主管部门向工业和信息化部提交书面申请、使用人身份证明材料和相关技术材料。经审查批准、领取电台执照后方可在境内设置使用，使用期限不得超过六个月。

**第十七条** 外国船载、航空器载移动地球站需要在我国境内使用的，其使用的频率应当经工业和信息化部批准，并遵守中华人民共和国缔结或者参加的国际条约和中华人民共和国的法律规定。

**第十八条** 移动地球站的设置使用人，应当接受无线电管理机构对其使用的设备和无线电台执照的核验和监督检查。

**第十九条** 违反本办法第三条、第十五条、第十六条规定，擅自设置使用陆地移动地球站的，按照《中华人民共和国无线电管理条例》第四十三条的规定处罚。

**第二十条** 违反本办法第四条第一款、第九条第一款规定的，由有关省、自治区、直辖市无线电管理机构责令限期改正；逾期不改的，按照《中华人民共和国无线电管理条例》第四十三条的规

① 附录未摘录，请自行查阅。

定处罚。

**第二十一条**　各国驻中华人民共和国使（领）馆和享有外交特权与豁免的国际组织驻中华人民共和国的代表机构设置使用移动地球站、外国领导人访华临时设置使用移动地球站的，应当事先通过外交途径向工业和信息化部提出申请。

**第二十二条**　本办法自 2011 年 6 月 1 日起施行。

# 建立卫星通信网和设置使用地球站管理规定

工业和信息化部令第 7 号

(2009 年 2 月 4 日工业和信息化部第 6 次部务会议审议通过，自 2009 年 4 月10 日起施行。原信息产业部 2002 年 6 月 21 日公布的《建立卫星通信网和设置使用地球站管理规定》(信息产业部令第 21 号）同时废止)

## 第一章　总则

**第一条**　为了规范建立卫星通信网和设置使用地球站的行为，避免和减少卫星网络之间、地球站与共用频段的其他无线电台之间的相互干扰，促进卫星通信事业健康发展，根据《中华人民共和国无线电管理条例》和相关行政法规，制定本规定。

**第二条**　在中华人民共和国境内建立卫星通信网和设置使用地球站，适用本规定。

本规定所称的卫星通信网，是指利用卫星空间电台进行通信的地球站组成的通信网。

本规定所称的地球站，是指设置在地球表面或者地球大气层主要部分以内的、与空间电台通信或者通过空间电台与同类电台进行通信的电台。

**第三条**　国家对建立卫星通信网实行许可制度。

建立卫星通信网的，应当经中华人民共和国工业和信息化部（以下称工业和信息化部）批准；未经批准，任何单位或者个人不得建立卫星通信网。

**第四条**　设置使用地球站的，应当按照本规定办理审批手续，取得工业和信息化部或者省、自治区、直辖市无线电管理机构颁发的无线电台执照。

设置使用单收地球站，不需要无线电管理机构对其信息接收提供电磁环境保护的，可以不按本规定办理审批手续；要求无线电管理机构保护其信息接收免受有害无线电干扰的，应当按照本规定办理审批手续并取得无线电台执照。

## 第二章　建立卫星通信网

**第五条**　建立卫星通信网的，应当具备下列条件：

（一）具有法人资格。

（二）拟使用的国内空间电台经工业和信息化部批准，并取得无线电台执照。

（三）拟使用的国外空间电台已完成与我国相关卫星网络空间电台和地面电台的频率协调，其技术特性符合双方主管部门之间达成的协议的要求。

（四）无线电频率的使用符合国家无线电频率划分、规划和有关管理规定。

（五）有合理可行的技术方案。

（六）有与卫星通信网建设、运营相适应的资金和专业人员。

（七）有可利用的、由合法经营者提供的卫星频率资源。

（八）法律、行政法规规定的开展有关业务应当具备的其他条件。

建立涉及电信业务经营的卫星通信网的，还应当持有相应的电信业务经营许可证。

**第六条**　建立卫星通信网的，应当符合国家通信网建设的统筹规划，遵守国家建设管理规定。

**第七条**　申请建立卫星通信网的，应当向工业和信息化部提交书面申请和下列材料：

（一）法人资格证明。

（二）申请单位基本情况说明。

（三）包含本规定附录所列基本资料的技术方案。

（四）可用资金证明材料。

（五）可使用相关卫星频率资源的证明材料。

（六）国家规定的开展有关业务应当提交的其他材料。

申请建立涉及电信业务经营的卫星通信网的，还应当提交相应的电信业务经营许可证复印件。

**第八条**　申请材料齐全、符合法定形式的，工业和信息化部应当受理，并向申请人出具书面受理通知；申请材料不齐全或者不符合法定形式的，工业和信息化部应当当场或者在5个工作日内一次告知申请人需要补正的全部内容；依法不予受理的，应当书面通知申请人。

**第九条**　工业和信息化部应自受理申请之日起20个工作日内作出审批决定。经审查合格的，出具批准建立卫星通信网证明，并书面通知网内地球站所在地的省、自治区、直辖市无线电管理机构。经审查不合格的，书面通知申请人不予批准并说明理由。

**第十条**　工业和信息化部批准建立卫星通信网时，应当确定其频率使用期限，该期限最长不超过10年。频率使用期限届满需要继续使用的，应当在期限届满30日前向工业和信息化部提出书面申请，由工业和信息化部在期限届满前作出是否准予继续使用的决定，并书面通知申请人。

**第十一条**　获准建立卫星通信网的，应当自批准之日起一年内将该卫星通信网投入使用。

不能在前款规定的期限内启用的，应当在该期限届满30日前书面告知工业和信息化部，说明理由和启用日期。

终止运行卫星通信网的，应当提前30日向工业和信息化部申请办理注销手续。

获准建立卫星通信网的法人或者其他组织依法终止的，工业和信息化部应当注销对其建立卫星通信网的批准，并书面通知网内地球站所在地的省、自治区、直辖市无线电管理机构。

**第十二条**　需要变更卫星通信网使用的卫星、频率、极化、传输带宽或者通信覆盖范围的，应当提前30日向工业和信息化部提出书面申请，并取得批准。

未经批准，不得改变卫星通信网使用的卫星、频率、极化、传输带宽或者通信覆盖范围。

获准建立卫星通信网的单位变更名称、法定代表人或者注册住所的，应当自变更发生之日起30日内向工业和信息化部备案。

**第十三条**　获准建立卫星通信网的单位与卫星转发器经营者签署的转发器租赁协议，以及涉及租赁卫星、频率、极化、带宽和有效期变更的补充修改协议，应当自签署之日起30日内向工业和信息化部备案。

**第十四条**　获准建立卫星通信网的单位设置网内地球站，应当按照本规定办理地球站设置审批手续并领取无线电台执照；由用户设置网内地球站的，获准建立卫星通信网的单位应当协助用户办理地球站设置审批手续。

获准建立卫星通信网的单位不得向未办理地球站设置审批手续的用户提供卫星信道，但是根据本规定第四条第二款的规定可以不办理审批手续的单收地球站除外。

**第十五条** 获准建立卫星通信网的单位应当在每年1月31日前向工业和信息化部书面报送上年度卫星通信网建设和运行的材料，包括：

（一）开通业务的城市或地区、业务种类。

（二）卫星频率资源使用情况，包括空间电台的名称和轨道经度、实际使用带宽、上下行频率范围和极化。

（三）网内用户名单、双向和发射地球站数量、单收地球站数量。

（四）已领取无线电台执照的地球站数量。

（五）工业和信息化部要求报送的其他材料。

上述材料应当同时送地球站所在地的省、自治区、直辖市无线电管理机构备案。

**第十六条** 获准建立卫星通信网的单位应当接受无线电管理机构的监督检查，配合无线电管理机构对网内地球站进行管理。

## 第三章 设置使用地球站

**第十七条** 设置使用下列地球站，应当经工业和信息化部审查批准：

（一）中央国家机关及其在京直属单位在北京地区设置使用的地球站。

（二）与国外或者港澳台地区通信的地球站。

（三）涉及与境外电台协调的地球站。

（四）各类空间无线电通信业务的馈线链路地球站、关口站或者测控站。

设置使用前款规定之外的地球站，由地球站所在地的省、自治区、直辖市无线电管理机构审查批准。

在北京以外的省、自治区、直辖市辖区内设置使用第一款第（二）项、第（三）项、第（四）项所列地球站的，工业和信息化部委托省、自治区、直辖市无线电管理机构负责对站址和电磁兼容情况进行初步审查，报工业和信息化部批准。

**第十八条** 设置国际通信地球站的，应当按照有关规定向工业和信息化部申请办理国际通信出入口审批手续。

**第十九条** 地球站的技术特性、站址选择应当符合国家规定的标准和有关规定。

在城市市区的限制区域内设置使用的发射地球站，其天线直径不应超过4.5米，实际发射功率不应超过20瓦。

设置地球站所使用的发射设备，应当通过国家无线电发射设备型号核准。

**第二十条** 申请设置使用属于某个卫星通信网的地球站的，应当按照本规定第十七条的规定，向工业和信息化部或者地球站所在地的省、自治区、直辖市无线电管理机构提交书面申请和下列材料：

（一）设置无线电台（站）申请表。

（二）地球站技术资料申报表。

（三）地球站站址电磁环境测试报告。

设置天线直径不超过4.5米的地球站，站址周围视距传播范围内不存在其他同频段无线电台的，可以不提交地球站站址电磁环境测试报告。

**第二十一条** 申请设置使用不属于某个卫星通信网的地球站的，除本规定第二十条所列申请材料外，还应当提交下列材料：

（一）法人资格证明。

（二）卫星传输链路计算材料。

（三）可使用相关卫星频率资源的证明材料。

（四）国家规定的开展有关业务所需提供的其他材料。

申请设置涉及电信业务经营的地球站的，还应当提交相应的电信业务经营许可证复印件。

**第二十二条**　申请材料齐全、符合法定形式的，工业和信息化部或者省、自治区、直辖市无线电管理机构应当受理，并向申请人出具书面受理通知；申请材料不齐全或者不符合法定形式的，应当当场或者在5个工作日内一次告知申请人需要补正的全部内容；依法不予受理的，应当书面通知申请人。

**第二十三条**　设置使用属于某个卫星通信网的地球站，应当符合下列条件：

（一）地球站所属卫星通信网已获得批准。

（二）所使用的空间电台、频率和极化与所属卫星通信网获得的批准文件一致。

（三）地球站的技术特性、站址选择符合本规定的相关要求。

（四）地球站与周围已建或者已受理申请的同频段其他无线电台之间不会相互产生有害干扰。

**第二十四条**　设置使用不属于某个卫星通信网的地球站，除应当符合本规定第二十三条第（三）项、第（四）项规定的条件外，还应当符合下列条件：

（一）拟使用的国内空间电台经工业和信息化部批准，并取得空间电台执照。

（二）拟使用的国外空间电台已完成与我国相关卫星网络空间电台和地面电台的频率协调，其技术特性符合双方主管部门之间达成的协议的要求。

（三）无线电频率的使用符合国家无线电频率划分、规划和有关管理规定。

（四）拟使用的卫星频率资源由合法经营者提供。

（五）法律、行政法规规定的开展有关业务应当具备的其他条件。

**第二十五条**　除本规定第十七条第三款所列的申请外，工业和信息化部或者省、自治区、直辖市无线电管理机构应当自受理申请之日起20个工作日内作出审批决定。经审查合格的，书面批准申请人设置使用地球站；经审查不合格的，书面通知申请人不予批准并说明理由。

无线电管理机构在审查期间，需要邀请专家进行干扰分析、测试验证的，所需时间不计算在上述期限内，但无线电管理机构应当将所需时间书面告知申请人。

**第二十六条**　省、自治区、直辖市无线电管理机构根据本规定第十七条第三款受理设置使用地球站申请的，应当自受理申请之日起15个工作日内完成初步审查，并将初审意见和全部申请材料报送工业和信息化部。

工业和信息化部应当自省、自治区、直辖市无线电管理机构受理申请之日起20个工作日内，作出批准或者不予批准的书面决定。

**第二十七条**　工业和信息化部或者省、自治区、直辖市无线电管理机构批准申请人设置使用不属于某个卫星通信网的地球站的，应当确定其频率使用期限，该期限最长不超过10年。频率使用期限届满需继续使用的，应当在该期限届满30日前向原审批机构提出书面申请，由原审批机构作出是否准予继续使用的决定，并书面通知申请人。

**第二十八条**　拟建地球站与已建或者已受理申请的同频段其他无线电台之间将产生有害干扰的，工业和信息化部或者省、自治区、直辖市无线电管理机构应当书面通知申请人不予批准，并告知将受其干扰影响者的情况。

申请人可以与将受其干扰影响者直接协商，寻求解决干扰问题的可行方案；或者提请工业和信息化部或者省、自治区、直辖市无线电管理机构组织技术专家和有关单位进行论证和协调。

在完成干扰协调后，申请人可以重新向工业和信息化部或者省、自治区、直辖市无线电管理机构提出设置使用该地球站的申请。

**第二十九条**　在沿海和与其他国家或者地区相邻的省、自治区、直辖市辖区内设置使用与其他无线电业务共用频段的大、中型地球站，并且该地球站的协调区覆盖其他国家或者地区的，受理申请的省、自治区、直辖市无线电管理机构应当在实质审查合格后，将有关情况书面告知申请人，并按照国际电信联盟《无线电规则》的有关规定，向工业和信息化部报送有关资料和审查意见。

工业和信息化部应当按照《无线电规则》的有关规定或者双边协议，与相关国家或者地区进行协调，协调时间为4~6个月。

在完成有关协调后，工业和信息化部应当作出予以批准或者不予批准的决定，书面通知申请人和受理申请的省、自治区、直辖市无线电管理机构。

**第三十条** 申请人应当自收到无线电管理机构批准设置使用地球站的文件之日起15日内，到工业和信息化部或者省、自治区、直辖市无线电管理机构办理设置使用无线电台手续，领取无线电台执照。

**第三十一条** 地球站应当按照核定的项目进行工作。变更地球站站址、频率、极化、发射功率、天线特性或所使用的卫星的，应当提前30日向原审批机构提出书面申请。

未经批准，不得改变地球站的站址、频率、极化、发射特性或所使用的卫星。

**第三十二条** 停止使用地球站的，应当在停止使用后30日内向原审批机构申请办理注销手续，交回无线电台执照，并采取拆除、封存或者销毁措施保证已停止使用的地球站终止发射信号。

未经批准，任何单位和个人不得重新启用已办理注销手续的地球站。

**第三十三条** 地球站的无线电台执照持照者应当按规定在指定期限内缴纳年度频率占用费，接受无线电管理机构对其无线电台执照的核验。

**第三十四条** 临时设置使用地球站的，应当根据本规定第十七条的规定，在启用日期15日前，向工业和信息化部或者省、自治区、直辖市无线电管理机构提交书面申请和相关申请材料。经审查批准后，办理临时设站手续。

临时设置使用的地球站，使用期限不超过6个月。

## 第四章　罚则

**第三十五条** 违反本规定第三条第二款、第四条第一款、第三十二条第二款规定的，由工业和信息化部或者省、自治区、直辖市无线电管理机构依据职责责令改正，并按照《中华人民共和国无线电管理条例》等行政法规的规定给予处罚。

**第三十六条** 违反本规定第十二条第二款、第三十一条第二款规定的，由工业和信息化部或者省、自治区、直辖市无线电管理机构责令限期改正；逾期不改的，按照《中华人民共和国无线电管理条例》等行政法规的规定给予处罚。

**第三十七条** 违反本规定第十四条第二款规定的，由工业和信息化部或者省、自治区、直辖市无线电管理机构依据职责责令限期改正，处5000元以上3万元以下的罚款。

## 第五章　附则

**第三十八条** 外国领导人访华、各国驻中华人民共和国使领馆和享有外交特权与豁免的国际组织驻中华人民共和国代表机构设置使用地球站，应当通过外交途径向工业和信息化部提出申请。

**第三十九条** 卫星移动业务涉及的终端地球站的使用管理规定，由工业和信息化部另行制定。

**第四十条** 本规定自2009年4月10日起施行。2002年6月21日公布的《建立卫星通信网和设置使用地球站管理规定》（信息产业部令第21号）同时废止。

## 附录：

### 卫星通信网技术方案应包含的基本资料

**一、网络的一般特性**

1. 业务需求和功能

网络用途和功能，业务类型和业务量，传输容量。

2. 组网方式

网络结构（含网络拓扑结构图），通信覆盖范围。

3. 网络规模

网络规模，实施计划，启用日期。

4. 技术体制

基本信号形式，信源编码方式、复用方式、纠错方式，调制方式；多址连接和分配方式，网络监控系统等。

**二、工作频段和卫星空间电台特性**

拟使用的上、下行频率范围。

拟使用的卫星空间电台名称、轨道位置。

相关转发器的编号、类别、极化和带宽。

相关发射、接收波束的天线增益等值线图。

卫星接收系统噪声温度。

相关转发器的饱和等效全向辐射功率（EIRPs）图或表、接收系统品质因素（G/T）图或表。

**三、载波参数**

每个载波的发射类别、必要带宽和拟使用的上、下行频率。

每个载波的上、下行功率和功率谱密度。

载波频率规划示意图（适用于多载波工作情况）。

载波正常接收所要求的 C/N 值。

**四、地球站特性**

1. 主站技术参数：

地理位置。

高功放饱和输出功率、所要求的实际发射功率。

天线类型和口径、发射及接收天线增益、旁瓣特性。

接收系统噪声温度。

2. 远端站（典型）技术参数：

近期建站的数量和地理分布。

高功放饱和输出功率、所要求的实际发射功率。

天线类型及口径、发射及接收天线增益、旁瓣特性。

（远端站功率和天线特性应包括所使用的各种组合）

**五、传输链路计算**

提供计算所采用的参数和下列结果：

主站每个载波所需的上行 EIRP 或发射功率、全部载波所需的发射功率。

远端站（典型）每个载波所需的上行 EIRP 或发射功率、全部载波所需的发射功率。

所占用的转发器 EIRP 和带宽的百分比。

# 高楼高塔高山设置无线寻呼发射基站管理规定

信息产业部令第 16 号

(经 2001 年 11 月 8 日第 8 次部务会议审议通过，自 2001 年 12 月 1 日起施行)

**第一条** 为维护空中电波秩序，净化电磁环境，保证航空导航、水上通信等各种无线电业务的正常进行，根据《中华人民共和国无线电管理条例》，制定本规定。

**第二条** 在中华人民共和国境内的高楼、高塔、高山设置和使用无线寻呼发射基站的单位和个人，或者为设置和使用无线寻呼发射基站提供场地的高楼、高塔、高山产权单位和管理单位必须遵守本规定。

**第三条** 本规定中的高楼、高塔、高山（以下简称“三高”），是指设置、使用无线寻呼发射基站将对周围电磁环境产生较大影响的制高点。各地“三高”的具体地点，由省级无线电管理机构根据当地的实际情况和电磁兼容要求确定，并予以公布。各地所确定的“三高”地点应当报信息产业部无线电管理局备案。

涉及军事设施管辖区或军队系统无线寻呼发射基站的“三高”地点，由军地双方无线电管理机构协商后确定。

北京地区“三高”地点的确定，由北京市无线电管理机构报经信息产业部无线电管理局同意后予以公布。

**第四条** 公布的“三高”地点，分不允许设置和限制设置无线寻呼发射基站两类。对不允许设置无线寻呼发射基站的“三高” 地点应当明确禁设范围。对限制设置无线寻呼发射基站的“三高”地点实行备案制度。

**第五条** 拟在限制设置的“三高”地点接纳设置无线寻呼发射基站的“三高”产权单位或管理单位，应当向省、自治区、直辖市无线电管理机构办理备案手续。办理备案时，应当提交资产证明书或其他相应文件，填写《“三高”地点接纳设置无线寻呼发射基站备案表》（见附件）[①]。

省、自治区、直辖市无线电管理机构对备案材料齐备的，应当予以备案。

**第六条** “三高”地点的选取和寻呼发射基站的建设，应当符合国家有关电磁辐射环境保护要求。

**第七条** 为接纳设置无线寻呼发射基站建设铁塔，应当符合城市规划，并依法办理规划审批手续。

**第八条** “三高”产权单位或管理单位不得在不允许设置的地点接纳设置无线寻呼发射基站，或在限制设置的地点接纳未经无线电管理机构批准设置的无线寻呼发射基站。

**第九条** “三高”产权单位或管理单位应当如实向无线电管理机构提供本地点无线电台（站）设置情况，接受无线电管理机构的监督检查。

**第十条** 拟在限制设置的“三高”地点设置、使用无线寻呼发射基站的单位，在向无线电管理

---

① 附件未摘录，请自行查阅。

机构提交设置申请时，应当同时提供“三高”产权单位或管理单位出具的《“三高”地点接纳设置无线寻呼发射基站备案表》复印件及双方签署的场地租赁协议。

经审查批准，并领取无线电台执照后，所申请的无线寻呼发射基站方可设置和使用。

**第十一条**　在“三高”地点设置、使用的无线寻呼发射基站，必须按无线电管理机构核定的技术参数和要求运行，不得擅自改变。

**第十二条**　在军事设施管辖区内的“三高”地点设置、使用民用无线寻呼发射基站，应当经该军事设施管辖区管理单位和军队相关无线电管理机构同意，报地方无线电管理机构审查批准，领取无线电台执照后，方可设置和使用。

**第十三条**　各地无线电管理机构对申请在限制设置的“三高”地点设置、使用无线寻呼发射基站应当从严审批，并根据场地情况和电磁兼容要求，对设台数量加以限制。

**第十四条**　对在限制设置的“三高”地点设置的无线寻呼发射基站，应当定期进行检查。对不符合电磁兼容要求的，责令其限期改正；对整改无效的和擅自设置的，应当予以清除。

**第十五条**　违反本规定为他人在“三高”地点擅自设置、使用无线寻呼发射基站提供场地的，无线电管理机构将依据《中华人民共和国无线电管理条例》给予警告、没收非法所得的处罚。

**第十六条**　违反本规定在“三高”地点擅自设置、使用无线寻呼发射基站或擅自改变核定的技术参数和要求的，无线电管理机构将依据《中华人民共和国无线电管理条例》和有关规定给予处罚。

**第十七条**　违反本规定导致产生有害干扰而造成重大损失的，应当承担相应的法律责任。

**第十八条**　本规定发布前已在限制设置的“三高”地点接纳设置无线寻呼发射基站的，应当自此类“三高”地点公布之日起 45 日内依照本规定补办备案手续；已在不允许设置的“三高”地点设置无线寻呼发射基站的，应当自此类“三高”地点公布之日起 90 日内撤离。

**第十九条**　本规定由信息产业部负责解释。

**第二十条**　本规定自 2001 年 12 月 1 日起施行。

# 住房城乡建设部　工业和信息化部
# 关于贯彻落实光纤到户国家标准的通知

建标［2013］36号

各省、自治区、直辖市住房城乡建设厅（建委、建交委）、通信管理局，有关单位：

为全面贯彻《国民经济和社会发展第十二个五年规划纲要》、《“十二五”国家战略性新兴产业发展规划》以及国务院关于加快宽带中国建设的要求，加快推进光纤到户建设，充分发挥光纤宽带网络在经济社会发展中的战略性、基础性作用，全面提升国家信息化水平，住房城乡建设部发布了《住宅区和住宅建筑内光纤到户通信设施工程设计规范》及《住宅区和住宅建筑内光纤到户通信设施工程施工及验收规范》两项国家标准（以下简称光纤到户国家标准），现就贯彻落实标准有关要求通知如下：

## 一、充分认识贯彻落实光纤到户国家标准的重要性和必要性

贯彻落实光纤到户国家标准、加快推进光纤到户建设是加快宽带网络发展、提升宽带基础设施水平的关键要素，是实施宽带中国工程，构建宽带、泛在、融合、安全的国家信息基础设施的迫切需要，是促进传统产业改造升级、推动信息化和工业化深度融合的重要动力，对于转变经济发展方式，调整优化产业结构，促进经济社会可持续发展，提升国家综合竞争力具有重要的战略意义。

近年来，我国宽带网络发展取得了长足的进步，宽带网络覆盖和接入能力逐步提高，但我国宽带发展水平与全社会日益增长的需求还存在比较突出的矛盾、与国际先进水平相比还存在较大差距，面临“慢进亦退”的风险，加快宽带发展势在必行。目前，我国宽带接入主要采用以非对称数字用户环路（ADSL）为代表的铜线宽带技术，升级改造存在固有的技术瓶颈。要加快宽带发展，必须推动技术换代和网络改造，实现光纤到户。与此同时，光纤到户建设中存在建设标准难以落实、多部门管理协调机制不完善、责任要求需进一步明确等问题，有必要制定政策措施，切实贯彻落实光纤到户国家标准的有关规定，着力解决光纤到户建设中的现实难题。

## 二、全面实施新建住宅建筑光纤到户

根据光纤到户国家标准的要求，自2013年4月1日起，在公用电信网已实现光纤传输的县级及以上城区，新建住宅区和住宅建筑的通信设施应采用光纤到户方式建设，同时鼓励和支持有条件的乡镇、农村地区新建住宅区和住宅建筑实现光纤到户。

（一）住宅建设单位必须同步建设住宅区内通信管道和楼内通信暗管、暗线等通信设施，预先铺设入户光纤、预留设备间，所需投资纳入相应建设项目概算。

（二）新建住宅区和住宅建筑涉及的通信管道、楼内光纤、设备间等通信配套设施，应满足多家电信运营企业共享使用的需要，保障用户自由选择的权利。

（三）设计单位应按照光纤到户国家标准要求和合同约定进行住宅区和住宅建筑通信配套设施的设计，施工图设计文件审查机构应对涉及光纤到户国家标准的内容进行设计审查。住房城乡建设、规划主管部门在核发建设工程规划许可证、施工许可证时，应依照法定职责严格把关。

（四）住宅建设单位应组织对光纤到户通信设施进行验收，并将验收文件报所在地通信行业主管部门备案。各地通信行业主管部门及通信工程质量监督机构要认真履行职责，严把质量关，加强对光纤到户工程质量的监督管理。光纤到户通信设施未按要求验收或者验收不合格的，不得接入公用电信网。

## 三、加快推动既有住宅建筑光纤到户改造

既有住宅建筑光纤到户改造是全面实现光纤到户的难点，各单位应参照光纤到户国家标准，加快推动既有住宅建筑逐步实施光纤到户改造。

（一）各地住房城乡建设、通信行业主管部门要加大对既有住宅区和住宅建筑通信配套设施资源共享的监管力度，对阻挠正常光纤到户改造的行为予以纠正，切实解决光纤到户改造入场难的问题。

（二）各地通信行业主管部门要加强对电信运营企业的指导，积极组织编制光纤到户改造的实施计划。

（三）住宅建设单位、物业服务企业要积极支持光纤到户改造，为光纤到户改造提供便利条件。不得与任何企业签订垄断性协议，不得限制各电信运营企业平等接入和使用，不得以任何方式限制用户选择权。

## 四、切实落实各项保障措施

各地、各有关部门要以光纤到户国家标准发布实施为契机，加强组织领导，密切协调配合，切实落实各项保障措施。

（一）统一思想认识。各有关单位要统一思想，从解决社会关注、群众关切的民生问题，实践科学发展观、构建社会主义和谐社会的高度深刻认识贯彻落实光纤到户国家标准的重要意义，进一步增强责任感、使命感和紧迫感，加快推进光纤到户建设。

（二）加大宣传力度。各有关单位要积极组织开展科普和政策宣传活动，增强公众对光纤到户的认识，争取社会各界的广泛理解和支持，营造良好的建设环境。

（三）做好宣贯培训。各地住房城乡建设、通信行业主管部门要及时组织对工程质量监督、施工图审查、电信运营、设计、施工、监理等单位的宣贯培训，帮助相关企业准确理解和掌握标准有关规定，保障标准的顺利实施。

（四）强化监督管理。各地住房城乡建设、通信行业主管部门要加大协调力度，组织开展光纤到户国家标准实施情况的监督检查，强化对相关单位的监督管理。

# 卫星固定业务通信网内设置使用移动平台地球站管理暂行办法

工信部无［2013］29号

**第一条** 为了规范在卫星固定业务通信网内设置使用装载在移动平台上的地球站（以下简称移动平台地球站），避免和减少移动平台地球站对相邻卫星以及地面无线电台（站）的干扰，根据《中华人民共和国无线电管理条例》、《建立卫星通信网和设置使用地球站管理规定》和相关行政法规，制定本办法。

**第二条** 本办法所称的移动平台地球站是指使用卫星固定业务C频段或Ku频段，安装在机动车、列车、船舶、航空器等可移动平台上，可在移动中或在停止状态下与卫星进行无线电通信的地球站。移动平台地球站可分为车载、船载、机载、可搬移式或便携式地球站等类型。

**第三条** 在中华人民共和国境内设置使用移动平台地球站，适用本办法。

在距中华人民共和国海岸线（以下简称海岸线）300千米范围内使用船载移动平台地球站的，应遵守中华人民共和国缔结或参加的国际条约。

**第四条** 移动平台地球站是卫星固定业务通信网内的一类特殊应用。只有在特定环境中，并满足本办法的相关条件和要求下方可设置使用。设置使用移动平台地球站应采取必要的技术措施，不得对其他依法设置的无线电台（站）产生有害干扰，同时应提高自身抗干扰能力，避免和降低来自其他合法无线电台（站）的干扰影响。

**第五条** 建立含移动平台地球站的卫星通信网和设置使用移动平台地球站，应当依照《建立卫星通信网和设置使用地球站管理规定》，办理建立卫星通信网和设置使用地球站的相关审批手续，并取得无线电台执照。拟设置使用的移动平台地球站的技术特性应满足下列规定：

（一）设置使用移动平台地球站，应遵守该卫星网络与其他卫星网络达成的协调协议。在指向对地静止卫星轨道3度之内的任何方向偏轴角ψ上的最大等效全向辐射功率（EIRP）谱密度不得超出下面的限值：

| C频段 | |
|---|---|
| 偏轴角ψ | 每4kHz带宽最大EIRP谱密度（dB（W/4kHz）） |
| 2.5°≤ψ≤7° | 32~25logψ |
| 7°<ψ≤9.2° | 11 |
| 9.2°<ψ≤48° | 35~25logψ |
| 48°<ψ≤180° | −7 |
| Ku频段 | |
| 偏轴角ψ | 每40kHz带宽最大EIRP谱密度（dB（W/40kHz）） |
| 2°≤ψ≤7° | 33~25logψ |

续表

| | |
|---|---|
| 7°<ψ≤9.2° | 12 |
| 9.2°<ψ≤48° | 36~25logψ |
| 48°<ψ≤180° | -6 |

（二）设置使用移动平台地球站，在水平方向发射的最大 EIRP 和 EIRP 谱密度不得超出下列限值：

| | C 频段 | Ku 频段 |
|---|---|---|
| 水平方向发射的最大 EIRP 值 | 20.8dBW | 16.3dBW |
| 水平方向发射的最大 EIRP 谱密度 | 17dB（W/MHz） | 12.5dB（W/MHz） |

（三）移动平台地球站工作时，天线的主瓣轴向与水平方向夹角应大于 10 度，天线的交叉极化隔离度应始终大于 30dB。

（四）车载、机载、可搬移式或便携式移动平台地球站仅允许使用 Ku 频段低端（频率范围为 14.0~14.25 GHz，下同）发射信号。

车载、可搬移式或便携式移动平台地球站所使用的抛物面天线口径不得小于 0.8 米（非抛物面天线的电性能等效口径不得小于 0.6 米），极化方式为线性极化。

（五）船载移动平台地球站在内陆水域以及距海岸线 125 千米范围内设置使用的，仅允许使用 Ku 频段低端发射信号；在距海岸线 125 千米至 300 千米内设置使用的，允许使用 Ku 频段全频段（频率范围为 14.0~14.5 GHz，下同）发射信号，但不得使用 C 频段（频率范围为 5925~6425 MHz，下同）发射信号；在距海岸线 300 千米之外设置使用的，可使用 C 频段或 Ku 频段发射信号。

船载移动平台地球站使用 Ku 频段发射信号时，所使用的抛物面天线口径不得小于 0.8 米（非抛物面天线的电性能等效口径不得小于 0.6 米）；使用 C 频段发射信号时，天线口径不得小于 2.4 米。

（六）移动平台地球站指向目标卫星天线主瓣轴的指向误差应小于 0.2 度。在工作中，一旦指向目标卫星的天线主瓣轴误差大于 0.5 度，应该在 100 毫秒内自动停止一切信号发射，直至误差恢复至小于 0.2 度时，方可继续发射信号。

（七）车载、机载和船载移动平台地球站应具有自动关闭发射信号的功能，且该功能可以由车载、机载、船载移动平台地球站所在卫星通信网的控制中心控制或者在车载、机载、船载移动平台地球站上自动控制，一旦 EIRP 或 EIRP 谱密度超出限值能够自动停止发射。

**第六条**　卫星操作者是指卫星转发器资源的提供者，其所运营的卫星已获中华人民共和国工业和信息化部（以下简称工业和信息化部）批准或者取得空间电台执照。卫星操作者只有在其空间电台完成与国内相关卫星网络空间电台和地面电台频率协调后方可向用户提供卫星转发器资源，并应在与用户的合同或协议中明确设置使用移动平台地球站及建立所属卫星通信网的具体要求和限制条件。

卫星操作者应于每年 1 月底之前将卫星转发器频率使用情况以及具体用户等相关信息报工业和信息化部备案。

**第七条**　建立含移动平台地球站的卫星通信网建设单位（以下简称建网单位）所使用的卫星应与具有重叠频段和覆盖区的相邻卫星有 3 度以上的轨道位置间隔，或遵守与卫星操作者签订的合同或达成的协议中有关设置使用移动平台地球站的具体要求和限制条件。建网单位应对卫星通信网内的移动平台地球站进行有效管理，一旦发现违规使用的，应对其提醒、警告直至关闭发射信号。

建网单位在境内设立的控制中心应能记录卫星通信网内任一移动平台地球站的位置（经度和纬度）、所使用卫星、运行轨迹、发射频率、信道带宽等载波参数，数据记录不得小于每20分钟一次，数据保存期不短于一年。根据无线电管理机构的要求，建网单位应能在24小时内提供相关数据。

**第八条** 移动平台地球站设置使用人应加强自律，按照本办法及相关技术要求，妥善操作、使用移动平台地球站。一旦产生有害干扰，移动平台地球站设置使用人应立即采取措施消除有害干扰，必要时关闭发射信号。

**第九条** 在无线电管制区、电磁环境保护区等特殊区域设置使用移动平台地球站，除遵守本办法外，还应当遵守无线电管制、电磁环境保护的相关规定。

**第十条** 遇有危及国家安全、人民生命财产安全等紧急情况的，可临时设置使用移动平台地球站，但应当及时向工业和信息化部或临时设置使用所在地的省、自治区、直辖市无线电管理机构报告。紧急情况解除后，应当撤销该临时移动平台地球站；需继续使用的，应当按照本办法及有关规定办理设台审批手续，并取得无线电台执照。

**第十一条** 外国领导人访华、各国驻中华人民共和国使领馆和享有外交特权与豁免的国际组织驻中华人民共和国代表机构设置使用移动平台地球站，应当通过外交途径向工业和信息化部提出申请。

其他驻华代表机构、来华团体、客商等外籍用户设置使用移动平台地球站，携带、邮递或者运载移动平台地球站设备入境，事先由业务主管部门或者接待单位根据本办法的规定报请工业和信息化部或者相关省、自治区、直辖市无线电管理机构批准。

**第十二条** 违反本办法的，由工业和信息化部或相关省、自治区、直辖市无线电管理机构依据《中华人民共和国无线电管理条例》第四十三条和《建立卫星通信网和设置使用地球站管理规定》第三十五条、第三十六条、第三十七条的规定处罚。

**第十三条** 本办法自2013年7月1日起施行。

# 关于实施宽带普及提速工程的意见

工信部联通［2012］140号

各省、自治区、直辖市通信管理局，各省、自治区、直辖市及计划单列市、新疆生产建设兵团工业和信息化主管部门，发展改革委、科技厅（委、局）、财政厅（局）、建设厅（局）、国家税务局、地方税务局、扶贫办（局），有关企业和协会：

为全面贯彻落实《中华人民共和国国民经济和社会发展第十二个五年规划纲要》，加快建设宽带、融合、安全、泛在的下一代国家信息基础设施，落实《工业转型升级规划（2011~2015年）》和《通信业"十二五"发展规划》，促进宽带建设与发展，提升用户宽带上网体验和宽带使用的性价比，充分发挥宽带网络对国民经济和社会发展的基础和促进作用，现就2012年实施"宽带普及提速工程"提出以下意见：

## 一、指导思想

以"建光网、提速度、促普及、扩应用、降资费、惠民生"为总体目标，加强组织领导和科技创新，创造政策环境，发挥部省联动优势和市场机制，强化信息发布和公众参与，促进产业链合作，推动我国宽带基础设施水平的提升，促进宽带应用的普及和推广，更好地发挥宽带在支撑国家信息化水平全面提升和经济社会发展中的关键作用。

## 二、基本原则

（一）政府引导与企业主导相结合。加强整体规划、政策扶持与统筹协调，充分发挥基础电信企业和网站等互联网企业在网络建设扩容和网站升级优化方面的主导作用和社会责任；政府加大对民生公益、中西部地区、农村及贫困地区、弱势群体、小型微型企业的宽带投入支持。

（二）提升发达地区宽带发展水平与缩小地区差距并重。进一步提高城市及东部等发达地区的宽带接入速率，深化行业应用，引领全国宽带发展；加强农村及中西部地区、贫困地区的宽带网络基础设施建设，提高宽带普及率，促进宽带应用，缩小城乡、东中西部、发达地区与贫困地区的宽带发展差距。

（三）加强从用户到信息源各环节的统筹规划与协调发展，消除网络发展瓶颈。推动网站升级与优化，提高网站整体性能。加快宽带接入网络、城域网、骨干网的建设与扩容，重视流量优化，提高网络互联互通能力。加强科普宣传，提升用户网络使用水平。

（四）宽带应用引领宽带网络发展。充分发挥宽带业务应用对宽带网络普及与提速的拉动与促进作用，加强宽带特色应用与行业应用的创新与示范，提高宽带应用的深度和广度，依靠市场需求驱动宽带网络与应用发展，通过市场竞争促进宽带发展水平的提高。

（五）宽带建设与安全保障相协调。加强宽带建设与安全保障配套，在大力促进宽带网络发展的同时，同步提高宽带网络的安全保障能力和水平，构建网络信息安全保障体系，形成安全可信的用户上网环境，保障宽带网络健康持续发展。

## 三、主要目标

2012年的主要目标是：增强宽带接入能力，新增光纤到户（FTTH）覆盖家庭超过3500万户；总体提升我国固定宽带用户的接入速率，使用4M及以上宽带接入产品的用户超过50%，降低单位带宽价格；提高固定宽带家庭普及率，新增固定宽带接入互联网家庭超过2000万户；扩大公共热点区域无线局域网覆盖规模；宽带应用进一步推广和普及。

## 四、工作任务

（一）加速城市光纤宽带网络发展，推动光纤到楼入户。以光纤尽量靠近用户为原则，加快光纤宽带接入网络部署，全面提升宽带接入能力，同步提升骨干网传输和交换能力，提高骨干网间互联互通水平，提升网络信息安全保障能力，改善网络服务质量。推进政府机构、医疗卫生机构、科技园区、商务楼宇、宾馆酒店等单位和场所的光纤宽带接入。

（二）加快农村宽带网络建设，推动农村宽带入乡进村。重点扶持老少边穷地区宽带接入网络建设，改善贫困地区学校的宽带网络接入条件。加强涉农信息平台、扶贫信息平台建设，开发直接与农村、农民、农业发展、扶贫开发紧密契合的宽带信息服务。

（三）改善公益机构与低收入群体的宽带接入条件，推动宽带成果的普遍惠及。积极创造有利于公益机构、低收入群体宽带接入的建设环境和基础设施条件，大力推动中小学、图书馆、卫生服务站、社区服务站等公益机构，以及盲聋哑残障等特殊教育机构的宽带网络接入能力，鼓励各地在保障性住房小区建设社区宽带服务中心。

（四）加快互联网网站的升级与优化，提高互联网信息源的服务能力。鼓励互联网企业积极参与提速工程，采取优化网站设计、部署内容分发网络、增加网站接入带宽、改善互联网数据中心（IDC）网络与服务条件等措施，提升网站服务能力和水平。

（五）加强宽带应用创新与示范，提高宽带应用水平。积极探索建立跨行业宽带应用创新和普及的工作机制，在生产、安全、金融、社会服务、农业、医疗、教育、扶贫等领域开展行业特色宽带业务，推动商业模式创新；积极推动移动互联网、物联网、云计算、下一代互联网业务发展，认真做好“三网融合”试点工作，大力发展基于宽带的信息服务、电子商务和文化创意产业；鼓励建立宽带应用创新示范基地。

（六）积极支持中小企业提高宽带接入和应用水平。支持并鼓励中小企业积极改善企业网络环境，提高企业应用宽带网络和信息服务的能力和水平。

（七）加快国家产业化基地及相关平台的宽带网络升级与提速。支持国家新型工业化产业示范基地的宽带网络优化，改善其宽带网络接入能力，利用宽带网络与应用来推动传统工业的转型与升级，充分发挥宽带网络对两化融合的促进作用。

（八）加强宽带设备系统的技术标准研制、产品研发与产业化，完善产业链。着力加大自主创新力度，促进科技成果转化；加快制定宽带普及提速急需的宽带技术、设备、服务、质量等标准；支持节能高效、高性价比的宽带网络设备与系统的研发与产业化，不断提高设备与系统的性能；研发与推广适用于中小企业、学校、社区和家庭的高性能及具有融合功能的宽带接入产品，尤其要重视、支持研发与推广适用于贫困地区、弱势群体的宽带接入产品。

## 五、保障措施

（一）各有关单位要加强组织领导，明确目标任务、落实责任分工，密切配合协作，建立交流和通报制度。对提速、优化、普及、应用、安全保障等成果显著的地方、部门、企业，应给予表扬。

（二）各地通信管理局要会同当地住房城乡建设部门等，共同强化和督导房地产开发企业、电信企业等落实 2007 年原信息产业部与原建设部联合下发的《关于进一步规范住宅小区及商住楼通信管线及通信设施建设的通知》。各地积极探索通信配套设施验收与住房竣工验收等工作的统筹协调机制，保证用户对电信业务使用的自由选择权和工程质量。各地通信管理局要加强服务质量监管，规范出租出售价格。

（三）各地通信管理局要积极与当地住房城乡建设部门加强协调合作，尽快发布和落实城市新建住宅小区、商用楼预先布放光缆等规范，制定完善与光纤宽带网络建设相关的工程规范和验收标准。各地通信管理局要会同相关部门加强统筹协调，创造有利于光纤入户的改造环境，参照有关通信配套设施建设标准积极推进已建小区的“光进铜退”改造工作，着力解决光纤入户问题。加强企业间的沟通与交流，推动共建共享，促进理性竞争。

（四）各地工业和信息化主管部门及其他相关政府部门要会同当地通信管理局，结合当地实际，研究制定推动当地民生公益机构、老少边穷地区、农村地区、低收入群体、中小企业的宽带接入网络建设的支持和引导政策，积极创造光纤宽带网络发展的建设环境和基础设施条件，减免光缆敷设赔补费用，做好宽带普及推广工作。

（五）各地通信管理局要积极组织各地基础电信企业承担民生公益机构、农村地区、中小企业、国家产业化基地等的宽带接入网络建设任务，开展光纤宽带接入网络建设和网络光纤化提速改造。

（六）各地通信管理局、各基础电信企业要及时按要求向国家通信行业主管部门报送宽带发展的规划、指标、数据和情况，客观反映全国宽带网络发展水平。国家通信行业主管部门将逐步建立宽带网络发展常态化监测机制和长期、透明、权威的信息发布渠道。

（七）通信行业主管部门要加强网络互联互通管理，提高宽带网络运行服务质量。健全宽带网络体系结构，夯实网络高效运行的基础；完善宽带网络运行质量监测机制，加强技术支撑系统建设和监测监管工作；落实网间带宽扩容长效机制，做好网间带宽扩容工作。

（八）通信行业主管部门要加强网络与信息安全监督和管理，指导督促各基础电信企业和互联网企业切实落实网络与信息安全责任，完善企业网络信息安全制度，健全机构和人员配置，同步提升网络信息安全技术能力，保障网络与信息安全。

（九）各地要落实现有财税金融政策，支持宽带网络建设与宽带应用发展。

# 关于利用电信业务市场综合管理信息系统办理增值电信业务经营许可证相关业务的通告

工信部电管函［2012］194号

为进一步优化增值电信业务经营许可证申请、变更和备案流程，方便企业快捷、实时地了解相关进程，我部组织开发了电信业务市场综合管理信息系统（以下简称综合管理系统），近期将于全国范围内正式上线运行。现将有关事项通知如下：

## 一、系统服务对象

综合管理系统服务的对象包括：持有我部《跨地区增值电信业务经营许可证》的企业，持有各省、自治区、直辖市通信管理局（以下简称各省通信管理局）《增值电信业务经营许可证》的企业，拟申请相关电信业务经营许可证的企业。

## 二、系统功能

综合管理系统主要包括以下功能：许可证申请、变更、备案、年检和数据统计。

## 三、系统使用说明

综合管理系统网址为：https：//tsm.miit.gov.cn。

对于持有我部《跨地区增值电信业务经营许可证》的企业和持有各省通信管理局《增值电信业务经营许可证》的企业，综合管理系统的登录名为企业的许可证号，初始密码为许可证有效期。企业初次登录时请立即更改密码（对于年检时已更改过密码的企业，密码为更改后的密码）。

对于拟申请相关增值电信业务经营许可证的企业，请通过系统注册的方式获取用户名和密码，并提交相关材料，待获得许可审批后，通过许可证号和许可证有效期登录系统。

详细使用说明可在网站下载，网址为：https：//tsm.miit.gov.cn/pages/AttachDownEnt.aspx?id=bc0c43e2-1511-4765-88ca-4d2f3fb5ec82。

## 四、系统开通时间安排

### （一）跨地区增值电信业务经营许可证

2012年5月15日起，我部《跨地区增值电信业务经营许可证》的申请、变更将通过综合管理系统受理。

2012年1月1日起，持有我部《跨地区增值电信业务经营许可证》的企业在辽宁省、重庆市的备案通过综合管理系统受理。

2012 年 5 月 15 起，持有我部《跨地区增值电信业务经营许可证》的企业在天津市、内蒙古自治区、黑龙江省、安徽省、广西壮族自治区、新疆维吾尔自治区的备案将通过综合管理系统受理。

2012 年 7 月 1 日起，持有我部《跨地区增值电信业务经营许可证》的企业在北京市、河北省、山西省、吉林省、福建省、江西省、山东省、河南省、湖北省、湖南省、广东省、海南省、四川省、云南省、西藏自治区、陕西省、甘肃省、青海省、宁夏回族自治区的备案通过综合管理系统受理。

持有我部《跨地区增值电信业务经营许可证》的企业在上海市、江苏省、浙江省、贵州省进行备案请咨询当地通信管理局或登录其网站查询。

**（二）增值电信业务经营许可证**

2012 年 1 月 1 日起，辽宁省、重庆市《增值电信业务经营许可证》的申请、变更通过综合管理系统受理。

2012 年 5 月 15 日起，天津市、内蒙古自治区、黑龙江省、安徽省、广西壮族自治区、新疆维吾尔自治区《增值电信业务经营许可证》的申请、变更将通过综合管理系统受理。

2012 年 7 月 1 日起，北京市、河北省、山西省、吉林省、福建省、江西省、山东省、河南省、湖北省、湖南省、广东省、海南省、四川省、云南省、西藏自治区、陕西省、甘肃省、青海省、宁夏回族自治区《增值电信业务经营许可证》的申请、变更将通过综合管理系统受理。

上海市、江苏省、浙江省、贵州省《增值电信业务经营许可证》的申请、变更请咨询当地通信管理局或登录其网站查询。

## 五、运行监测数据上报

2012 年 5 月 15 日起，持有我部《跨地区增值电信业务经营许可证》和天津市、内蒙古自治区、辽宁省、黑龙江省、安徽省、广西壮族自治区、重庆市、新疆维吾尔自治区《增值电信业务经营许可证》的企业，请于每季度第一个月的 15 日前登录综合管理系统上报上一季度运行监测数据。

2012 年 7 月 1 日起，持有北京市、河北省、山西省、吉林省、福建省、江西省、山东省、河南省、湖北省、湖南省、广东省、海南省、四川省、云南省、西藏自治区、陕西省、甘肃省、青海省、宁夏回族自治区《增值电信业务经营许可证》的企业，请于每季度第一个月的 15 日前登录综合管理系统上报上一季度运行监测数据。

持有上海市、江苏省、浙江省、贵州省《增值电信业务经营许可证》的企业，请咨询当地通信管理局或登录其网站查询。

## 六、其他事项

《跨地区增值电信业务经营许可证》备案和《增值电信业务经营许可证》申请、变更可与当地通信管理局咨询联系（联系方式见附件）。[①]

① 附件未摘录，请自行查阅。

# 第六编　通信行政管理类政策法规

# 信息产业部行政复议实施办法

信息产业部令第25号

（经2002年10月21日第11次部务会议审议通过，自2002年12月1日起施行）

**第一条** 为了规范信息产业部的行政复议工作，防止和纠正违法的或者不当的具体行政行为，维护公民、法人和其他组织的合法权益，根据《中华人民共和国行政复议法》及相关法律、行政法规，制定本办法。

**第二条** 公民、法人和其他组织向信息产业部提出行政复议申请，信息产业部受理行政复议申请、作出行政复议决定，适用本办法。

**第三条** 信息产业部政策法规司是信息产业部的行政复议机构，具体办理行政复议事项，履行下列职责：

（一）受理向信息产业部提出的行政复议申请；

（二）向有关组织和人员调查取证，查阅文件和资料；

（三）审查申请行政复议的具体行政行为是否合法与适当，拟定行政复议决定；

（四）处理或者转送对本办法第七条所列有关规定的审查申请；

（五）办理因不服信息产业部行政复议决定提起行政诉讼的应诉事项；

（六）法律、行政法规和部规章规定的其他职责。

**第四条** 信息产业部行政复议工作遵循合法、公正、公开、及时、便民的原则，坚持有错必纠，保障法律、行政法规和部规章的正确实施。

**第五条** 公民、法人或者其他组织对信息产业部行政复议决定不服的，可以依照行政诉讼法的规定向人民法院提起行政诉讼，也可以依照行政复议法的规定向国务院申请裁决。

**第六条** 有下列情形之一的，公民、法人或者其他组织可以依照本办法申请行政复议：

（一）对信息产业部或者省、自治区、直辖市通信管理局作出的警告、罚款、没收违法所得、没收非法财物、责令停产停业、暂扣或者吊销许可证、暂扣或者吊销执照等行政处罚决定不服的；

（二）对信息产业部或者省、自治区、直辖市通信管理局作出的查封、扣押等行政强制措施决定不服的；

（三）对信息产业部或者省、自治区、直辖市通信管理局作出的责令关闭网站、责令关闭营业场所、网间互联（互联争议解决）等行政决定不服的；

（四）对信息产业部或者省、自治区、直辖市通信管理局作出的有关许可证、执照、资质证、资格证等证书变更、中止、撤销的决定不服的；

（五）认为信息产业部或者省、自治区、直辖市通信管理局违法集资、征收财物、摊派费用或者违法要求履行其他义务的；

（六）认为符合法定条件，申请信息产业部或者省、自治区、直辖市通信管理局颁发许可证、执照、资质证、资格证等证书，以及审批、登记有关事项，信息产业部或者省、自治区、直辖市通信管理局没有依法办理的；

（七）认为信息产业部或者省、自治区、直辖市通信管理局的其他具体行政行为侵犯其合法权益的。

**第七条** 公民、法人或者其他组织认为信息产业部或者省、自治区、直辖市通信管理局的具体行政行为所依据的规定不合法，在对具体行政行为申请行政复议时，可以一并提出对该规定的审查申请。

前款所列规定不含规章，规章的审查依照法律、行政法规办理。

**第八条** 对信息产业部或者省、自治区、直辖市通信管理局依法委托的单位作出的具体行政行为不服的，可以向信息产业部申请行政复议。

对省、自治区、直辖市无线电管理机构作出的具体行政行为不服的，可以向信息产业部申请行政复议。

**第九条** 公民、法人或者其他组织认为信息产业部或者省、自治区、直辖市通信管理局的具体行政行为侵犯其合法权益的，可以自知道该具体行政行为之日起 60 日内提出行政复议申请；但是法律规定的申请期限超过 60 日的除外。

因不可抗力或者其他正当理由耽误法定申请期限的，申请期限自障碍消除之日起继续计算。

**第十条** 依照本办法申请行政复议的公民、法人或者其他组织是申请人。

公民、法人或者其他组织对具体行政行为不服申请行政复议的，作出该具体行政行为的行政机关是被申请人。

同申请行政复议的具体行政行为有利害关系的其他公民、法人或者其他组织，可以作为第三人参加行政复议。

申请人、第三人可以委托代理人代为参加行政复议。委托代理人参加行政复议应当向信息产业部提交授权委托书。

**第十一条** 申请人向信息产业部申请行政复议，可以书面申请，也可以口头申请；口头申请的，行政复议机构工作人员应当当场记录申请人的基本情况、行政复议请求、申请行政复议的主要事实、理由和时间，并当场交由申请人签名或者盖章确认。

**第十二条** 申请人向信息产业部申请行政复议，信息产业部已经依法受理的，在法定行政复议期限内不得向人民法院提起行政诉讼。

公民、法人或者其他组织向人民法院提起行政诉讼，人民法院已经受理的，不得申请行政复议。

**第十三条** 信息产业部行政复议机构收到行政复议申请后，由承办人填写《行政复议申请处理审批表》。行政复议机构应当在 5 个工作日内进行审查，并分别作出如下处理：

（一）行政复议申请符合本办法规定的，予以受理；

（二）行政复议申请不符合本办法规定的，决定不予受理，制作《不予受理决定书》，并送达申请人；

（三）对符合行政复议法规定，但不属于信息产业部受理的行政复议申请，应当告知申请人向有关行政复议机关提出。口头告知的，应当记录告知的有关内容，并当场交由申请人签字确认；书面告知的，应当制作《行政复议告知书》，并送达申请人。

**第十四条** 行政复议期间具体行政行为不停止执行；但有《中华人民共和国行政复议法》第二十一条规定情形之一的，可以停止执行。决定停止执行的，应当制作《停止执行通知书》，并送达被申请人。

**第十五条** 行政复议申请原则上采取书面审查的办法，但是申请人提出要求或者行政复议机构认为有必要时，可以向有关组织和人员调查情况，听取申请人、被申请人和第三人的意见。

**第十六条**　行政复议机构应当自行政复议申请受理之日起 7 个工作日内，制作《提出答复通知书》，并送达被申请人。被申请人应当自收到《提出答复通知书》之日起 10 日内，提出书面答复，并提交当初作出具体行政行为的证据、依据及其他有关材料。书面答复应载明下列内容：

（一）被申请人名称、地址、法定代表人姓名；

（二）作出具体行政行为的事实、证据及法律依据，对有关事实的陈述应注明相应的证据材料及出处；

（三）对申请人的复议申请要求、事实、理由逐条进行答辩及必要的举证；

（四）对申请人要求复议的具体行政行为提出维持、变更、撤销或者确认违法的建议；

（五）作出答复的时间，并加盖印章。

对复议案件的答复工作，由被申请人作出具体行政行为的机构负责。

**第十七条**　申请人、第三人查阅被申请人提出的除涉及国家秘密、商业秘密或者个人隐私外的书面答复、作出具体行政行为的证据依据和其他有关材料，应当依照下列规定办理：

（一）向行政复议机构提出申请，并出示有效证件；

（二）查阅时，应当有行政复议机构工作人员在场；

（三）查阅时不得涂改、毁损、拆换、取走、增添上述材料，不得进行复印、翻拍、翻录。

**第十八条**　在行政复议过程中，被申请人不得自行向申请人和其他有关组织或者个人收集证据。

**第十九条**　信息产业部行政复议决定作出前，申请人要求撤回行政复议申请的，经说明理由，可以撤回；撤回行政复议申请的，行政复议终止。

因申请人撤回行政复议申请或者其他原因终止行政复议的，应当制作《行政复议终止通知书》，并送达申请人、被申请人、第三人。

**第二十条**　申请人在申请行政复议时，一并提出对具体行政行为所依据的规定审查申请的，或者行政复议机构在对被申请人的具体行政行为进行审查时，认为其依据不合法，信息产业部有权处理的，行政复议机构应当在 30 日内提出处理意见并报部领导批准；无权处理的，应当制作《规范性文件转送函》并在 7 个工作日内按照法定程序转送有权处理的行政机关依法处理。

处理期间，中止对具体行政行为的审查。行政复议机构应当制作《行政复议中止通知书》，并送达申请人、被申请人、第三人。

**第二十一条**　行政复议机构应当对被申请人作出的具体行政行为进行审查，提出意见，填写《行政复议案件处理意见审批表》，经部长或者主管副部长同意或者经信息产业部复议案件审理委员会（或部长办公会）讨论通过后，按照下列规定作出行政复议决定：

（一）具体行政行为认定事实清楚，证据确凿，适用依据正确，程序合法，内容适当的，决定维持。

（二）被申请人不履行法定职责的，决定其在一定期限内履行。

（三）具体行政行为有下列情形之一的，决定撤销、变更或者确认该具体行政行为违法；决定撤销或者确认该具体行政行为违法的，可以责令被申请人在一定期限内重新作出具体行政行为：

1. 主要事实不清、证据不足的；
2. 适用依据错误的；
3. 违反法定程序的；
4. 超越或者滥用职权的；
5. 具体行政行为明显不当的。

（四）被申请人不按照本办法第十六条的规定提出书面答复、提交当初作出具体行政行为的证据、依据和其他有关材料的，视为该具体行政行为没有证据、依据，决定撤销该具体行政行为。

**第二十二条**　信息产业部责令被申请人重新作出具体行政行为的，被申请人不得以同一的事实和理由作出与原具体行政行为相同或者基本相同的具体行政行为。

**第二十三条**　信息产业部应当自受理行政复议申请之日起 60 日内作出行政复议决定。情况复杂，不能在规定期限内作出行政复议决定的，经部长或者主管副部长批准，可以延长 30 日。

延长复议期限的，应当制作《决定延期通知书》，并送达申请人、被申请人、第三人。

**第二十四条**　申请人在申请行政复议时可以一并提出行政赔偿请求。信息产业部对提出行政赔偿请求的，依照《中华人民共和国行政复议法》第二十九条的规定办理。

**第二十五条**　信息产业部作出行政复议决定，应当制作《信息产业部行政复议决定书》。行政复议决定书应当载明下列内容：

（一）申请人、被申请人、第三人的基本情况；

（二）申请人申请行政复议的要求、理由、依据；

（三）被申请人答复的理由、证据、依据；

（四）信息产业部认定的事实、证据和理由；

（五）信息产业部作出的行政复议决定和依据（引用有关法律法规的具体条文）；

（六）申请人诉权内容，包括起诉期限和管辖的人民法院名称，对信息产业部具体行政行为作出的行政复议决定，还应当写明申请人可以选择向国务院申请裁决的权利；

（七）作出行政复议决定的日期。

行政复议决定书一经送达，即发生法律效力。

**第二十六条**　被申请人应当履行行政复议决定。被申请人不履行或者无正当理由拖延履行行政复议决定的，信息产业部应当责令其限期履行。

责令限期履行的，应当制作《责令履行通知书》，并送达被申请人、申请人、第三人。

**第二十七条**　申请人逾期不起诉又不履行信息产业部行政复议决定的，按照下列规定分别处理：

（一）维持具体行政行为的行政复议决定，由作出具体行政行为的行政机关依法申请人民法院强制执行；

（二）变更具体行政行为的行政复议决定，由信息产业部依法强制执行，或者申请人民法院强制执行。

**第二十八条**　行政复议机关及其工作人员和被申请人在行政复议活动中，有违反《中华人民共和国行政复议法》规定的行为的，依照该法追究其责任。

**第二十九条**　行政复议期间的计算和行政复议文书的送达，依照行政复议法和民事诉讼法的相关规定执行。

**第三十条**　信息产业部受理行政复议申请，不得向申请人收取任何费用。行政复议活动所需经费，依照行政复议法的相关规定执行。

**第三十一条**　信息产业部行政复议使用统一的文书格式。

**第三十二条**　外国人、无国籍人或者外国组织在中华人民共和国境内向信息产业部申请行政复议，适用本办法。

**第三十三条**　本办法自 2002 年 12 月 1 日起施行。

# 通信行业统计管理办法

信息产业部令第26号

（经2002年10月21日第11次部务会议审议通过，自2002年12月15日起施行）

## 第一章　总则

**第一条**　为了加强通信行业统计监督管理，规范通信行业统计行为，根据《中华人民共和国统计法》（以下简称《统计法》）、《中华人民共和国统计法实施细则》（以下简称《实施细则》）及国家有关规定，制定本办法。

**第二条**　本办法所称通信行业统计是指通信主管部门依法进行的搜集、整理、研究和提供各种通信统计资料的活动。通信行业统计是国家统计工作的组成部分，其基本任务是：全面贯彻《统计法》和《实施细则》，按照通信行业管理需要建立通信行业统计指标体系，进行通信行业统计调查、统计分析，运用各种统计方法，系统、准确、及时地反映通信行业的生产、经营管理和发展情况，提供统计资料，发布行业信息，做好统计咨询服务，发挥统计监督作用。

**第三条**　本办法适用于信息产业部或省、自治区、直辖市通信管理局和通信行业企业事业单位（包括境外上市公司在国内运营的通信运营企业，中外合资电信企业，以及专用通信网、广播电视传输网、邮政通信企业等）进行的通信统计活动。

**第四条**　通信行业统计工作实行信息产业部统一管理、分级负责的原则。信息产业部管理全国范围内的通信行业统计工作；省、自治区、直辖市通信管理局管理本行政区域范围内的通信行业统计工作，同时接受地方统计机构的业务指导，向地方政府统计机构提供有关通信统计资料。

**第五条**　通信行业各单位应当建立健全统计制度，建立统计机构和统计人员工作责任制，建立考核和奖惩制度，不断提高工作质量和工作效率。统计机构和统计人员依法独立行使下列职权：

（一）统计调查权。调查、搜集有关资料，召开有关调查会议，检查与统计资料有关的各种原始记录和凭证。被调查单位、人员必须提供真实资料和情况，不得拒绝、虚报和瞒报。

（二）统计报告权。将统计调查和情况加以整理、分析，向上级机关和有关部门提出统计报告。任何单位、个人不得阻挠扣压统计报告，不得篡改统计资料。

（三）统计监督权。根据统计调查和统计分析，检查国家政策和计划的实施，考核企业的经济效益和工作成绩，检查和揭露存在的问题，检查虚报、瞒报统计资料的行为，提出改进工作的建议。有关部门对统计部门、统计人员反映、揭露的问题和提出的建议应及时处理，作出答复。

**第六条**　通信行业各单位要加强对统计工作的领导和监督：

（一）支持统计机构、统计人员和其他有关人员执行统计法规和统计制度，准确、及时地完成统计工作任务，加强统计工作基础建设；

（二）吸收和组织统计人员参加有关制定政策、执行计划和生产经营活动的会议，发挥统计的服务和监督作用；

（三）支持统计部门和统计人员合法行使职权；

（四）解决统计调查所需要的人员和经费。

## 第二章　通信统计机构和统计人员职责

**第七条**　信息产业部负责监督检查统计法律、法规在通信领域的实施，维护统计机构和统计人员的合法权益。

省、自治区、直辖市通信管理局受信息产业部委托，负责监督检查本区域统计法律、法规在通信领域的实施，维护统计机构和统计人员的合法权益。

通信行业各单位必须认真贯彻执行统计法律、法规，保障本单位统计机构、统计人员的合法权益不受侵害。

**第八条**　信息产业部综合统计机构履行下列职责：

（一）组织领导、综合协调信息产业部内各职能机构和各省、自治区、直辖市通信管理局、通信行业各单位的统计工作，完成国家通信行业统计调查任务；

（二）根据有关法律、行政法规和国家有关政策，制定通信行业统计工作现代化规划、统计调查计划，监督检查统计规划和统计制度的实施；

（三）制定通信行业统计规章制度，制定通信行业统计调查方案，制定通信行业统计指标体系及解释，审定通信行业统计标准；

（四）管理信息产业部统计信息计算机应用系统和数据库体系，并运用系统完成统计数据的采集、处理、传递、发布、存储工作；

（五）根据国家制定政策、计划和管理的需要，搜集、整理、提供通信行业的基本统计资料，对通信行业的发展情况进行统计分析、统计预测和统计监督；

（六）检查、审定、管理、公布、出版通信行业基本统计资料，发布全国通信行业发展统计公报；

（七）检查、处理通信行业违反统计法规的行为；

（八）组织开展通信行业统计工作和统计科学的国际交流。

**第九条**　省、自治区、直辖市通信管理局综合统计机构履行下列职责：

（一）组织指导、综合协调本省、自治区、直辖市通信管理局内各职能机构和行政区域通信行业各单位的统计工作，完成信息产业部统计调查和地方统计调查任务。

（二）结合本省、自治区、直辖市通信行业管理的需要，制定本省、自治区、直辖市的通信行业统计调查计划、统计调查方案和管理统计调查表式；监督检查统计法规和统计制度的实施。

（三）根据本省、自治区、直辖市制定计划和进行行业管理的需要，搜集、整理、提供基本统计资料，对本省、自治区、直辖市通信行业发展情况进行统计分析、统计预测和统计监督。

（四）检查、处理本省、自治区、直辖市通信行业违反统计法规的行为。

**第十条**　通信行业企业事业单位统计机构或者统计负责人执行本单位综合统计的职能，履行下列职责：

（一）组织指导、综合协调本单位各职能机构和下属机构的统计工作，共同完成国家统计调查、部门统计调查和地方统计调查任务；管理本单位的统计调查表和基本统计资料。

（二）制订、实施本单位的统计工作计划和统计制度，执行统计法规和统计制度，监督检查统计法规和统计制度的实施。

（三）按照国家有关规定，向信息产业部或省、自治区、直辖市通信管理局以及地方政府统计机构报送和提供统计资料，对本单位计划的执行情况和经营管理的效益，进行统计分析和统计监督。

（四）加强统计基础工作建设，建立健全原始记录、统计台账和核算制度，严格统计工作责任制，加强统计人员的培训和考核奖惩。

（五）以维护统计数据质量为重点，组织统计执法检查。

**第十一条**　通信行业各单位统计人员应持有统计上岗证，并保持相对稳定。

## 第三章　统计调查计划与统计制度

**第十二条**　通信行业各单位应按照有关规定进行通信行业统计调查。

前款所称的通信行业统计调查是指信息产业部或者省、自治区、直辖市通信管理局进行的搜集通信行业运营和发展情况的各类统计调查，包括普查、经常性调查、一次性调查、试点调查等。

通信行业统计调查内容包括：通信专业统计、固定资产投资统计、财务统计等。

**第十三条**　通信行业统计调查计划按统计调查项目编制。通信行业统计调查计划必须列明：项目名称、调查机关、调查目的、调查范围、调查对象、调查方式、调查时间、调查的主要内容等。

**第十四条**　通信行业统计调查分为全国通信行业统计调查和地方通信行业统计调查，统计调查计划和统计调查方案分别由信息产业部或各省、自治区、直辖市通信管理局编制，并按下列规定经审查机关批准后实施：

（一）全国通信行业统计调查，调查计划和调查方案由信息产业部综合统计机构编制（部内相关职能机构对通信行业的统计调查，由部综合统计机构归口审定），经本单位负责人审查批准，报国家统计局备案。

（二）地方通信行业统计调查，调查计划和调查方案由省、自治区、直辖市通信管理局综合统计机构编制（省、自治区、直辖市通信管理局内相关职能机构对通信行业的统计调查，由本局综合统计机构归口审定），经本单位负责人审查批准，报信息产业部和地方人民政府统计机构备案。

信息产业部进行的通信行业统计调查，调查对象超出通信行业范围的，须经国家统计局批准；省、自治区、直辖市通信管理局进行的地方通信行业统计调查，调查对象超出通信行业范围的，必须经地方人民政府统计机构批准，超出本省、自治区、直辖市行政区域范围的通信统计调查，必须经信息产业部批准。

省、自治区、直辖市通信管理局进行的统计调查不得与信息产业部的统计调查重复、矛盾。

**第十五条**　信息产业部或者省、自治区、直辖市通信管理局应对相关职能机构送审的统计调查计划及其调查方案的必要性、可行性、科学性进行严格审查，不符合本办法规定的，应当退回修改或者不予批准。

编制和审查统计调查方案，应当遵循下列原则：

（一）在已经批准实施的各种统计调查中能搜集到资料的，不得重复调查。

（二）凡通过抽样调查、重点调查、行政记录可以满足需要的，不得制发全面统计报表。

（三）一次性调查能满足需要的，不得进行经常性统计调查；按年统计调查能满足需要的，不得按季统计调查；按季统计调查能满足需要的，不得按月统计调查；月以下的进度统计调查必须严格控制。

（四）指标含义、计算方法、分类目录、统计指标编码等不得与上级统计部门的规定相抵触。

（五）编制新的统计调查方案，必须事先进行可行性论证，保证切实可行，注重调查效益，并进行试点或征求有关部门、基层单位的意见。

**第十六条**　按照规定程序批准的通信统计调查表，必须在右上角标明表号、制表机关、批准或者备案机关、批准或备案文号、有效期限。被调查单位或人员应当准确、及时地按调查方案填报。

对未标明前款所列内容或者超过有效期的统计调查表，相关统计调查对象有权拒绝填报，信息产业部或者省、自治区、直辖市通信管理局综合统计机构有权予以废止。

统计调查方案所规定的指标含义、调查范围、计算方法、分类目录、调查表式、统计编码等，未经批准该统计调查的单位同意，任何单位或者个人不得修改。

**第十七条** 通信行业统计报表分为公众通信网统计报表、专用通信网统计报表和其他电信业务经营者统计报表。通信行业统计报表由信息产业部综合统计机构统一制定。任何单位不得擅自修改、删减或不报。

省、自治区、直辖市通信管理局确因需要增设的统计指标应当报信息产业部备案。

**第十八条** 通信行业企业事业单位应当认真组织本单位内有关机构、人员完成信息产业部或者省、自治区、直辖市通信管理局布置的各项统计调查、统计分析及其他有关工作；组织并配合信息产业部或者省、自治区、直辖市通信管理局的统计检查，不得以任何理由拒绝或拖延。

## 第四章 统计资料的管理和公布

**第十九条** 通信统计资料是指以纸制品、磁盘、光碟等载体保存的，反映通信行业发展状况的数字、文字、图表等统计信息资料，主要分为：

（一）统计原始记录、台账和统计报表；

（二）经过分析、研究和加工整理的综合统计资料。

**第二十条** 通信行业各单位应当健全通信统计资料审核制度，实行综合统计机构统一管理、相关职能机构分口负责的审核制度。各单位提供的统计资料，由相关职能机构审核后送综合统计机构复核，单位领导人或统计负责人签署或盖章后上报。各单位必须按规定时限提供统计资料，提供后发现有误的，应在上级规定的期限内订正。

**第二十一条** 全国性通信行业统计资料由信息产业部综合统计机构审核，报部领导批准后对外公布。

省、自治区、直辖市通信行业的统计资料，由省、自治区、直辖市通信管理局综合统计机构审核，报局领导批准后对外公布。

除本条第一款、第二款规定外其他任何单位或者个人无权对外公布通信行业统计资料。通信企业事业单位的信息发布由其自定。

**第二十二条** 通信行业各单位制定政策、计划，检查政策、计划执行情况，考核经济效益、社会效益和工作成绩，进行奖励和惩罚等使用的统计资料，必须以本单位统计部门或者统计负责人签署盖章的统计资料为准。

**第二十三条** 通信行业各单位必须执行国家有关统计资料保密管理的规定，加强对统计资料的保密管理。信息产业部和省、自治区、直辖市通信管理局对通信统计中涉及到的统计调查对象的商业秘密，负有保密义务。

**第二十四条** 通信行业各单位必须建立统计档案制度。统计资料档案的保管、调用和移交，应当遵守国家和信息产业部有关档案管理的规定。

**第二十五条** 信息产业部和省、自治区、直辖市通信管理局应当利用可以公开的通信行业统计信息，做好统计信息咨询服务工作，为社会公众服务。通信统计信息服务管理办法另行规定。

在统计制度规定之外提供的通信统计信息咨询，按国家有关规定，实行有偿服务。

**第二十六条** 通信行业各单位的领导人对统计部门提供的统计资料不得自行修改；发现数据计算或者来源有误的，应当向统计部门提出，由统计部门核实订正。

通信行业各单位领导人不得强令或者授意统计部门篡改统计资料或者编造虚假数据。统计部门对领导人强令或者授意篡改统计资料或者编造虚假数据的行为应当拒绝、抵制，依照统计制度如实报送统计资料，并对所报送统计资料的真实性负责。

通信行业各单位领导人不得对拒绝、抵制篡改统计资料和拒绝、抵制编造虚假数据行为的统计人员打击报复。

## 第五章　罚则

**第二十七条**　通信行业各单位有下列行为之一的，由信息产业部或者省、自治区、直辖市通信管理局建议相关主管部门依法予以处理：

（一）虚报、瞒报统计资料的；

（二）伪造、篡改统计资料的；

（三）拒报或者屡次迟报统计资料的；

（四）在接受统计检查时，拒绝提供情况、提供虚假情况或者转移、隐匿、毁弃统计原始记录、统计台账、统计报表以及与统计有关的其他资料的；

（五）使用暴力或者威胁的方法阻挠、抗拒统计检查的；

（六）利用统计调查损害社会公共利益或者进行欺诈活动的；

（七）利用统计调查窃取国家秘密、商业秘密或者违反其他法律、法规中有关保密规定的；

（八）泄露统计调查对象的商业秘密，对调查对象造成损害的；

（九）违反《统计法》构成犯罪的。

**第二十八条**　通信行业统计工作应当接受社会公众监督。任何单位或个人有权揭发检举通信行业统计中的弄虚作假等违法行为，对揭发、检举有功的单位或个人给予奖励。

## 第六章　附则

**第二十九条**　中华人民共和国境外的组织或者个人需要在中华人民共和国境内进行通信统计调查活动的，应当委托中华人民共和国境内具有涉外统计调查资格的机构进行。

**第三十条**　本办法自 2002 年 12 月 15 日起施行。

# 国际通信出入口局管理办法

信息产业部令第22号

（经2002年3月14日第9次部务会议审议通过，自2002年10月1日起施行）

## 第一章　总则

**第一条**　为了加强国际通信出入口局管理，维护国家利益，促进国际通信健康、有序的发展，依据《中华人民共和国电信条例》，制定本办法。

**第二条**　在中华人民共和国境内设置国际通信出入口局、从事国际电信业务，必须遵守本办法。

**第三条**　国际通信出入口局（以下简称“国际通信出入口”）分为国际通信信道出入口、国际通信业务出入口和边境地区国际通信出入口。

国际通信信道出入口，是指国内通信传输信道与国际通信传输信道之间的转接点。包括：

（一）国际通信光缆、电缆、微波等在国内的登陆或入境站；

（二）国际通信光缆、电缆、微波等在国内的登陆或入境延伸终端站；

（三）国际卫星通信系统设在我国的关口站、地球站等；

（四）其他国内通信传输信道与国际通信传输信道相互链接的转接点。

国际通信业务出入口，是指国内通信业务网络与国际通信业务网络之间的业务转接点。包括：

（一）电话业务网国际交换局（含国际电话业务网信令转接点）；

（二）帧中继、数字数据网（DDN）、ATM业务网国际交换局；

（三）互联网国际出入口路由器；

（四）其他国内通信业务网与国际通信业务网之间的业务转接点。

边境地区国际通信出入口，是指利用国内交换机与境外接壤地区的通信网络开通的国际直达电路。

**第四条**　信息产业部负责国际通信出入口的设置审批和监督管理。

**第五条**　国际通信出入口应当由国有独资的电信业务经营者申请设置，并承担其运行维护工作。

未经信息产业部批准，任何单位和个人不得以任何形式设置国际通信出入口。

**第六条**　在中华人民共和国境内从事国际通信业务，必须通过信息产业部批准设立的国际通信出入口进行。任何组织和个人不得利用其他途径进行国际通信。

与香港特别行政区、澳门特别行政区和台湾地区的通信，参照国际通信管理。

**第七条**　设置国际通信出入口的，应当遵守国家有关法律、法规，接受信息产业部和相关省、自治区、直辖市通信管理局的监督、检查和指导。

## 第二章　国际通信出入口的设置、调整和撤销

**第八条**　国际通信出入口的设置数量、地点，由信息产业部根据我国国际通信网发展总体规划、电信业务经营者的申请和国际电信业务发展的需要确定。

**第九条**　国际通信信道出入口应当设置在国际海光缆或陆地光缆易于登陆或者入境的地点，并应考虑网络的安全可靠及方便向国内网络延伸等因素。

**第十条**　国际通信业务出入口应当设置在国际通信业务集中的中心城市。

**第十一条**　边境地区国际通信出入口应当设置在与境外接壤的地市级以上（含地市级）城市，并应考虑该城市的未来发展，及与其接壤的境外地区之间通信业务量水平等因素。

边境地区国际通信出入口只能用于所在区域与境外相应的区域之间点对点的通信，不得用于转接此范围之外的电信业务。

**第十二条**　设置国际通信出入口，应当向信息产业部提出申请并提交下列材料：

（一）设置国际通信出入口的申请报告；

（二）国际通信基础设施经营许可证或国际电信业务经营许可证；

（三）设置国际通信出入口的技术方案；

（四）信息产业部要求提交的其他材料。

**第十三条**　信息产业部在收到第十二条规定的全部材料之日起60日内审查完毕，并作出批准或不予批准的批复。

**第十四条**　撤销已设立的国际通信出入口，须提前30日向信息产业部提出书面申请，经信息产业部批准后方可实施，并应做好善后处理工作。书面申请应当包括要撤销的国际通信出入口的现状以及撤销后的善后处理措施。

对已设立的国际通信出入口进行扩容调整，其建设项目须按有关规定经审批同意。电信业务经营者应当在开工前90日将扩容调整方案报信息产业部备案。国家另有规定的除外。

**第十五条**　获准设置国际通信出入口后的建设项目，按照国家规定的项目建设管理程序，报相关部门审批。

**第十六条**　经营用于国际通信的甚小地球站（VSAT）业务的，经营者应当办理国际通信出入口审批手续，并在获准设置后，按照有关规定办理无线电台（站）设置审批手续。

设置用于国际通信的无线电台（站），获准设置国际通信出入口后，应当按照有关规定办理无线电台（站）设置审批手续。

## 第三章　国际通信出入口的管理和运营

**第十七条**　设置国际通信信道出入口的电信业务经营者，必须加强对国际通信传输信道的管理，不得利用国际通信传输信道从事非法活动；发现他人利用国际通信传输信道从事非法活动的，应当根据国家有关规定及时协助有关部门采取制止措施。

**第十八条**　获准设置国际通信信道出入口的电信业务经营者，有义务向获准设立国际通信业务出入口的电信业务经营者提供国际通信传输信道，不得对其采取歧视性措施；不得向未获准设置国际通信业务出入口的电信业务经营者提供国际通信传输信道。

**第十九条**　设置国际通信信道出入口的电信业务经营者，可以向用户出租国际通信传输信道专线，并集中建立用户档案；该国际通信传输信道专线只能在规定的业务范围内用于点对点的通信，并仅供用户内部使用，不得用于经营电信业务。

经营甚小地球站（VSAT）通信业务出租国际通信传输信道专线的，按前款规定执行。

**第二十条** 设置国际通信出入口的电信业务经营者，应当按有关规定同步建设相应的信息安全配套设施，经信息产业部审查验收合格后方可开通运行。在改建、扩建国际通信出入口时，必须保证信息安全配套设施的正常运行。

**第二十一条** 设置国际通信出入口的电信业务经营者，应当建立健全安全管理制度，落实技术防范措施，保证网络运行安全、可靠。国际通信出入口出现重大故障或重大安全问题，应及时通知相关的电信业务经营者，采取紧急措施恢复正常运行，并于事件发生后24小时内将情况报告信息产业部。

**第二十二条** 以经营电信业务为目的，通过互联网国际出入口设置虚拟网络的，应当报信息产业部批准。以内部使用为目的，通过互联网国际出入口设置虚拟专用网的，应当报信息产业部备案。

**第二十三条** 设置国际通信出入口的电信业务经营者有义务对国家有关部门依法实施的安全检查和采取的相应措施给予配合。

**第二十四条** 设置国际通信出入口的电信业务经营者，应当按照信息产业部的要求，在每年6月30日前和12月31日前两次向信息产业部和所在地省、自治区、直辖市通信管理局报告国际通信出入口的有关情况。报告的具体内容和要求在本办法附录中列出。信息产业部可以根据实际情况，对附录中所列报送材料的具体内容和要求进行调整，重新公布。

**第二十五条** 未获得国际通信基础设施经营权的电信业务经营者，不得直接租用境外的国际通信传输信道，不得购买、自建或参与建设国际通信传输信道。

未获得国际通信业务经营权的电信业务经营者，不得租用国际通信传输信道用于经营国际通信业务，不得购买、自建或参与建设国际通信传输信道。

## 第四章 罚则

**第二十六条** 违反本办法规定，未经信息产业部批准，擅自设置国际通信出入口进行国际通信的，由信息产业部或省、自治区、直辖市通信管理局依据职权责令其3日内拆除非法国际通信设施，没收违法所得，处违法所得3倍以上5倍以下罚款；没有违法所得或者违法所得不足5万元的，处10万元以上100万元以下罚款；情节严重的，责令停业整顿。

**第二十七条** 违反本办法第十一条规定，利用边境地区国际通信出入口超范围转接电信业务的，由信息产业部或省、自治区、直辖市通信管理局依据职权责令其2日内改正，没收违法所得，处违法所得3倍以上5倍以下罚款；没有违法所得或者违法所得不足5万元的，处10万元以上100万元以下罚款；情节严重的，责令停业整顿。

**第二十八条** 违反本办法规定，有下列行为之一的，由信息产业部或省、自治区、直辖市通信管理局依据职权责令改正，并处3万元以下罚款：

（一）未经信息产业部批准，擅自设置国际通信出入口但尚未进行国际通信的；

（二）未经信息产业部批准，以经营电信业务为目的，通过互联网国际出入口设置虚拟网络的；

（三）电信业务经营者为他人不经国际通信出入口进行国际通信提供协助的。

**第二十九条** 违反本办法第十八条规定，国际通信信道经营者在向获准设立国际通信业务出入口的电信业务经营者提供国际通信信道时，采取歧视性措施，或向未获准设置国际通信业务出入口的电信业务经营者提供国际通信信道的，由信息产业部或者省、自治区、直辖市通信管理局依据职权责令改正，并处1万元以上3万元以下罚款。

**第三十条** 违反本办法第十七条、第十九条、第二十条、第二十一条、第二十三条、第二十四条规定，不按规定建设、管理、使用国际通信信道，不履行义务或不按规定向信息产业部报送材料的，由信息产业部或者省、自治区、直辖市通信管理局依据职权责令改正，并处1万元罚款。相关责任人员，由所在单位根据情节轻重给予纪律处分；构成犯罪的，依法追究刑事责任。

**第三十一条**　违反本办法第二十五条规定的，由信息产业部或者省、自治区、直辖市通信管理局依据职权责令改正，并处 1 万元罚款。

## 第五章　附则

**第三十二条**　非经营性互联网国际互联单位设置国际通信出入口，参照本办法管理。

**第三十三条**　本办法自 2002 年 10 月 1 日起施行。

## 附录：

### 一、国际通信信道出入口经营者需定期报送的材料内容

（一）国际通信信道出入口所在地详细地址；

（二）负责人及联系电话；

（三）信道的使用情况，包括通达国家或地区、对端企业名称、承载业务种类及对应通信总容量；

（四）租用国际通信传输信道专线的用户名称、专线使用性质（自用或用于经营国际电信业务）、通达方向、对端企业名称及通信容量。

### 二、国际通信业务出入口经营者需定期报送的材料内容

（一）国际通信业务出入口所在地详细地址；

（二）负责人及联系电话；

（三）通达国家或地区、信道提供单位名称、对端企业名称、业务种类及对应通信容量。

### 三、边境地区国际通信出入口经营者需定期报送的材料内容

（一）边境地区国际通信业务出入口所在地详细地址；

（二）负责人及联系电话；

（三）通达地区、对端企业名称、传输方式、业务种类及对应通信容量。

### 四、设置互联网国际出入口的单位需报送的材料内容

（一）互联网国际出入口所在地详细地址；

（二）负责人及联系电话；

（三）通达国家或地区、对端企业名称及对应通信容量；

（四）业务数据流量（按北京、上海、广州每个出入口统计）；

（五）拓扑结构图（仅在每年 12 月底报送）；

（六）IP 地址范围，包括各种接入用户所使用的 IP 地址段（仅在每年 12 月底报送）；

（七）骨干网络中 IP 地址的分配情况，应当包括国际出入口路由器上每个 IP 地址及骨干 IP 地址的地理位置。

### 五、国际通信出入口经营者报送材料要求

国际通信出入口经营者在将以上材料报送信息产业部的同时，应报该国际通信出入口设置所在地的省、自治区、直辖市通信管理局。

# 通信行政处罚程序规定

信息产业部令第10号

（经2001年4月29日第6次部务会议审议通过，自发布之日起施行）

## 第一章 总则

**第一条** 为了规范通信行政处罚行为，保障和监督各级通信主管部门有效实施行政管理，依法进行行政处罚，保护公民、法人和其他组织的合法权益，根据《中华人民共和国行政处罚法》及相关法律、行政法规，制定本规定。

**第二条** 公民、法人或者其他组织实施违反通信行政管理秩序的行为，依照法律、法规或者规章的规定，应当给予行政处罚的，由通信主管部门按照《中华人民共和国行政处罚法》和本规定的程序实施。

本规定所称通信主管部门，是指信息产业部、国家邮政局、省、自治区、直辖市通信管理局、邮政（管理）局及法律、法规授权的具有通信行政管理职能的组织。

**第三条** 各级通信主管部门实施行政处罚应当遵循公正、公开的原则。

## 第二章 管辖

**第四条** 通信行政处罚由违法行为发生地的通信主管部门依照职权管辖。

法律、行政法规另有规定的，从其规定。

**第五条** 上级通信主管部门可以办理下级通信主管部门管辖的行政处罚案件；下级通信主管部门对其管辖的行政处罚案件，认为需要由上级通信主管部门办理时，可以报请上一级通信主管部门决定。

**第六条** 两个以上同级通信主管部门都有管辖权的行政处罚案件，由最初受理的通信主管部门管辖；主要违法行为发生地的通信主管部门管辖更为适宜的，可以移送主要违法行为发生地的通信主管部门管辖。

**第七条** 两个以上同级通信主管部门对管辖发生争议的，报请共同的上一级通信主管部门指定管辖。

**第八条** 通信主管部门发现查处的案件不属于自己管辖时，应当及时将案件移送有管辖权的通信主管部门或者其他行政机关管辖，受移送的通信主管部门对管辖有异议的，应当报请共同的上一级通信主管部门指定管辖。

违法行为构成犯罪的，移送司法机关管辖。

## 第三章　行政处罚的决定

**第九条**　通信行政执法人员（以下简称执法人员）依法进行调查、检查或者当场作出行政处罚决定时，应当向当事人或者有关人员出示行政执法证件。

**第十条**　当事人进行口头陈述和申辩的，执法人员应当制作笔录。通信主管部门对当事人提出的事实、理由和证据应当进行复核，经复核能够成立的，应当采纳。

通信主管部门不得因当事人申辩而加重处罚。

**第十一条**　经当事人口头或者书面申请，执法人员、听证主持人有下列情形之一的，应当回避：

（一）是本案当事人或者委托代理人的近亲属；

（二）与本案有利害关系；

（三）与本案当事人有其他关系，可能影响对案件公正处理的。

**第十二条**　当事人提出回避申请，应当说明理由。执法人员、听证主持人应当将当事人的回避申请报告本部门负责人，由本部门负责人决定其是否回避；本部门负责人担任听证主持人的，由本机关负责人决定其是否回避。

### 第一节　简易程序

**第十三条**　违法事实确凿并有法定依据，对公民处以 50 元以下、对法人或者其他组织处以 1000 元以下罚款或者警告的行政处罚的，可以当场作出处罚决定。

**第十四条**　执法人员当场作出行政处罚决定的，应当填写统一编号的《行政处罚（当场）决定书》，当场交付当事人，并告知当事人，如不服行政处罚决定，可以依法申请行政复议或者提起行政诉讼。

**第十五条**　执法人员应当自作出行政处罚（当场）决定之日起 3 日内向所属通信主管部门报告并备案。

### 第二节　一般程序

**第十六条**　实施通信行政处罚，除适用简易程序外，应当适用一般程序。

**第十七条**　除依法可以当场决定行政处罚外，执法人员发现公民、法人或其他组织有违法行为依法应当给予通信行政处罚的，应当填写《行政处罚立案呈批表》报本机关负责人批准。

**第十八条**　符合下列条件的，应当在 7 日内立案：

（一）有违法行为发生；

（二）违法行为依照法律、法规和规章应受通信行政处罚；

（三）属于本级通信主管部门管辖。

**第十九条**　通信主管部门应当对案件进行全面、客观、公正的调查，收集证据；必要时依照法律、法规和规章的规定，可以进行检查。

证据包括书证、物证、证人证言、视听资料、鉴定结论、勘验笔录和现场笔录。证据必须查证属实，才能作为认定事实的依据。

**第二十条**　执法人员调查收集证据或者进行检查时不得少于二人。

执法人员在调查案件时询问证人或当事人（以下统称被询问人），应当制作《询问笔录》。笔录经被询问人阅核后，由询问人和被询问人签名或盖章。

**第二十一条**　通信主管部门为调查案件需要，有权依法进行现场勘验，对重要的书证，有权进行复制。

执法人员对与案件有关的物品或者场所进行勘验检查时，应当通知当事人到场，制作《勘验检查笔录》，当事人拒不到场的，可以请在场的其他人作证。

**第二十二条**　通信主管部门在调查案件时，对专门性问题，交由法定鉴定部门进行鉴定；没有法定鉴定部门的，应当提交公认的鉴定机构进行鉴定。鉴定人进行鉴定后，应当制作《鉴定意见书》。

**第二十三条**　通信主管部门收集证据时，可以采用抽样取证的方法。在证据可能灭失或者以后难以取得的情况下，经本通信主管部门负责人批准，可以先行登记保存。

对证据进行抽样取证或者登记保存，应当有当事人在场。当事人不在场或者拒绝到场的，执法人员可以请有关人员见证并注明。

对抽样取证或者登记保存的物品，应当制作《抽样取证凭证》或《证据登记保存清单》。

**第二十四条**　对先行登记保存的证据，应当在 7 日内作出下列处理决定：

（一）需要进行技术检验或者鉴定的，送交检验或者鉴定；

（二）依法不需要暂扣的物品，退还当事人；

（三）依法应当移交有关部门处理的，移交有关部门。

**第二十五条**　执法人员在调查结束后，认为案件基本事实清楚，主要证据充分，应当制作《案件处理意见报告》，报本通信主管部门负责人审查。

**第二十六条**　通信主管部门负责人对《案件处理意见报告》审核后，认为应当给予行政处罚的，通信主管部门应当制作《行政处罚意见告知书》，送达当事人，告知拟给予的行政处罚内容及事实、理由和依据，并告知当事人可以在收到该告知书之日起 3 日内，向通信主管部门进行陈述和申辩，符合听证条件的，可以要求该通信主管部门按照本章第三节的规定举行听证。

**第二十七条**　案件调查完毕后，通信主管部门负责人应当及时审查有关案件调查材料、当事人陈述和申辩材料、听证会笔录和听证会报告书，根据情况分别作出予以行政处罚、不予行政处罚或者移送其他有关机关处理的决定。

**第二十八条**　通信主管部门作出给予行政处罚决定的，应当制作《行政处罚决定书》。行政处罚决定书应当载明下列事项：

（一）当事人的姓名或者名称、地址；

（二）违反法律、法规或者规章的事实和证据；

（三）行政处罚的种类和依据；

（四）行政处罚的履行方式和期限；

（五）不服行政处罚决定，申请行政复议或者提起行政诉讼的途径和期限；

（六）作出行政处罚决定的通信主管部门的名称、印章和日期。

**第二十九条**　通信行政处罚案件应当自立案之日起 60 日内办理完毕；经通信主管部门负责人批准可以延长，但不得超过 90 日；特殊情况下 90 日内不能办理完毕的，报经上一级通信主管部门批准，可以延长至 180 日。

## 第三节　听证程序

**第三十条**　通信主管部门拟作出责令停产停业（关闭网站）、吊销许可证或者执照、较大数额罚款等行政处罚决定之前，应当告知当事人有要求举行听证的权利。当事人要求听证的，应当组织听证。

本条前款所称较大数额，是指对公民罚款 1 万元以上、对法人或其他组织罚款 10 万元以上；地方通信主管部门也可以按照省、自治区、直辖市人大常委会或者人民政府规定的标准执行。

**第三十一条**　听证由拟作出行政处罚的通信主管部门组织。具体实施工作由其法制工作机构或者承担法制工作的机构负责。

**第三十二条**　当事人要求听证的，应当在收到《行政处罚意见告知书》之日起3日内以书面或口头形式提出。口头形式提出的，案件调查人员应当记录在案，并由当事人签字。

案件调查人员应当在当事人要求听证之日起3日内告知法制工作机构或者承担法制工作的机构，并将案卷一并移送。

**第三十三条**　当事人提出听证要求后，法制工作机构或者承担法制工作的机构应当在举行听证7日前送达《行政处罚听证会通知书》，告知当事人举行听证的时间、地点、听证会主持人名单及可以申请回避和可以委托代理人等事项，并通知案件调查人员。

**第三十四条**　当事人应当按期参加听证。当事人有正当理由要求延期的，经批准可以延期一次；当事人未按期参加听证并且未事先说明理由的，视为放弃听证权利。

**第三十五条**　听证会参加人由听证主持人、听证记录员、案件调查人员、当事人及其委托代理人组成。

听证主持人、听证记录员应当由法制工作机构工作人员或者其他相应工作人员等非本案调查人员担任。

当事人委托代理人参加听证的，应当提交委托书。

**第三十六条**　除涉及国家秘密、商业秘密或者个人隐私外，听证应当公开举行。

**第三十七条**　当事人在听证中的权利和义务：

（一）有权对案件涉及的事实、适用法律及相关情况进行陈述和申辩；

（二）有权对案件调查人员提出的证据质证并提出新的证据；

（三）如实回答主持人的提问；

（四）遵守听证程序。

**第三十八条**　听证应当按照下列程序进行：

（一）听证记录员宣布听证会纪律、当事人权利和义务。听证主持人宣布案由，核实听证参加人名单，宣布听证开始。

（二）案件调查人员提出当事人违法的事实、证据，说明拟作出的行政处罚的内容及法律依据。

（三）当事人或者其委托代理人对案件的事实、证据、适用的法律等进行陈述和申辩，可以向听证会提交新的证据。

（四）听证主持人就案件的有关问题向当事人、案件调查人员、证人询问。

（五）案件调查人员、当事人或者其委托代理人经听证主持人允许，可以就有关证据进行质问，也可以向到场的证人发问。

（六）当事人或者其委托代理人作最后陈述。

（七）听证主持人宣布听证结束。听证笔录交当事人审核无误后签字或者盖章。

**第三十九条**　听证结束后，听证主持人应当依据听证情况，制作《行政处罚听证会报告书》并提出处理意见，连同听证笔录，报本通信主管部门负责人审查。

## 第四章　行政处罚决定的送达和执行

**第四十条**　行政处罚决定书应当在宣告后当场交付当事人，由当事人在送达回证上记明收到日期，签名或者盖章。当事人不在场的，应当在7日内依照民事诉讼法的有关规定，将行政处罚决定书送达当事人。

**第四十一条**　当事人拒绝接收行政处罚决定书的，送达人应当邀请第三方单位的代表到场见证，并说明情况，将行政处罚决定书留其单位或者住所，在送达回证上记明拒收事由、送达日期，由送达人、见证人签名或者盖章，即视为送达。

**第四十二条** 行政处罚决定依法作出后，当事人应当按照行政处罚决定书规定的内容、方式和期限，履行行政处罚决定。

当事人对行政处罚决定不服申请行政复议或者提起行政诉讼的，行政处罚不停止执行，法律另有规定的除外。

**第四十三条** 执法人员当场收缴罚款的，应当向当事人出具省级财政部门统一制发的罚款收据。通信主管部门应当在法定期限内将罚款交付指定银行。

**第四十四条** 对生效的行政处罚决定，当事人逾期不履行的，作出行政处罚的通信主管部门可以依法申请人民法院强制执行，申请执行书应当自当事人的法定起诉期限届满之日起 180 日内向人民法院提出。

对当事人作出罚款决定的，当事人到期不缴纳罚款，作出行政处罚的通信主管部门可以依法从到期之次日起，每日按罚款数额的 3%加处罚款。

**第四十五条** 当事人确有经济困难，需要延期或者分期缴纳罚款的，当事人应当书面申请，经作出行政处罚决定的通信主管部门批准，可以暂缓或者分期缴纳。

**第四十六条** 罚款、没收的违法所得或者拍卖非法财物的款项，必须全部上缴国库，任何单位和个人不得以任何形式截留、私分或者变相私分。

**第四十七条** 行政处罚案件终结后，应当填写《行政处罚结案表》，并将全部案件材料立卷归档。

## 第五章 附则

**第四十八条** 通信主管部门查处违法案件，应当使用信息产业部统一格式的文书。

**第四十九条** 本规定自发布之日起施行。本规定施行前制定的规章和其他规范性文件与本规定不一致的，按本规定执行。原邮电部 1995 年 10 月 27 日发布的《通信行政处罚程序暂行规定》同时废止。

# 通信建设项目招标投标管理实施细则（试行）

信息产业部　2001年8月16日

## 第一章　总则

**第一条**　为了推进通信建设项目招标投标工作，规范通信建设项目招标投标活动，依据《通信建设项目招标投标管理暂行规定》，制定本细则。

**第二条**　在中华人民共和国境内进行的通信建设项目招标投标活动，应当遵守本细则。

**第三条**　信息产业部负责对全国通信建设项目的设计、施工、监理、设备器材采购的招标投标活动进行监督和管理。

省、自治区、直辖市通信管理局负责对本行政区内的通信建设项目的设计、施工、监理、设备器材采购的招标投标活动进行监督和管理。

**第四条**　信息产业部对从事通信建设项目的招标人自行招标资格、招标代理机构资质、评标专家资格进行认证的管理工作；负责建立全国通信建设项目评标专家名册。

省、自治区、直辖市通信管理局对本行政区内招标人自行招标资格进行确认，对招标代理机构资质、评标专家资格进行初审。

**第五条**　通信建设项目招标投标活动实行备案制度。

## 第二章　自行招标

**第六条**　招标人应当经信息产业部或省、自治区、直辖市通信管理局审查同意并取得自行招标资格后，方可自行办理通信建设项目招标事宜。

限额以上的通信建设项目的自行招标，应当遵守国家计委的有关规定。

**第七条**　招标人申请办理自行招标资格，应当具备下列条件：

（一）具有法人资格的通信企业；

（二）具有与招标项目规模和复杂程度相适应的工程技术、概预算、财务和工程管理等方面专业人员；

（三）具备独立编制招标文件和有效组织评标的能力；

（四）有负责招标工作的机构或3人以上的专职人员；

（五）熟悉和掌握《招标投标法》及有关法规。

**第八条**　通信企业申请办理自行招标资格，应填写《通信建设项目自行招标资格申报表》（见附件一），[①] 电信业务覆盖范围在两个省以上的通信企业向信息产业部申报，经审查符合第七条要求的，由信息产业部颁发自行招标资格确认文件。

电信业务覆盖范围不跨省的通信企业符合第七条要求的向所在行政区通信管理局申报，经审查合格的由通信管理局颁发自行招标资格确认文件，并报信息产业部备案。

**第九条** 招标人自行招标资格有效期为 2 年。招标人应当在有效期届满前 3 个月，向信息产业部或省、自治区、直辖市通信管理局提出复审申请。

**第十条** 招标人初次申报自行招标资格的，其自行招标资格定为临时资格，有效期一年。有效期满后，重新向信息产业部或省、自治区、直辖市通信管理局申报。

**第十一条** 招标人未经信息产业部或省、自治区、直辖市通信管理局确认有自行招标资格的，不得自行办理招标事宜，应当委托具有通信建设项目招标代理资质的招标代理机构办理招标事宜。

**第十二条** 招标人申报自行招标资格过程中弄虚作假的，取消其自行招标资格。

## 第三章 招标代理机构

**第十三条** 凡从事通信建设项目招标代理活动的机构，应当取得《通信建设项目招标代理机构资质证书》，方可从事通信建设项目招标代理业务。

本细则所称通信建设项目招标代理，是指对通信建设项目的设计、施工、系统集成、用户管线建设、监理及主要国内设备、器材采购招标的代理。

**第十四条** 通信建设项目招标代理机构的资质等级分为甲级、乙级和临时乙级。

申请通信建设项目招标代理机构资质的企业，应当向信息产业部或所在省、自治区、直辖市通信管理局提出申请，经通信管理局审查合格后，由信息产业部或通信管理局批准发证。

电信业务覆盖范围在两个省以上的通信企业和中央管理的企业公司由信息产业部批准发证，其他企业由所在省、自治区、直辖市通信管理局批准发证。

**第十五条** 申请通信建设项目招标代理机构资质应当具备下列条件：

（一）是依法设立、从事通信建设项目招标代理业务并提供相关服务的社会中介组织；

（二）与行政机关和其他国家机关不得存在隶属关系或其他利益关系；

（三）有健全的组织机构和内部管理的规章制度；

（四）有固定的营业场所和相应的资金，以及开展招标代理业务所需设备等办公条件；

（五）具备独立编制招标文件和有效组织相应专业评标的能力；

（六）有按规定组建的评标专家库。

**第十六条** 申请甲级通信建设项目招标代理机构资质，除具备本办法第十五条规定的条件外，还应当具备下列条件：

（一）法定代表人及技术、经济、财务负责人必须为本机构的专职人员，其中技术、经济负责人具有高级专业技术职称，从事通信建设管理工作 8 年以上；

（二）具有中级以上专业技术职称的专职人员不得少于 15 人，其中具有高级通信技术及经济类职称的人员不得少于 2 人；

（三）近三年内代理招标项目累计中标金额在 6 亿元以上，并有良好的社会信誉；

（四）注册资金不少于 100 万元。

**第十七条** 申请乙级通信建设项目招标代理机构资质的，除具备第十五条规定的条件外，还应当具备下列条件：

---

① 附件未摘录，请自行查阅。

（一）法定代表人及技术、经济、财务负责人必须为本机构的专职人员，其中技术、经济负责人具有高级专业技术职称，从事通信建设工作6年以上；

（二）具有中级以上专业技术职称的专职人员不得少于10人，其中具有高级通信技术及经济类职称的人员不得少于2人；

（三）近三年内代理招标项目累计中标金额在3亿元以上，并有较好的社会信誉；

（四）注册资金不少于50万元。

**第十八条**　新成立的招标代理机构，凡符合相关条款而业绩达不到标准的，其资质按临时乙级资质审批，有效期1年。

**第十九条**　各级通信建设项目招标代理机构所承担的业务范围：

（一）甲级招标代理机构可承担所有投资额的通信建设项目招标代理业务；

（二）乙级和临时乙级招标代理机构只能承担投资额在3000万元以下的通信建设项目招标代理业务。

**第二十条**　申请通信建设项目招标代理机构资质证书的企业，于每年的4月和8月向信息产业部或所在省、直辖市、自治区通信管理局提出申请，并提供以下资料：

（一）企业法人营业执照（复印件加盖原登记机关的确认章）；

（二）《通信建设项目招标代理机构资质申报表》（附件二）；①

（三）招标代理机构章程、技术和经济负责人职称证书、拟建立的评标专家库的评标专家资格证书的复印件；

（四）其他有关资料。

**第二十一条**　各省、自治区、直辖市通信管理局接到《通信建设项目招标代理机构资质申报表》后，在1个月内完成初审工作。

信息产业部接到经初审合格的招标代理机构的资质申报表后，在20天内完成审批工作，对符合条件者，颁发相应等级的《通信建设项目招标代理机构资质证书》，证书分正本和副本。

**第二十二条**　《通信建设项目招标代理机构资质证书》有效期为2年。招标代理机构应当在有效期届满前3个月，向发证机关提出复审申请，并提供下列材料：

（一）第二十条规定的资料；

（二）原资质证书副本及工商、税务部门年审合格证明。

**第二十三条**　信息产业部或省、自治区、直辖市通信管理局对提出复审的招标代理机构进行复审，复审合格后，颁发相应的资质等级证书，复审不合格的，取消其资格，收回证书。对逾期不申请资质复审的招标代理机构，其资质证书自行失效并由发证机关收回。

**第二十四条**　招标代理机构发生下列情况之一者，招标代理机构应当在30天内申请办理变更或者注销手续：

（一）登记事项发生变更的；

（二）解散、破产或者其他原因终止业务的。

**第二十五条**　招标代理机构发生分立或者合并的，应当按照新的资质条件重新申请资质等级。

**第二十六条**　招标代理机构接受招标代理业务时，应当与招标人签订书面委托代理合同，按照合同的约定办理招标事宜。招标代理机构不得向他人转让代理业务。

**第二十七条**　招标代理机构不得与被代理招标项目的投标人有隶属关系或者其他利益关系。

**第二十八条**　招标代理收费标准按国务院价格主管部门规定的收费标准执行。

**第二十九条**　招标代理机构在业务经营期间，如发现下列违规行为，由信息产业部或所在

① 附件未摘录，请自行查阅。

省、自治区、直辖市通信管理局取消其招标代理资质，并收回其资质证书，在二年内不受理其资质申请。

（一）在资质申请或复审时弄虚作假；

（二）出借、转让资质证书；

（三）涂改资质证书或者超越资质证书规定范围承担招标代理业务的。

## 第四章　评标专家

**第三十条**　通信建设项目评标专家应当经信息产业部或省、自治区、直辖市通信管理局审核同意，并取得信息产业部统一印制颁发的《通信建设评标专家资格证书》，方可参与通信建设项目的评标活动。

**第三十一条**　评标专家应当具备下列条件：

（一）熟悉通信建设管理的有关法律、法规、规章和规范标准，有较高理论水平和丰富的实践工作经验；

（二）能自觉遵守招标评标的有关规章制度，廉洁自律，坚持公平、公正的原则；

（三）具有高级职称或者具有同等专业水平的中级职称，并且从事通信建设管理或者技术工作满8年或者经所在单位推荐的掌握通信新技术的特殊人才；

（四）身体健康能胜任评标工作。

**第三十二条**　凡申请评标专家资格的人员应当参加由信息产业部组织的考核，考核合格的，填写《通信建设评标专家资格申请表》（附件三），[①] 并附专业职称证书复印件，由所在企业或单位统一报所在地区通信管理局；电信业务覆盖范围在两个省以上的通信企业和中央管理的企业公司专家资格申报材料报信息产业部。

**第三十三条**　省、自治区、直辖市通信管理局对行政区内申报专家资格的材料进行初审，初审合格的，报信息产业部。

**第三十四条**　评标专家由信息产业部审批，并颁发统一印制的《通信建设评标专家资格证书》。

**第三十五条**　信息产业部将所有取得《通信建设评标专家资格证书》的评标专家按地域、专业、所在单位名称、地址等项目分列，建立评标专家名册，并及时向社会发布。

**第三十六条**　《通信建设评标专家资格证书》有效期为2年，评标专家应在有效期满前两个月按申报程序向发证机关提出复核申请，填写《通信建设评标专家复核申请表》（附件四），[②] 逾期不申请复核的，其《通信建设评标专家资格证书》自行失效并应交回发证机关。

**第三十七条**　申请复核的评标专家应当具备下列条件：

（一）在持证期内参加过评标活动；

（二）在评标活动中遵守各项制度，未发生责任过失。

**第三十八条**　信息产业部和省、自治区、直辖市通信管理局对申请复核人员给予复审，并在相关文件上盖章。每次复核有效期为2年（自发证之日起计算）。

**第三十九条**　评标专家具有下列权利和义务：

（一）根据招标文件的要求，对投标单位的标书发表自己的意见或保留自己的看法；

（二）客观、公正地对投标标书独立打分或者投票，推荐中标单位；

（三）对评标定标工作的全过程及投标方所提供的全部文件资料保密；

（四）领取评标专家费。

---

①② 附件未摘录，请自行查阅。

**第四十条**　评标专家应当遵守下列纪律：

（一）随机抽取选定的评标专家接到通知后，因故不能参加评标的必须提前请假；

（二）评标专家在参加评标活动期间，应当服从评标委员会的安排，公正、科学、严肃地进行评标，在评标中不得以任何方式向他人透露有关情况，不得接受投标人的任何馈赠、宴请以及其他好处；

（三）评标专家在参加评标活动期间，如发现有违规、违法行为的，由自行招标人或代理机构取消其评委资格，情节严重的取消评标专家资格，不得再参加任何招标项目的评标，并依据《通信建设项目招标投标管理暂行规定》中的有关条款处罚，构成犯罪的，由执法部门依法追究其刑事责任。

## 第五章　评标专家库

**第四十一条**　评标专家库由取得《通信建设评标专家资格证书》的人员组成，为通信建设项目进行招标活动时的评标委员会提供评标专家。

**第四十二条**　通信工程招标代理机构，应当组建评标专家库；具备自行招标资格的招标人，根据需要可以组建评标专家库，但其专家库中每个专业的评标专家应有1/3以上是非本企业人员。

具有自行招标资格的招标人的评标专家库应当向信息产业部或省、自治区、直辖市通信管理局备案，电信业务覆盖范围在两个省以上通信企业的评标专家库直接报信息产业部备案。

**第四十三条**　评标专家库设线路、管道、传输设备、交换、微波、卫星、数据、电源、移动、计算机网络等技术类专业和概算、预算、财务等经济类专业，每个专业评标专家不得少于15人。

**第四十四条**　参加评标委员会的专家，由具有自行招标资格的通信企业或招标代理机构从各自评标专家库或信息产业部评标专家名册内，按地域、专业，采取随机抽取或直接确定方式选定。

**第四十五条**　评标委员会成员应当为5人以上单数，评标专家人数不得少于评标委员会总人数的2/3。随机抽取的评标专家候选人数应多于本次评标所需要聘请专家人数，以便有下列情况之一者递补：

（一）选定的评标专家与投标人有利害关系的；

（二）评标专家因故不能出席的。

递补专家不够时，应再次抽取。

## 第六章　监督管理

**第四十六条**　通信建设项目的招标投标活动必须接受信息产业部和省、自治区、直辖市通信管理局的监督管理。

信息产业部和省、自治区、直辖市通信管理局依法对通信建设项目招标投标活动实施监督检查，并有权要求被检查单位提供相关的文件、资料及配合现场监督检查工作。

**第四十七条**　信息产业部和省、自治区、直辖市通信管理局对通信建设项目招标投标实施监督管理的主要内容包括：

（一）依法对通信建设项目招投标活动及当事人的行为进行监督检查，包括对开标、评标、定标过程的监督检查等内容；

（二）依法纠正、查处招标投标活动中违反招标投标法、《通信建设项目招标投标管理暂行规定》及本细则的行为；

（三）核查招标投标活动备案文件；

（四）受理、招标投标活动的有关申诉或投诉；

（五）调解招标投标活动中的纠纷。

**第四十八条**　自行招标人或招标代理机构应当确认招标项目具备以下条件后，方可开展招标活动。

（一）勘察、设计、监理招标应当具备的条件：

1. 项目的可行性研究报告已经审查批准；

2. 开展勘察、设计、监理所需资金已经落实。

（二）施工招标应具备的条件：

1. 初步设计已经批准；

2. 具有满足施工招标的设计图纸和有关文件；

3. 建设资金已经落实；

4. 开工手续齐全。

（三）器材招标应具备的条件：

1. 初步设计已经批准；

2. 设备、材料的主要技术、经济指标基本明确；

3. 采购设备、材料的资金已经落实。

信息产业部或省、自治区、直辖市通信管理局对不具备条件的招标活动，应当责令招标人或招标代理机构暂停招标活动。情节严重，将依法追究有关责任。

**第四十九条**　参与通信建设项目投标竞争的投标人必须具备以下条件：

（一）参与勘察设计、施工、系统集成、用户管线建设、监理投标的投标人应当是经信息产业部或省通信管理局审查同意，并持有与招标项目相适应的资质等级。

（二）参与设备、材料投标的投标人必须具有与招标项目相适应的设备、主要材料的生产、配套能力。国家和有关部门对招标设备、主要材料有特殊规定或要求的，投标人应符合有关规定和满足要求。

**第五十条**　招标人不得以任何不合理的条件限制或排斥潜在投标人，不得对潜在投标人实行歧视性待遇，也不得接受不具备第四十九条规定条件的投标人的投标。

**第五十一条**　投标文件中有违背国家法律、法规、政策，不利于公平竞争和贬低其他投标人内容的，应做废标处理，招标人不得接受其投标。

**第五十二条**　通信建设项目招标可以按建设项目招标，也可以按单项工程招标。

**第五十三条**　招标人对公开招标的建设项目可以采用资格预审的方式，择优选择部分潜在投标人作为预期的投标人。但资格条件、审查方式应符合公开、公平、公正的原则。

资格审查应包括以下内容：

（一）投标人的财务状况；

（二）技术实施能力；

（三）资质等级及综合实力；

（四）以往经验及业绩；

（五）经营信誉。

**第五十四条**　通信建设项目招标应按以下程序进行。

（一）招标准备：主要办理招标项目的各种建设手续，组建招标机构或办理委托代理招标手续；

（二）发布招标公告和资格预审公告，或发招标邀请函；

（三）编制招标文件；

（四）资格审查；

（五）发售招标文件；

（六）接受投标人递送投标文件；

（七）开标；

（八）评标、定标；

（九）招标人和中标人签订合同。

**第五十五条**　采用公开招标的项目，招标人必须在信息产业部指定的刊物和信息网络上发布招标公告。

**第五十六条**　招标人可以要求投标人缴纳投标保证金，金额一般不应超过合同估算价的百分之一。对于未中标的投标人交纳的投标保证金，招标人应在与中标人签订合同后 5 日内退还。

**第五十七条**　通信建设项目招标可以设置标底。标底应当由具有自行招标资格或有设计、咨询、招标代理等资格的单位编制。标底的编制必须符合国家有关规定。标底必须按招标文件的标底内容编制，标底价格由成本、利润、税金组成。标底应作为评价的标准之一。

**第五十八条**　通信建设项目招标人委托招标代理机构办理招标事宜时，双方必须签订委托代理合同，招标人不得以任何理由、方式要求代理机构做出有失公正的选择。

**第五十九条**　通信建设项目评标原则必须符合国家的有关规定。评标应采用对投标人的技术实力、经营信誉和投标报价综合评价的方法。

评标应采用以下方法之一：

（一）最低投标价中标法。

当投标人在技术、商务等主要条件都全部满足招标文件的要求时，以评标委员会认定的最低投标价的投标人作为中标人。

（二）综合评分法。

由评委分别对投标文件的技术、商务、价格的内容进行打分，在分别乘以所占权重相加后获得各投标人总得分，得分排序最高的前三名投标人为中标候选人。

（三）最接近标底评分法。

当投标人在技术、商务等全部条件满足招标文件时，由最接近标底的投标人中标。

**第六十条**　通信建设项目招标人在确定中标人后 15 日内，应填写《通信建设项目招标投标情况报备表》（见附件五），① 并按照项目的管理权限报信息产业部或省、自治区、直辖市通信管理局备案。信息产业部或省、自治区、直辖市通信管理局接到备案报告后，对不符合招标投标规定的应责令招标人改正后重新报备。

**第六十一条**　参与通信建设项目招标投标活动的各方当事人及其他利害关系人有权利和义务对通信建设项目招标投标活动中的违法、违规行为向信息产业部或省、自治区、直辖市通信管理局举报和投诉。举报和投诉应列举违法、违规的事实，信息产业部或省、自治区、直辖市通信管理局应当在接到举报、投诉后 30 日内完成对举报、投诉内容的调查，并将调查结果通知投诉人。

**第六十二条**　信息产业部或省、自治区、直辖市通信管理局对招标投标活动中有违法、违规行为的，应视其情节轻重，对有关责任方做出如下处罚：

（一）取消有违规、违法行为的招标人自行招标资格；

（二）取消有违规、违法行为的投标人承担通信建设项目的资格，禁止其一至三年内参与通信建设项目的投标；

（三）取消有违法、违规行为的招标代理机构代理通信建设项目招标的资格。

**第六十三条**　对于在通信建设项目招标投标活动中有违法、违规行为的单位，信息产业部或

① 附件未摘录，请自行查阅。

省、自治区、直辖市通信管理局有权采取通告的方式向社会公布。

**第六十四条** 通信建设项目招标投标活动中的违法、违规行为，信息产业部或省、自治区、直辖市通信管理局按《中华人民共和国招标投标法》和其他相关法律中的有关规定进行处罚。

## 第七章 附则

**第六十五条** 本细则由信息产业部负责解释。

**第六十六条** 本细则自发布之日起施行。

# 外商投资电信企业申办增值电信业务许可证注意事项

## 一、对外资开放申请的增值电信业务

按照我国承诺的 WTO 减让表中所列出的服务项目，对非香港、澳门资本开放申请的增值电信业务为在线数据处理和交易处理业务、存储转发类业务（语音信箱、传真存储转发业务）、信息服务业务 3 类。

按照 CEPA 协定，对香港、澳门资本开放申请的增值电信业务为在线数据处理与交易处理业务、国内互联网虚拟专用网业务、互联网数据中心业务、存储转发类业务（包括语音信箱、X.400 电子邮件业务、传真存储转发业务）、呼叫中心业务、互联网接入服务业务和信息服务业务 7 项业务。

## 二、外商投资经营增值电信业务的申办程序

1. 外商投资经营电信业务审定程序。外商投资电信企业的中方主要投资者应当按照《外商投资电信企业管理规定》第十一条规定，向工业和信息化部（具体执行机构为通信发展司）提交审定材料，由其对予以批准的颁发《外商投资经营电信业务审定意见书》。

2. 外商投资电信企业设立审查程序。外商投资电信企业的中方主要投资者应当按照《外商投资电信企业管理规定》第十五条规定，凭《外商投资经营电信业务审定意见书》，向国务院商务主管部门或省、自治区、直辖市人民政府商务主管部门提交申请材料，由其对予以批准的颁发《外商投资企业批准证书》。

3. 申请《电信业务经营许可证》程序。外商投资电信企业的中方主要投资者应当按照《外商投资电信企业管理规定》第十六条规定，凭《外商投资企业批准证书》，向工业和信息化部提交《电信业务经营许可管理办法》规定的申请材料，由其对予以批准的颁发《增值电信业务经营许可证》。

4. 外商投资电信企业注册登记程序。外商投资电信企业的中方主要投资者应当按照《外商投资电信企业管理规定》第十六条规定，凭《外商投资企业批准证书》和《电信业务经营许可证》，向工商行政管理机关办理外商投资电信企业注册登记手续。

## 三、对外商投资电信企业申请增值电信业务经营证的特别要求

1. 必须提交工业和信息化部颁发的《外商投资经营电信业务审定意见书》和国务院商务主管部门或省、自治区、直辖市人民政府商务主管部门（申请在省内经营企业）颁发的《外商投资企业批准证书》。

2. 中外合资企业的法定代表人应为持有居民身份证的中国大陆公民。

3. 中外合资企业必须提供中文资质文件。涉及的外文资质必须按照国际惯例，翻译成中文。

4. 中外合资企业尚未获得企业法人营业执照的申请者，申请书和规定的承诺书应当由全体股东签署，还应当提供合资合同复印件。

5. 外商投资电信企业办理完成工商注册登记手续后，应当及时向《电信业务经营许可证》审批部门提交企业工商营业执照副本复印件。

6. 在省（自治区、直辖市）内开展电信业务的和跨地区开展电信业务的中外合资企业的电信业务许可证申请审批权限均为工业和信息化部。

# 工业和信息化部关于进一步加强通信业节能减排工作的指导意见

工信部节〔2013〕48号
（2013年2月19日）

各省、自治区、直辖市工业和信息化主管部门、通信管理局，计划单列市、新疆生产建设兵团工业和信息化主管部门，中国通信企业协会、中国电信集团公司、中国移动通信集团公司、中国联合网络通信集团有限公司，相关单位：

为贯彻落实国务院《节能减排“十二五”规划》以及《“十二五”节能减排综合性工作方案》，加强生态文明建设，提高资源能源利用效率，构建绿色通信网络，全面实现通信业“十二五”节能减排目标任务，现就进一步加强通信业节能减排工作，提出如下意见：

## 一、充分认识通信业节能减排的重要性和紧迫性

通信业是支撑国民经济发展的战略性、基础性和先导性行业，是推动传统产业转型升级、促进经济结构战略性调整、提升国家信息化水平的重要力量。“十一五”时期，通信业按照国家节能减排总体部署，全面推行节能低碳创新战略，深入开展电信基础设施共建共享，积极探索建立节能自愿协议和合同能源管理新机制，单位电信业务总量综合能耗从2005年的68.5千克标准煤/万元下降到2010年的51.4千克标准煤/万元，累计下降24.9%。在保持行业快速发展的同时，节能减排工作取得明显成效。

虽然通信业能源消耗总量占全国能源消耗总量的比例不足千分之一，但随着我国信息化建设的加速推进以及互联网、云计算、移动互联网等新技术新业务的蓬勃发展，通信网络规模快速扩张，通信业能源消耗呈现快速增长态势，其能源消耗占全国能源消耗的比重和对全社会的影响逐年增加。同时，通信业节能减排基础管理比较薄弱，能耗统计体系、监测管理体系和市场节能机制有待完善和提升，绿色发展任务艰巨，节能减排面临较大挑战。

党的十八大提出坚持走中国特色新型工业化、信息化、城镇化、农业现代化道路，推动信息化和工业化深度融合，建设下一代信息基础设施，发展现代信息技术产业体系，推进信息网络技术广泛应用，大力推进生态文明建设。这对通信业的绿色发展提出了更高要求。全行业必须充分认识开展节能减排的重要性和紧迫性，增强忧患意识和危机意识，加大科技创新和研发力度，大力推进节能减排工作，为国家生态文明建设做出积极贡献。

## 二、指导思想、基本原则和主要目标

（一）指导思想。以科学发展观为指导，按照党的十八大提出的推动信息化和工业化深度融合，加强生态文明建设的要求，以建设资源节约型和环境友好型社会为中心，以推动行业实现绿色发展

为主线，以推广信息化应用促进全社会节能为重点，坚持把网络演进升级作为绿色发展的主攻方向，坚持把节能降耗作为绿色发展的根本出发点，坚持把资源环境保护作为绿色发展的重要着力点，坚持把技术应用创新作为绿色发展的重要支撑，坚持把管理效率提升作为绿色发展的重要保障，突破资源环境瓶颈制约，加快转型升级步伐，提升绿色发展水平，促进通信业实现健康和可持续发展。

（二）基本原则。政策引导与市场推动相结合。企业是节能降耗的责任主体、实施主体和受益主体，要通过加强政策导向和信息引导，发挥市场配置资源的基础性作用，调动企业自主实施节能技术示范和技术改造的积极性，广泛采用信息通信技术开展节能减排。

技术节能与管理节能相结合。加强通信节能技术创新和管理创新，推广先进适用的节能减排技术和产品。进一步提高节能管理水平，完善节能减排组织管理体系、能耗统计体系、能耗监测体系、绩效考核管理体系，加强能耗统计的信息化建设。

绿色增量与优化存量相结合。强化新建工程项目的绿色采购、绿色设计、绿色建设，全面实现绿色增量。提高现有网络设备的利用率，积极开展节能挖潜，提升通信网络的整体能效水平。

应用牵引与系统节能相结合。充分发挥信息通信技术优势，加强应用牵引，着力推动信息通信技术在经济社会各领域的广泛应用，促进全社会的节能减排工作。加快推进通信网络结构和系统的优化，创新共建共享模式，有效节约资源、减少重复建设，进一步优化通信网络系统节能效果。

（三）主要目标。到 2015 年末，通信网全面应用节能减排技术，高能耗老旧设备基本淘汰，初步达到国际通信业能耗可比先进水平，实现单位电信业务总量综合能耗较 2010 年底下降 10%；推进信息化与工业化深度融合，促进社会节能减排量达到通信业自身能耗排放量的 5 倍以上；新建大型云计算数据中心的能耗效率（PUE）值达到 1.5 以下；电信基础设施共建共享全面推进，数量上有提高、范围上有拓展、模式上有创新；新能源和可再生能源应用比例逐年提高。

## 三、重点任务

“十二五”时期是我国通信业节能减排加快发展和提升的关键战略机遇期，要充分发挥信息通信技术优势，立足信息通信产业价值链，通过节能降耗、绿色环保新技术的全面应用，深入推进节能减排工作。

（一）促进全社会节能减排。紧密结合经济社会发展需要，研发推广有助于节能减排的信息技术应用，推动面向全社会的信息服务，重点加大电子商务、移动办公、视频会议、视频监控等应用推广力度，促进经济社会各领域的节能减排。推动信息化和工业化深度融合，强化信息通信技术对传统工业节能减排的支撑作用，促进工业转型升级，带动全社会更广泛的节能降耗。

（二）加快网络结构优化升级。鼓励企业采用节能新技术和设备，推进通信网络结构性和系统性节能创新。新建通信网络应全面引入节能技术和设备，积极推动老旧设备退网，加快传统交换设备和高耗能设备的升级改造，实施网络软交换、IP 化集中改造，提高网络集约化水平和资源利用率。

（三）统筹部署绿色数据中心建设。落实《工业和信息化部　发展改革委　国土资源部　电监会　能源局关于数据中心建设布局的指导意见》（工信部联通〔2013〕13 号），促进数据中心选址统筹考虑资源和环境因素，积极稳妥引入虚拟化、海量数据存储等云计算新技术，推进资源集约利用，提升节能减排水平；出台适应新一代绿色数据中心要求的相关标准，优化机房的冷热气流布局，采用精确送风、热源快速冷却等措施，从机房建设、主设备选型等方面降低运营成本，确保新建大型数据中心的 PUE 值达到 1.5 以下，力争使改造后数据中心的 PUE 值下降到 2 以下。

（四）加大绿色基站建设力度。结合实际采用分布式基站、软件无线电节能基站（SDR 软基站），采用智能调整等手段降低基站主设备能耗。推广以自然冷/热源和蓄电池温控为基础的空调温控技术，合理利用风、光等可再生能源，同时积极采用建筑保温等新技术对已建基站进行节能改造。

（五）深化基础设施共建共享。继续加大电信管道、杆路、铁塔、基站、机房、光缆、住宅小区电信设施的共建共享力度，实现电信基础设施集约建设。扩展基础设施共建共享的深度和广度，探索跨行业的共建共享，扩大共建共享带来的节能效应。

（六）实施生产用房节能改造。全面贯彻落实《通信局（站）节能设计规范》要求，优化机房布局、合理配置线缆，充分考虑节能减排需要。严格执行建筑节能标准，选用节能建筑材料，提高新建建筑能效水平。开展已建机房节能减排普查和整治，整合机房设备，提高机房利用率和能耗效率。严控办公场所公共区域照明设备及大功率用电设备运行时间，控制室内空调温度。优化设备运行状态，实施照明等用电设施节能改造。

（七）推进电力能源合理使用。合理设计供电方案，加强对在网高能耗供电设备的节能改造，推广高压直流供电和高效模块化不间断电源等节能技术和设备。加快电表改造和分表计量工作，准确耗电计量，有效防止用电“跑冒滴漏”。提高风能、太阳能、新型蓄电池等新能源占比，构建绿色通信网络。

（八）加强产业链各环节节能减排力度。以基础电信运营企业为核心，联合设备制造、工程设计、工程施工、网络运行维护等产业链各环节，从产品的设计、运输、使用、维护、回收出发，引导通信设备制造的绿色设计、清洁生产，强化绿色采购和资源回收再利用体系建设，全面推进产业链各环节的节能、节地、节材、废弃物回收及环境保护工作，营造健康的生态环境。

（九）完善合同能源管理和节能自愿协议等节能新机制。积极鼓励电信运营企业签订节能自愿协议，做好已签订节能自愿协议履约情况的评估和总结，研究制定相关激励政策。鼓励企业积极利用国家有关合同能源管理项目的财政、税收优惠政策，充分发挥市场机制作用，研究探索与节能服务公司的合作模式，开展合同能源管理试点工作，积极推进合同能源模式在通信业的应用。

## 四、保障措施

（一）加强行业发展指导。加强通信业节能减排的基础研究，着力做好通信业节能减排标准、规范的研究制定工作；有序推进重点环节、重点领域节能减排工作，引导企业建立废旧手机终端回收渠道及激励措施；加强组织协调，推动设备研发制造、设备采购、工程设计、建设安装、运营维护全过程的节能减排工作，确保通信业节能减排工作取得实效。

（二）强化企业主体责任。电信运营企业作为通信业节能减排的主体，要建立节能减排目标责任制，层层落实节能减排目标、责任单位和责任人；建立健全节能减排各项规章制度，完善节能减排组织管理体系、能耗统计体系、能耗监测体系、绩效考核管理体系等；加强队伍建设和人才培养，完善节能减排工作机构，充实人员，提高人员业务素质。

（三）发挥行业协会作用。行业协会作为联系电信运营企业、系统设备提供商、节能技术产品提供者以及政府部门的桥梁和纽带，要积极为节能减排新技术、新政策、新标准的研究制定建言献策，积极为企业节能减排提供信息咨询、宣传培训等服务，加强经验交流，共同推进节能减排工作。

（四）加强宣传交流。充分利用电信运营企业信息平台优势，广泛开展节能减排宣传教育，发挥好引导作用；不断提升行业人员对节能减排工作的认识，营造行业节能减排氛围；开展国际合作和交流，借鉴国外先进经验和有益做法，创新工作思路，不断提高行业节能减排水平。

# 工业和信息化部关于进一步加强工业节能工作的意见

工信部节［2012］339号

（2012年7月11日）

各省、自治区、直辖市及计划单列市、新疆生产建设兵团、副省级城市工业主管部门，有关中央企业：

为深入贯彻落实科学发展观，切实推动工业转型升级，促进工业绿色低碳发展，现就进一步加强工业节能工作提出以下意见：

一、认清形势，抓住时机，开创工业节能新局面。“十二五”以来，各地区、行业和企业按照国家节能减排的总体部署，继续推进节能降耗各项工作，为工业转型升级、促进绿色发展发挥了积极作用。今年第一季度，我国规模以上工业企业能源消费量同比增长3.84%，增速低于去年同期6.56个百分点，环比下降1.64%；规模以上工业企业单位工业增加值能耗同比下降6.95%，工业节能形势有所好转。但必须清醒认识到，国家“十二五”节能减排约束性目标的实现面临严峻挑战，去年我国规模以上工业能耗占全国总能耗的73.74%、高耗能行业能耗占工业能耗的78.9%，远高于世界主要经济体在工业化过程中的最高占比，且还呈上升趋势。为此，各级工业主管部门必须充分利用当前高耗能产品市场需求放缓、高耗能行业能耗增幅下降的有利时机，进一步增强使命感和责任感，切实加大工作力度，坚决采取有效措施，从根本上扭转工业能源消耗高、增长快的被动局面，促进工业转型升级和绿色发展。

二、进一步加强高耗能和产能过剩行业新建项目管理，从严把好企业技术改造项目审核和节能评估审查（以下简称能评）关。按照《国务院关于进一步加强淘汰落后产能工作的通知》（国发〔2010〕7号）、《国务院关于印发国家环境保护“十二五”规划的通知》（国发〔2011〕42号）相关要求，建立新建项目与污染减排、淘汰落后产能衔接的审批机制，进一步加强高耗能和产能过剩行业项目管理；严格控制钢铁、水泥、平板玻璃、煤化工、电解铝、金属镁等行业新增产能；加强多晶硅、风力发电装备制造行业统筹规划，实施行业准入，防止产能盲目扩张。从严把好企业技术改造项目审核关，对高耗能和产能过剩行业的结构调整和改造升级项目，要认真执行国家产业政策和行业准入条件要求，引导企业加强技术进步、提高质量效益、促进节能降耗；对节能减排目标任务未达进度要求的地区，新上项目的单位产品能耗必须达到全行业先进水平。加强工业固定资产投资项目能评，切实发挥能评的前置性作用，遏制高耗能行业能耗过快增长势头。各省级工业主管部门应尽快完善工业固定资产投资项目节能评估审查办法，切实加强高耗能行业项目节能评估审查工作，把好能评关。对年综合能源消费量在20万吨标准煤及以上项目，各省级工业主管部门应将项目节能评估报告书和审查批复意见报送工业和信息化部。

三、加大淘汰落后产能工作力度。要将国家下达的淘汰落后产能年度目标任务，分解到地、市、县，落实到具体企业、具体项目。切实加强落后产能淘汰工作的督促检查、验收和考核。严格执行《国务院关于进一步加强淘汰落后产能工作的通知》相关要求，对未按规定期限淘汰落后产能的企业，不予审批和核准新的投资项目，不予安排技术改造专项资金；对未按期完成落后产能淘汰任务的地区，暂停对该地区工业固定资产投资项目的审批、核准和备案。充分发挥淘汰落后产能财政奖励资金引导作用，对按期或提前淘汰、超标准淘汰落后产能的企业，按照《淘汰落后产能中央财政奖励资金管理办法》有关规定优先给予资金支持，加大扶持力度。

四、加快建立和实施超能耗限额企业惩罚性电价政策。按照国务院《"十二五"节能减排综合性工作方案》（国发〔2011〕26号）、《国务院办公厅转发发展改革委关于完善差别电价政策意见的通知》（国办发〔2006〕77号）和发展改革委、电监会、能源局《关于清理对高耗能企业优惠电价等问题的通知》（发改价格〔2010〕978号）有关要求，各地区要加快建立和完善基于企业能耗限额标准执行情况的惩罚性电价政策机制，对单位产品（工序）能耗超过限定值标准的企业实行惩罚性电价；要加强政策协调和落实，根据本地区实际情况，扩大执行惩罚性电价的产品范围，提高惩罚性电价加价标准，加大惩罚性电价实施力度；惩罚性电价收入应优先用于支持被惩罚企业实施强制性能源审计、节能技术改造等，发挥好惩罚性电价政策对促进高耗能行业能效提升的政策效应。

五、加强节能减排技术改造。鼓励各地区利用当前高耗能产品市场需求减缓的有利时机，实施以"上大关小"、"减量置换"为主要内容的节能技术改造。通过对规模小、能耗高、污染重的水泥、平板玻璃、陶瓷、炼油、冶炼等产能或企业进行兼并重组和升级改造，置换为技术先进、能耗排放低的大型项目，实现节能降耗和污染减排。各省级工业主管部门要加强企业、区域节能减排技术改造方案审查和置换项目管理，对企业、区域依据关停产能规模及其能耗、排放总量提出的节能减排"减量置换"方案进行审核，报工业和信息化部备案后组织实施，并加强对置换项目的核准、备案管理。

六、强化重点用能企业节能管理。明确企业节能主体责任，督促年综合能耗1万吨标准煤以上的重点用能企业每年能耗实现下降1%。切实加强重点用能企业节能管理，开展企业能源管理绩效评价，推进能效水平对标达标，建设和实施企业能源管理体系、能源管理负责人制度，完善能源管理制度。重点产品单耗和工序能耗达不到限额标准的企业，应强制进行能源审计，限期整改。中央企业集团要加快建设本企业能源管理信息系统，推进下属钢铁、水泥、有色金属、化工企业建设能源管理（管控）中心，实现能源高效合理利用。支持有条件的地区开展工业能耗在线监测试点，对本地区重点用能企业实施在线监测管理。工业和信息化部将会同财政部继续加强对企业能源管理（管控）中心建设、能耗在线仿真系统建设等项目的支持。

七、实施更加严格的能效标准。工业和信息化部将会同有关部门加快制订发布全国产业能效指南，参照国际先进水平，实行更严格的产品能耗限额标准，提出主要行业能效指标，作为节能评估审查、淘汰落后产能、产业转移的主要依据之一。各级工业主管部门可根据本地区产业实际情况，制定和执行比国家标准更为严格的产品能耗限额地方标准和产业能效指南。在产业转移和承接过程中，低于全国产业能效指南中行业平均能效水平的落后生产能力，严禁转移到中西部地区。

八、加强节能降耗监督检查。各级工业主管部门要督促本级节能监察机构，把能耗限额标准执行情况和高耗能落后机电设备淘汰情况专项监督检查作为常态化工作，制定年度监察计划，认真组织实施。对重点用能企业涉及的28项国家强制性单位产品能耗限额标准执行情况，以及电机、风机、水泵、压缩机等高耗能落后用能设备淘汰情况进行定期监督检查。按照能耗限额执行情况监督检查结果，及时公布超标企业名单并将能耗超过国家和地方规定单位产品能耗限额标准的企业纳入惩罚性电价实施范围，督促企业整改落实。进一步加强节能监察机构人员队伍、制度、设施等能力建设。

九、加快建设工业园区能源集中供应设施。国家新型工业化产业示范基地、各类工业园区及产业集聚区应建设能源、供水公共共享设施，通过能源（热、冷、电、气等）、水资源集中统一供应、梯级利用，对废水、污泥、废物等实行集中处理，提高能源、水资源利用效率，降低单位产品能源、水资源消耗和废水、固废排放量。在符合条件的园区，应集中建设大容量、高效率、低污染热电联产机组代替各企业分散式的小锅炉及自备小机组，实现集中供气。

十、积极支持工业企业余热余压发电上网。各级工业主管部门要积极支持钢铁、有色金属、建材、石油化工等行业企业建设余热余压发电上网设施，提高自供电率，协调有关部门出台企业余热发电上网政策，主动做好服务工作，帮助企业妥善解决并网、收费、管理等有关问题，大力推进工业企业余热余压发电上网，为保障工业用电平稳增长做出积极贡献。

# 工业和信息化部关于废止原邮电部《邮电部关于损坏通信线路赔偿损失的规定》等8部规章的决定

工业和信息化部令第4号

（2009年3月1日）

工业和信息化部决定：原邮电部1983年6月7日发布的《邮电部关于损坏通信线路赔偿损失的规定》（邮电字［1983］458号）、1987年5月21日发布的《公众电信业务使用规则》（邮部字［1987］225号）、1992年10月16日发布的《边境通信管理暂行规定》、1995年10月23日发布的《市内电话业务规程》、1996年6月12日发布的《电信应急通信保障暂行规定》（邮部［1996］634号）、1996年10月17日发布的《关于盗用电信码号赔偿损失计算标准的暂行规定》（邮部［1996］981号）、1997年9月10日发布的《中国公众多媒体通信管理办法》（邮部［1997］733号）、1997年10月13日发布的《集中式用户交换机（CENTREX）业务管理办法（暂行）》，自2009年4月10日起废止。

# 移动通信系统及终端投资项目核准的若干规定

发改高技［2005］265 号
（2005 年 2 月 19 日）

**第一条** 为了规范国家特殊规定的移动通信系统及终端投资项目核准活动，促进移动通信产业持续健康发展，根据《国务院对确需保留的行政审批项目设定行政许可的决定》、《国务院关于投资体制改革的决定》及《政府核准的投资项目目录》，特制定本规定。

**第二条** 本规定适用于在中华人民共和国境内申请投资移动通信系统及终端生产项目的核准。

**第三条** 本规定所指移动通信系统及终端是指基于 GSM、CDMA、CDMA2000、WCDMA、TD-SCDMA 等第二代移动通信、第三代移动通信标准制式的交换设备、基站设备、终端（手机）。

**第四条** 项目申报单位应向项目所在地的省级发展改革部门提交项目申请报告一式 5 份，经省级发展改革部门初审后报国家发展和改革委员会。计划单列企业集团可直接向国家发展和改革委员会提交项目申请报告。

**第五条** 项目申请报告应主要包括以下内容：

（一）项目名称、经营期限、项目申报单位和投资方基本情况；

（二）项目建设规模、主要建设内容及产品，采用的主要技术和工艺，产品目标市场，计划用工人数；

（三）项目建设地点，对土地、水、能源等资源的需求，以及主要原材料的消耗量；

（四）环境影响评价；

（五）项目总投资、注册资本及各方出资额、出资方式及融资方案，需要进口设备及金额；

（六）产品技术来源及项目研发中心建设方案；

（七）售后服务体系建设方案。

**第六条** 项目申请报告应附以下文件：

（一）项目申报单位及投资方的企业注册证明（营业执照）、商务登记证及经审计的最近三年企业财务报表（包括资产负债表、损益表和现金流量表）、有关金融机构出具的银行信用等级证明、开户银行出具的资金信用证明；

（二）项目申报单位投资方的投资意向书，增资、购并项目的公司董事会决议；

（三）银行出具的贷款承诺；

（四）按有关规定由环境保护行政主管部门出具的环境影响评价审批意见；

（五）城市规划部门出具的选址意见书；

（六）按有关规定由国土资源管理部门出具的项目用地预审意见书；

（七）以国有资产或土地使用权出资的，须有有关主管部门出具的确认文件；

（八）项目申报单位通过电子信息行业 ISO9000 质量管理体系认证，ISO14001 环境管理体系认证，及 OHSAS18000 职业安全卫生管理体系认证的相关证明材料复印件。

**第七条**　对项目申请报告的核准条件是：

（一）符合产业政策；

（二）符合公共利益和国家反垄断的有关规定；

（三）符合土地利用规划、城市总体规划和环境保护政策的要求；

（四）符合国家规定的技术、工艺标准的要求；

（五）符合国家资本项目管理、外债管理的有关规定；

（六）项目申报单位应为专业从事电子信息产品研究开发、生产及销售的企业，具备三年以上经营历史，具有较强的经济实力，能够建立有效的售后服务保障体系；

（七）申请移动通信系统投资项目的项目申报单位注册资本不低于 3 亿元人民币；

（八）申请移动通信终端投资项目的项目申报单位注册资本不低于 2 亿元人民币；

（九）申请移动通信终端投资项目的项目申报单位应建立研发中心，具有完善的开发平台和研究环境，具备完整的整机、单元电路硬件设计能力，基于芯片组和协议栈的软件开发能力，结构外观设计能力。

**第八条**　国家发展和改革委员会在受理项目申请报告后，应征求信息产业部的意见，并可对需要进行评估论证的重点问题委托有资质的咨询机构进行评估论证。

**第九条**　未经核准的投资项目，土地、城市规划、工商、海关、税务、外汇管理等部门不予办理相关手续，信息产业部不予办理其产品的进网许可。

**第十条**　经核准的项目如出现下列情况之一的，项目单位须向国家发展和改革委员会申请办理变更手续：

（一）建设地点发生变化；

（二）投资方或股权发生变化；

（三）主要建设内容发生变化；

（四）总投资超过原核准投资额 20%及以上；

（五）经核准（批准）的移动通信终端生产企业，生产原核准（批准）范围外的其他标准制式的终端；

（六）有关法律法规和产业政策规定需要变更的其他情况。

**第十一条**　除本规定特殊明确的有关内容外，其他事项按《企业投资项目核准暂行办法》和《外商投资项目核准暂行管理办法》执行。

**第十二条**　本规定由国家发展和改革委员会负责解释。

**第十三条**　本规定自发布之日起施行。

# 第七编　部分地区政策法规

# 长三角地区通信发展“十二五”专项规划

（2012年5月28日省人民政府常务会议审议通过，2012年6月7日公布，
自2012年8月1日起施行）

## 前　言

长江三角洲地区（以下简称“长三角地区”）是我国综合实力最强的区域之一，在社会主义现代化建设全局中具有重要的战略地位和突出的带动作用。长三角地区通信业是构建信息基础设施，提供网络服务和信息应用，引领和支撑地区经济社会科学发展、和谐发展、率先发展和一体化发展的战略性、基础性和先导性行业。

根据《国民经济和社会发展第十二个五年规划纲要》、《国务院关于进一步推进长江三角洲地区改革开放和经济社会发展的指导意见》（国发［2008］30号）、《长江三角洲地区区域规划》和《通信业“十二五”发展规划》，工业和信息化部编制了《长三角地区通信发展“十二五”专项规划》（以下简称《规划》）。《规划》是指导长三角地区通信业未来五年发展、提升长三角地区经济社会信息化水平、引导市场主体行为、配置政府公共资源的重要依据。

《规划》范围包括上海市、江苏省和浙江省（以下简称“两省一市”），区域面积21.07万平方公里，人口总数占全国的11.7%。规划以上海市和江苏省的南京、苏州、无锡、常州、镇江、扬州、泰州、南通，浙江省的杭州、宁波、湖州、嘉兴、绍兴、舟山、台州16个城市为核心区，统筹两省一市通信业发展。

## 一、“十一五”发展回顾

### （一）行业保持健康平稳增长，信息基础设施综合实力全国领先

1. 行业规模稳步增长。2010年，长三角地区基础电信企业完成电信业务收入1747.7亿元，占全国比重为19.2%，“十一五”期间年均增长9.6%，分别高于全国及东部地区0.4个和1个百分点。电话用户总数达到1.87亿户，年均增长7.6%，占全国比重为16.3%，其中移动电话用户总数达到1.33亿户（其中：3G用户数达到866.6万户），年均增长14.8%，占全国比重为15.5%；互联网宽带接入用户达到2404.6万户，年均增长23.0%，占全国比重为19.0%。

2. 信息基础设施竞争力全国领先。长三角地区光缆线路长度达到161.4万公里，其中长途光缆线路长度达到6.1万公里，本地网中继光缆和接入网光缆线路长度达到155.3万公里，分别为“十五”期末的3.4倍、1.1倍和3.7倍；移动电话交换机容量达到2.1亿户，互联网宽带接入端口达到3941.9万个，分别为“十五”期末的2.4倍和3.4倍。长三角地区人均光缆线路长度、人均移动电话交换机容量、人均互联网宽带接入端口分别是全国平均水平的1.4倍、1.2倍和1.8倍，是东部地区平均水平的1.3倍、1.03倍和1.3倍。

3. 引领推动行业创新发展。上海市和南京市成为首批国家级两化融合试验区，上海市、南京市和杭州市成为国家首批三网融合试点城市，无锡成为国家传感网创新示范区，上海市、南京市和杭州市率先组织开展 TD-LTE 规模技术试验。上海市提出了建设“智慧城市”的战略目标并全面开展各项智慧工程项目，江苏省成为全国物联网产业发展最为活跃的省份，浙江省云计算服务平台正式启动。长三角地区物联网、云计算等新技术、新业务、新形态快速发展，各类互联网应用迅速扩展，为推动通信业创新发展起到了良好示范作用。

**（二）服务支撑长三角地区经济社会发展，战略性、基础性和先导性作用日益突出**

1. 有力支撑长三角地区经济增长。长三角地区电信业务量快速增长，行业投资规模稳步增加，电信增加值占 GDP 的比重达到 1.5%，高于全国水平 0.25 个百分点。积极推进信息通信技术和服务与经济社会发展各行业、各领域渗透融合，在拉动国民经济增长、调整产业结构、提升经济社会信息化水平、促进资源优化配置和节能减排、推动长三角地区一体化等方面做出了重要贡献。

2. 新兴网络经济蓬勃发展。长三角地区电信企业积极开展各类应用平台建设，开发经济社会各领域的服务应用，推动新兴企业发展集聚，新兴服务业态不断涌现。截止到“十一五”期末，两省一市的省内增值电信企业数量超过 3000 家，约占全国的 17.3%。2010 年省内增值电信企业业务收入超过 233 亿元，占全国比重超过 23.5%，形成了一批初具国际影响力的互联网企业，部分企业的市值排名进入全球前列。

3. 全面服务民生和社会发展。长三角地区电话普及率达到 120.1 部/百人，分别领先全国和东部地区 33 个和 7.5 个百分点。移动电话普及率达到 85.4 部/百人，分别领先全国和东部地区 21 个和 2.6 个百分点。互联网宽带接入用户普及率达到 15.4 户/百人，分别领先全国和东部地区 6 个和 2.2 个百分点。已全部实现行政村通宽带、行政村和自然村通电话。“十一五”期间，电信综合资费水平年均降幅为 9.8%。

4. 在重大活动保障和突发事件处置中做出积极贡献。通信网络与信息安全保障能力不断提升，应急通信保障服务与协同支撑能力不断增强。成功完成了上海世博会、北京奥运会等系列通信保障工作。在抗击雨雪冰冻自然灾害、“5·12”汶川特大地震等突发事件中确保了重要通信的畅通。

5. 资源节约和环境保护取得积极进展。电信基础设施共建共享范围从基站、铁塔、杆路，拓展到地铁、高铁、城铁、隧道等重点工程、重要场所，逐步向管道和室内分布系统延伸，有效地减少了重复建设。积极引入节能减排新技术、新产品和新工艺，加快高耗能设备的升级改造和老旧设备退网，单位综合能耗明显降低。

**（三）行业转型取得积极进展，市场竞争格局不断优化**

1. 结构转型和优化升级初见成效。增值电信等非话业务快速发展，行业信息化应用领域不断拓展，非话业务收入增速明显高于话音业务。2010 年长三角地区基础电信企业非话音收入所占比重达到 48.5%，比全国平均水平高 5.6 个百分点。

2. 市场竞争格局不断优化。经过新一轮基础电信企业重组，中国电信、中国移动和中国联通三家基础电信企业在长三角地区形成了全业务竞争格局。3G 业务市场竞争更趋均衡，截止到“十一五”期末，中国电信、中国移动和中国联通在长三角地区的 3G 移动电话用户市场份额分别为 31.4%、45%和 23.6%。

**（四）区域合作日益密切，通信服务一体化进程加快**

1. 区域合作不断加强。长三角地区通信业建立和完善了联席会议等区域合作机制，积极探索建设长三角地区的共享核心基础数据资源库，建成了企业信用和商务信息等信息资源共享与交换平台。在网络维护方面，基础电信企业积极协商解决边界漫游等问题。

2. 通信服务一体化积极推进。长三角地区基础电信企业在一体化方面进行了有益的尝试，开展了长三角地区无线宽带省际漫游、异地一卡双号、商旅卡等业务和异地缴费、充值、查询、补卡等服务。

在取得显著成绩的同时，长三角地区通信业还面临一些深层次的矛盾和问题：一是行业转型升级力度尚需加强。通信业服务两化深度融合的能力有待进一步增强，电信企业技术业务创新能力有待进一步提升。二是条块结合力度尚需加强。各级政府、行业主管部门和电信企业三个层面的联系和交流有待进一步增强，相关沟通协调机制有待进一步完善。三是安全保障能力尚需增强。网络与信息安全管理工作机制有待进一步完善，重要通信和应急通信保障能力有待进一步提升。

## 二、“十二五”面临的发展环境

“十二五”时期是我国全面建设小康社会的关键时期，是深化改革开放、加快转变经济发展方式的攻坚时期，也是长三角地区实现科学发展、和谐发展、率先发展、一体化发展的重要时期。长三角地区区位条件优越，经济基础雄厚，城镇体系完整，科教文化发达，已成为全国发展基础最好、体制环境最优、整体竞争力最强的地区之一。长三角地区通信业既面临难得的历史机遇，也面临诸多挑战。

**（一）长三角地区坚持科学发展，要求通信业更加注重转型升级**

长三角地区地处长江中下游冲积平原，农业基础良好，是我国高端制造业和高技术产业的中心之一，是我国金融、物流、信息、研发等高端服务业密集区之一，第三产业增幅多年来一直超过第二产业，经济结构日趋合理。“十二五”期间，长三角地区坚持科学发展，努力提高自主创新能力、切实加强资源节约和环境保护、推进经济发展方式转变。要求长三角地区通信业把握良好的发展环境与基础，充分契合区域科学发展与转型升级的发展方向，加快信息基础设施建设，加快信息通信技术和服务在经济社会领域的应用创新，加快培育新兴服务业态，推动通信业转型升级。

**（二）长三角地区坚持和谐发展，要求通信业更加注重公共服务**

长三角地区是我国综合实力最强的区域之一，人均 GDP、城镇居民人均可支配收入以及农村居民纯收入均居于全国前列，义务教育、公共卫生和公共文化等基本公共服务水平不断提高，社会对应急通信快速反应能力和网络与信息安全保障能力提出更高要求。“十二五”期间，长三角地区坚持和谐发展，着力改善和保障民生、维护社会公平正义，进一步提高社会保障水平，实现基本公共服务均等化。要求长三角地区通信业更加注重推进公共服务均等化工作，加大对农村地区、流动人口、贫困人口、老年人口通信需求的支撑力度，加强对社区服务、文化、教育、卫生、医疗等公共服务类信息业务的开发力度，提升网络与信息安全和应急通信保障能力。

**（三）长三角地区坚持率先发展，要求通信业更加注重引领支撑**

长三角地区较早地建立了社会主义市场经济体制基本框架，是完善社会主义市场经济体制的主要试验地，率先建立起开放型经济体系，形成了全方位、多层次、高水平的对外开放格局。改革开放和现代化建设走在全国的前列，有力地带动了东部地区和长江流域发展，为全国经济和社会发展作出了重要贡献。“十二五”期间，长三角地区坚持率先发展，到 2015 年率先实现全面建设小康社会的目标，到 2020 年力争率先基本实现现代化。要求长三角地区通信业率先开展下一代信息基础设施建设，率先开展新技术、新业务试验和商业模式创新，率先推进信息通信技术向新领域、新环节渗透。

**（四）长三角地区坚持一体化发展，要求通信业更加注重协同合作**

长三角地区一体化发展基础较好。地域相邻，文化相融，人员交流和经济往来密切，形成了多层次、宽领域的合作交流机制，具备了一体化发展的良好条件，并在扩大高速公路联网收费和不停车收费系统服务范围、深化区域科技资源共享服务平台建设等方面开展了有效探索。“十二五”期间，长三角地区坚持一体化发展，统筹基础设施建设，形成统一开放的市场体系，促进生产要素合理流动和优化配置，在交通、能源、水利、环境保护和社会保障等方面加快推进区域一体化。要求长三角地区通信业加速整合区域内通信资源，加强区域合作，促进区域内通信要素的高速流动和融合互补，协同推进信息基础设施建设，共同探索新兴产业发展模式，合作实现区域内通信服务一体化。

## 三、指导思想和发展目标

### （一）指导思想

高举中国特色社会主义伟大旗帜，以邓小平理论和“三个代表”重要思想为指导，深入贯彻落实科学发展观，紧紧围绕长三角地区战略定位，以服务经济社会发展为中心，立足科学发展，着力和谐发展，聚焦率先发展，创新一体化发展，更加注重通信业结构调整和转型升级，发挥引领支撑作用；更加注重下一代信息基础设施建设和新兴业态培育，发展壮大新兴信息服务业；更加注重推进基本通信服务均等化，提升社会公共服务和管理水平；更加注重提升网络与信息安全和应急通信保障能力，维护社会和谐稳定，为长三角地区率先实现全面建设小康社会的目标和率先基本实现现代化做出更大贡献。

### （二）发展目标

到“十二五”期末，长三角地区基本建成智慧城市群，初步实现“网络无处不在，信息普惠全民”，行业转型升级明显加快，区域合作显著增强，服务支撑经济社会发展的战略性、基础性和先导性作用更加突出。

1. 通信发展水平达到新高度。

行业规模持续增长。到“十二五”期末，长三角地区电信业务年收入超过2800亿元，年均增长7.4%，其中基础电信企业电信业务年收入超过2200亿元，年均增长5.1%。“十二五”期间，通信业固定资产投资累计达到2650亿元。

服务水平稳步提高。电话用户总数达到2.4亿户，普及率超过149部/百人。移动电话用户数达到1.9亿户，普及率超过118部/百人，其中3G用户数达到8500万户。互联网网民数超过1亿人，普及率超过65%。互联网宽带接入用户达到4100万户，普及率超过26户/百人。移动互联网用户数达到1.28亿户。

2. 信息基础设施实现新跨越

下一代信息基础设施基本建成。信息网络实现宽带化升级，超高速、大容量、高智能干线传输网络基本形成，互联网应用基础设施实现统筹布局和全面优化，下一代互联网规模部署，新一代移动通信网络基本建成，3G网络基本实现全面覆盖，LTE商用。

宽带网络接入能力明显提升。商务楼宇光纤通达率达到100%，城市住宅光纤入楼率达到90%，新建住宅小区光纤入户率达到80%，基本实现行政村通光缆。城市家庭基本具备30Mbps以上宽带接入能力，核心区16个城市中心城区家庭基本具备100Mbps以上宽带接入能力，农村家庭基本具备8Mbps以上宽带接入能力。基本实现城市无线宽带网络全面覆盖。

3. 先试先行拓展新领域

实现融合创新发展。率先开展新技术试验、新业务应用和新模式实践，到“十二五”期末，三网融合业务全面展开，IPTV用户、手机电视用户分别达到800万户和4000万户；率先完成基于IPv6的骨干网、城域网网络改造和技术升级，政府网站和主要商业网站全面支持IPv6，率先向下一代互联网平滑演进。

开展先导应用示范。在长三角地区建成国家级物联网产业基地。开展三网融合、物联网、云计算等应用示范工程。建设若干智能型现代化城市，在发达城市率先建成“智慧城市”，长三角地区主要城市建成区域性信息港。

4. 通信服务一体化取得新进展

建立统一的服务平台和标准规范，提供跨省市的充值、业务查询、商旅服务、补换卡、长三角套餐等服务。建立健全应急通信联动机制和网络与信息安全联动机制。建立支撑行业发展和电信监管的区域联动工作机制，实现标准统一、资源共享、工作协同、服务提升，行业管理水平进一步提高。

5. 支撑经济社会发展做出新贡献

基本实现信息通信技术广泛应用。在经济社会各领域推广应用信息通信技术，实现与生产制造和经营管理深度融合，在政府管理和社会公共服务领域普遍应用，向商业活动和社会其他领域全面渗透。全面建成面向农村的信息服务体系。

节能减排效果明显。节能降耗、绿色环保新技术全面应用，到“十二五”期末，单位电信业务总量综合能耗比“十一五”期末降低10%。推广信息通信技术在经济社会各领域广泛应用，带动其他行业综合能耗明显下降。

有效带动上下游产业发展。有效带动电子信息产业、工程建设、网络维护和信息服务等上下游产业发展，推动创造新的就业机会，“十二五”期间累计新增就业岗位30万个。

**长三角地区通信业“十二五”主要指标及目标分解**

| 指标类别 | 指标名称 | 单位 | 长三角地区 | 上海市 | 江苏省 | 浙江省 |
|---|---|---|---|---|---|---|
| 业务规模 | 电信业务收入 | 亿元 | 2826 | 650 | 1020 | 1156 |
| | 其中：基础电信企业电信业务收入 | 亿元 | 2246 | 500 | 920 | 826 |
| | 五年累计固定资产投资 | 亿元 | 2650 | 600 | 1200 | 850 |
| | 电话用户数 | 万户 | 24000 | 3800 | 11300 | 8900 |
| | 其中：移动电话用户数 | 万户 | 19000 | 2800 | 9000 | 7200 |
| | 其中：3G用户数 | 万户 | 8500 | 1000 | 3500 | 4000 |
| | 互联网宽带接入用户数 | 万户 | 4100 | 700 | 2000 | 1400 |
| | 移动互联网用户数 | 万户 | 12800 | 2000 | 5000 | 5800 |
| | 互联网网民数 | 万人 | 10400 | 1700 | 4500 | 4200 |
| | IPTV用户数 | 万户 | 800 | — | — | — |
| | 手机电视用户数 | 万户 | 4000 | — | — | — |
| 普及程度 | 电话普及率 | 部/百人 | 149 | 158 | 144 | 151 |
| | 其中：移动电话普及率 | 部/百人 | 118 | 119 | 114 | 121 |
| | 互联网宽带接入用户普及率 | % | 26 | 29 | 25 | 23 |
| | 互联网网民普及率 | % | 65 | 71 | 60 | 70 |
| 支撑经济社会发展 | 五年累计新增岗位 | 万个 | 30 | — | — | — |

## 四、主要任务

“十二五”时期，长三角地区通信业要牢牢把握信息通信技术开发应用带动发展方式转变的重大机遇，充分发挥信息基础设施在推动产业升级和迈向信息社会中的战略性、基础性和先导性作用，实现又好又快发展。

**（一）推进信息网络演进升级，增强基础设施综合实力**

加快建设覆盖区域、辐射周边、服务全国、联系亚太、面向世界的宽带、融合、泛在、安全的下一代信息基础设施。

加快光纤宽带网络建设。根据不同区域特点探索发展多种模式的光纤宽带接入，加快光纤宽带接入网络建设，大力推进城区光纤到楼入户和农村光纤进乡入村，提高城乡宽带网络普及水平和接入能力。有序推进“智慧城市”建设。

统筹推进移动通信发展。统筹2G/3G/WLAN/LTE等网络协调发展，优化网络结构，提升网络质量。加大3G网络投资力度，加快网络建设速度，扩大网络覆盖范围，推进网络在长三角地区全面覆盖，推进无线局域网在长三角地区热点区域和公共场所覆盖。加快推进LTE商用进程。

积极推进向下一代互联网演进。完善网络布局，有序推进互联网优化、改造与升级。积极推进IPv6商用网络部署，加快骨干网、城域网、IDC、支撑系统的IPv6升级改造，提升网络功能和性能，支持重点网络、网站、域名服务器改造。适时开展网络示范和规模商用。

加快通信枢纽和骨干网建设。进一步加强综合通信枢纽及长途干线网建设，优化调整覆盖长三角地区主要城市的通信网络结构。综合应用已有的国际陆海光缆系统、路由以及互联网交换中心，大力提升国际、国内、区域通信能力水平。

**专栏1：宽带长三角工程**

建设覆盖城乡的光纤宽带接入网络，加快推进光纤宽带接入网络向行政村延伸，基本实现对政府、学校、图书馆、医疗卫生、社区中心等公益机构的覆盖。

在新建城市住宅小区，以FTTH方式实现对居民家庭的宽带网络覆盖。在已建住宅小区，加快实施“光进铜退”的宽带网络改造。实现光纤到商业楼宇、到办公室的宽带网络覆盖。

参与和推进新APG等海缆建设，完善配套设施，形成超高速、大容量、高智能的通信系统和传输网络。

加快3G网络建设，在全国率先实现3G网络的广覆盖，争取覆盖区域内所有市区、乡镇、主要高速公路和风景区、绝大部分农村等。

推动区域内WLAN建设，实现主要公共场所无线局域网的全面覆盖。

**（二）培育信息服务新兴业态，拓展行业发展空间**

充分利用长三角地区已有的区域协调发展机制，依托长三角地区自身的产业优势，支持创新型业务率先发展，积极培育和发展云计算、物联网、移动互联网、三网融合等信息服务新兴业态。

培育发展云计算服务。合理布局云计算基础设施，鼓励企业整合资源，共享共建云计算基础设施和服务平台，推动数据中心向云计算基础设施服务转型。积极发展云计算服务商业化运营，促进形成云计算公共服务体系。推进有条件的企业和政府部门率先利用云计算改造内部信息化流程和IT基础设施。探索新型商业模式，推进云计算服务创新，开展重点领域和主要行业试点示范和优先应用。

开展物联网应用示范。以无锡国家传感网创新示范区和各地“智慧城市”建设为依托，着力突破传感器、物联网关键技术，加快推进通信网和传感网络以及物联网融合发展。积极推进物联网在经济运行、基础设施和公共管理等重点行业和关键领域的应用示范。

积极发展移动互联网。支持开展移动电子商务创新和应用示范，完善移动电子商务产业链。在区域科技资源共享平台建设基础上，以基础电信企业视讯、游戏、阅读等基地建设为依托，鼓励基础电信企业和增值电信企业积极发展移动互联网业务、应用和服务，助力产业繁荣。

协调推进三网融合。积极推进两省一市在三网融合方面先行先试，鼓励探索各种合作模式。支持有条件的地市申报国家三网融合试点工作，探索总结三网融合推进的政策措施和技术路径等经验。提升网络技术水平和业务承载能力，推进电信网和广播电视网基础设施共建共享。加大应用资源开发、业务创新和市场推广，大力发展IPTV、手机电视、互联网视频、互联网宽带接入业务等三网融合相关业务。

**专栏2：云计算示范工程**

在长三角地区开展云计算服务创新发展试点示范工作，建设云计算网络基础设施和应用平台。

开展分布式计算、海量存储和计算虚拟化等核心技术的研发，推动建立云计算联盟、标准和实验室，构建云计算服务产业体系。

组织云计算服务示范，加快云计算技术在电子政务、中小企业信息化、工业设计、移动支付等重点领域和教育、文化、医疗、交通等公共服务领域推广应用。

**专栏3：互联网应用工程**

率先完成基于IPv6的骨干网、城域网网络改造和技术升级，基本建成下一代互联网。

以长三角地区视讯基地、游戏基地、阅读基地为依托，积极鼓励网络视频、IPTV、绿色网游、数字音乐、电子阅读等新应用新业务发展。协同众多的信息服务企业，发展丰富的移动互联网业务、应用和服务，繁荣移动互联网产业。

**专栏4：感知长三角工程**

以长三角地区为产业核心区，加快推进国家和各省市物联网产业基地建设，形成物联网产业集群。

重点打造上海市、南京市、苏州市、无锡市、杭州市、宁波市等具有国际竞争力的智慧型现代城市群。

建设物联网产业化公共研发服务平台、物联网运营服务平台、物联网数据管控中心、物联网信息获取网络平台等共性技术支撑平台。

在智能工业、智能农业、智能物流、智能环保、智能交通、智能电力、重大基础设施保障、智能医疗、智能家居、城市管理、公共安全和应急处置等重点行业和关键领域开展物联网应用示范。

**专栏5：三网融合推进工程**

以上海市、杭州市、南京市等首批试点城市为依托，重点开展电信、广电业务双向进入以及相关合作。

大力推进三网融合示范企业、园区、工程等建设认定工作，营造有利于推动三网融合发展的良好环境。

推动协调电信网、互联网和广播电视网的规划、建设，开展三网融合技术和业务应用创新试验，加快涉及三网融合的网络与信息安全监管平台建设。

**（三）加快通信业转型升级，助力经济社会发展**

加快传统通信服务向融合化、多媒体化、集成化信息服务转型，推动信息通信技术在经济社会各领域的广泛应用和深度融合，创新信息化推进机制，加强区域、行业、企业信息化发展水平的评估和监测，进一步发挥通信业在长三角地区经济和社会发展中的引领支撑作用。

促进两化深度融合。积极推动信息通信技术与传统工业企业生产经营管理各环节的深度融合，加快临港产业和传统产业的信息通信技术升级改造，发展生产性信息服务。培育一批具有国际竞争力的电子商务服务企业，加快大宗商品电子商务平台和行业性电子商务平台建设。加强交通枢纽、场站、物流园区和经济园区的物流信息化建设，推动物流信息化集成发展。支持面向工业行业的信息化服务平台发展，提供集成化的行业和中小企业信息化解决方案。

推进公共服务信息化。推进信息通信技术在城市管理、文化教育、卫生医疗、社会保障、社区服务等社会公共服务领域的应用，发展民生性信息服务。支持教育公共信息服务平台、公共卫生信息平台、就业和社保信息交换平台、社区综合信息公共服务平台建设，推进社区信息化和数字家庭基础设施建设。

助力政府管理水平提升。推进电子政务建设，支撑政府开展公共服务。综合利用电信网、互联网，丰富电子政务公共服务手段，加快电子政务网络平台、业务应用平台和网络公共服务体系建设。健全电子政务信息资源采集、交换、共享机制，推动建设政务信息资源共享交换平台和信息资源公益性服务平台。

**（四）践行通信服务均等化，缩小城乡数字鸿沟**

深化农村信息基础设施建设。加快农村地区宽带网络建设，扩大 3G 移动通信网络覆盖范围，推进光纤到行政村，提高基层政府部门、乡镇企业、公益机构和农民家庭等的宽带接入能力，逐步消除城乡之间、区域之间的数字鸿沟。

推进农村地区信息化应用。整合各类涉农信息资源，构建面向“三农”的综合信息服务平台，提供和农业生产、农村建设、农民生活相关的多样化和个性化的信息内容服务。加快农村基层信息服务站建设，积极开展农村基层政务信息系统集约化建设试点，形成农村综合信息服务体系。

推动实现信息无障碍。关爱残障人群和弱势群体，积极探索并推动实施针对残障人群的无障碍通信服务、针对弱势群体的优惠通信服务和针对公益机构的保障性通信服务，推动实现信息通信服务均等化。

**（五）加强通信协同与区域合作，促进一体化发展**

建立协同合作机制。推动区域内通信要素的高速流动和融合互补，强化区域联动协作。建立推进长三角地区通信业一体化的多种形式的协调组织机构，共同研究、协商重大专项工作、重点事件和重要政策举措，保持相关政策和工作有序推进，密切配合，统筹协调。

促进网络共建共享。建立跨省市的网络基础设施统筹规划机制，创新共建共享模式，推进长三角地区电信基础设施共建共享向深度和广度扩展，实现网络发展的协同合作、共建共享和互联互通。

推进区域协同监管。加强市场准入、行业统计、资源管理、设备入网、技能鉴定等工作的沟通交流。促进两省一市基础电信企业协同推出跨省市统一业务，探索开展业务异地办理、异地查询、申诉异地受理、企业资质许可互认、统一资费等便捷合理的通信服务。

**（六）提升网络与信息安全和应急能力，保障社会和谐稳定**

强化网络与信息安全体系建设。建立健全区域联动机制，推动实现跨省市协同配合。加强通信网络与信息安全基础设施建设，提高通信网络与信息安全技术保障能力和水平。加强通信网络安全监管和基础资源管理，开展新技术、新业务安全评估，强化责任落实，营造良好网络生态环境。落实通信网络安全防护标准，加强域名系统安全管理，提高通信网络的安全防护能力和安全可靠能力。

提升应急通信保障能力。健全应急预案体系，建立完善跨网络、跨行业、跨部门、跨省市的应急通信联动机制，实现信息共享、资源统筹、密切协同和相互支援。建设应急通信指挥调度系统，完善应急通信保障网络。加强应急通信指挥平台建设，实现跨省市应急通信指挥平台的互通和对接。强化公众通信网络的优先服务能力，提高公众通信网络的抗毁生存能力。

**专栏6：网络与信息安全工程**

完善长三角地区网络与信息安全基础设施，加强、延伸和拓展现有系统的业务能力。

加强安全保障技术研发，基本实现技术手段建设与网络发展“同步规划、同步建设、同步运行”。

按照统一部署，建设互联网网络安全监控平台，提高网络安全监测预警等应对能力。

实现通信网络运行的信息处理和资源的紧急调度。完善网络与信息安全管理平台，建立、完善违法和不良信息安全防控体系。

**专栏7：应急通信工程**

整合应急保障力量和资源，组织应急协同演练，不断提高联合指挥和应急救援快速反应能力。

加强协同处置能力，组织跨城市演练，打造天地一体化应急通信保障系统解决方案。

推进基础电信企业实施重点通信设施多路由建设和容灾中心建设，建设部署超级基站，逐步建设各类应急系统。

增加应急通信车的部署，与卫星、微波传输相结合，建设高速率、高带宽、支持高速移动的机动应急通信网络。

## 五、政策保障措施

### （一）创新区域协调机制

夯实合作基础。继续推进现有区域通信服务一体化重点项目。针对不同地区在经济实力、通信市场需求能力和消费能力等方面的差距，推进区域一体化基础设施和信息服务平台建设等工作。在现有工作基础上，以重点项目为核心，推进新项目建设，夯实现有合作基础。

完善合作机制。强化两省一市行业主管部门、电信企业和行业协会等相关单位的合作沟通机制。研究建立区域通信服务一体化协调小组，完善长三角地区通信服务一体化的区域协调机制。推动建立长三角地区信息共享平台，提高平台服务效率。共同建立打造具有影响力的通信发展与管理学术论坛，促进长三角地区有效合作和协调发展。

### （二）提升条块结合力度

加强多方合作。加强工业和信息化部、两省一市政府以及基础电信企业集团层面的沟通协调，落实相关合作协议和内容并组织实施。定期或不定期就实施中存在问题进行会商，对合作的重要事项进行专题研讨，开展政策研究，推动合作工作顺利进行。

加大政策支持。建立跨行业的信息基础设施统筹规划机制，将信息基础设施规划纳入城乡规划，加强土地利用、水电配套、环境保护等方面对基础网络设施和应用服务设施的支持。在住宅小区、商住楼、办公楼等新建、改建、扩建项目中，明确为通信宽带网络建设预留管道、设备间、电力配套等资源，所需投资纳入建设项目概算，并保证区域内通信企业间平等进入。

**（三）优化协同发展政策**

支持新兴业态发展。积极引导新一代信息技术领域重点产品在信息基础设施建设中开展应用，鼓励电信企业采用新技术、开发新业务、创造新模式，支持电信企业开拓国际市场。推动加大财税金融等政策扶持力度，通过创业投资基金等方式引导社会资金投入新兴领域，推动设立发展专项资金。

完善产业价值链。推动形成大企业带动，集聚产业链上下游中小企业的发展模式。对云计算、物联网等创新型产业，打破原有地域划分发展模式，探索打造长三角地区完整产业链。

促进中小企业发展。推动外部融资环境进一步优化，加快发展金融服务平台，为中小增值电信企业融资提供支持服务。支持长三角地区创新型、特色化中小增值电信企业纳入高新技术企业范围，享受相关优惠政策。鼓励引导民间资本进入电信领域。

**（四）提升行业监管能力**

建立健全行业监管平台。加强长三角地区通信市场监管信息系统和技术平台建设。强化电信资费管理、网间互联互通监管、共建共享管理、垃圾短信治理、增值电信业务拨测、网站备案、网络流量分析等相关管理信息系统和技术平台建设。

深化通信专项监管。强化区域内电信不正当竞争行为监管，深化电信市场专项整治工作。推进电信资费管理改革，研究建立适应区域新市场环境的电信资费管理办法。建立统一完善的问题协调机制和对违法违规问题的惩处机制。强化电信服务质量监管，着力规范和引导电信增值领域的服务行为。加强互联互通管理。加强码号、域名、IP地址等基础资源管理工作，做好区域内电信资源的规范使用和协调发展指导。

完善监管绩效评估和预警机制。完善监管信息资源共建共享机制和统一数据标准，促进监管信息资源共享与应用。探索建立适用于长三角地区电信监管绩效评估和政策评估制度。规范区域内的市场秩序，建立电信市场发展及预警报告机制。

**（五）深化安全应急保障**

建立网络与信息安全保障长效机制。发挥地方政府作用，推动建立两省一市网络与信息安全管理长效联动机制，形成三位一体的网络与信息安全保障能力。调动互联网协会、行业协会等社会中介组织的积极性，强化区域内行业自律和社会监督，防范违法和不良信息传播。继续从市场监管、技术支撑和行业自律等方面，加强网络与信息安全管理。

提高区域应急通信保障协同作战能力。强化区域内应急通信管理机构协调配合，构建应急通信指挥联动机制。完善长三角地区应急通信联合保障预案，整合地区应急通信资源，促进企业间应急通信保障队伍协同作战，发挥区域整体优势。进一步加强专用通信管理，提高服务和保障能力，确保完成重要通信任务。

**（六）加强人才队伍建设**

提升人才素质。依托重大专项和重点工程，建立和完善产学研合作的人才培养模式。推动提高企事业单位培训经费提取比例，建立继续教育和在职培训机制。推进信息技术专业人才培训工作，完善人才引进和培养机制、科技创新激励机制，提高专业技术人才自主创新和参与科研成果产业化的积极性和主动性，加快创新型人才培养。

加强人才交流。探索建立人才工作协调机制，适时开展区域内通信专业技术人才工作经验交流，创新监管方式和监管手段。适应业务发展要求，增强监管能力建设，培养复合型通信人才。构建对外合作交流平台，积极组织参加国际交流活动。

## 六、规划实施

规划实施要坚持发挥市场机制配置资源的基础性作用，坚持政府和市场分工协同、相互配合的基本原则。在工业和信息化部及上海市、江苏省和浙江省政府指导下，由上海市、江苏省和浙江省通信行业主管部门负责协调相关部门和电信企业共同实施，组织对本规划实施情况进行中期评估，并根据评估情况调整目标和任务，优化政策保障措施。

# 北京地区电子公告服务审批管理办法

北京市通信管理局

一、申办 BBS 业务的网站应具备的条件：

（一）具备《中华人民共和国电信条例》第十三条、《互联网信息服务管理办法》有关规定及《互联网电子公告服务管理规定》第六条的条件。

（二）网站须具备独立的服务器和独立的 IP 地址。

（三）网站的接入服务提供者应当能为其记录上网用户的上网时间、用户账号、互联网地址或者域名、主叫电话号码等信息，并将记录信息保存 60 日。

（四）申请开办 BBS 的单位必须同时建立下述各项制度：

1. 栏目明确制度。网站在提出 BBS 专项申请时，应明确列出拟开办的 BBS 的各具体栏目和类别，如时事论坛、网民聊天室、文化艺术类留言板、IT 行业布告板、新闻跟帖等，所有申请开办的项目应逐项列出。网站开办 BBS 时应严格按批准的栏目进行，不得超越范围随意开设。

2. 版主负责制度。网站开办 BBS 时应有相应人员对 BBS 实施有效管理。获准开展 BBS 的网站必须对获得批准的各个 BBS 栏目指定专职人员充当版主，每个栏目不得少于一个专职版主，并实行版主责任制。版主负责监管该栏目的信息内容，除采取必要的技术手段外，应对登载的信息负有人工过滤、筛选和监控的责任。一旦发现 BBS 的栏目中有违规内容，将追究网站和该栏目版主的责任并予以处理。

3. 用户登记制度。提供 BBS 的网站应要求上网用户使用 BBS 前预先履行用户登记程序，填写网站提供的注册表格，提供真实、准确、最新的个人信息（包括姓名、电话、身份证号）。注册表格由网站妥善保存并不得随意泄露，用户注册后方可使用该网站提供的所有 BBS 栏目和相关服务。一旦发现用户违反规定或提供虚假信息，网站有权暂停或中止该用户使用本网站包括 BBS 在内的所有或部分服务。

4. 规则张贴制度。

（1）严格要求开办 BBS 的网站在留言板、论坛、聊天室、跟帖等 BBS 网页的显著位置张贴 ICP 经营许可证号或备案号。点击经营许可证号或备案号，应弹出该许可证或备案表的清晰可认的扫描图片。

（2）上网使用者点击 BBS 某一栏目时，应首先弹出载有电子公告服务规则的页面，该页面内容旨在对使用者的行为作出符合法律规章和政府要求的警示和限定，其中包括 2000 年 12 月 28 日第九届全国人大常委会第十九次会议通过的《全国人民代表大会常务委员会关于维护互联网安全的决定》有关条款。

（五）安全保障制度。开展 BBS 的网站，对 BBS 用户发出的信息应预先进行软件自动过滤和人工过滤。

（六）网站从事新闻、出版、教育、医疗保健、药品和医疗器械等互联网信息服务，需经有关主管部门审核同意。对未提供有关主管部门前置审批批准材料的网站，将不允许开办涉及上述内容的 BBS 栏目。

二、被批准开办 BBS 栏目的网站，要确保各项制度的落实。对此，我局将采用不同手段，不定期检查，发现违规或不符合条件的网站将取消其开设 BBS 栏目的许可。

三、已取得 ICP 经营许可证或已办理备案登记的网站希望开设 BBS 栏目的，须补办 BBS 的增项手续。办理程序同 ICP 的申办程序。对被批准增加 BBS 栏目的 ICP，北京市通信管理局将为其换发新的 ICP 经营许可证。

# 关于进一步规范上海通信建设领域招投标工作的通知

上海市通信管理局

为了落实工信部2012年通信工程建设领域突出问题专项检查工作组提出的要求，进一步规范上海通信工程建设领域招投标工作，严格按照法律法规开展招投标工作，把上海通信领域的招投标工作做得更好，特通知如下：

## 一、关于招标方式

**(一) 达到依法必须公开招标项目**

《工程建设项目招标范围和规模标准规定》（国家计委3号令）：

**第七条** 本规定第二条至第六条规定范围的各类工程建设项目，包括项目的勘察、设计、施工、监理以及与工程建设有关的重要设备、材料等的采购，达到下列标准之一的：

(1) 施工单项合同估算价在200万元人民币以上；

(2) 重要设备、材料等货物的采购，单项合同估算价在100万元人民币以上；

(3) 勘察、设计、监理等服务的采购，单项合同估算价在50万元人民币以上；

(4) 单项合同估算价低于第（1）、（2）、（3）项规定的标准，但项目总投资额在3000万元人民币以上。

应严格按照招投标相关法律法规执行公开招标，由通信管理局招标投标管理办公室监管、备案，投标时间最短不得少于20天。

**(二) 未达到依法必须公开招标的项目**

对未达到依法必须公开招标的项目建议最大程度参照招投标流程进行操作，由通信管理局招标投标管理办公室加强监管、备案，体现“公开、公平、公正”原则，具体建议如下：

## 二、采用邀请招标方式

**(一) 符合上述依法必须公开招标的项目，但有下列特殊情况的**

(1) 项目技术复杂或有特殊要求，只有少量潜在投标人可供选择的；

(2) 受自然地域环境限制的；

(3) 涉及国家安全、国家秘密或者抢险救灾，适宜招标但不宜公开招标的；

(4) 法律、法规规定不宜公开招标的。

采用邀请招标方式应由建设单位提出申请，经通信管理局招投标管理办公室批准，参照公开招标流程进行，投标时间最短不得少于20天。

未达到依法必须招标标准的项目，招标人应当给投标人编制投标文件所需要的合理时间，最短不得少于 10 天，并需所有投标人同意并确认。

**（二）采用其他非招标如“工程服务供方比选”方式**

由招标公司出具相关管理办法及操作细则，合理安排编制应答文件的时间，不得少于 5 天，收费标准参照招标收费标准（计价格 1980 号文）。

## 三、招标投标中的问题处理

若在招标投标过程中发现严重违规现象，由招标投标管理办公室上报至通信管理局，并将资料封存。通管局根据约谈相关企业和调查结果进行依法严肃处理。

## 四、本通知若与国家新的法律法规不一致时，应按国家新颁发的法律法规执行

# 天津市无线电管理条例

（由天津市第十五届人民代表大会常务委员会第三十七次会议于2012年12月24日通过，现予公布，自2013年3月1日起施行）

## 第一章　总则

**第一条**　为了加强无线电管理，有效利用和保护无线电频谱资源，维护无线电波秩序，促进和服务本市经济社会发展，依据《中华人民共和国无线电管理条例》及有关法律、法规规定，结合本市实际情况，制定本条例。

**第二条**　在本市设置、使用无线电台（站），研制、生产、进口、销售、维修和改装无线电发射设备以及使用辐射无线电波的非无线电设备及其管理活动，应当遵守本条例。

**第三条**　本市无线电管理应当遵循统一规划、保护资源、科学管理、服务社会、促进发展、保障安全的原则。

**第四条**　市和区、县人民政府应当加强对无线电管理工作的领导，将无线电发展列入国民经济和社会发展规划、年度计划。

市和区、县人民政府应当及时解决无线电发展中的重大问题，引导和支持无线电新技术的应用，促进无线电产业发展。

**第五条**　市经济和信息化行政管理部门主管全市无线电管理工作，市无线电管理委员会办公室负责无线电管理的日常工作。

发展改革、公安、国家安全、财政、规划、文化广播影视、质监、交通港口、海关、海事等行政管理部门应当在各自职责范围内做好无线电管理工作。

**第六条**　市和区、县人民政府对在无线电发展中做出重大贡献的单位和个人，应当按照国家有关规定给予奖励。

## 第二章　无线电频率管理

**第七条**　本市按照合理开发、有偿使用、有效利用的原则，科学管理无线电频谱资源。

**第八条**　市无线电行政主管部门应当按照国家规定的权限和程序，对无线电频率进行指配。

单位和个人需要使用无线电频率的，应当符合下列条件，并向市无线电行政主管部门提出申请：

（一）所申请使用无线电频率符合国家和本市无线电频率规划及相关管理规定；

（二）具有明确、具体的使用方案；

（三）法律、法规规定的开展有关无线电业务需要的其他条件。

**第九条**　取得无线电频率使用权的单位和个人，应当按照市无线电行政主管部门批准的范围和用途使用频率，并按照国家规定缴纳频率占用费。

频率占用费应当及时上缴国库。频率占用费的减免按照国家规定执行。

**第十条**　禁止任何单位或者个人从事下列行为：

（一）未经批准擅自使用无线电频率；

（二）未经批准擅自转让、出租或者变相出租无线电频率；

（三）未经批准擅自扩大无线电频率使用范围或者改变用途。

**第十一条**　市无线电行政主管部门指配无线电频率时，应当按照国家要求确定无线电频率的使用期限。使用期满仍需继续使用的，使用的单位或者个人应当在使用期届满三十日前向市无线电行政主管部门提出申请。

临时使用的无线电频率的使用期限不得超过六个月，使用期满后其使用权自行终止。

业经指配的无线电频率，除因不可抗拒原因外，超过一年不使用的或者未达到原指配要求的，由市无线电行政主管部门取消其无线电频率使用权。

**第十二条**　对无线电频率用于非经营性业务的，市无线电行政主管部门根据审批权限，可以直接指配；对用于经营性业务的无线电频率，可以依法采用招标、拍卖等方式进行分配。

**第十三条**　有下列情形之一的，市无线电行政主管部门可以依照法定权限和程序，调整或者提前收回已指配的无线电频率：

（一）国家修改无线电频率划分或者规划的；

（二）因国家安全或者公共利益需要调整无线电频率的；

（三）法律、法规规定的其他情形。

因调整、提前收回无线电频率，给使用无线电频率的单位或者个人造成财产损失的，应当依法给予补偿。

## 第三章　无线电台（站）的设置和使用

**第十四条**　单位或者个人需要设置、使用无线电台（站）的，应当符合国家规定的相关条件，并向市无线电行政主管部门提出书面申请。

市无线电行政主管部门对符合国家规定条件的，应当批准并颁发无线电台执照；对不符合条件的，应当书面告知有关单位或者个人，并说明理由。

设置使用卫星地球站、微波接力通信台站、雷达等无线电台（站），还需按照国家规定，经检测合格后方可颁发无线电台执照。

**第十五条**　设置、使用下列无线电台（站）不需要申领无线电台执照：

（一）公众移动通信系统的终端设备；

（二）微功率短距离无线电发射设备；

（三）国家规定不需要申领无线电台执照的其他无线电台（站）。

**第十六条**　经批准设置的无线电台（站）投入使用后，需要变更核定项目的，应当向原审批部门申请办理变更手续，经审查批准后重新核发无线电台执照。

**第十七条**　无线电台（站）停用、报废或者依法被撤销的，市无线电行政主管部门应当及时注销无线电台执照，使用的单位或者个人应当采取措施终止无线电台（站）和相关设备的使用。

**第十八条**　在船舶、机车、航空器上设置、使用制式无线电台（站）的，按照国家有关规定领取无线电台执照后，应当向市无线电行政主管部门备案。

受国家无线电管理机构委托颁发无线电台执照的本市有关部门，应当定期将执照颁发情况和有关资料通报市无线电行政主管部门。

**第十九条**　无线电台执照的有效期不超过三年，临时无线电台（站）的执照的有效期不超过六个月。无线电台执照有效期满后仍需继续使用无线电台（站）的，应当在期满三十日前向市无线电行政主管部门申请办理延期手续。

无线电台执照的有效期满前停用无线电台（站）的，应当交回无线电台执照。

无线电台执照有效期满，电台执照即行失效。原持照者应当立即停止使用其无线电台（站）。

**第二十条**　禁止涂改、倒卖、出租、出借无线电台执照。

**第二十一条**　设置业余无线电台（站），应当按照国家有关业余无线电台（站）管理的规定，向市无线电行政主管部门办理审批手续。

**第二十二条**　无线电台（站）使用的呼号由市无线电行政主管部门根据国家规定的权限进行指配。其他单位和个人不得擅自使用无线电台（站）呼号。

**第二十三条**　位于城乡规划区内固定设置、使用的无线电台（站）的建设布局和选址，应当符合城乡规划、土地利用总体规划，服从规划管理。

规划行政主管部门应当统一安排，保证固定无线电台（站）和无线电监测设施必要的工作环境。

**第二十四条**　遇有危及国家安全和人民生命财产安全等紧急情况时，可以临时动用未经批准设置使用的无线电设备，但是应当及时报告市无线电行政主管部门。紧急情况解除后，应当立即停止该无线电设备的使用。

## 第四章　无线电发射设备管理

**第二十五条**　生产、进口、销售无线电发射设备，应当经具有资质的检测机构检测合格，并取得国家无线电管理机构核发的无线电发射设备型号核准证。

**第二十六条**　本市生产的无线电发射设备，其有关频率、频段、功率等技术指标应当符合国家有关无线电管理的规定，并向市无线电行政主管部门备案。

**第二十七条**　研制无线电发射设备的单位或者个人，其所需要的工作频率、频段、功率等技术指标应当符合国家有关无线电管理的规定，并向市无线电行政主管部门提交申请，由市无线电行政主管部门报国家无线电管理机构核准。

**第二十八条**　进口具有型号核准证的无线电发射设备（含成套散件），应当报市无线电行政主管部门备案。

进口未取得型号核准证的专用无线电发射设备（含成套散件），其工作频率、频段和有关技术指标应当符合国家有关无线电管理的规定，并报市无线电行政主管部门核准。

**第二十九条**　维修、改装无线电发射设备，不得擅自改变无线电发射设备型号核准证或者无线电台执照载明的技术参数。

**第三十条**　禁止擅自更改微功率无线电发射设备的使用频率、加装射频功率放大器、外接天线或者改用其他发射天线。

## 第五章　无线电安全

**第三十一条**　因国家安全、重大任务或者突发事件，需要实施无线电管制的，依照国家有关规定执行。

实行无线电管制时，管制区域内设有无线电发射设备和其他辐射无线电波设备的单位和个人，应当遵守有关管制的规定。

**第三十二条**　任何单位或者个人使用无线电发射设备和其他辐射无线电波设备时，不得对航空导航、高速铁路、救灾和抢险救援等涉及公共安全和人民生命财产安全的无线电频率产生有害干扰。

**第三十三条**　本市对下列重点无线电台（站）的电磁环境实行重点保护：

（一）民用航空地面无线电导航台（站）；

（二）水上、港口交通管理调度台（站）；

（三）高速铁路指挥控制台（站）；

（四）无线电监测台（站）；

（五）列入重点保护的其他无线电台（站）。

市无线电行政主管部门应当根据国家有关规定划定重点无线电台（站）的保护区域，并制定保护措施，经市人民政府批准后实施。

**第三十四条**　禁止任何单位和个人在重点无线电台（站）保护区域内从事下列影响无线电波传输的行为：

（一）设置、使用产生有害电磁辐射的设施；

（二）新建架空高压输电线、铁路、电力排灌站或者存放金属堆积物的场（库）；

（三）其他影响电磁环境的行为。

**第三十五条**　市有关部门在审批民航、电力、航运、公路、铁路等涉及电磁环境保护、电磁辐射的重大建设项目时，应当就其选址方案征求市无线电行政主管部门的意见。

**第三十六条**　使用无线电台（站），应当严格遵守国家有关规定，禁止使用无线电台（站）发送、接收与其台（站）用途无关的信息、图像、语音等信号；禁止利用无线电设备接收和传播违法信息。

**第三十七条**　产生无线电辐射的工程设施的建设选址，应当符合电磁辐射环境保护法律、法规规定。

产生无线电辐射的工程设施，可能对无线电台（站）造成有害干扰的，其选址定点应当由市城乡规划行政主管部门和环保部门与市无线电行政主管部门协商确定。

**第三十八条**　设置、使用公众移动通信干扰、屏蔽器材，应当符合国家有关规定。

禁止擅自销售、设置、使用公众移动通信干扰、屏蔽器材。

**第三十九条**　鼓励业余无线电爱好者组织在发生重大自然灾害等紧急情况时，组织和动员业余无线电爱好者提供应急通信服务。

## 第六章　无线电监测与监督检查

**第四十条**　市无线电行政主管部门依法进行监督检查时，可以进入相关场所进行现场调查、取证，询问当事人和有关人员。有关单位和个人应当予以配合，不得拒绝、干扰和妨碍行政执法人员依法执行公务。

**第四十一条**　市无线电行政主管部门对在用无线电台（站）的核定项目，应当定期进行检查或者抽查。

对发现不符合核定项目的无线电台（站），由市无线电行政主管部门责令使用的单位或者个人限期整改。

**第四十二条**　市无线电行政主管部门有权使用应急技术手段制止下列违法行为：

（一）非法使用无线电频率；

（二）释放有害无线电干扰信号；

（三）利用无线电设备从事非法活动。

**第四十三条** 市无线电监测站依照国家规定负责本市无线电波监测工作，测定无线电设备的主要技术指标，检测非无线电设备的电磁辐射。其他单位或者个人不得从事无线电波监测工作，法律、法规另有规定的除外。

**第四十四条** 本市建立健全无线电管理投诉、举报制度。市无线电行政主管部门应当公布投诉、举报电话或者信箱、电子邮箱。

市无线电行政主管部门在接到投诉、举报后，应当在三个工作日内决定是否受理，对决定受理的及时组织调查并在十个工作日内将处理情况告知投诉、举报人；对不予受理的应当说明理由。

## 第七章 法律责任

**第四十五条** 违反本条例规定，使用无线电发射设备和其他辐射无线电波设备，对航空导航、高速铁路、救灾和抢险救援等涉及公共安全和人民生命财产安全的无线电频率产生有害干扰的，由市无线电行政主管部门责令有关单位或者个人立即停止有关设备的使用；拒不停止使用的，由市无线电行政主管部门查封设备；情节严重的，没收设备，可并处二万元以上十万元以下罚款。

**第四十六条** 违反本条例规定，单位或者个人在重点无线电台（站）保护区域内设置使用产生电磁辐射的设施或者从事其他影响电磁环境的行为的，由市无线电行政主管部门责令改正；情节严重的，处二万元以上十万元以下罚款。

**第四十七条** 违反本条例规定，销售没有无线电发射设备型号核准证的无线电发射设备，维修、改装无线电发射设备时擅自改变无线电发射设备技术参数的，由市无线电行政主管部门责令改正；拒不改正的，处二千元以上一万元以下罚款。

**第四十八条** 违反本条例规定，有下列情形之一的，由市无线电行政主管部门责令限期改正；逾期不改正的，处一千元以上五千元以下罚款；情节严重的，处五千元以上二万元以下罚款：

（一）擅自使用无线电台（站）呼号的；

（二）擅自使用无线电频率的；

（三）注销无线电台执照后继续使用无线电设备的；

（四）涂改、倒卖、出租、出借无线电台执照的。

**第四十九条** 违反本条例规定，利用无线电设备接收和传播违法信息，由市无线电行政主管部门查封设备，处一千元以上五千元以下罚款；情节严重的，没收违法设备，并处五千元以上二万元以下罚款。

**第五十条** 无线电行政主管部门及其工作人员在无线电监督管理中滥用职权、玩忽职守、徇私舞弊的，对主管人员和其他责任人员依法给予处分；构成犯罪的，依法追究刑事责任。

## 第八章 附则

**第五十一条** 本条例自 2013 年 3 月 1 日起施行。市人民政府 2003 年 10 月 22 日公布、2004 年 6 月 29 日修订公布的《天津市无线电管理办法》同时废止。

# 广东省通信管理局增值电信业务经营许可实施办法

广东省通信管理局

**第一条** 为了规范广东省（以下简称本省）电信业务经营许可的实施，细化相关许可流程，确保许可机关实施行政许可的公开透明，加强对获得经营许可的电信业务经营者的监管，根据《中华人民共和国行政许可法》、《中华人民共和国电信条例》、《电信业务经营许可管理办法》、《工业和信息化部行政许可实施办法》等法律、法规和规章并结合我省实际，制定本办法。

**第二条** 在本省境内申请、审批、管理电信业务经营许可证，适用本办法。

在本省境内从事电信业务经营活动的电信业务经营者，应遵守本办法的规定。

广东省通信管理局（以下简称省通信管理局）负责本办法的实施和解释工作。

**第三条** 出现下列情形之一的，其许可申请不予受理，并依法告知申请人：

（一）不需要取得行政许可或者备案的。

（二）受理前发现隐瞒有关情况或提供虚假材料的；或者因隐瞒有关情况或提供虚假材料申请电信业务经营许可而受到电信管理机构警告，申请人在一年内再次申请该行政许可的。

（三）以欺骗、贿赂等不正当手段取得电信业务经营许可被电信管理机构撤销并被行政处罚的，同一申请人在三年内提出该许可申请的。

（四）申请事项依法不属于我局职权范围的。

**第四条** 出现下列情形之一的，不予许可：

（一）经实质审查不符合法律、法规、规章规定的；

（二）申请的业务属于法律、行政法规禁止的；

（三）受理后发现隐瞒有关情况或提供虚假材料的。

**第五条** 本办法所称不予许可适用于以下情形：

（一）申请增值电信业务经营许可证的；

（二）持基础或跨区增值电信业务经营许可证向我局备案的；

（三）向省通信管理局申请新业务、商用试验业务的。

**第六条** 出现下列情形之一的，注销经营许可证：

（一）有效期届满未提出续证申请的；

（二）被工商行政管理机构依法注销或者吊销企业法人营业执照的、企业法人被其他有关机构依法终止的或者企业法人自行解散的；

（三）因不可抗力导致行政许可事项无法实施的；

（四）行政许可被依法撤销、撤回或者行政许可证被依法吊销的。

**第七条** 违反《电信条例》第五十七、第五十八和第五十九条禁止性规定，情节严重的，按下列方式处理：

（一）属于省通信管理局颁发的增值电信业务经营许可证或核准的批文，一经查实，省通信管理局吊销增值电信业务经营许可证或者废止批文；

（二）持跨区增值电信业务经营许可证在本省备案的，省通信管理局撤销备案。

**第八条** 省通信管理局建立电信业务经营者违法行为记录档案，对有违法行政记录的企业实施重点监管，加强日常检查、诫勉谈话。

**第九条** 省通信管理局将增值电信业务经营者的违法行为记录通报给基础电信业务经营者。基础电信业务经营者在给增值电信业务经营者提供网络接入、代收费和业务合作时，应重点考虑电信管理机构公示的有关违法行为记录。

**第十条** 年检情况应当记录在经营许可证的附页上，按时参加年检并符合年检规定的（资料齐全且真实），记录“年检合格”；未按规定参加年检或者年检不符合规定的（资料不全或者不真实的）经整改符合要求的，记录“经整改年检合格”；拒不改正的，记录“年检不合格”。

**第十一条** 省通信管理局应当逐步建立增值电信企业的信用记录制度。

增值电信企业的信用记录和违法行为记录应当作为省通信管理局实施行政许可的重要参考依据。

**第十二条** 省通信管理局不定期地组织对辖区内的电信业务经营者进行现场检查，对其经营行为、客户服务、产品质量等进行检查，督促企业依法经营，发现问题及时处理。

**第十三条** 省通信管理局应实施在颁发增值电信业务经营许可证之前的谈话制度，向申请人宣讲相关法律法规及监管政策。

**第十四条** 对于违法违规情节轻微的行为，可对法定代表人或者经法定代表人授权的公司管理人员实施诫勉谈话，并予以书面记录。

经诫勉谈话后仍出现同样违法行为的，省通信管理局应当依法予以处罚。

**第十五条** 颁发新的经营许可证之前，省通信管理局可以对申请人进行实地检查，不符合条件的或者申请资料与实地检查不符的，应当作出不予行政许可决定。

**第十六条** 任何组织或者个人不得以转让经营许可证为目的申请股东变更。

申请股东变更的，应当提交相应的开展正常业务的证明材料，如接入协议、与用户之间的协议、发票、业务受理单等。

**第十七条** 省通信管理局颁发的电信业务经营许可证包括增值电信业务经营许可证、跨地区增值电信业务经营许可证备案书、试点业务的批文等类型。

**第十八条** 前条所称电信业务经营许可证包含电信业务经营许可证使用规定、经营者权利和义务、特别规定事项、年检和违法情况记录表等四个附件。

跨地区增值电信业务经营许可证备案书包括跨地区增值电信业务经营许可证备案表和特别规定事项。

试点业务的批文是指通信管理局以局文的形式发布的批复、通知、决定等。

**第十九条** 省通信管理局可以将电信业务经营者应当接受、配合监督管理的要求写入电信业务经营许可证的特别规定事项中，获得电信业务经营许可证的电信业务经营者应当遵守。

**第二十条** 本办法自发布之日起施行。

# 河北省电信网间通信障碍处理工作制度（试行）

冀通信〔2006〕1号

为保证我省电信网通信畅通，促进电信网间通信障碍处理工作制度化、规范化，维护电信用户与电信运营企业的合法权益，根据《中华人民共和国电信条例》、《国务院办公厅转发信息产业部等部门〈关于进一步加强电信市场监管工作的意见〉的通知》、最高人民法院《关于审理破坏公用电信设施刑事案件具体应用法律若干问题的解释》、《公用电信网间互联管理规定》、《电信服务规范》、《电信运营业重大事故报告规定（试行）》、《关于配合开展基础电信运营企业干部考核与管理工作的实施办法（试行）》、《关于加强依法治理电信市场的若干规定》、《公用电信网间通信质量监督管理办法》以及《河北省公用电信网间互联互通工作管理办法》、《河北省电信市场秩序管理考核暂行办法》等相关规定，结合我省电信网间通信障碍处理的工作实际，制定本制度。

## 一、组织领导机构及工作要求

（一）成立“河北省电信网间通信障碍处理协调小组”（简称“协调小组”，名单见附件一），[①] 负责全省电信网间通信障碍处理工作的协调。

（二）成立“河北省电信网间通信质量监督测试小组”（简称“测试小组”，名单见附件二），[②] 负责全省电信网间通信质量的监督测试工作。

测试小组依据信息产业部《网间通信障碍申告转办单》、企业提交的《网间通信障碍申告单》以及部、省电信用户申诉受理中心对网间通信质量投诉等情况，按照《公用电信网间通信质量监督管理办法》等有关规定，决定测试的内容和方法。

具体测试工作的启动和组织由省局根据实际情况来确定。测试工作实行回避原则，省局抽调2~3名测试组成员组成工作组，配备相应RTU等设备赴指定本地网进行测试。

测试结果由工作组向省局书面报告，省局按照有关规定对测试结果做最后认定，判定障碍责任，并依据相关法律、法规对相关责任企业和个人提出行政处理意见和建议。

（三）基础电信运营商应明确省、市两级网间通信质量管理的责任人和联络人，并设立省、市两级24小时网间通信障碍申告电话、传真电话（以下简称“专用联系方式”），保证网间通信障碍排除工作沟通渠道的畅通。县级区域的网间通信管理职能，由其所属市公司代为行使。

责任人是指负责公用电信网间通信质量管理的省、市公司主管领导及省公司主管部门负责人。主要职责是对本企业反映或者其他企业申告的网间通信障碍，予以沟通、协调、指挥、调度，在网间通信障碍处理过程中发挥领导作用。

联络人是指负责公用电信网间通信质量管理的工作人员。主要职责是对本企业反映或者其他企业申告的网间通信障碍，与对方同级机构联络人实时沟通、协调，及时排除网间通信障碍。网间通

---

①② 附件未摘录，请自行查阅。

信障碍未及时排除的，向本企业同级机构责任人及时报告。

各省公司将本部及所属市分公司的责任人、联络人的姓名、专用联系方式报省局备案。

互联双方同级机构应相互书面通报本方责任人、联络人名单及专用联系方式。

若上述信息发生变化，变更的信息应在 24 小时内以传真方式向相关基础电信运营商通报，并在 10 日内向省局备案。

## 二、网间通信障碍处理

（一）网间通信障碍的反映渠道及障碍分类。

网间通信障碍的反映渠道：企业申告；经电信监管部门测试系统测试、省测试小组测试；用户申诉等。

网间通信障碍按照《公用电信网间通信质量监督管理办法》进行分类。

（二）网间通信障碍处理应遵循的原则。

1. 遇有网间通信障碍（不包括严重障碍、事故、重大事故），应采用科学的测试手段，首先判断网间通信障碍的障碍段落是在本网还是在他网。在确认障碍段落非本网后，再向互联另一方市公司通告。

市级沟通和协调网间通信障碍不能得到及时排除的，应及时向本企业省公司报告，再由省公司间协调解决。在规定的时限内经省公司协调仍不能排除的，可由省公司向省局申告。

2. 遇有网间严重障碍、事故、重大事故，互联双方应采取有效措施迅速排除障碍，并做好相关记录；同时要求省、市公司主要领导参与指挥排障；遇有重大事故（或网间通信中断）排障困难时，应本着先抢通后排障的原则进行处理。

3. 公用电信网间通信质量不符合《公用电信网间通信质量技术要求》规定，且未达到 A 类障碍严重程度的，各市、省公司应相互配合，协同处理，并可视情况比照 A 类障碍向省局提出申告。

4. 网间通信障碍排除与否应遵循障碍双方共同确认原则。除非受理方可提供障碍已排除的相关证据，网间通信障碍是否排除以障碍反映方的测试信息为准。

（三）网间通信障碍处理流程及具体要求。

网间通信障碍处理应严格按照《河北省公用电信网间通信障碍处理工作流程图》（附件三）① 规定的步骤进行。

1. 市公司发现网间通信障碍或接到有关障碍反映，应首先判定是否属严重障碍、事故或重大事故。

（1）若属于严重障碍、事故或重大事故，相关企业应立即与对方沟通，采取有效措施排除障碍。在排障遇到困难时，应本着先抢通后排障的原则立即恢复通信。

为理顺障碍双方协同排障工作关系，明确双方沟通、配合和联合排障的责任，提高排障及时率，遇有严重障碍、事故或重大事故，障碍发现方市公司填写《电信网间通信障碍通报单》（附件四），② 利用专用联系方式传真到互联另一方市公司，并确认对方是否收到；互联另一方应积极与对方配合处理，并做好相关记录。若障碍已得到排除，受理方填写《电信网间通信障碍消除报告单》（附件五），③ 利用专用联系方式传真至反映方，并确认对方是否收到。反映方在收到受理方传真的《电信网间通信障碍消除报告单》后，及时确认障碍消除情况，并在《电信网间通信障碍消除报告单》上填写相应内容，利用专用联系方式传真回复受理方，确认对方是否收到。

相关省公司应按照《公用电信网间互联管理规定》、《电信运营业重大事故报告规定（试行）》等要求的时限、程序、内容向省局报告，同时将《电信网间通信障碍简要书面报告表》（附件六）④ 和

①②③④ 附件未摘录，请自行查阅。

《电信网间通信障碍专题书面报告表》(附件七)[①] 抄送相关电信运营商。

(2) 若不属于严重障碍、事故或重大事故，障碍发现方先排查障碍是否属本网原因，并按照以下要求进行处理。

2. 检查网间通信障碍是否属于本网原因。

(1) 对属于本网障碍应采取有效措施处理，在障碍消除后分析障碍原因，做好相关记录并制定防范措施。

(2) 对不属于本网原因的障碍，障碍发现方填写《电信网间通信障碍通报单》，利用专用联系方式传真到互联另一方市公司，并确认对方是否收到。

受理方在收到障碍反映方传真的《电信网间通信障碍通报单》后一个小时内，在《电信网间通信障碍通报单》上填写相应内容，利用专用联系方式传真到反映方，并确认对方是否收到。

互联双方应积极沟通、密切配合，及时采取有效措施排除网间通信障碍，恢复网间通信。互联双方要对网间通信障碍处理中沟通、协调等工作情况简要记录。

3. 经市级公司沟通、协调处理，障碍是否得以排除。

(1) 若障碍已得到排除，受理方填写《电信网间通信障碍消除报告单》，利用专用联系方式传真至反映方，并确认对方是否收到。反映方在收到受理方传真的《电信网间通信障碍消除报告单》后，在2小时内确认障碍消除情况，并在《电信网间通信障碍消除报告单》上填写相应内容，利用专用联系方式传真回复受理方，确认对方是否收到。

经双方确认网间通信障碍排除后，障碍双方要妥善保存以下资料：用户申诉记录或企业申告材料（书面材料、电话记录及电话录音等）；网间通信障碍的测试记录（测试记录及相关信令流程记录等）；与对方的沟通协调记录等资料，并保证相关资料的真实、准确。资料保存期至少为一年。障碍方（责任方）要分析障碍产生原因，做好相应记录，并制定防范措施。

(2) 经市级公司间沟通和协调未及时排除的障碍，应向省公司报告，由省公司间进一步协调处理。

省公司间处理过程及要求按照市公司间处理过程及要求执行。

4. 经省公司协调、处理后，是否在规定时限内排除障碍。

(1) 若经省级公司协调，障碍在规定时间内得到排除，双方省公司按照3-(1) 流程执行。

(2) 网间通信障碍虽经省级公司协调，仍未在规定时限内解决的，任一方省公司可向省局提交《网间通信障碍申告单》(附件八)[②] 及相关证据。

5. 省局接到《网间通信障碍申告单》后，在规定时限内进行调查取证，并核查网间通信障碍是否在省局测试取证期间得到排除。

(1) 若省公司向省局提交《网间通信障碍申告单》后，在省局调查取证期间网间通信障碍消失或排除，则省级公司应立即向省局报告。双方省公司按照3-(1) 流程执行。

(2) 若网间通信障碍在省局进行调查取证期间仍未消除，省局下发《网间通信障碍责任判定书》(附件九)[③] 以及《河北省通信管理局督查事项通知单》(附件十)[④]，责令责任方限期解决，并根据责任方在督办时限内解决障碍的情况，省局依照有关规定对其做进一步处理。

6. 网间通信障碍是否在《河北省通信管理局督查事项通知单》中要求的时限内得以排除。

(1) 网间通信障碍在省局下发《河北省通信管理局督查事项通知单》的督办时限内得以排除的，省局依据有关规定做出处理。同时双方省公司按照3-(1) 流程执行。

(2) 网间通信障碍在省局下发《河北省通信管理局督查事项通知单》的督办时限内仍没有得以

---

①②③④ 附件未摘录，请自行查阅。

排除的，省局将依照有关规定对责任方从重处理。

**三、违反本制度的处理**

对于在电信网间通信障碍处理过程中发生违反本制度的行为，由省局按照有关规定进行处理。

**四、本制度自发文之日起施行，《河北省公用电信网间障碍通报与处理制度（暂行）》和《河北省网间通信质量拨测监测制度》同时废止**

# 浙江省通信管理局行政处罚程序规定

浙江省通信管理局

## 第一章　总则

**第一条**　为了规范通信行政处罚行为，明确行政执法过程中各部门的职责及相互关系，理顺行政处罚的各个环节，依法进行行政处罚，根据《中华人民共和国行政处罚法》和《通信行政处罚程序规定》（信息产业部第10号令）及相关法律、行政法规，结合本局实际情况，制定本规定。

**第二条**　公民、法人或者其他组织实施违反通信行政管理秩序的行为，依照法律、法规或规章的规定应当给予行政处罚的，按照《中华人民共和国行政处罚法》、《通信行政处罚程序规定》和本规定的程序实施。

**第三条**　实施行政处罚应当遵循公平、公开的原则。

**第四条**　政策法规处是本机关行政执法工作的监督管理部门。具体负责行政处罚案件的审查和主持听证会。

**第五条**　对案件的处理实行合议制度。

## 第二章　管辖

**第六条**　发生在浙江省行政区域内的通信违法案件，属于本机关职权范围的，由本机关依照职权管辖。

法律、法规和规章另有规定的，从其规定。

**第七条**　机关相关处室按职责分工办理行政处罚案件；两个以上处室对管辖发生争议的，报请本机关负责人指定。

**第八条**　对于本机关无管辖权的案件，经合议后移送其他行政机关管辖。

认为应由上级行政机关处理的案件，经合议后报上级机关决定。

违法行为构成犯罪的，经合议后移送司法机关管辖。

## 第三章　行政处罚的决定

**第九条**　执法人员依法进行调查、检查或者当场作出行政处罚决定时，不得少于两人，同时应当向当事人或者有关人员出示行政执法证件。

**第十条**　当事人进行口头陈述和申辩的，执法人员应当制作笔录。对当事人提出的事实、理由和证据应当进行复核，经复核能够成立的，应当采纳。

**第十一条** 经当事人口头或者书面申请，执法人员、听证主持人有下列情形之一的，应当回避：

（一）是本案当事人或者委托代理人的近亲属；

（二）与本案有利害关系的；

（三）与本案当事人有其他关系，可能影响对案件公平处理的。

**第十二条** 当事人提出回避申请，应当说明理由。执法人员、听证主持人应当将当事人的回避申请报告本处室负责人，由本处室负责人决定是否回避；处室负责人是否回避，由本机关负责人决定。

## 第一节 简易程序

**第十三条** 违法事实确凿并有法定依据，对公民处以 50 元以下、对法人或其他组织处以 1000 元以下罚款或者警告的行政处罚的，可以当场作出处罚决定。

**第十四条** 执法人员当场作出行政处罚决定的，应当填写统一编号的《行政处罚（当场）决定书》，当场交付当事人，并告知当事人如不服行政处罚决定，可以依法申请行政复议或者提起行政诉讼。

**第十五条** 执法人员应当自作出行政处罚（当场）决定之日起 3 日内向所属处室及政策法规处报告并备案。

## 第二节 一般程序

**第十六条** 实施通信行政处罚，除适用简易程序外，应当适用一般程序。

**第十七条** 除依法可以当场决定行政处罚外，执法人员发现公民、法人或者其他组织有违法行为依法应当给予通信行政处罚的，应当填写《行政处罚立案呈批表》报本机关负责人批准。

**第十八条** 符合下列条件的，应当在 7 日内立案：

（一）有违法行为发生；

（二）违法行为依照法律、法规和规章应受通信行政处罚；

（三）属于本机关管辖。

**第十九条** 承办处室负责人应当在立案之日起的五个工作日内指定两名以上执法人员，对案件进行全面、客观、公正的调查，收集证据；必要时依照法律、法规和规章的规定，可以进行检查。

证据包括书证、物证、证人证言、当事人陈述、视听资料和计算机数据、鉴定结论、勘验笔录和现场笔录等。证据必须查证属实，才能作为认定事实的依据。

**第二十条** 执法人员在调查案件时询问证人或当事人（以下统称被询问人），应当制作《询问笔录》。笔录经被询问人阅核后，由询问人和被询问人签名或盖章。

**第二十一条** 执法人员为调查案件需要，有权依法进行现场勘验，对重要的书证，有权进行复制。

执法人员对与案件有关的物品或者场所进行勘验检查时，应当通知当事人到场，制作《勘验检查笔录》，当事人拒不到场的，可以请在场的其他人作证。

**第二十二条** 在调查案件时，对专门性问题，交由法定鉴定部门进行鉴定；没有法定鉴定部门的，应当提交公认的鉴定机构进行鉴定。

**第二十三条** 执法人员收集证据时，可以采用抽样取证的方法。在证据可能灭失或者以后难以取得的情况下，经本机关负责人批准，可以先行登记保存。

对证据进行抽样或者登记保存，应当有当事人在场。当事人不在场或者拒绝到场的，执法人员可以请有关人员到场见证并注明。

对抽样取证或者登记保存的物品，应当制作《抽样取证凭证》或《证据登记保存清单》。

**第二十四条**　对先行登记保存的证据，应当在 7 日内作出下列处理决定：

（一）需要进行技术检验或者鉴定的，送交检验或者鉴定；

（二）依法不需要暂扣的物品，解除登记保存退还当事人；

（三）依法应当移交有关部门处理的，移交有关部门。

**第二十五条**　执法人员在调查结束后，认为案件基本事实清楚，主要证据充分，应当制作《案件处理意见报告》，由承办处室、政策法规处负责人及分管局领导签署意见后，政策法规处提交行政处罚合议组会议。

**第二十六条**　对于应当给予行政处罚的，由承办处室制作《行政处罚意见告知书》送达当事人，告知拟给予的行政处罚内容及事实、理由和依据，并告知当事人可以在收到该告知书之日起 3 日内，向本机关进行陈述和申辩，符合听证条件的，可以要求本机关按照《浙江省通信管理局行政处罚听证办法》的规定进行听证。

**第二十七条**　合议组应当及时审查有关案件调查材料、当事人陈述和申辩材料、听证会笔录和听证会报告书，根据情况分别作出予以行政处罚、不予行政处罚或者移送其他有关机关处理的决定。

**第二十八条**　作出给予行政处罚决定的，承办处室应当制作《行政处罚决定书》。行政处罚决定书应当载明下列事项：

（一）当事人的姓名或者名称、地址；

（二）违反法律、法规或者规章的事实和依据；

（三）行政处罚的种类和依据；

（四）行政处罚的履行方式和期限；

（五）不服行政处罚决定，申请行政复议或者提起行政诉讼的途径和期限；

（六）本机关的名称、印章和日期。

**第二十九条**　通信行政处罚案件应当自立案之日起 60 日内办理完毕；经本机关负责人批准可以延长，但不得超过 90 日；特殊情况下 90 日内不能办理完毕的，报工业和信息化部批准，可以延长至 180 日。

## 第四章　行政处罚决定的送达和执行

**第三十条**　行政处罚决定书应当在宣告后当场交付当事人，由当事人在送达回证上记明收到日期，签名或者盖章。当事人不在场的，应当在 7 日内依据《民事诉讼法》的有关规定，将行政处罚决定书送达当事人。

**第三十一条**　当事人拒绝接收行政处罚决定书的，送达人应当邀请第三方单位的代表到场见证，并说明情况，将行政处罚决定书留其单位或者住所，在送达回证上记明拒收事由、送达日期，由送达人、见证人签名或者盖章，即视为送达。

**第三十二条**　行政处罚决定依法作出后，当事人应当按照行政处罚决定书规定的内容、方式和期限，履行行政处罚决定。

当事人对行政处罚决定不服申请复议或者提起行政诉讼的，行政处罚不停止执行，法律另有规定的除外。

**第三十三条**　对生效的行政处罚决定，当事人逾期不履行的，本机关可以依法申请人民法院强制执行，申请执行书应当自当事人的法定起诉期限届满之日起 180 日内向人民法院提出。

对当事人作出罚款决定的，当事人到期不缴纳罚款，本机关可以依法从到期之次日起，每日按罚款数额的 3%加处罚款。

**第三十四条**　当事人确有经济困难，需要延长分期缴纳罚款的，当事人应当书面申请，经本机关批准，可以暂缓或者分期缴纳。

**第三十五条**　罚款、没收违法所得或者拍卖非法财物的款项，必须全部上缴国库，任何部门或个人不得以任何形式截留、私分或者变相私分。

**第三十六条**　行政处罚案件终结后，由承办案件的执法人员填写《行政处罚结案表》，并将全部案件材料立卷归档。

## 附则

**第三十七条**　本机关查处违法案件，应当使用统一格式的文书（格式文书由政策法规处编制）。

**第三十八条**　本规定自 2009 年 4 月 1 日起实施。《浙江省通信管理局行政处罚暂行规定》同时废止。

**第三十九条**　本规定由政策法规处负责解释。

# 重庆市申办网络托管业务规定

渝通信〔2013〕77号

**第一条** 为加强通信网络信息安全管理，适应通信信息产业发展和通信网络代维的需要，规范通信网络代维服务市场秩序，提高通信网点设施的维护质量和全网通信质量，根据《中华人民共和国电信条例》、《电信业务经营许可管理办法》和《关于进一步加强电信市场准入和年检环节信息安全专项审查的通知》（工信部保〔2009〕10号）制定本规定。

**第二条** 凡在重庆市行政区域内从事第二类基础电信业务中的网络托管业务（以下简称网络托管业务）的企业，应按规定取得《增值电信业务经营许可证》。

**第三条** 网络托管业务中的维护服务业务范围包括传输、交换、数据、基站、电源等设备以及通信光电缆、管道、通信铁塔等的维护。

**第四条** 申请经营网络托管业务的，应当符合下列条件：

（一）经营者为依法设立的公司。

（二）有与开展经营活动相适应的资金和专业人员。专业人员应持有国家认可的通信行业特有工种职业资格证书或通信工程职称证书。

（三）有为用户提供长期服务的信誉或者能力。

（四）注册资本最低限额为100万元人民币。

（五）有必要的场地、设施及技术方案，具有承担相应专业维护作业的设备、仪器、仪表及工具、车辆等。

（六）公司及其主要出资者和主要经营管理人员三年内无违反电信监督管理制度的违法记录。

（七）国家规定的其他条件。

**第五条** 申请网络托管业务的企业，应按照《电信业务经营许可管理办法》第八条的规定，向我局提交以下申请材料：

（一）公司法定代表人签署的经营增值电信业务的书面申请。内容包括：申请经营电信业务的种类、业务覆盖范围、公司名称、公司通信地址、邮政编码、联系人、联系电话、电子信箱地址等。

（二）公司的企业法人营业执照副本及复印件。

（三）公司概况。包括公司基本情况，拟从事增值电信业务的人员、场地和设施等情况。拟从事增值电信业务的人员情况包括：企业主要管理、技术负责人的任职文件、职称证书；企业工程技术人员清单，该清单中至少应包括人员姓名、身份证号码、职称情况、学历情况；企业技术工人清单，该清单中至少应包括人员姓名、身份证号码、职业资格类别、职业资格证书号码。

（四）公司最近经会计师事务所审计的企业法人年度财务会计报告或者验资报告及电信管理机构规定的其他相关会计资料。

（五）公司章程、公司股权结构及股东的有关情况。

（六）申请经营电信业务的业务发展、实施计划和技术方案。

（七）为用户提供长期服务和质量保障的措施。

（八）信息安全保障措施。申请企业应设置相应的信息安全管理组织机构，配备一定数量的具有国家职业资格证书的专职信息安全管理人员；完善企业内部信息安全管理制度。包括：信息安全管理责任制，重大信息安全事件应急处置和报告制度，信息安全管理政策和业务培训制度。

（九）证明公司信誉的有关材料。

（十）公司法定代表人签署的公司依法经营电信业务的承诺书。

**第六条** 我局对经营许可证实行年检制度。除《电信业务经营许可管理办法》规定的年检材料以外，网络托管企业还应报送企业工程技术人员和技术工人清单。

**第七条** 本规定由重庆市通信管理局负责解释。

**第八条** 本规定自发布之日起执行。

# 山西省通信管理局关于电信服务消费提醒的通告

山西省通信管理局　2013 年 8 月 23 日

为维护和保障广大电信用户合法权益，结合党的群众路线教育实践活动，山西省通信管理局再次就电信用户在信息通信消费过程中作如下提醒：

一、购买手机应选择正规厂家生产、有工业和信息化部进网许可标志的手机终端。不要购买无入网许可、无正规厂家的“山寨机”。部分“山寨机”存在一些内置的信息服务业务，操作不当可能会被视为定制相关信息服务并产生较多费用。

二、谨慎、正确使用智能手机，使用无线局域网（WLAN/WIFI）上网时，最好关闭手机 2G、3G 移动网络的上网功能。切勿盲目下载、安装各类来源不明的软件。应及时关注上网流量使用情况，避免流量远超出套餐标准而产生高额费用。

三、选择电信资费套餐时，一要详细了解套餐包含服务项目的计费原则、收费方式、资费标准、资费结构、使用条件、优惠幅度、适用时限、注意事项等。涉及多项收费叠加时，要咨询清楚该项业务资费的具体构成，做到明白消费。二是可以登录山西省通信管理局（www.sxca.gov.cn）官方网站，山西联通（www.10010.com）、山西移动（www.sx.10086.cn）、山西电信（sx.189.cn）、山西铁通（www.10050.net）公司网站查询浏览各项电信资费方案公示，做到政策清楚。三是遇到个人或公司以基础电信运营企业代理商名义上门销售电信业务时，请务必提高警惕。同时，建议消费者及时拨打基础电信运营企业客服热线查询该业务情况，并要求该代理商出具相关基础电信运营企业的授权书（合同）或发票，如果发现涉嫌诈骗行为，及时向公安机关举报。

四、有效防范垃圾短信。一是用户可通过手机端下载安装垃圾短信过滤软件，对接收到的垃圾信息应及时向工业和信息化部“12321 网络不良与垃圾信息举报受理中心（010-12321）”进行举报。二是不轻信陌生号码发送的中奖等欺诈类信息，包括回拨“一声响”电话播放的欺诈语音信息。对涉及信用卡消费的欺诈信息，应及时向信用卡开户银行的客服电话核实，千万不要与欺诈短信所提供的电话号码联系。如在日常经济活动中确需通过短信获得汇款银行账号，请务必将收到的汇款账号通过电话与收款人直接进行确认。三是登录“12321 网络不良与垃圾信息举报受理中心”网站（http：//www.12321.cn），了解掌握欺诈类短信的方式和特点。四是增强防范意识，保护好个人手机号码等信息资料。五是如不慎遭受欺诈类垃圾短信诈骗，应及时向公安部门报案。

五、使用免费试用业务应在免费试用期过后，及时查询是否被定制了此项业务。不要盲目开通电话营销业务，不要盲目参加手机有奖竞猜、有奖答题活动，不要盲目回复无资费提示的信息或网址链接。

六、用户对所使用的电信业务或收费有异议时，首先应向相关电信运营企业的客户服务电话进行咨询、投诉。如果 15 个工作日内未接到答复或对投诉处理结果不满意，可向山西省通信管理局电信用户申诉受理中心（电话 0351-12300）进行申诉。

# 吉林省公用电信网间互联互通管理办法

吉林省通信管理局　2011 年 7 月 7 日

## 第一章　总则

**第一条**　为推动我省公用电信网间互联互通工作，促进互联互通工作的规范化、制度化建设，保障公用电信网间公平、及时、合理的互联，增强电信网络资源效能的发挥，维护国家利益和电信用户的合法权益，营造良好的电信市场发展环境，根据《中华人民共和国电信条例》、《公用电信网间互联互通管理规定》、《电信网间互联争议处理办法》、《公用电信网间互联结算及中继费用分摊办法》、《公用电信网间互联互通质量监督管理办法（试行）》《电信网间争议处理办法》等相关文件，结合我省互联互通工作的实际情况，制定本办法。

**第二条**　本规定适用于吉林省内经营基础电信业务的经营者在下列电信网间的互联：

（一）固定本地电话网；

（二）国内长途电话网；

（三）国际电话网；

（四）IP 电话网；

（五）陆地蜂窝移动通信网；

（六）卫星移动通信网；

（七）互联网骨干网；

（八）信息产业部规定的其他电信网。

**第三条**　电信网之间应当按照技术可行、经济合理、公平公正、相互配合的原则实现互联。

**第四条**　吉林省通信管理局是吉林省内电信网间互联的主管部门，负责本办法在吉林省内的实施工作。各运营企业的省、市两级公司要成立相应的互联互通工作机构，结合本企业具体情况，制定互联互通工作机构的职责，负责在相应行政区域内的互联互通工作。

## 第二章　互联互通机构设置

**第五条**　吉林省公用电信网间互联互通领导机构设在吉林省通信管理局。

各运营企业的省、市公司互联互通工作机构设立同级公司，并由同级公司主要领导负责，工作人员要保持相对稳定。

各企业要将互联互通工作机构设置情况及时上报吉林省通信管理局备案。

**第六条**　吉林省互联互通领导机构的职责。

1. 宣传、贯彻、落实互联互通的有关法规、政策，研究制定我省互联互通的管理制度，加强对互联互通工作人员的培训。

2. 受理和审核互联互通的备案及协调申请，按照规定的程序和时限，监督和检查各企业间的互联互通工作；依照吉林省网间互联争议协调流程图进行争议协调，必要时邀请互联互通专家组成员进行论证，做出行政决定，并将结果报部备案。

3. 负责网间运行质量的监督和管理，汇总分析各企业上报的网间运营质量情况，掌握网间通信质量，及时督促协调相关企业对网间互联设备扩容改造，以确保网间互联畅通。

4. 公布全省各企业互联互通组织机构，定期或不定期通报全省互联互通情况。

5. 依法行政，根据相关法律、法规、规章授权规范各企业互联互通行为。

6. 完成信息产业部交办的其他工作。

**第七条**　各企业互联互通工作机构的主要职责。

1. 宣传贯彻落实部、省互联互通有关法规和规章，对本企业的互联互通问题负责。严格按照吉林省网间互联业务流程图，开展互联互通的各项工作。

2. 主导电信企业根据信息产业部指定的互联规程结合我省实际制定出相应互联互通规程及实施措施，促进网间互联互通、网间结算工作高效、有序进行。

3. 受理互联要求，协调处理企业间的互联互通、网间结算等事宜。按照有关法律、法规以及签订的协议监督其下属各分支机构互联互通工作的实施。

4. 积极配合吉林省通信管理局开展工作，加强与其他电信运营企业之间沟通与联系。

5. 负责本企业互联互通工作人员的培训工作，和相关互联互通法律法规执行情况的检查指导工作。

6. 落实通信管理局要求完成的有关互联互通临时工作。

## 第三章　电信业务经营者的互联义务

**第八条**　电信业务经营者互联工作机构应当建立正常的工作联系制度，保证电信业务经营者与电信主管部门之间以及电信业务经营者之间工作渠道的畅通。

**第九条**　主导的电信业务经营者应当根据信息产业部制定的互联规程及本办法规定制定包括网间互联的程序、时限、互联点的数量、用于网间互联的交换机局址、非捆绑网络元素提供或出租的目录及费用等内容的互联规程，并报省通信管理局备案后执行。互联规程对主导的电信业务经营者的互联互通活动具有约束力。

**第十条**　电信业务经营者不得拒绝其他电信业务经营者提出的互联要求，不得违反国家有关规定擅自限制用户选择其他电信业务经营者依法开办的电信业务。

**第十一条**　主导的电信业务经营者有义务向非主导的电信业务经营者提供与互联有关的网络功能（含网络组织、信令方式、计费方式、同步方式等）、设备配置（光端机、交换机等）的信息，以及与互联有关的管道（孔）、杆路、线缆引入口及槽道、光缆（纤）、带宽、电路等通信设施的使用信息。

非主导的电信业务经营者有义务向主导的电信业务经营者提供与互联有关的网络功能、设备配置的计划和规划信息。

双方应当对对方提供的信息保密，并不得利用该信息从事与互联无关的活动。

**第十二条**　非主导的电信业务经营者的电信网与主导的电信业务经营者的电信网网间互联，互联传输线路必须经由主导的电信业务经营者的管道（孔）、杆路、线缆引入口及槽道等通信设施的，主导的电信业务经营者应当予以配合提供使用，并不得附加任何不合理的条件。

两个非主导的电信业务经营者的电信网网间直接相联，互联传输线路必须经由主导的电信业务经营者的楼层院落、管道（孔）、杆路、线缆引入口及槽道等通信设施的，主导的电信业务经营者应当予以配合提供使用，并不得附加任何不合理的条件。

前款主导的电信业务经营者的通信设施经省通信管理局确认无法提供使用的，非主导的电信业务经营者可以通过架空、直埋等其他方式解决互联传输线路问题。

**第十三条** 主导的电信业务经营者应当在规定的互联时限内提供互联，非主导的电信业务经营者在规定的互联时限内实施互联。双方均不得无故拖延互联时间。

**第十四条** 电信业务经营者应当执行信息产业部制定的相关网间互联技术规范、技术规定。

网间通信质量应当符合国家有关标准。电信业务经营者应当保证网间通信质量不低于其网络内部同类业务的通信质量。

**第十五条** 应非主导的电信业务经营者的要求，主导的电信业务经营者应当向对方网的用户提供电话号码查询业务，并经双方协商后，可按查号规则查询到对方网的可查询用户号码。非主导的电信业务经营者应当按查号规则向对方提供本网的可查询用户号码资料。

应非主导的电信业务经营者的要求，主导的电信业务经营者应当向对方网的用户提供火警、匪警、医疗急救、交通事故报警等紧急特种业务。非主导的电信业务经营者应当每日进行紧急特种业务的拨叫例测。双方应当共同保证紧急特种业务的通信质量。

**第十六条** 电信业务经营者向本网开放的各种电信业务接入号码（含短号码）、其他特种业务号码（含电信业务经营者所用的业务号码、政府公务类业务号码、社会服务类业务号码）、智能业务号码等，应一方的要求，应当及时向对方网开放，并保证通信质量。

**第十七条** 两个非主导的电信业务经营者的电信网网间直接相联，由双方协商解决。

两个非主导的电信业务经营者的电信网网间未直接相联时，其网间业务应当经第三方的固定本地电话网或信息产业部指定的机构的网络转接实现互通。非主导电信业务经营者选择主导的电信业务经营者的固定本地电话网作为第三方的网络时，主导的电信业务经营者不得拒绝提供转接，并应当保证转接的通信质量。

## 第四章 互联互通备案制度

**第十八条** 主导电信企业根据《公用电信网间互联管理规定》及集团公司制定的互联规程，制定符合我省实际情况的互联规程，报吉林省通信管理局备案。

**第十九条** 要求互联的企业的省级公司，在取得省通信管理局下发的业务备案或业务批准文件后，根据本网工程进度或者网络运行情况，向对方企业省级公司当面提交互联书面要求，并报吉林省通信管理局备案后，互联工作开始启动。

**第二十条** 互联双方省级公司通过协商达成一致意见、签署互联协议后，要求互联方于 15 日内向吉林省通信管理局备案。

## 第五章 定期会议制度

**第二十一条** 省通信管理局根据我省互联互通开展情况，定期召开互联互通工作例会。

互联互通例行会议在每季后次月召开，若当季互联互通无突出问题也可隔季召开，但每年不能少于 2 次。

**第二十二条** 互联互通例会参加人员由吉林省通信管理局主管领导、互联互通工作人员和各企业主管互联互通领导、互联互通部门负责人及互联互通主管人员参加。

**第二十三条**　各企业须在例会召开前 10 日将需解决的问题、事由、初步处理意见等情况以书面形式报吉林省通信管理局。

在例会结束后，由省通信管理局起草会议纪要或情况通报，要求相关企业按会议决定的事项做好落实工作。

**第二十四条**　各运营企业地市级公司互联互通机构间应建立工作联席会议制度，进行有效的沟通。会议的召开可采用不同方式，各企业轮流组织会议，遇有重要问题也可由一个企业组织召开。

联席工作会议应于每月第二周的周三召开，遇有特殊情况需要变更会议日期的，需主办方报上级省公司和通信管理局同意后方可改变，由主办方提前通知相关企业。

**第二十五条**　各企业地市机构分管互联互通工作的副总经理、主管互联互通工作的部门负责人及主管人员必须参加地市互联互通联席会议。涉及与互联互通工作有密切联系的运行维护及其他部门的参会人员，由各企业地市机构自行确定。

**第二十六条**　负责主持地市互联互通联席会议的企业，应做好会议安排，提前制订会议议程，保持会议良好秩序，对会议讨论的问题做好记录，形成完整的会议纪要。会议纪要应包含如下内容：

1. 会议基本情况（参会人员、时间、地点及会议议程）。
2. 相关企业间存在的互联互通主要问题。
3. 上次会议议定解决的互联互通问题的落实情况。
4. 相关企业间就互联互通问题已自行达成的协商解决意见。
5. 相关企业间存在的需要由双方省级机构协商解决的互联互通问题。
6.对省通信管理局互联互通管理工作的建议等。

联席会议主办方应在会议结束后一周内形成会议纪要，报省级公司，并由省级公司汇总后于当月第三周前报省通信管理局。

## 第六章　互联协议与工程建设

**第二十七条**　互联协议应当由电信业务经营者省级公司之间签订（含修订）。电信业务经营者省级以下机构不再另行签订互联协议。互联双方应当本着友好合作和相互配合的原则协商互联协议。

**第二十八条**　互联协商的主要内容包括：签订协议的依据、互联工程进度时间表、互通的业务、互联技术方案（包括互联点的设置、互联点两侧的设备设置、拨号方式、路由组织、中继容量，以及信令、计费、同步、传输质量等）、与互联有关的网络功能及通信设施的提供、与互联相关的设备配置、互联费用的分摊、互联后的网络管理（包括互联双方维护范围、网间通信质量相互通报制度、网间通信障碍处理制度、网间通信重大障碍报告制度、网间通信应急方案等）、网间结算、违约责任等。

**第二十九条**　互联双方省级以上机构应当按照《中华人民共和国合同法》及国家有关规定签订互联协议，互联协议不得含有歧视性内容和损害第三方利益的内容。

**第三十条**　互联双方应当在规定的互联时限内，根据商定的互联工程进度、互联技术方案，在各自的建设范围内组织施工建设，并协同组织互联测试，全部工程初验合格后即可开通业务。

## 第七章　网间结算管理

**第三十一条**　电信业务经营者应按照《公用电信网间互联结算及中继费用分摊办法》的附件《电信网间互联结算表》的规定，进行互联结算。

**第三十二条**　结算时间单位按照《公用电信网间互联结算及中继费用分摊办法》的规定执行。

**第三十三条**　电信业务经营者间应按双方签订的互联协议中商定的结算周期和结算地点进行网间互联结算。

**第三十四条**　互联双方（计费方与核对方）应以互联点两侧关口局交换设备的原始计费数据作为结算依据，并据此形成结算账单。结算账单按业务统计或汇总统计、以本地网为单位或以省为单位由互联双方商定。

**第三十五条**　互联双方在进行网间结算时，应在约定的时间内交换上一个结算周期的结算账单。结算账单应包含双方各种网间通话类型的通话总时长、总次数、结算金额等内容。

**第三十六条**　当互联一方不能按要求交换结算账单时，视为不能提供结算账单，则以另一方的结算账单（或数据）为准确认结算金额。应对方的要求，提供结算账单的一方应向对方出具结算计费清单。

当双方均不能提供结算账单时，双方可根据最近一期已确认的结算金额，协商确认当期结算金额。

**第三十七条**　当双方均按时提供网间结算账单，且双方的计费数据无差异时，互联双方应确认结算金额。

当双方的计费数据存在差异时，按照《公用电信网间互联结算及中继费用分摊办法》的规定处理。

**第三十八条**　若双方无法对计费数据的核对结果或误差原因达成一致意见，任何一方可根据《公用电信网间互联互通质量监督管理办法》的相关规定，向省通信管理局申请监督抽测。

**第三十九条**　对于网间结算的其他纠纷，双方应积极配合，协商解决。如协商未果，任一方均可按《电信网间互联争议处理办法》的规定向省通信管理局申请协调解决。

## 第八章　互联时限和互联监管

**第四十条**　非主导的电信业务经营者省级公司应当根据本网工程进度情况或者网络运行情况，向主导的电信业务经营者省级公司当面提交互联的书面要求，并向省通信管理局备案后，互联工作开始启动。主导的电信业务经营者省级公司不得拒收对方提交的互联书面要求。

互联双方应当在互联工程实施以前签订工程协议，工程协议的签订应当不影响整个互联工程的进度。双方应当在业务开通前签订网间业务互通、互联后的网络管理以及网间结算协议。协议的协商可与工程实施同步进行。

网间互联需新设互联点的，应当自互联启动之日起 7 个月内实现业务开通。

网间互联不需新设互联点，只需进行网络扩容改造的，应当自互联启动之日起 4 个月内实现业务开通。

网间互联只涉及局数据修改的，应当自互联启动之日起 1 个月内实现业务开通。

必要时，省、自治区、直辖市通信管理局对网间互联提出具体的业务开通时间要求。

**第四十一条**　互联点应当保持相对稳定，已设互联点原则上不允许变更。

主导的电信业务经营者对已设互联点单方面提出变更要求的，应当事先向相关电信业务经营者提交拟变更的方案，经与对方协商一致后，方可启动改造工程。改造工程应当在 7 个月内完成。改造工程的费用原则上由主导的电信业务经营者承担。

**第四十二条**　互联一方因网内扩容改造，可能影响对方网的用户通信的，应当提前三个月以书面形式向对方通报情况。

互联一方因网内发生路由组织、中继电路、信令方式、局数据、软件版本等的调整，可能影响到对方网的用户通信的，应当提前 15 日以书面形式向对方通报情况。

电信业务经营者对网间路由组织、中继电路、信令方式、局数据、软件版本等的调整应当予以配合，保证网间通信质量符合要求。

## 第九章　网间通信质量管理

**第四十三条**　公用电信网间通信质量应符合信息产业部颁布的《公用电信网间通信质量技术要求》及《公用电信网间互联中继电路扩容技术要求》的规定。对公用电信网间通信质量的测试应按照信息产业部颁布的《公用电信网间通信质量测试方法》及本办法的要求进行。

**第四十四条**　省通信管理局按照 A 类障碍、B 类障碍、严重障碍、事故和严重事故的网间通信障碍分类对公用电信网间通信质量予以监督管理：

（一）A 类障碍：

1. 发端网络的呼损：过网呼叫的发端网络呼损高于 20%。

单一用户号码在发端网络内的呼损：对某一用户号码的过网呼叫进行测试，该用户号码发起的过网呼叫在发端网络内的呼损高于 20%（该用户号码发起的呼叫次数不少于 30 次，呼叫频次不小于 30 次/小时、不大于 60 次/小时）。

2. 受端网络的来话接通率：过网呼叫的受端网络来话接通率低于 80%。

单一用户号码在受端网络内的来话接通率：对某一用户号码的过网呼叫进行测试，落地至该用户号码的过网呼叫在受端网络内的来话接通率低于 80%（落地至该用户号码的呼叫次数不少于 30 次，呼叫频次不小于 30 次/小时、不大于 60 次/小时）。

3. 发（受）端网络的呼叫建立时延：过网呼叫在发（受）端网络中的呼叫建立时延，与发（受）端网络中同种可比业务的连接建立时延的差异大于 6 秒的发生概率超过 20%。

单一用户号码在发（受）端网络中的呼叫建立时延：对某一用户号码的过网呼叫进行测试，在发（受）端网络中的呼叫建立时延，与发（受）端网络中同种可比业务的连接建立时延的差异大于 6 秒的发生概率超过 20%（该用户号码发起的呼叫或者落地至该用户号码的呼叫次数不少于 30 次，呼叫频次不小于 30 次/小时、不大于 60 次/小时）。

4. 发（受）端网络的断话等异常现象：过网呼叫在发（受）端网络中形成的断话、单通、错号、无回铃音、虚假回铃音（指主叫用户听回铃音，被叫用户不振铃，下同）等现象的发生概率超过 20%。

单一用户号码在发（受）端网络中的断话等异常现象：对某一用户号码的过网呼叫进行测试，在发（受）端网络中形成的断话、单通、错号、无回铃音、虚假回铃音等现象的发生概率超过 20%（该用户号码发起的呼叫或者落地至该用户号码的呼叫次数不少于 30 次，呼叫频次不小于 30 次/小时、不大于 60 次/小时）。

5. 网间互联中继电路的负荷：公用电信网间某一中继群连续三日忙时呼损均高于 5%，或者经电信监管部门网间结算及互联互通监测系统（以下简称监测系统）监测，连续三日忙时每线话务量平均达到《网间通信障碍互联中继电路负荷表》（附件 5）① 中相应数值。

本办法所称 A 类障碍是指符合上述条件之一且不属于 B 类障碍、严重障碍、事故和严重事故的情况。

（二）B 类障碍：

1. 发端网络的呼损：过网呼叫的发端网络呼损高于 40%。

---

① 附件未摘录，请自行查阅。

2. 受端网络的来话接通率：过网呼叫的受端网络来话接通率低于60%。

3. 发（受）端网络的呼叫建立时延：过网呼叫在发（受）端网络中的呼叫建立时延，与发（受）端网络中同种可比业务的连接建立时延的差异大于6秒的发生概率超过40%。

4. 发（受）端网络的断话等异常现象：过网呼叫在发（受）端网络中形成的断话、单通、错号、无回铃音、虚假回铃音等现象的发生概率超过40%。

5. 网间互联中继电路的负荷：公用电信网间某一中继群连续三日忙时呼损均高于40%，或者经电信监管部门监测系统监测，连续三日忙时每线话务量平均达到《网间通信障碍互联中继电路负荷表》中相应数值。

本办法所称B类障碍是指符合上述条件之一且不属于严重障碍、事故和严重事故的情况。

（三）严重障碍：

1. 发端网络的呼损：过网呼叫的发端网络呼损高于40%，影响到发端网络5000以上用户。

2. 受端网络的来话接通率：过网呼叫的受端网络来话接通率低于60%，影响到发端网络5000以上用户（含异地用户）。

3. 发（受）端网络的呼叫建立时延：过网呼叫在发（受）端网络中的呼叫建立时延，与发（受）端网络中同种可比业务的连接建立时延的差异大于6秒的发生概率超过40%，影响到发端网络5000以上用户（含异地用户）。

4. 发（受）端网络的断话等异常现象：过网呼叫在发（受）端网络中形成的断话、单通、错号、无回铃音、虚假回铃音等现象的发生概率超过40%，影响到发端网络5000以上用户（含异地用户）。

5. 网间互联中继电路的负荷：在本地网范围内，公用电信网间某一中继群连续三日忙时呼损均高于40%，或者经互联互通监测系统监测，连续三日忙时每线话务量平均达到《网间通信障碍互联中继电路负荷表》中相应数值，影响到发端网络5000以上用户（含异地用户）。

本办法所称严重障碍是指符合上述条件之一且不属于事故和严重事故的情况。

（四）事故：

1. 在一个本地网范围内，网间通信全阻、关口局至某一局向全部中断或网间某一业务全部中断不满两小时或者直接影响范围不满5万（用户×小时）。

2. 造成网间通信严重障碍，一日内累计2小时以上不满12小时。

本办法所称事故是指符合上述条件之一的情况。

（五）严重事故：

1. 在一个本地网范围内，网间通信全阻、关口局至某一局向全部中断或网间某一业务全部中断2小时以上或者直接影响范围5万（用户×小时）以上。

2. 造成网间通信严重障碍，一日内累计12小时以上。

本办法所称严重事故是指符合上述条件之一的情况。

杂音、串音、衰耗等语音质量异常情况待相关技术标准出台后予以规定。互联网骨干网间通信质量异常情况另行规定。

本办法所称网间通信障碍是指未达到《公用电信网间通信质量技术要求》规定的情况。

本办法所称网间通信障碍处理是指网间通信障碍的沟通、协调、报告、申告及排除。

本办法所称用户数是指严重障碍、事故、严重事故发生前7日内在相同时段使用相同业务的主叫用户数的平均值。本办法所称中断是指通信中断，即呼损为100%或来话接通率为0%。本办法所涉及的技术术语参见信息产业部颁布的《公用电信网间通信质量技术要求》、《公用电信网间互联中继电路扩容技术要求》及《公用电信网间通信质量测试方法》。

**第四十五条** 电信业务经营者应做好地市级机构间、省级机构间的沟通、协调工作。当前一级沟通、协调未果或沟通失败时，应采用后一级的沟通方式予以沟通、协调。

**第四十六条** 电信业务经营者应明确地市级机构、省级机构电信网间通信质量管理的联络人及责任人，应设立地市级机构网间通信障碍 24 小时申告电话、传真电话，保证每天 24 小时网间通信障碍沟通渠道的畅通。

**第四十七条** 当接到网间通信障碍用户申诉、企业申告，或者经互联互通监测系统测试、企业测试发现网间通信障碍时，电信业务经营者应按照先本网后他网的障碍排查顺序，排查网间通信障碍的障碍段落是在本网还是在他网。在确认非本网原因后，应向对方同级机构申告。

向对方地市级机构申告时，可采用传真方式提交或当面提交《网间通信障碍申告单》的书面方式申告，也可采用网间通信障碍 24 小时申告电话、联络人电话等电话方式申告。向对方省级机构、总部申告时，可采用传真方式提交或当面提交《网间通信障碍申告单》的书面方式申告。

当采用传真方式提交《网间通信障碍申告单》时，应使用网间通信障碍 24 小时申告电话、联络人电话确认对方是否收到传真；被申告方应在收到书面申告后 1 小时内传真回执签收的《网间通信障碍申告单》。当面提交《网间通信障碍申告单》时，被申告方应在《网间通信障碍申告单》（一式两份）上签收。

当采用电话方式申告时，应做好电话记录，视本方工作需要做好电话录音，并在 1 小时内向对方补交《网间通信障碍申告单》。被申告方应在收到书面申告后 1 小时内传真回执签收的《网间通信障碍申告单》。

**第四十八条** 电信业务经营者向对方同级机构申告后，互联双方联络人、责任人应积极沟通，紧密配合，及时采取有效措施排除网间通信障碍，恢复网间通信。

网间通信障碍排除后，被申告方应填写 《网间通信障碍申告单》相关栏目传真告知对方，并电话确认对方是否收到传真；申告方应在收到传真后 1 小时内向对方传真回执确认障碍是否消除，并电话确认对方是否收到传真回执。

互联双方省级以下机构（含省级机构）应按照以下原则并参照本网内同类障碍的处理时限，共同制定网间通信障碍的处理时限：

（一）对于 A 类障碍，从收到《网间通信障碍申告单》到消除网间通信障碍的最长时间不得超过 72 小时；

（二）对于 B 类障碍，从收到《网间通信障碍申告单》到消除网间通信障碍的最长时间不得超过 72 小时；

（三）对于严重障碍，从收到《网间通信障碍申告单》到消除网间通信障碍的最长时间不得超过 24 小时；

（四）对于事故、严重事故，从收到《网间通信障碍申告单》到消除网间通信障碍的最长时间不得超过 12 小时。

**第四十九条** 电信业务经营者遇有网间通信障碍不能及时排除的，应以本企业内部规定的沟通方式（如书面方式、电话方式）及时与本企业上级机构沟通，由本企业上级机构继续协调。与本企业上级机构沟通的时限、程序及其他条件由本企业自行确定。

## 第十章 网间通信质量故障处理

**第五十条** 各市州电信运营公司一旦发现网间通信故障，应立即向对方公司的 24 小时报障电话申告。

报障电话负责做好故障申告记录，并负责立即通知本方相关部门或人员采取措施配合故障申告方共同排查故障，按照处理时限要求尽快恢复通信。

**第五十一条**　在故障处理过程中，互联双方有责任和义务配合对方开展故障分析和排查故障等工作。双方应加强沟通，紧密配合，积极主动采取各种措施排查故障，缩短故障历时。

对于难度大、技术要求高的故障，省级公司应积极主动给予技术、人才、物资等各方面的大力支持与支撑。

**第五十二条**　在故障处理过程中，双方应对有关局数据、信令数据、话务量数据以及各种设备状态数据进行采集、记录、保存和交换，并对故障处理过程、处理方法以及双方配合情况进行书面记录。书面记录至少保存半年。吉林省通信管理局进行相关调查、处理时有权调阅各种相关记录。

**第五十三条**　各公司发生网间通信故障时，应遵照如下的网间通信报告制度：

1. 当发生电信网间通信重大事故时，相关公司必须按照《公用电信网间互联管理规定》（信息产业部 9 号令）和《电信运营业重大事故报告规定（试行）》（信部电［2002］114 号）规定的时限、程序向信息产业部和吉林省通信管理局报告。

2. 当发生电信网间通信一般中断事故时，相关公司必须向吉林省通信管理局报告，报告时限参照《电信运营业重大事故报告规定（试行）》（信部电［2002］114 号）的报告时限。

3. 当发生电信网间通信严重故障和一般故障时，若规定时限内网间通信故障仍未排除的，应在 24 小时内由省级公司向吉林省通信管理局作出简要书面报告（见附表一）①，网间通信故障完全恢复后的三日内由省级公司向吉林省通信管理局作出专题书面报告。

**第五十四条**　各公司发生网间通信故障，双方省公司经过多次分析仍然有异议，由省级公司向吉林省通信管理局申请互联故障争议协调，省局将对重大事故、典型、频发性的故障组织召开故障分析调查会，必要时将召开专家论证会。

## 第十一章　互联争议的协调与处理

**第五十五条**　吉林省通信管理局依据信息产业部制定的电信网间互联争议解决办法解决电信业务经营者之间的互联争议。

**第五十六条**　在互联实施中，电信业务经营者发生下列争议，致使互联不能继续进行，或者互联后电信业务经营者发生下列争议影响网间业务互通时，任何一方均可以向吉林省通信管理局申请协调：

（一）互联技术方案；

（二）与互联有关的网络功能及通信设施的提供；

（三）互联时限；

（四）电信业务的提供；

（五）网间通信质量；

（六）与互联有关的费用；

（七）其他需要协调的问题。

**第五十七条**　吉林省通信管理局收到协调申请后，对申请的内容进行初步审核。省通信管理局在受理协调申请后 10 日内组织相关人员对电信业务经营者的互联争议进行协调。

**第五十八条**　协调结束后，争议双方不能达成一致意见的，省通信管理局将随机邀请电信技术、经济、法律方面的专家组成专家组进行公开论证。省通信管理局根据论证意见或建议对互联争议作出决定，强制争议双方执行。

**第五十九条**　决定在协调结束之日起 45 日内作出。省通信管理局对作出的决定以适当方式向

① 附表未摘录，请自行查阅。

社会公布。

**第六十条**　决定作出后，争议双方应当在决定规定的时限内予以履行。

争议一方或双方对决定不服，可以依法申请行政复议或者提起行政诉讼。复议或诉讼期间，决定不停止执行。

## 第十二章　网间结算及互联互通监测系统的维护管理

**第六十一条**　电信业务经营者增加、调整互联点或采集点时，应制定方案，报省通信管理局批准后方可进行。

电信业务经营者对网间链路、呼叫局向、路由、中继群等影响监测系统静态数据的调整时，应提前15个工作日以书面形式向省通信管理局报告。

省通信管理局与各电信业务经营者每月核对一次静态数据，各电信业务经营者每月10日以前将静态数据（包括收敛采集系统数据、本地网内固定电话号码段和移动电话号码段）报省通信管理局。

**第六十二条**　省通信管理局和电信业务经营者按照以下程序调整互联点或采集点：

（一）电信业务经营者增加、调整网间互联点或者采集点时，应当提前30个工作日向省通信管理局报告。

（二）经省通信管理局调查、核实后，由电信业务经营者制定出调整方案并上报省通信管理局。

（三）调整方案应在省通信管理局批准后，由电信业务经营者在本企业组织实施。

（四）电信业务经营者对修改后的信令采集链路进行核准、收敛、汇聚、上传后，将数据上报省通信管理局。

（五）省通信管理局对上传到监测系统机房的信令采集链路进行核准、配置、测试，更新静态数据。

**第六十三条**　各电信业务经营者应加强对涉及监测系统企业端设备的维护和管理。

电信业务经营者应指定专人负责企业端设备的维护和管理，并与省通信管理局建立联系制度。

电信业务经营者应将监测系统信令采集链路纳入日常维护和管理范围内，并制定完善的应急方案和电路调度方案。

企业端设备发生故障时，应及时处理，并上报省通信管理局。

## 第十三章　网间通信质量追踪预警

**第六十四条**　对电信网间通信质量出现以下问题，将实行追踪预警。

（一）忙时网间中继群话务负荷（双向时按来去双向电路群话务进行累计计算）大于0.7ERL。

（二）网间中继群接通率低于60%或按省通信管理局规定的拨测办法在发端网络拨测相关跨网呼叫接入码（长途、IP等）的呼损超过30%。

（三）地市通信企业互联互通协商联席会议上连续两次反映同一网间通信质量问题。

**第六十五条**　满足以下情况之一的，省通信管理局根据企业间协调情况下发《电信网间互联互通跟踪预警通知书》。

（一）网间中继扩容时限已超过三个月且另一方还未提出争议的。

（二）扩容时限虽未超过三个月，但连续两个月其网间话务负荷大于0.7ERL的。

（三）网间通信质量报表连续两个月反映在同一地点的同类业务上存在问题，且经过地市及省级两级机构之间协商仍未解决的。

（四）同一网间通信质量问题连续两个月在地市通信企业互联互通协商联席会议上经协商交流过，已上升到省级机构之间协商解决的争议，但仍未得到解决的。

（五）通过监测系统提供数据及日常拨测发现的网间通信质量问题。

（六）通过12300电信用户申诉受理中心反映的网间通信质量问题。

**第六十六条**《电信网间互联互通跟踪预警通知书》发出后，7个工作日内相关企业应书面汇报预警内容处理情况，符合国家相关规定的省通信管理局将撤销预警。

对不能立即解决的问题，应提出整改措施或处理时限，省通信管理局将继续跟踪，予以督促。

对有争议的问题，省通信管理局根据本规定的网间争议协调解决办法启动相关流程。

## 第十四章　罚则

**第六十七条**　违反本规定相关条款的，由省通信管理局视情节轻重责令改正，并按《中华人民共和国电信条例》、《公用电信网间互联管理规定》的有关规定处以罚款。

## 第十五章　附则

**第六十八条**　本办法未尽事宜严格按照《中华人民共和国电信条例》、《公用电信网间互联管理规定》、《电信网间互联争议处理办法》、《电信业务经营许可证管理办法》、《公用电信网间互联互通质量监督管理规定》和《公用电信网间互联结算及中继费用分摊办法》等执行。

**第六十九条**　本办法解释权在吉林省通信管理局。

**第七十条**　本办法自印发之日起执行，原《吉林省公用电信网间互联互通管理办法》同时废止。

# 安徽省通信工程质量监督管理实施细则

安徽省通信管理局

为加强安徽省通信工程质量监督，确保通信工程质量和网络安全，根据国务院《建设工程质量管理条例》（国务院令第279号）、信息产业部《通信工程质量监督管理规定》（信息产业部令第18号）等法律法规，结合安徽省实际，特制定本实施细则。本实施细则包括总则、质量监督内容及机构职责、质量监督工作程序、罚则和附则五个部分。

**第一条** 安徽省通信管理局（以下简称省局）负责安徽省行政区域内的通信建设市场监督管理工作，安徽省通信工程质量监督中心（以下简称省质监中心）是经信息产业部考核认定的通信工程质量监督管理机构，受省局委托依法实施安徽省行政区域内的通信建设工程质量监督管理，并参与全省通信建设市场管理。

**第二条** 在安徽省行政区域内从事通信工程建设、勘察设计、施工、网络系统集成、用户管线建设、监理等单位和人员，必须遵守通信建设工程质量监督管理法律法规，依法对通信工程质量负责，并依照本实施细则接受质量监督，不得拒绝或者阻碍通信工程质量监督检查人员依法执行公务。

**第三条** 任何单位和个人有权对安徽省行政区域内的通信工程质量事故、质量缺陷进行检举、控告和投诉。

**第四条** 省质监中心主要职责是：

（一）负责全省及国家重点、跨省通信工程在本省行政区域内的通信工程质量监督管理工作，结合安徽省实际制定有关管理办法。

（二）负责办理建设单位施工许可（或开工报告）、质量监督申请申报和工程竣工验收备案手续。

（三）具体负责省内和进入安徽省从事通信建设活动的单位和个人的资质审查、年检、备案的初审等工作。对项目经理、监理工程师、造价工程师（概预算员）、评标专家等执业资格进行培训、认证、咨询服务和日常管理。

（四）监督和检查在我省境内通信工程参建各方执行建设程序、工程标准、规范和定额等情况，监督检查工程勘察设计、施工、监理和在工程中使用的器材设备质量及进网许可证的核验，指导省内通信建设、设计、施工和监理企业的质量管理工作，开展通信工程质量检查活动。

（五）组织省级优质工程、优秀设计和优秀施工评审。参加在本省行政区实施的国家及省级重点通信工程验收、质量评定等会议，依法行使工程质量否决权。

（六）参与监督和检查本省行政区域内的通信建设工程的承、发包和招、投标工作。负责自行招标单位和招投标代理机构的资格初审和咨询服务工作。

（七）受理单位和个人对工程质量事故、质量缺陷的检举、控告和投诉。参与安徽省内通信工程重大质量事故的调查和处理，查处在安徽省违反《建设工程质量管理条例》和《通信工程质量监督管理规定》的行为。

（八）法律、法规、规章规定的以及有关主管部门委托的其他职责。

**第五条**　省质监中心根据安徽省通信行业实际情况和需要可在省内主要基础电信运营企业设立分支机构或派出人员。

**第六条**　省质监中心的监督方式重点是对参与通信工程建设各方责任主体的质量行为、参建单位及人员的资质和资格、执行工程标准等情况的监督。工程实体的监督，主要委派相关分支机构和人员具体组织实施。

**第七条**　省质监中心在履行质量监督职责时，有权采取下列措施：

（一）要求被监督工程的参建单位提供有关文件和资料；

（二）进入被监督工程的施工现场和有关场所进行检查、检测、拍照、录像；

（三）发现有影响工程质量的缺陷或违反通信工程质量法律、法规、规章和强制性标准的行为依法责令改正；

（四）向有关单位和个人调查情况，并取得证明材料；

（五）公布通信工程质量监督检查结果。

**第八条**　从事通信工程质量监督的专（兼）职质量监督工程师及质量监督员资格按信息产业部有关规定，经考核认定后实施通信工程质量监督。

**第九条**　建设单位应在工程开工 7 日以前向省质监中心办理质量监督申报手续。总投资额在 50 万元以下的小型通信工程，可由省级电信运营企业在年内分两次集中申报。在本省境内实施的跨省通信工程，在向部质监中心申报的同时，必须抄报省质监中心。

所有通信工程都必须在规定时效内申报办理质量监督手续。

**第十条**　省质监中心按照国家有关规定收取质量监督费用，其计费标准按政府物价部门批准文件执行，质量监督费由建设单位在《通信工程质量监督申报表》报出 30 日之内缴纳（不足 500 元的按 500 元计取），对内部质监机构健全的电信运营企业，将按其应缴纳质监费的适当比例留给企业开展质监工作，专款专用。发生通信工程质量事故需要省质监中心进行调查和处理时，所发生的费用由责任方承担。

**第十一条**　建设单位办理质量监督申报手续，应填写《安徽省通信工程质量监督申报表》（见附表一）①，并提供以下资料：

（一）项目立项批准文件；

（二）工程开工报告；

（三）工程施工图设计批准文件和全套预算表；

（四）设计、施工单位和工程实施监理的企业资质等级证书及营业执照（复印件）；

（五）工程合同或中标通知书；

（六）工程施工项目经理和监理工程师资质证书。

外埠、境外设计施工及监理单位在安徽省承包工程的，还须提供市场准入（备案）审批文件。

**第十二条**　省质监中心受理申报后，及时确定负责该项工程的质量监督人员，制定质量监督工作计划，并将《安徽省通信工程质量监督通知书》（见附表二）② 通知建设单位。

**第十三条**　省质监中心对参建各方责任主体质量行为的监督包含以下内容：

（一）对建设单位质量行为的监督。

1. 建设项目审批及质监手续齐全，已确定工程项目编号，无肢解工程及招标中的违规行为，使用的设计、施工、监理单位符合国家资质管理的规定，并有合法的经济合同。

2. 按规定必须实行招标的工程，已经按合法程序实行了招标，无迫使承包方低于成本价格竞标

---

①② 附表未摘录，请自行查阅。

及任意压缩合理工期、降低工程质量的行为。

3. 按规定由建设单位自行管理的工程，建设单位应具备相应管理能力的机构和执业资格人员，并严格执行工程建设方面的法律、法规。

4. 按规定必须委托监理的工程，已经合法委托了监理单位进行监理，不干扰监理单位和人员的正常业务。

5. 使用的通信设备、器材和备品备件必须具备产品合格证标志，需要进网许可的必须有进网许可证。

6. 依法组织竣工验收，按期办理建设工程竣工验收备案手续，并对其所提供的所有材料的真实性负责。未办理工程验收及竣工备案手续的，建设单位不得进行工程决算和工程销号，档案部门不得接收工程档案资料。

（二）对施工单位质量行为的监督。

1. 单位资质及承包的工程范围符合国家规定要求，有完整的承包手续及合法的承包合同。

2. 认真遵守通信建设市场的各项管理规定，无违法分包和转包的行为。

3. 施工管理机构人员配套齐全，有健全的质量保证体系，质量责任制落实，项目经理、质量检查员应具有相应资格及上岗证书。

4. 具有规范的施工组织设计。按照部颁规范、批准的施工图设计文件和施工组织设计精心组织施工。认真落实施工技术交底，做到按图施工等。

5. 对工程所使用的材料、设备必须进行进场检验，检验不合格的，不得使用，进入现场机器具的性能、状态良好，严禁把功能失常的机器具运入施工现场。

6. 做好分项工程、隐蔽工程检验项目的原始记录，且记录真实、齐全。

7. 严格执行工程强制性标准和施工操作规范。

8. 做好工程竣工资料的整理和归档，做到数据准确、竣工资料齐全、图实相符。

9. 参与工程初验和竣工验收，认真处理工程返修或遗留问题。

（三）对勘察设计单位质量行为的监督。

1. 承揽的工程勘察设计任务应与本单位资质相符。

2. 企业的质量保证体系应已建立、质量责任制已落实。

3. 设计人员执业资格证书应与承担任务相符。

4. 图纸及设计变更、勘察、设计人员签字盖章等手续齐全。

5. 是否按照通信工程建设强制性标准进行勘察设计，并对勘察设计的质量负责。

6. 除有特殊要求的例外，设计单位不得指定工程用材料、设备的供应商。

7. 有无转包、违法分包工程勘察设计的行为。

8. 是否认真做好施工图交底和技术规范书的编制等工作。

（四）对监理单位质量行为的监督。

1. 所监理的工程项目有合法、完整、齐全的监理手续及合同。

2. 工程监理人员必须持证上岗，专业人员配备齐全，质量责任制落实，认真执行质量例会制度。

3. 有规范的监理大纲和监理规划，严格按照法律、法规、规范、标准及合同对工程质量实施监理，不与任何单位和个人串通，弄虚作假，降低工程质量。

4. 现场实施旁站、巡视和平行检验等形式进行监理。

5. 无非法指定通信产品生产厂家及供应商的行为。严格执行材料、半成品，设备和备品备件等进场的检验、验收制度及鉴证取样制度。对现场发现使用不合格材料、配件和设备及发生的质量事故，及时进行调查处理。

6. 配合建设单位或受建设单位委托组织竣工验收。

7. 核验施工单位项目负责人的资质，质检员、试验员及操作人员的上岗证书。

8. 核查工程质量保证资料，确保资料的完整性、真实性。

**第十四条**　在工程中对涉及通信网络安全和工程建设强制性标准内容的相关实体质量，省质监中心可以进行强制性检查、抽查，内容包括：

（一）涉及网络运行安全和使用功能的关键部位和重要项目；

（二）可能影响通信质量、使用寿命和设备安全的薄弱环节；

（三）工程中使用的重要机、线、设备和器材，包括核查相关的出厂合格证件、技术文件和进网许可证等。

**第十五条**　国家及省级重点通信工程的竣工验收，建设单位应在竣工验收前 7 日，书面报告省质监中心，省质监中心将依法对竣工验收的组织形式、验收程序、验收资料的合法性和有效性等进行监督。

其他通信工程的竣工验收，省质监中心可以委派相应分支机构或人员实施监督。

**第十六条**　省质监中心在质量监督过程中发现问题应填写《安徽省通信工程质量监督检查记录表》（见附表三）[①]，并以书面形式通知建设单位及有关责任单位，责令其改正。

**第十七条**　建设单位应在工程竣工验收合格后 15 日内提交《安徽省通信工程竣工验收备案表》（见附表四）[②] 和工程验收证书等资料，到省质监中心办理竣工验收备案手续。

**第十八条**　省质监中心在工程竣工验收备案手续办理后 15 日内向省局报送《安徽省通信工程质量监督综合评定意见》（见附表五）[③]，并同时抄送建设单位。报告中应包括工程竣工验收和质量是否符合有关规定、抽查该工程发现的质量问题和处理情况、对该工程质量监督的结论意见以及该工程是否具备备案条件等内容。

**第十九条**　省局依据通信工程质量监督综合评定意见，对报送材料进行审查，如发现有违反国家建设工程质量管理规定行为的，在收到备案材料 15 日内书面通知建设单位，由建设单位组织整改后重新组织验收和办理备案手续。

**第二十条**　未办理质量监督申报手续或竣工验收备案手续的通信工程，不得投入使用，也不得参加任何形式的评优活动。

**第二十一条**　通信工程质量事故发生后，建设单位必须在 24 小时以内将事故的简要情况向省局和省质监中心书面报告。

**第二十二条**　工程承包方有下列行为之一的，省局或省质监中心可以根据情节，予以警告、通报批评，责令停止设计、施工、监理，降低其资质等级，直至吊销资质证书，并按国家有关规定予以经济处罚。

（一）无证设计、施工或监理；

（二）超业务范围设计、施工及建设监理；

（三）违法分包或转包工程；

（四）出卖、出借、出租、转让、涂改、伪造资质证书及营业执照、银行账号、图签等；

（五）利用行贿，给予回扣等手段承揽工程任务，或以介绍工程任务为手段收取费用；

（六）监理单位未认真履行职责，或只收费不监理，或委托建设单位代行的；

（七）违反本细则有关规定的。

**第二十三条**　通信工程的建设单位有下列行为之一的，省局或省质监中心责令其改正，并依据《建设工程质量管理条例》第五十六条的规定予以 20 万元以上 50 万元以下的罚款：

（一）未按照本规定办理工程质量监督手续或手续不全无法受理的；

---

①②③ 附表未摘录，请自行查阅。

（二）明示或者暗示设计单位或者施工单位违反工程建设强制性标准，降低工程质量的；

（三）建设项目必须实行工程监理而未实行工程监理的；

（四）建设项目应该招标而未实行招标或明招暗定的；

（五）未按照本规定办理竣工验收备案手续的。

**第二十四条** 建设单位选择未经信息产业部或省、自治区、直辖市通信管理局审查同意或不具有相应资质等级的勘察设计、施工、系统集成、用户管线建设、监理等单位承担通信建设项目的，省局或省质监中心责令其改正，并依据《建设工程质量管理条例》第五十四条的规定予以 50 万元以上 100 万元以下的罚款。

**第二十五条** 通信工程的建设单位有下列行为之一的，省局或省质监中心责令其改正，并依据《建设工程质量管理条例》第五十八条的规定予以工程合同价款 2%以上 4%以下的罚款：

（一）未组织竣工验收，擅自交付使用的；

（二）验收不合格，擅自交付使用的；

（三）对不合格的建设工程按照合格工程验收的。

**第二十六条** 勘察设计、施工、系统集成、用户管线建设、监理等单位超越本单位资质等级承揽通信工程或者允许其他单位或者个人以本单位名义承揽通信工程的，省局或省质监中心责令其停止违法行为，并依据《建设工程质量管理条例》第六十条、第六十一条的规定予以处罚。

（一）勘察、设计、施工、监理单位超越本单位资质等级承揽工程的，对勘察、设计单位或者监理单位处合同约定的勘察费、设计费或者监理酬金 1 倍以上 2 倍以下的罚款；对施工单位处工程合同价款 2%以上 4%以下的罚款，可以责令停业整顿，降低资质等级；情节严重的，吊销资质证书；有违法所得的，予以没收。

未取得资质证书承揽工程的，予以取缔，依照前款规定处以罚款；有违法所得的，予以没收。

以欺骗手段取得资质证书承揽工程的，吊销资质证书，依照前款规定处以罚款；有违法所得的，予以没收。

（二）勘察、设计、施工、监理单位允许其他单位或者个人以本单位名义承揽工程的，责令改正，没收违法所得，对勘察、设计单位和监理单位处合同约定的勘察费、设计费和监理酬金 1 倍以上 2 倍以下的罚款；对施工单位处工程合同价款 2%以上 4%以下的罚款；可以责令停业整顿，降低资质等级；情节严重的，吊销资质证书。

**第二十七条** 通信工程承包单位将承包的工程转包或者违法分包的、监理单位转让工程监理业务的，省局或省质监中心责令其改正，并依据《建设工程质量管理条例》第六十二条的规定予以处罚。对勘察、设计单位处合同约定的勘察费、设计费 25%以上 50%以下的罚款；对施工单位处合同价款 0.5%以上 1%以下的罚款；对监理单位处合同约定的监理酬金 25%以上 50%以下的罚款；可以责令停业整顿，降低资质等级；情节严重的，吊销资质证书。

**第二十八条** 勘察设计单位未按照通信工程建设强制性标准进行设计的，省局或省质监中心责令其改正，并依据《建设工程质量管理条例》第六十三条的规定予以 10 万元以上 30 万元以下的罚款。

**第二十九条** 施工单位在施工中偷工减料的，使用不合格材料和设备的，或者有不按照工程设计文件和通信工程建设强制性标准施工的其他行为的，省局或省质监中心责令其改正，并依据《建设工程质量管理条例》第六十四条的规定予以处工程合同价款 2%以上 4%以下的罚款。

**第三十条** 通信工程监理单位与建设或者施工单位串通，弄虚作假、降低工程质量的，或者将不合格的通信工程按照合格签字的，省局或省质监中心责令其改正，并依据《建设工程质量管理条例》第六十七条的规定予以 50 万元以上 100 万元以下的罚款；降低其资质等级或者吊销资质证书；造成损失的，监理单位应承担连带赔偿责任。

**第三十一条**　发生重大通信工程质量事故隐瞒不报、谎报或者拖延报告期限的，对直接负责的主管人员和其他责任人员依法给予行政处分。

**第三十二条**　通信工程建设、勘察设计、施工、系统集成、用户管线建设、监理等单位违反国家规定，降低工程质量标准，造成重大安全事故，构成犯罪的，由有关部门对直接责任人员依法追究刑事责任。

**第三十三条**　省质监中心工作人员在履行质量监督职责时遵循公平、公正、公开的原则。任何单位和个人都有权对通信工程质量监督机构和质量监督人员进行监督，有权对其违法、失职行为向有关部门举报、投诉。

**第三十四条**　抢险救灾通信工程，不适用本实施细则。

**第三十五条**　本实施细则由安徽省通信管理局负责解释。

**第三十六条**　本实施细则自印发之日起施行。

# 江西省通信行政处罚自由裁量权适用规则

江西省通信管理局

**第一条** 为规范通信行政处罚行为，保障公平、公正地行使自由裁量权，促进依法行政，根据《中华人民共和国行政处罚法》等法律、法规和规章的有关规定，结合本省通信管理机关适用行政处罚自由裁量权的实际，制定本规则。

**第二条** 省通信管理机关实施行政处罚，适用本规则。

**第三条** 本规则所称自由裁量权，是指省通信管理机关在实施行政处罚时，在法律、法规或者规章规定的处罚种类、处罚幅度内，综合考虑违法情节、违法手段、违法后果、改正措施等因素，合理确定处罚种类、处罚幅度或不予处罚的权限。

**第四条** 适用行政处罚自由裁量权，应当遵循以下原则：

（一）过罚相当原则。

实施行政处罚必须以事实为依据，以法律为准绳，在行使自由裁量权时应当考虑违法行为的事实、性质、情节以及社会危害程度等，作出的行政处罚要与违法行为相当。

（二）公平、公正原则。

对于违法行为的处罚，应当优先适用法律效力层级高的法律规范；在法律效力相当的情况下，应优先适用新出台的法律规范；对于相同性质的违法行为，应当适用相同的法律规范予以处罚。

对于性质相同、情节相近、危害后果基本相当、违法主体同类的违法行为，在实施行政处罚行使自由裁量权时，适用的法律依据、处罚种类及处罚幅度应当基本一致。

（三）教育与处罚相结合原则。

在行使行政处罚自由裁量权时，既要制裁违法行为，又要教育当事人自觉遵守法律，维护法律尊严。对情节轻微的违法行为以教育为主、处罚为辅。

（四）程序正当原则。

严格遵守《中华人民共和国行政处罚法》规定的法定程序。充分听取当事人的意见，依法保障当事人的知情权、参与权和救济权。

（五）综合裁量原则。

在行使行政处罚自由裁量权时，应当综合分析违法行为的主体、客体、主观、客观及社会危害后果等因素，对违法行为处罚与否以及处罚的种类和幅度进行判断，作出相应的处理决定，不能片面考虑某一情节对当事人进行行政处罚。

**第五条** 法律、法规、规章设定的罚款处罚数额有一定幅度的，在幅度范围内分为一般处罚适用，从轻或者减轻处罚适用，从重处罚适用。

**第六条** 当事人有下列情形之一的，不予行政处罚：

（一）违法行为轻微并及时纠正，没有造成危害后果的；

（二）违法行为在两年内未被发现的，但法律另有规定的除外。

**第七条** 当事人有下列情形之一的，应当依法从轻或者减轻行政处罚：

（一）尚未产生社会危害后果的；

（二）主动消除或者减轻违法行为危害后果的；

（三）受他人胁迫、诱骗、教唆实施违法行为的；

（四）积极配合行政机关查处违法行为有立功表现的；

（五）法律、法规、规章规定的其他应当从轻或者减轻行政处罚的情形。

**第八条** 当事人有下列情形之一的，应当依法从重处罚：

（一）在两年内因相同或者类似违法行为受过行政处罚的；

（二）经告诫、劝阻后继续实施违法行为的；

（三）妨碍、逃避或者抗拒执法人员执法的；

（四）拒不提供相关证明材料的，作虚假陈述的以及销毁或者篡改有关证据材料的；

（五）对证人、举报人打击报复的；

（六）法律、法规、规章规定的其他应当从重处罚的情形。

上述从重处罚的行为，办案人员可按对应从重档次确定处罚标准，不得低于该档次标准处罚。

**第九条** 当事人的违法行为没有减轻、从轻、从重情节的，应当对其予以一般处罚。但法律法规有规定必须先责令改正的，应当先责令改正，逾期不改的再进行一般处罚。

**第十条** 省通信管理机关在实施行政处罚时，原则上应当按照《江西省通信行政处罚自由裁量权参照执行标准》（以下简称《执行标准》）行使自由裁量权，确定处罚幅度。

对降低或者提高处罚标准超出本《执行标准》行政处罚的，应当特别报请本部门主要负责人（包括分管负责人）决定。

**第十一条** 涉嫌构成刑事犯罪的，必须及时移送司法机关。

**第十二条** 办案人员建议采取不予行政处罚、减轻处罚、从轻处罚、从重处罚的，都要说明理由并附相应的证据材料。如未说明理由并附相应的证据材料，或者相应的证据材料不足，法制工作部门应作退卷处理或者要求办案部门作补充说明。

**第十三条** 法制工作部门认为办案人员在案件处理意见报告中对所建议的处罚档次缺少必要证据证明，应当要求办案人员补充调查有关证据或变更处理意见。

**第十四条** 办案部门应当定期对本部门作出的行政处罚案件进行复查，发现自由裁量权行使不当的，应当按照本规则和《执行标准》主动纠正。

**第十五条** 有下列情形之一的，构成执法过错，依照相关规定追究有关人员的过错责任：

（一）因行使自由裁量权不当，造成行政处罚案件被人民法院终审判决撤销、变更或者确认违法的并被上级部门列为错案的；

（二）因行使自由裁量权不当，造成行政处罚案件被复议机关撤销、变更或者确认违法的；

（三）行政处罚案件在行政执法检查中被确认为自由裁量权行使不当的；

（四）因行使自由裁量权不当，给当事人造成重大损失，或者在社会上造成不良影响的。

**第十六条** 行使《执行标准》未列明的其他行政处罚自由裁量权，应当参照本规则和《执行标准》执行。

**第十七条** 《执行标准》中有关自由裁量权的规定中，所称“以上”、“以下”、“以内”、“超过”包括本数；“不超过”、“不足”不包括本数。

# 河南省通信业“十二五”规划（2011~2015年）

河南省通信管理局

## 一、“十一五”发展回顾

“十一五”时期，河南省通信业在省委、省政府、工业和信息化部的正确领导下，坚持以科学发展观为指导，认真落实应对国际金融危机的各项政策措施，实现了行业平稳、较快发展。“十一五”期间，全省通信业服务能力和服务水平进一步提高，助力经济社会发展成就显著；通信网络加快转型升级，通信业务结构性调整加速；村通工程全面完成，农村信息化扎实推进；行业节能减排成效显著，电信基础设施共建共享逐步深化；通信市场环境持续改善，市场竞争格局不断优化；信息化建设全面推进，行业转型步伐加快。通信业作为推动全省国民经济和社会发展、加速社会信息化进程、促进社会和谐的重要力量，为全面建设小康社会做出了积极贡献。

### （一）通信能力和服务水平大幅提升，行业实现平稳较快发展

电信业务总量和电信业务收入快速增长。2010年，全省电信业务总量达到1438亿元，电信业务收入达到382亿元，分别是2005年的2.7倍和1.6倍，其中：移动业务收入达到301.8亿元，增值电信业务收入达到67.1亿元。“十一五” 期间，通信业经济运行保持平稳较快发展，“十一五”规划主要目标基本实现，电信业务总量和电信业务收入分别排名全国第五位和第八位。

用户规模不断扩大。2010年，全省电话用户总数达到5881万户，其中：移动电话用户达到4450万户，固定电话用户达到1431万户。全省互联网用户总数达到2016万户，其中：固定互联网宽带接入用户达到645万户，移动互联网用户增长迅猛，达到1267万户。“十一五”期间，通信业务呈现移动化、宽带化的发展趋势。固定电话用户、移动电话用户和互联网用户总数分别排名全国第六位、第五位和第七位。

服务水平快速提高。2010年，全省电话普及率达到59部/百人。“十一五”期间，电信资费水平逐年下调，电信资费综合价格水平五年总降幅达40%。通信业务种类日趋丰富，通信服务质量不断提升，用户满意度持续提高。

通信能力不断增强。“十一五”期间，全省通信业固定资产投资累计完成594亿元，是“十五”时期投资的1.5倍，其中：移动通信投资完成350亿元，占固定资产总投资的55%。“十一五”中后期，全省3G网络建设直接投资110亿元，对产业链上下游发挥较强的带动作用。“十一五” 末，全省通信光缆线路长度达到39.5万公里，移动交换机容量达到7948万户，移动基站达到6.6万个，其中：3G基站达到2.3万个，互联网宽带接入端口达到869万个，宽带IP骨干网总带宽达到3232G。“十一五”期间，城市区域接入带宽能力达到4M以上，实现城区有效覆盖；农村地区接入带宽能力达到2M以上，实现行政村通宽带。2G移动通信网络实现无缝覆盖，3G移动通信网络基本实现县以上城区和重点乡镇的覆盖。

**（二）网络演进步伐加快，行业转型稳步推进**

通信网络转型稳步推进。“十一五”期间，信息通信技术向深度融合加速发展，通信网络转型取得实质性进展。核心网网络体系结构实现加快转型，软交换技术成为核心网的主要支撑。移动通信网加快 2G 网络优化和 3G 网络建设，加速了向新一代移动通信网的演进。宽带 IP 网加快扁平化网络建设，网络带宽能力快速提升。传送网实现网络结构转型和传输技术演进，传送网的大容量、高速率和安全可靠性全面提升。接入网的宽带化、光纤化进程加快，“光进铜退”全面推进，光纤向用户端不断延伸。通信网络基础设施的不断演进和转型升级，加快了网络的分组化、融合化、宽带化和智能化进程，有力支撑了社会信息化的发展。

通信业务收入结构不断优化。“十一五”期间，通信业务加速向移动化、宽带化发展。2010 年底，全省移动电话用户占电话用户总数的比例达到 75.7%，较“十五”末提高 26.3 个百分点；移动通信业务收入占电信业务收入的比重达到 79.0%，较“十五”末提高 31.0 个百分点，成为通信业务收入的主要来源。宽带互联网用户发展迅猛，互联网业务逐步趋向宽带化和移动化。

**（三）村通工程圆满完成，农村信息化水平不断提高**

村通工程目标提前实现。“十一五”期间，农村信息通信基础设施建设稳步推进，“光进铜退”、“光纤到村”全面加快，村通工程惠及我省近 7000 万农民。“十一五”初期在提前一年实现全省行政村村村通电话的基础上，三年累计投资 6.7 亿元，实施 2684 个自然村村通工程，2009 年提前一年实现全省 20 户以上已通电自然村村村通电话，2010 年全面实现全省自然村村村通电话。农村通信服务水平进一步提高，支农惠农力度进一步加大。

“信息下乡”活动扎实推进。按照工业和信息化部统一部署，“信息下乡”和“四个一”工程扎实推进，全省开展“信息下乡”的乡镇达到 1635 个，占乡镇总数的 87%。农村信息资源整合和平台建设初见成效，依托农村党员干部现代远程教育系统、“农信通”和“信息田园”等农村信息服务平台，整合涉农信息资源，为广大农民提供了功能强大、内容丰富、高效便捷的涉农信息服务，促进了农民信息致富。全省农村信息化水平不断提高，通信业为社会主义新农村建设作出了积极贡献。

**（四）信息化建设扎实推进，服务经济社会发展成效显著**

支撑社会信息化建设，推进各领域信息化。“十一五”期间，全省通信业认真贯彻落实省部、省企合作框架协议，累计投入 436 亿元。重点推进电子政务、电子商务、农业信息化建设和应用，推进郑州、洛阳“无线城市”试点工作，打造现代信息社会，提升了政府行政管理和公共服务水平，努力提升经济、社会、文化等领域的信息化水平，促进信息化与工业化的深度融合。

积极履行社会责任，服务经济社会发展大局。“十一五”期间，全省通信业积极履行社会责任，全力做好南水北调中线工程通信线路迁建和库区移民新村通信配套设施建设工作，为南水北调中线工程干渠施工做出了积极贡献。认真贯彻落实省委、省政府“一个载体、三个体系”的战略部署，全面做好产业集聚区通信配套设施建设，积极推进“数字化产业集聚区”创建工作。积极服务中原城市群建设，加快无线城市建设；积极推进宽带战略，实施光纤宽带网络建设，信息通信基础设施不断完善，促进了河南省经济社会的跨越式发展。

**（五）行风建设全面加强，通信服务水平持续提升**

行风建设全面加强，营造和谐通信服务环境。“十一五”期间，全省通信业全面落实电信服务规范，加强行业自律，维护市场稳定；深入治理垃圾短信息，打击短信诈骗，整治手机淫秽色情，网络环境得到明显净化；开展清理资费套餐专项行动，资费套餐数量大幅减少，电信资费进一步公开透明，通信服务环境明显改善。

通信发展服务社会、服务民生成效显著。“十一五”期间，全省通信业坚持服务社会、服务民生，全面提升通信服务质量。“政府监管、企业自律、社会监督”三位一体的电信服务质量工作机制逐步形成，有效促进了电信服务质量持续改善。全省通信业把保增长、扩内需同改善民生紧密结合起来，努力提供优质、高效的通信服务。“十一五”期间，全省人均通信消费支出占人均消费性总支出的比重五年下降了2个百分点，电信资费综合价格水平下降了40%，广大电信消费者更多地享受到通信业发展的成果。

**（六）认真履行社会责任，通信保障和互联网管理不断加强**

应急通信保障能力不断提升。“十一五”期间，全省通信业坚持平战结合、军民兼容、寓军于民，加强组织机构建设，完善预案管理体系，加大经费投入，深入开展应急演练，积极参与抢险救灾，全力做好防汛抗旱、防震减灾、森林防火、反恐怖等突发公共事件及重要会议活动的通信保障工作，圆满完成了中央领导在豫期间重要通信保障任务。

互联网管理进一步加强。“十一五”期间，通信业进一步强化网络信息安全监管，加强网站备案管理，初步实现了对互联网网站的实名制管理；进一步加强互联网服务市场监管，规范互联网接入和信息服务秩序；进一步净化网络环境，依法严厉打击整治违规有害网站，有效遏制网络不良信息的传播。通过规范市场秩序，维护市场稳定，促进了互联网市场健康有序发展。

**（七）电信体制改革不断深化，行业发展环境持续改善**

电信重组构建市场新格局。“十一五”期间，电信体制改革取得新突破，开创全业务竞争新格局。全省通信业基本形成三大基础电信运营企业、千余家增值电信业务经营单位有序竞争、共同发展的市场新局面。

行业发展健康有序。“十一五”期间，省委、省政府进一步加大对通信行业的支持力度，促进行业健康发展，先后出台了《河南省人民政府批转省通信管理局关于进一步加快全省电信基础设施建设意见的通知》（豫政〔2009〕47号）、《河南省人民政府办公厅转发省通信管理局关于支持以TD-SCDMA为重点的第三代移动通信网络建设工作意见的通知》（豫政办〔2009〕147号）、《河南省人民政府办公厅关于推进通信基础设施灾后重建工作的通知》（豫政办〔2010〕122号）等文件，为行业发展营造良好的政策环境。绿色通信和节能减排效果显著，电信基础设施共建共享取得积极成效，通过共建共享累计减少新建基站3047个，杆路2452.2公里，传输线路3285.2公里，节约投资11.27亿元，助推“两型”社会建设效果良好。

“十一五”期间，全省通信行业虽然取得了显著的成绩，但也面临一些发展过程中的问题，主要表现在以下几个方面：

一是通信行业发展总体水平相对落后，电话普及率偏低，在全国排名第27位。全省城乡通信发展不平衡。企业之间发展失衡问题仍然突出，通信市场竞争格局的结构性优化任重道远。行业支撑社会信息化应用的能力有待进一步增强。二是新业务应用和市场开发能力有待提升，“十一五”期末，全省非话业务收入占比偏低；固定数据及互联网业务收入增长对固定业务收入的拉动作用不足；3G业务市场应用有待进一步开发，行业战略转型有待深化。三是农村通信基础设施建设和信息化推进有待加强，农村地区行政村光纤通达率为87.9%，尚未实现全覆盖；“光进铜退”、“光纤到村”工程仍需加速推进。全省农村电话普及率、宽带普及率和网络覆盖率仍需要进一步提高。全省农村信息化建设中存在着涉农信息资源开发滞后，信息发布收集渠道有限，信息服务内容和服务手段不完善等问题，农村信息化应用水平亟待提升。四是行业管理和通信保障能力有待增强，政策法规建设滞后于行业发展，网络信息安全问题日渐深化和泛化，应急通信保障体系能力需进一步提升。行业监管机制需要进一步完善，监管队伍力量和监管技术手段、管理能力需进一步健全。

## 二、“十二五”发展环境

**（一）中原经济区建设为通信业发展提供了重要的历史机遇**

“十二五”时期，是我省全面建设小康社会的关键时期，是深化改革开放、加快转变经济发展方式的攻坚时期。河南省委、省政府立足我省实际，着眼国家经济社会发展大局，明确提出“建设中原经济区、加快中原崛起和河南振兴”的总体战略，将进一步提升河南省在中部崛起战略中的地位，开创中原崛起和河南振兴的新局面。

“十二五” 时期，我省将探索“三化”协调科学发展路子，深入推进“一个载体，三个体系”建设。在加快新型工业化、新型城镇化和推进农业现代化进程中，不仅为全省通信业保持平稳较快发展提供了强大的需求拉动，同时对通信业推动信息化和工业化深度融合，加快经济社会各领域信息化，建设“数字河南”提出了明确的要求，为行业发展提供了重要的历史机遇。

**（二）加快培育和发展战略性新兴产业赋予通信业新的历史使命**

国务院《关于加快培育和发展战略性新兴产业的决定》，明确了将新一代信息技术确立为战略性新兴产业重点推进。党的十七届五中全会提出了“全面提高信息化水平，推动信息化和工业化深度融合，加快经济社会各领域信息化”，对信息通信业提出更高的要求，赋予了信息通信业未来五年新的历史使命。

在“十二五”战略机遇期，新一代信息技术纳入国家战略性新兴产业布局，随着信息通信网络的广泛渗透和信息通信技术的普及与应用，信息通信业将更多地承担起调整经济结构、转变经济发展方式和促进社会整体进步等方面的重任，通信业在国民经济中的基础性、先导性和战略性作用将日趋增强。三网融合进入实质性推进阶段，业务融合和创新力度将不断加大；宽带发展政策环境不断优化，宽带战略部署进一步加快；下一代通信网络成为信息化建设的基石，3G/4G 移动通信网络、下一代互联网和宽带光纤接入网加快建设；两化融合深入推进，ICT、云计算、物联网成为热点应用，都将推动通信业加快发展转型。

**（三）新一代信息技术为通信业发展提供了内生动力**

“十二五”期间，以 IPv6 为核心的下一代互联网为未来业务的融合提供了基础承载网络，将成为国家重要的信息通信基础设施。3G 发展、三网融合趋势、物联网应用等将成为向下一代互联网演进的重要驱动力。新一代移动通信技术引领 TD-LTE/4G 演进趋势，下一代传送网技术向高速率、智能化演进。

随着宽带战略的实施以及国家三网融合试点方案的推出，将进一步推动光纤宽带网络建设的全面实施，也为 PON 接入技术的应用提供了发展空间。物联网与云计算应用渐成新热点，未来物联网的演进将以通信网为主导，实现信息的可控可管，安全高效。物联网与云计算的结合是互联网发展的必然趋势，它将引导互联网和通信产业的发展，并形成较大的产业规模。

“十二五”时期，全省通信行业发展机遇与挑战并存，通信业将仍处于大有作为的重要战略机遇期。移动互联网、新一代移动网、下一代互联网、三网融合、智能终端、物联网、宽带、信息服务业等战略性新兴信息通信产业的快速发展，为信息通信业提供了难得的发展机遇。同时，通信业也将面临诸多挑战：通信产业链的不断演进使商业合作模式日趋复杂，未来商业模式将呈现“多方开源，合作共赢”的特征，通信运营商的产业主导权将面临更大挑战；通信业务的移动化、宽带化、智能化和融合化发展趋势，使得通信产业的收入源头空前拓宽，通信业务的外延和内涵不断变化；行业融合加速通信市场多元化发展，引发行业生态重构，催生泛在服务；三网融合稳步推进形成三家电信运营商+广电运营的市场新格局，以通信、广电为主的多种融合类业务形态共同发展，通信市场将呈现融合、竞争、合作、共赢的新环境。行业监管方式和管理职能也将发生重大变革，宽松的政策环境既给通信运营企业营造新的发展空间，同时也面临着市场竞争加剧的挑战。

## 三、“十二五”指导思想和发展目标

**（一）指导思想和基本原则**

“十二五” 时期全省通信业发展的指导思想是：全面贯彻落实党的十七大和十七届四中、五中全会精神，以邓小平理论和“三个代表”重要思想为指导，深入贯彻落实科学发展观，以科学发展为主题，以加快转变行业发展方式为主线，以服务中原经济区建设、加快推进中原崛起和河南振兴为总体目标，大力建设“无线城市”，推进三网融合，促进工业化和信息化深度融合。着力加快发展，提高信息通信网络支撑能力，着力创新转型，实现通信业做大做强，着力服务民生，提升经济社会信息化水平，着力提高通信保障能力，保障网络和信息安全。充分发挥通信业在全省经济社会发展中的基础性、先导性和战略性作用，全力服务中原经济区建设，促进新型工业化、新型城镇化和农业现代化协调发展，为加快中原崛起、河南振兴做出新的贡献。

“十二五”时期，全省通信业发展要坚持以下基本原则：

坚持科学发展，服务经济社会大局。突出科学发展主题，坚持以人为本、发展为民，主动融入中原经济区建设大局，主动适应经济社会发展和人民生活水平提高对通信服务的新需求，加快推进全省“无线城市”、“智慧城市”和“数字河南”建设，努力保持行业持续平稳较快发展。

坚持创新发展，提升信息通信支撑能力。加快创新转型步伐，全面实施光纤宽带网络战略，加快3G网络、宽带接入网、智能光网络建设，积极推动新一代移动通信网、下一代互联网、物联网、云计算等关键技术推广应用，推动新一代信息技术等战略性新兴产业的发展，加快培育信息网络经济等新业态，建设技术先进、功能强大、服务完善的信息通信网络平台，为全省经济社会发展和信息化建设提供可靠通信网络支撑。

坚持融合发展，推进信息化建设。充分发挥通信业在网络、技术、人才、应用等方面的优势，积极参与政府信息化、企业信息化、教育信息化、农业信息化的建设，加快经济社会各领域信息化进程，大力推进电子政务、电子商务，促进三网融合，服务“两化”融合，进一步深化通信业在国民经济中的基础性、先导性和战略性作用。

坚持统筹发展，缩小城乡数字鸿沟。统筹城乡通信发展，积极服务新型城镇化、农业现代化建设，加快农村通信基础设施建设，扩大农村宽带覆盖，深入开展信息下乡活动，全面提升农村通信服务水平，推进“数字新农村”建设，促进不同区域之间、城乡之间的协调发展，创建公平的信息社会。

坚持绿色发展，打造节能低碳网络。落实绿色发展理念，实施通信业节能减排。积极运用信息通信技术改造传统产业，促进产业结构优化升级，加大节能智能型基站建设，加强网络建设和运行维护等环节的节能减排和技术改造，打造信息化低碳生产和生活；继续推进电信基础设施共建共享，拓展范围、创新模式，助推“两型”社会建设。

**（二）发展目标**

“十二五”时期全省通信业发展的总体目标是：全行业服务中原经济区建设取得积极成效，全省“无线城市”基本建成，“数字河南”建设取得积极进展，社会各领域信息化水平大幅提升，推进两化深度融合取得明显成效，“三网融合”取得实质性进展。通信服务水平明显提升，全省通信业持续保持平稳较快健康发展，电话普及率与全国平均水平的差距进一步缩小。加快向综合信息服务转型，推动行业实现跨越式发展。通信服务能力显著增强，初步建成宽带、融合、泛在、安全的下一代信息通信基础设施，信息通信网络全面覆盖城乡。电信普遍服务进一步深化，城乡“数字鸿沟”进一步缩小，基本实现“家家能上网、村村通宽带、信息无障碍”。适应全省经济社会发展要求的应急通信和网络信息安全保障体系基本建成，通信保障能力全面提升。

1. 业务收入持续增长，行业实现平稳较快发展

到2015年，全省电信业务总量将达到950亿元（2010年不变单价），五年年均增长率达到14.6%。全省电信业务收入将达到550亿元，年均增长率达到7.6%。其中非话业务收入达到278亿元，占电信业务总收入的50.5%，通信业务结构进一步优化。

“十二五”期末，移动通信业务收入达到459亿元，占电信业务总收入的83.6%，其中3G业务

收入达到135亿元，3G业务增长迅猛，年均增长率达到56.7%。

2. 用户规模不断扩大，通信服务能力稳步提升

到2015年，全省电话用户总数达到7750万户，全省电话普及率达到75.1部/百人；移动电话用户突破6500万户，移动电话普及率达到63.5部/百人，其中3G用户达到1650万户。全省互联网用户总数突破6500万，互联网普及率达到63.5户/百人，其中固定互联网宽带用户突破1500万户，固定宽带用户普及率达到14.7户/百人；移动互联网用户突破5000万户，移动互联网普及率达到49.3部/百人。

“十二五”期间，电信普遍服务内容将从语音业务扩展到互联网业务，推动电信普遍服务从“村村通电话”延展到“村村通宽带”，基本实现家家通电话，村村能上网。到“十二五”末，全省电话普及率与全国和中部平均水平的差距进一步缩小。

3. 通信能力显著增强，网络实现全面转型

“十二五”期间，全省通信业固定资产投资总额计划完成600亿元，光纤宽带网络和3G网络建设取得显著成效。到2015年，省辖市城区基本实现光纤到楼，城市用户接入能力平均达到16M，商住楼用户接入能力基本达到100M，全省行政村光纤接入覆盖率达到100%，农村用户接入能力平均达到4M；互联网宽带接入端口达到2186万个，宽带IP骨干网总带宽达到12190G。3G网络覆盖全省城乡，3G基站总数达到4.9万个。全省通信光缆线路长度达到58万公里。

## 四、“十二五”主要任务和重点工程

### （一）主要任务

1. 服务中原经济区建设总体战略，全面提升信息通信服务能力

认真贯彻落实《中原经济区建设纲要（试行）》，按照“准确定位、主动融入，发挥优势、合理布局，互动联动、一体运作，统筹协调、全面推进”的要求，全力服务中原经济区建设。围绕中原经济区建设成为全国“三化”协调发展示范区、全国重要的经济增长板块、全国重要的综合交通枢纽和物流中心、华夏历史文明的重要传承区定位，完善细化服务中原经济区建设措施，充分发挥通信业的基础性、先导性和支撑作用，大力推进信息化，积极服务工业化、城镇化和农业现代化建设，服务十大战略支撑产业发展，服务中原城市群建设，巩固和提升郑州作为全国重要通信枢纽的战略地位，推动中部信息集散地建设，努力建成全国重要通信枢纽中心、全国重要农业信息服务中心和呼叫中心。加快郑州、洛阳通信信息产业园区的建设，以高科技信息园区带动全省信息化发展，努力建设国家级重点信息通信产业园。

2. 统筹发展3G移动网络和光纤宽带网络，提升信息通信基础设施支撑能力

加快3G网络建设发展，使3G网络覆盖逐步向乡镇、行政村延伸，进一步提高3G网络覆盖范围和深度，努力建成覆盖全省城乡的精品3G网络。加大TD-SCDMA产业化进程，进一步完善TD相关产业链，加快推进新一代移动通信TD-LTE的应用，争取开展试商用。加快实施宽带发展战略，充分利用有线、无线接入手段，以光纤接入为主，大力推进城市光纤到楼入户，农村光纤到村工程，扩大宽带覆盖范围，全面提升宽带接入能力。加快IPv6商用网络建设，推进信息通信网络向下一代网络演进和升级，构建宽带、融合、泛在、安全的新一代网络基础设施，全面提升全省信息通信基础设施支撑能力。

3. 加快转变行业发展方式，加速“两化”深度融合

认真贯彻落实省政府与工业和信息化部及三大通信集团公司签订的战略合作框架协议，继续加大通信基础设施投入力度，实施项目带动战略，确保框架协议全面落实，支持全省“大招商”活动。加快推进社会各领域信息化，围绕电子政务、电子商务、文化、卫生、交通、旅游、城市管理、社会保障、中小企业等领域，大力推进3G、宽带网、物联网、云计算等新技术的开发和应用，

深化信息技术在传统产业中的应用，带动传统产业升级改造和结构调整，建设区域性综合电子商务平台，推进社会信息化进程。

以 TD 和 3G 发展为契机，大力发展移动互联网业务，推动融合性技术和业务创新发展，加快向多媒体化、融合化、集成化综合信息服务转型；大力扶持和加快增值电信业务发展，在政策、资金、市场准入等方面建立绿色通道，全面推进增值电信业务的可持续发展，力争到“十二五”末，全省增值电信业务经营单位突破 2000 家，增值电信业务规模和数量位居中西部前列。

4. 加快推进农村信息化进程，服务农业现代化建设

积极推进新农村和农业现代化建设，继续完善农村通信基础设施，实施光纤到行政村工程，推动宽带向自然村延伸，扩大农村宽带覆盖。扎实推进“信息下乡”工作，进一步完善农村综合信息服务平台，规范信息站、信息点管理，整合涉农信息内容，丰富服务手段，扩大覆盖面，打造全方位的惠农、帮农、助农信息服务体系。以农村党员干部现代远程教育系统、河南新农村信息网、“农信通”服务平台、12316“三农”服务热线，为广大的农村用户提供语音咨询、手机短信、互联网站等多样化业务应用和特色信息服务，实现信息“进村入户”。开发推广适合农村和农民需要的通信业务和服务，逐步在全省取消区间通话费，进一步降低农村通信资费，全面提升农村地区信息通信能力和服务水平，数字新农村建设取得积极进展。

5. 促进新一代信息技术发展，培育战略性新兴产业

加快创新转型步伐，积极推进新一代信息技术等战略性新兴产业的发展。充分发挥通信业的基础、支撑作用，带动信息通信研发、设计、制造、软件、系统集成等相关产业创新发展，以信息通信为基础，推动新一代移动网、下一代互联网、物联网、云计算等关键技术开发应用，推进信息通信技术在智能交通、智能电力、智能水利、智能物流、工业监测、环境保护等方面应用。大力发展电子商务、移动支付、宽带及移动软件服务、服务外包等创新生产性服务业，加快发展 IPTV、手机媒体、网络音乐、网络出版、动漫游戏等互联网产业，促进信息服务、电子商务、软件服务等新兴业态发展，支持战略性新兴产业发展。

6. 稳步推进三网融合，加速“两化”深度融合

认真贯彻落实国务院推进三网融合有关政策文件，积极争取郑州等市纳入国家第二批三网融合试点地区，有序开展三网融合业务试点，加快网络升级改造，全面提升宽带接入能力。加快业务应用平台建设，加快产业链合作创新，积极推动 IPTV、手机电视和移动视频等业务发展，深入推进三网融合。充分发挥通信业推动“两化”融合的主力军作用，围绕工业转型升级，加快拓展信息化应用领域，推进信息技术在工业各领域的广泛应用以及生产各环节的综合集成，扎实推进数字化产业集聚区创建，推进信息化与工业化深度融合，推动全省新型工业化加快发展。

7. 着力推进电信基础设施共建共享，促进行业节能减排

认真贯彻中央关于建设资源节约型、环境友好型社会有关文件精神，把节能减排作为行业转型升级的重要抓手，落实通信基站节能设计规范等国家及行业标准，将能耗和环保性能作为设备招标评标的重要指标，积极推广节能技术，采用节能新技术、新产品、新材料，重点推动节能型智能基站的部署和建设。抓好现有网络设备节能改造，在网络建设、运行维护、客户服务等各个环节做好节能减排工作，进一步提高网络运行效率，逐步降低能耗总量。继续深入开展电信基础设施的共建共享，进一步扩大共建共享范围，拓展共建共享领域；积极在高速公路、高速铁路、城际铁路、地铁、重点风景区、驻地网等区域实施电信基础设施共建共享，进一步提高共建共享率，扎实推进全省电信基础设施共建共享工作，促进低碳经济发展和“两型”社会建设。

8. 健全应急保障体系，提升通信保障能力

加快应急通信指挥平台建设，建立健全通信保障应急联动长效机制，完善全省应急通信保障预案体系，提高应急通信技术装备；落实战备应急通信规章制度，规范应急通信工作程序；加强战备

应急通信和信息动员机构建设，强化专兼职应急通信保障队伍管理，初步形成“组织机构健全、工作有法可依、指挥调度顺畅、反应快速灵敏、技术措施得力、保障队伍精干”的应急通信和信息动员保障体系。加强党政军重要通信和重要信息系统安全防护，保障重要时期、重大活动全省通信网络安全畅通，积极服务平安河南建设。

9. 加强互联网管理，保障网络和信息安全

坚持“一手抓发展，一手抓管理”，发展和管理并重，积极探索互联网特点和规律，不断创新互联网管理的思路、方法和手段，进一步加强互联网基础资源管理和网络信息安全保障建设，初步形成管理与技术相结合的网络信息安全保障体系。积极开展专项治理行动，整治互联网低俗之风，净化网络文化环境，为中原经济区建设提供良好的网络氛围。加强网络安全管理，建立通信网络安全防护检查的长效机制，适时组建省级网络安全专家队伍，不断提升网络安全支撑能力，实现网络安全管理模式创新。继续加大互联网信息服务市场的监管力度，全面落实企业信息安全责任制，切实做好互联网站备案工作，夯实互联网基础管理。

10. 加强通信市场监管，促进行业科学发展

加强电信监管，努力实现电信管理职能向创造良好发展环境、提供优质公共服务转变，坚持监管就是服务的理念，以“服务经济社会发展和服务民生，促进行业持续健康发展”为出发点，进一步加大电信管理和服务力度，积极争取政策支持，不断优化行业发展环境，促进市场均衡发展，加快建设和谐行业。进一步落实电信服务规范，认真解决电信服务热点难点问题，切实提升电信服务质量。加快建立现代企业制度，增强企业发展活力，提升行业竞争力。

**（二）重点工程**

1. 郑州通信枢纽提升工程

坚持高标准、高起点、高水平制定郑州市控制性详细规划全覆盖通信基础设施专项规划，进一步完善郑州市通信网络基础设施，大力实施光纤宽带网络建设工程，实现光纤接入覆盖所有大楼，加快建设郑州城市光网；继续完善郑州 3G 网络覆盖，打造 3G 精品网络，加快 TD 和 3G 业务应用，在全省率先建成“无线城市”。积极争取建设全国互联网区域交换中心、大型呼叫服务中心和物流信息服务平台，提高信息流的转接疏通能力，打造现代信息通信枢纽，强化郑州信息通信枢纽在全国的重要地位。充分发挥和利用河南省通信产业园区的优势，积极吸引国内外知名通信生产企业、研发基地进驻，为服务外包产业提供优质高效、便捷可靠的信息通信服务，推动中部信息集散地建设，带动全省信息通信产业的发展，支撑中原经济区建设。

2. 新一代移动通信网工程

“十二五”期间，在继续完善 2G 网络覆盖同时，不断加强 TD-SCDMA 等 3G 网络建设力度，进一步优化完善 3G 网络覆盖，提高 3G 网络覆盖范围和深度，实现全省城乡、高速公路、高速铁路、地铁、风景区等 3G 网络的有效覆盖。到 2015 年，全省移动交换机容量将突破 1.3 亿户；移动基站数将突破 10 万个，其中 3G 基站突破 4.9 万个，一个技术先进、功能强大、服务完善的 3G 移动通信网络全面建成。积极推动 TD-LTE 及其他 4G 网络的实验网、商用网的建设，以重点城市重点区域为基础，促进 4G 网络在物联网、三网融合、应急通信、数字新农村建设中的开发和应用，为下一代宽带移动网络建设和运营积累经验。积极争取中国移动集团公司区域呼叫中心等项目落地河南，有力带动行业和社会协调发展。

3. 宽带接入提速及宽带覆盖工程

加快实施光纤宽带网络建设，优化网络结构、提升传输能力、提高网络安全性，构建高速大容量、多业务承载、网络智能化的光传送平台，提升宽带网络承载能力。积极采用 EPON/GPON、WLAN 等有线、无线技术，充分利用接入节点、2G/3G 基站、远程教育节点等站址实施“光进铜退”，大力推动城市光纤到楼入户，农村光纤到村，逐步在城市区域实现光纤入户，农村地区实现

光纤到村，全面提高全省光纤宽带网络覆盖率。

到2015年，全省宽带接入能力将大幅提高。全省固定互联网宽带接入端口将突破2000万个，其中光纤宽带接入端口数突破550万个，商业楼宇用户基本实现100M的接入能力，城市家庭用户平均16M的接入能力，农村家庭平均4M的接入能力。全省宽带IP网骨干网带宽突破12000G。

4. 下一代互联网工程

大力推进下一代互联网的发展。“十二五”期间，以IPv6为核心的下一代互联网的发展，将从试商用阶段进入规模商用阶段，新型应用和用户规模持续扩大。鼓励电信运营企业开展下一代互联网省内试点工程，选择部分区域网络开展网络演进试点，在试点成熟的基础上，逐步扩大试点范围。重点推进IPv6网络平滑升级，逐步对网络设备进行软硬件升级改造，改造迁移业务平台及后台支撑系统，优先推动门户网站、宽带业务平台的改造，实现对IPv6的支持，做好IPv4和IPv6资源共享，促进IPv6终端推广应用。到“十二五”末，全省将初步建成以IPv6为核心的下一代互联网。

5. “两化”融合推进工程

充分发挥通信业在两化融合中的推动和支撑作用，实施中小企业信息化推广工程。联合国内外通信设备制造企业、软件骨干企业和科研院所，促进服务外包、软件开发、系统集成、数字内容制作、网络娱乐、安全服务等IT服务业；建设公共服务云计算平台，以应用和服务为主，聚合工业、农业、服务业等服务需求与资源，充分利用ADC平台，加快推进“中小企业信息化普及工程”，积极推广“宽带商务”信息化应用，积极为全省中小企业提供先进、便捷、安全的综合信息化服务。

推进3G与物联网融合，积极开展与物联网领域产业链的合作，优先选择基础设施、交通运输、环保监测、公共安全、工业控制、医疗卫生等领域，部署RFID和传感器网络，以示范工程带动物联网行业应用，加快推进物联网在各行各业的应用，逐步向个人、家庭应用领域扩展，促进物联网产业的商业化和规模化发展。

6. 促进三网融合工程

“十二五”期间，积极争取郑州等市进入全国三网融合第二批试点城市，在郑州先行试点的基础上，逐步扩大试点城市，积极稳妥推进全省三网融合试点工作。加快三网融合试点城市的光纤宽带基础网络建设，推进网络IP化改造，实施光纤到楼、光纤入户工程，扩大网络带宽，到2012年，三网融合试点及重点城市的宽带下行接入能力达到1G、商业楼宇用户入户接入能力达到100M。加快业务平台建设，积极与广电部门开展合作，建立合作机制，充分利用传统媒体和新媒体，加强三网融合新业务的推广和宣传，加快推动IPTV、手机电视等业务繁荣发展，深入推进三网融合。

7. “数字河南”推进工程

“十二五”时期，加快推进“数字河南”建设。以支撑和服务“数字城市”、“无线城市”及“数字化产业集聚区”创建为重点，全力打造基于宽带、移动的智能城市建设。

“数字城市”工程。基于宽带基础设施建设，结合3G和物联网的发展，实施中原城市群“数字城市”建设。2011年启动郑州、洛阳“数字城市”建设，“十二五”期间，“数字城市”建设分阶段向其他城市扩展。

全省“无线城市”工程。以洛阳市建设中西部地区第一个“TD网络领先试点城市”为契机，立足TD和3G移动网络建设，实施全省“无线城市”建设。2011年，在洛阳、郑州建设“无线城市”试点的基础上，积极开展“无线城市”第二阶段建设工作，实施“无线城市”统一门户服务平台二期工程，建设18个地市门户平台，到“十二五”末，全省“无线城市”基本建成。

“数字化产业集聚区”创建工程。加快推进全省产业集聚区通信配套设施建设，提升产业集聚区信息化水平，开展“数字化产业集聚区”创建试点。“十二五”期间，在全面做好首批20个“数字化产业集聚区”试点创建工作的基础上，以点带面、逐步推广。到2015年，全省实现打造50个“数字化产业集聚区”，全面提升通信服务水平，推进产业集聚区的“两化”深度融合。

8. 数字新农村工程

实施全省万村百万农民上网工程，打造数字新农村。完善农村信息通信基础设施，提升行政村宽带接入能力，实现100%行政村通光纤，推进宽带网络向自然村延伸，基本实现全部自然村通宽带。以农村党员干部现代远程教育系统为基础，整合新农村信息网、农商网、12316“三农”服务热线等涉农信息资源，扎实推进“信息下乡”，实现100%乡镇建有信息服务站和网上信息库，100%行政村建有信息点和网上信息栏目。充分利用平安互助平台，提升农村社会治安的监控管理水平。以县、乡、村信息服务网点为运营体系，以农村通信网和业务平台为信息传递手段，通过建立“一村一点”农村信息服务网点，实现信息内容、信息服务和信息终端进村入户，促进农民信息致富。积极利用物联网等信息技术加速改造传统农业，提高农业集约化、产业化水平，助力国家粮食核心主产区和农业现代化建设。

## 五、保障措施

### （一）争取政策支持，保障规划顺利实施

积极争取省委、省政府的政策支持，将行业发展融入到经济社会发展大局，将行业发展规划纳入全省国民经济和社会发展规划，各市通信基础设施专项规划纳入当地城市控制性详细规划，争取国家对新一代信息通信基础设施建设以及核心技术的研发和产业化等给予资金支持，不断完善信息通信基础设施建设的发展环境，加强与各级政府和相关部门的协调、沟通，为全省通信业发展营造良好的政策环境，保障通信业规划的顺利实施。

### （二）加速实施宽带战略，提升宽带网络覆盖能力

光纤宽带作为国家信息化的重要基础设施，是国家战略的重要组成部分，是未来国家地位和竞争的战略制高点。“十二五”期间，全省通信业要认真落实《关于推进全省光纤宽带网络建设的实施意见》，持续加大宽带网络建设投入，积极推进“宽带河南”战略的落实。在城市改建、规划新区、乡村通信基础设施建设中，积极争取将光纤宽带网络建设列入政府重点工程，给予政策支持，确保宽带网络建设顺利进行，全面提升全省宽带网络覆盖能力，为加快推进“数字河南”和“无线城市”建设提供坚实的网络支撑。

### （三）努力消除“数字鸿沟”，促进普遍服务机制建设

全面落实中发〔2010〕1号文件提出的“推进农村信息化，积极支持农村电信和互联网基础设施建设，健全农村综合信息服务体系”的要求，继续加大农村通信建设，拓展农村通信市场空间，进一步完善农村通信网络覆盖，全面推进村村通宽带工程，提升农村综合信息应用和信息服务，努力消除城乡“数字鸿沟”。积极推进电信普遍服务机制建设，争取在政府层面加大投入、降低税收、资源支持等多方面给予支持，建立健全农村通信持续发展的保障机制，扎实推进农村信息化建设。

### （四）推进技术进步，保障网络和信息安全

按照《国务院办公厅关于印发三网融合试点方案的通知》（国办发〔2010〕35号），“十二五”期间，三网融合将进入实质性实施阶段，通信业将进一步加快光纤入户建设，全面提升宽带接入能力，积极推进“三网”融合发展。随着三网融合逐步开展，宽带接入市场竞争加剧，同时技术的进步，业务的融合和多样化，网络的开放，终端的多样和信息量的剧增，都对行业监管提出新的要求，要积极研究和探索三网融合下的网络信息安全管理模式，切实维护和保障网络信息安全。

### （五）加强行业监管，营造良好发展环境

“十二五”时期，电信业发展面临新的机遇和挑战，电信监管任务将日趋繁重，电信监管部门必须结合新形势、新要求，加快政府职能转变，全面履行经济调节、市场监管、社会管理和公共服

务等职能，加强行业发展的宏观指导，从技术、经济、行政、法律等方面不断完善监管手段，提高监管效率，增强监管工作的整体效能，在推动通信业健康发展，建立有序市场竞争格局，促进市场均衡发展中发挥积极作用。要加强安全生产管理，确保行业安全生产形势稳定，为行业发展提供坚实保障。积极发挥协会、学会的桥梁纽带作用，努力构建和谐行业，保障国家电信管理政策的有效落实。同时要加强电信监管队伍建设，建立一支高素质的监管队伍，适应新时期电信监管工作需要，全面提高依法行政水平。

## 六、2020 年远景展望

到 2020 年，全省电信业务收入突破 800 亿元，位居全国前列。全省通信服务总体水平进一步提升，电话用户数和互联网用户数双双突破 1 亿户；电话普及率达到 95 部/百人，与全国平均水平的差距进一步缩小；非话电信业务收入突破 600 亿元，占电信业务收入比重超过 75%。全省将全面建成宽带、融合、泛在、安全的下一代通信基础设施，实现城市光纤到楼、光纤到户，农村光纤到村和家家通宽带、村村能上网的目标，社会信息化程度显著提高。全省“无线城市”全面建成，推进“数字河南”建设取得明显成效，以物联网为基础的下一代创新业态基本形成；通信业节能减排降耗和基础设施共建共享取得新进展；网络与信息安全保障能力进一步增强；市场监管体系更加成熟和完善；市场竞争格局进一步优化。全省通信业在服务中原经济区建设、加快中原崛起和河南振兴进程中的基础性、先导性和战略性作用日益显现，逐步成为全省经济社会发展的重要支柱产业。

# 广西壮族自治区电信网短号码管理暂行规定

广西壮族自治区通信管理局

## 第一章　总则

**第一条**　为进一步规范短号码的开通和呼出开放，根据《电信网码号资源管理办法》（原信息产业部第28号令）及《网间主叫号码的传送（补充件3）》（业务台短号码作为主叫号码时的传送规范，YD/T1157.3-2005）、《广西壮族自治区电信网码号资源管理实施细则》（桂通管网〔2003〕202号）等规定，结合广西实际，特制定本规定。

**第二条**　96字头短号码的开通和呼出开放流程按照本规定执行。

备案的1字头短号码及95字头短号码开通参照本规定执行。

## 第二章　开通、呼出、结算管理

**第三条**　短号码开通的条件：

（一）短号码使用者的业务平台可与一家基础电信企业或多家电信企业的网络直联。

（二）短号码使用者只与一家基础电信企业的网络直联的，其他基础电信企业应按要求配合做好局数据修改及开通工作。

（三）短号码使用者获得码号使用权后，应与区内相关基础电信运营企业协商码号开通事宜。

（四）短号码使用者与相关接入企业签署协议后，可致函（或委托签署协议的基础电信企业致函）其他电信企业提出短号码在区内开放事宜。

（五）其他基础电信企业应自收到要求开放函件之日起30日内配合完成相关短号码开通工作。

1字头短号码及95字头短号码在广西备案时，应出示与相关基础电信运营企业总公司签署的开通协议，备案时提交开通协议复印件。

**第四条**　短号码呼出的条件：

（一）原则上只向政府机关、社会公益组织、公用企事业单位的短号码开放呼出功能。经审查允许呼出的短号码，区内基础电信运营企业应为其开放呼出功能。

（二）各基础电信运营企业应保证紧急公益短号码（110、120、122、119），各级政府服务短号码、交通、火灾、水（海）上搜救、医疗、卫生、地震、气象监测等部门短号码的网间互联及呼出畅通。

（三）各基础电信运营企业应保证各基础电信运营企业的客服号码及114查号基本业务的呼出畅通。

其他需开通呼出功能的1字头短号码及95字头短号码在广西备案时，应出示与相关基础电信运营企业总公司签署开放呼出功能的协议，备案时提交协议复印件。

**第五条** 短号码呼出应遵守以下要求：

（一）短号码的呼出点应与呼入点保持一致，并与码号使用主体设置的客服平台组网方式一致。

（二）呼出话务应可溯源、可控制、可监督管理，保证数据真实和网络安全。

（三）呼出必须是通过人工座席呼叫，不得经第三方转接或转接第三方话务。

（四）其他相关规范和规定。

**第六条** 短号码呼出结算暂按短号码归属属性结算（短号码属性见《电信网码号资源管理办法》）。如遇国家政策明确时作相应调整。

（一）归属于固定电话网的短号码呼出结算参照固定电话网普通用户发起呼叫的网间结算标准执行。

（二）归属于移动通信网短号码的短号码呼出结算参照移动电话网普通用户发起呼叫的网间结算标准执行。

（三）各基础电信运营企业的自营业务短号码的结算原则，由各基础电信运营企业自行协商解决或维持现状。

1字头短号码及95字头短号码如签署结算协议的，按协议执行。未签署协议的，按本规定执行。

## 第三章 罚则

**第七条** 违反本规定第三条、第四条、第五条，有下述行为的，由自治区通信管理局依照《电信网码号资源管理办法》第四十条规定责令改正，并视情节轻重予以5000元以上3万元以下的罚款。

（一）未按规定报告码号资源使用情况的；

（二）未按规定向自治区通信管理局备案的；

（三）未按规定配合码号使用者制作局数据，开通号码的；

（四）未按规定保护电信用户号码使用权益的。

**第八条** 违反本规定第三条、第四条，有下述行为的，由自治区通信管理局依照《中华人民共和国电信条例》第七十条的规定责令改正，没收违法所得，处违法所得3倍以上5倍以下罚款；没有违法所得或者违法所得不足5万元的，处10万元以上100万元以下罚款。

（一）擅自启用码号资源的；

（二）擅自拓展号码位长使用的；

（三）擅自改变码号资源用途的。

## 第四章 附则

**第九条** 本办法自2012年6月1日起执行。

# 海南省电信网码号资源管理实施细则（试行）

海南省通信管理局

## 第一章　总则

**第一条**　为有效利用电信网码号资源，保证公平竞争，促进电信事业的健康发展，根据《电信网码号资源管理办法》，制定本实施细则。

**第二条**　在海南省内管理和使用电信网码号资源（以下简称码号资源），应当遵守本实施细则。

本细则所称码号资源，是指由数字、符号组成的用于实现电信功能的用户编号和网络编号。

本办法所称码号使用者，是指获准使用码号资源的电信业务经营单位、专用电信网单位、政府部门、社会团体和其他企事业单位等。

**第三条**　码号资源属于国家所有。国家对码号资源实行有偿使用制度，具体收费标准和办法另行制定。

**第四条**　海南省通信管理局依法对海南省内的码号资源实施管理。

拟使用海南省本地网局号及海南省通信管理局规划管理的短号码和国内NO.7信令点编码的单位，须向海南省通信管理局申请审批；凡拟在海南省内启用信息产业部批准的码号的单位，须到海南省通信管理局办理码号启用备案手续。

未经海南省通信管理局批准或备案，任何单位或个人不得在海南省内擅自启用码号资源。

**第五条**　码号资源管理应当遵循公开、公平、公正的原则，统一规划，集中管理，合理分配，有效利用。

## 第二章　码号资源的申请与分配

**第六条**　码号资源的申请应满足申请人资格和码号使用范围两项条件。

（一）基础电信业务经营者和专用电信网单位可申请本地电话网局号。

（二）电信业务经营者可申请96字头短号码用于省内电信业务接入码；服务型企、事业单位可申请96字头短号码用于省内客户服务中心接入码；基础电信业务经营者可申请96字头短号码用于省内智能网业务接入码。

（三）专用网单位、增值电信业务经营者可申请国内NO.7信令点编码。

**第七条**　码号申请人提出码号资源使用申请，应向海南省通信管理局提交相应材料。

（一）申请使用本地电话网局号的申请人，应提交申请报告（包括申请码号的用途、使用范围、数量等)、《本地电话网局号申请表》(附件 1)[①] 和申请人资格证明材料（本地电话业务经营许可证、企业法人营业执照和组织机构代码证复印件)。

（二）申请使用 96 字头短号码的申请人，应提交申请报告（包括申请码号的用途、使用范围、数量等)、《省内使用短号码申请表》(附件 2)[②] 和申请人资格证明材料（经营电信业务单位提供电信业务经营许可证、企事业单位法人营业执照和组织机构代码证复印件；非经营电信业务单位提供企事业单位法人营业执照和组织机构代码证复印件)。

**第八条**　有下列条件之一的，海南省通信管理局不受理码号申请：

（一）码号申请人不具备申请人资格的。

（二）码号申请人提出的码号资源超出规定范围的。

（三）提交的申请材料不完备的。

（四）申请人违反本细则受到行业主管部门行政处罚，申请人无法定事由拒不履行行政处罚决定的。

（五）申请人欠缴码号资源占用费的。

（六）申请人违反本实施细则一年内受到海南省通信管理局行政处罚 3 次的，自第 3 次行政处罚做出之日起一年内，海南省通信管理局不受理其码号申请，且不得在我省启用信息产业部在此期间核配的码号资源；所受的行政处罚超过 3 次的，自第 4 次行政处罚做出之日起两年内，海南省通信管理局不受理其码号申请，且不得在海南省使用信息产业部在此期间分配的码号。

**第九条**　海南省通信管理局自收到申请人的申请材料之日起 10 个工作日内，发出是否受理通知。自发出受理通知之日起 30 个工作日内，完成对申请材料的审查，作出批准或不予批准的决定。予以批准的，发给申请人正式批准文件，并报信息产业部备案；不予批准的，书面通知申请人并说明理由。

**第十条**　专用电信网应根据网内用户情况申请码号资源，需要使用本地网局号资源的，应向海南省通信管理局提出申请。

专用电信网单位需要使用千层号、百层号码号资源的，可与当地基础电信业务经营者协商，基础电信业务经营者无正当理由不得拒绝。基础电信业务经营者与专用电信网单位就码号资源的使用达成一致的，应将有关情况报海南省通信管理局备案。

自基础电信业务经营者收到专用电信网单位的协商要求之日起 30 个工作日内，双方未能达成一致的，任何一方均可以申请海南省通信管理局协调。海南省通信管理局自收到书面申请之日起 10 个工作日内完成协调，经协调达不成一致的，海南省通信管理局组织专家公开论证，并作出是否允许专用电信网单位使用千层号、百层号码号资源的决定。

**第十一条**　海南省通信管理局根据码号资源规划、申请码号的用途和申请人的预期服务能力审批码号，采取指配局号、随机选择（目前按“先到先选”的原则，人工选取码号，待“电信网码号资源管理信息系统”完善后，则通过电脑随机选择）短号码等方式分配码号。

本条所称预期服务能力，是指申请人在申请码号时提出的表明其在一定时间内服务应当达到的覆盖范围和用户容量等。

电信业务经营者取得码号使用权后，未经电信主管部门批准，不得擅自拍卖用户号码资源，不得向用户收取选号费或占用费。

---

①② 附件未摘录，请自行查阅。

## 第三章　码号资源的开通使用

**第十二条**　电信业务经营者使用码号资源的期限和范围，应当与电信业务经营许可证或相关批准文件的期限和使用范围一致。其他码号使用者的使用期限为 5 年，使用范围由海南省通信管理局根据具体情况确定。

码号使用期限届满或因业务发生变化停用的，码号使用者应自届满或停用之日起 10 个工作日内上报原码号分配机关。码号使用者需要延长码号使用期限、扩大使用范围和改变码号用途的，应当向原码号分配机关提交申请报告（包括码号使用现状，拟延长码号使用期限、扩大使用范围和改变码号用途的理由）及其他证明材料等。海南省通信管理局收到材料后 15 个工作日内作出批准或不予批准的决定。予以批准的，发给申请人正式批准文件，不予批准的，书面通知申请人并说明理由。

**第十三条**　码号使用者获得码号使用权后，应当在 1 年内，严格按照海南省通信管理局审批或备案时规定的码号结构、位长、用途、用户拨号方式和使用范围使用码号。

码号使用者不得转让或出租码号，不得超范围使用码号，不得将码号作为商标进行注册；未经海南省通信管理局批准，码号使用者不得擅自改变码号用途。

码号使用者改变地址、名称或联系方式的，应当在变更后 10 个工作日内通知海南省通信管理局。

**第十四条**　码号使用者准备启用信息产业部批准可在海南省使用的码号时，应持信息产业部的批准文件、组织单位机构代码证和《码号备案登记表》（附件 3）① 到海南省通信管理局备案；码号使用者将用户号码作为不影响跨网的网间互联结算业务接入码时，持《码号备案登记表》到海南省通信管理局备案。

海南省通信管理局自收齐材料之日起 10 个工作日内，向码号使用者发出《码号备案通知书》（附件 4），② 同时抄送相关电信业务经营者。

各相关电信业务经营者自收齐码号使用者提出开通码号的书面要求和《码号备案通知书》之日起 10 个工作日内，配合码号使用者开通码号。

**第十五条**　码号使用者从海南省通信管理局获得码号使用权后，应当与海南省内相关基础电信业务经营者协商签署开通协议。相关基础电信业务经营者应自协议签署之日起 10 个工作日内，配合码号使用者开通码号。

各相关电信业务经营者自收齐码号使用者提出开通码号的书面要求和海南省通信管理局的批准文件之日起 10 个工作日内，配合码号使用者开通码号。

**第十六条**　相关电信业务经营单位在开通码号后 5 个工作日内，将《码号开通使用情况反馈表》（附件 5）③ 报海南省通信管理局。

**第十七条**　码号使用者应当有效使用码号资源。电信业务经营者应于每年 3 月底前向原码号分配机关报告上年度码号资源使用情况和本年度码号资源使用需求。报告的内容包括：

（一）码号启用时间、范围或数量；

（二）业务种类和服务能力；

（三）本企业（或单位）本年度电信网络、业务发展对码号资源的需求。

**第十八条**　海南省通信管理局应当向社会公布码号资源分配和使用情况，并对使用情况实施监督检查。

---

①②③ 附件未摘录，请自行查阅。

## 第四章　码号资源的调整

**第十九条**　海南省通信管理局对本地网用户电话号码升位实行计划管理，对局部用户号码调整实行备案管理，对短号码位长拓展实行审批管理。

**第二十条**　电信业务经营者利用码号资源提供电信业务时，应当保证电信用户的合法权益，不得随意更改调整号码。

电信业务经营者对局部用户号码进行调整的，应制订周密的调整方案，并提前45天将局部用户号码调整实施方案和用户权益保障措施报海南省通信管理局备案。

**第二十一条**　拓展海南省通信管理局审批的短号码位长的，码号使用者应向海南省通信管理局提出申请，并报送拓展方案、技术实施方案和用户权益保障措施。

海南省通信管理局自收到申请之日起收30个工作日内，对申请人提交的申请和实施方案审查完毕，作出批准或不予批准的决定。予以批准的，发给申请人正式批准文件，并通知相关基础电信业务经营者；不予批准的，书面通知申请人并说明理由。

**第二十二条**　信息产业部或海南省通信管理局要求或批准进行的本地电话升位、长途编号区调整、短号码位长拓展和其他码号调整，电信用户和相关码号使用者应当予以配合。

**第二十三条**　本地电话网电话号码升位、短号码位长拓展和其他码号调整产生的码号资源，由信息产业部或海南省通信管理局统一规划，重新分配。

**第二十四条**　短号码位长拓展和局部用户号码调整的，码号使用者应至少提前45天向用户公告；短号码位长拓展和局部用户号码调整后，码号使用者应提示来话，来话提示服务时间不得少于45天。短号码位长拓展需要新、旧号码并存服务的，相关基础电信业务经营者应予以配合。

**第二十五条**　海南省通信管理局在码号资源管理中，发现有下列情形之一的，可以收回已分配的码号资源：

（一）已终止占用码号资源的业务的；

（二）在规定时间内未启用码号资源的；

（三）以欺诈手段获得码号资源的；

（四）超过规定期限使用码号资源的；

（五）改变电信主管部门规定的码号结构、位长、拨号方式和使用范围使用码号资源的；

（六）擅自启用、扩大范围、改变用途、改变长途编号区或跨本地网使用用户号码资源的；

（七）转让、出租码号资源或将码号作为商标进行注册的；

（八）拒不按照规定缴纳码号资源使用费的；

（九）拒不执行电信主管部门的码号调整要求的。

**第二十六条**　海南省通信管理局决定收回的码号，给原码号使用单位发正式收回码号文件，同时抄送相关基础电信业务经营者，相关基础电信业务经营者应自收到通知书之日起10个工作日内删除相关码号的局数据。

## 第五章　罚则

**第二十七条**　违反本细则的规定有下列情形之一的，海南省通信管理局根据《电信网码号资源管理办法》规定，责令改正，视情节轻重可以给予警告，并处5000元以上3万元以下的罚款：

（一）以欺诈手段获得码号资源的；

（二）无正当理由拒绝专用电信网单位对码号资源需求的；

（三）擅自拍卖用户码号资源的；

（四）改变用户拨号方式的，或将码号作为商标擅自进行注册的；

（五）未按照规定时间启用码号或未达到最低使用规模或预期服务能力的；

（六）未按规定报告码号资源使用情况的；

（七）未按规定向海南省通信管理局备案的；

（八）未按规定配合码号使用者制作局数据，开通码号的；

（九）未按规定配合本地网号码升位方案制订或实施的；

（十）不配合或不按规定配合信息产业部或海南省通信管理局要求或批准进行的本地网号码升位、长途编号区调整、号码位长拓展和码号调整的；

（十一）未按规定保护电信用户号码使用权益的。

**第二十八条** 违反本实施细则，有下列情形之一的，由海南省通信管理局依据《电信网码号资源管理办法》规定责令改正，没收违法所得，处违法所得 3 倍以上 5 倍以下罚款；没有违法所得或者违法所得不足 5 万元的，处 10 万元以上 100 万元以下罚款：

（一）擅自启用码号资源的；

（二）擅自拓展号码位长使用的；

（三）超过规定的使用期限继续使用码号资源的；

（四）擅自转让、出租或变相转让、出租码号资源的；

（五）擅自改变码号资源用途的。

**第二十九条** 当事人对海南省通信管理局行政处罚决定不服的，可依法申请行政复议或者向人民法院提起诉讼。

**第三十条** 从事码号资源管理的工作人员玩忽职守，滥用职权，徇私舞弊，构成犯罪的，依法追究刑事责任；尚不构成犯罪的，依法给予行政处分。

## 第六章 附则

**第三十一条** 未与公用电信网互联的专用电信网的用户编号和网络编号资源，不适用本细则。

**第三十二条** 本细则由海南省通信管理局负责解释。

**第三十三条** 本细则自发布之日起施行。

# 贵州省通信网络安全评测认定管理办法（暂行）

贵州省通信管理局

为了促进我省通信网络安全评测评估工作的顺利开展，规范安全评测评估工作的认定流程，根据《通信网络安全防护管理办法》（工业和信息化部令第 11 号），制定本办法。

**第一条**　贵州省内各基础电信业务经营者、增值电信业务经营者、重要信息系统单位（以下统称网络运行单位）的通信网络单元、信息系统，委托在省通信管理局备案的专业技术机构开展网络安全评测评估后，可依据本办法向省通信管理局申请评测认定，由省通信管理局会同省互联网协会出具《网络安全评测认定书》。

**第二条**　本办法所称认定，是指政府行业主管部门对网络运行单位开展安全评测评估工作的认可和确认，是网络运行单位开展安全评测评估工作的依据和凭证。认定申请采取自愿原则。

**第三条**　网络运行单位在委托专业技术机构开展网络安全评测评估后，可向省通信管理局提出认定申请，并提交以下材料：

（一）认定申请报告；

（二）专业技术机构出具的网络安全评测评估报告；

（三）网络运行单位根据评测评估报告的整改报告和措施。

**第四条**　省通信管理局在收到认定申请材料后，会同省互联网协会对材料进行审核，并在 15 个工作日内予以回复，同意认定的，颁发《网络安全评测认定书》；不予认定的，予以书面回复。

**第五条**　本办法由贵州省通信管理局负责解释，从 2012 年 2 月 1 日起实施。

# 云南省通信建设项目自行招标资格认证实施细则（试行）

云南省通信管理局　2009 年 8 月 22 日

## 第一章　总则

**第一条**　为做好我省通信建设项目自行招标资格认证工作，依据《中华人民共和国招标投标法》、信息产业部 31 号令《信息产业部负责实施的行政许可项目及其条件、程序、期限规定（第一批）》及《通信建设项目招标投标管理实施细则》（试行），制定本细则。

**第二条**　凡在我省行政区域内从事通信建设项目自行招标活动的电信运营企业，应取得信息产业部或云南省通信管理局颁发的自行招标资格确认文件。

**第三条**　云南省通信管理局负责核准本行政区内的电信运营企业自行招标事宜。

## 第二章　许可条件

**第四条**　申请通信建设项目自行招标资格应具备的条件：

（一）具有独立法人资格的电信运营企业；

（二）具有与招标项目规模和复杂程度相适应的工程技术、概预算、财务和工程管理等方面专业人员；

（三）具备独立编制招标文件和有效组织评标的能力；

（四）有负责招标工作的机构或 3 人以上的专职人员；

（五）依法应当备案的招标项目已经办理了备案手续。

## 第三章　申报程序

**第五条**　电信业务覆盖范围在两个省以上的电信运营企业自行招标事宜，应当向信息产业部提出申请；电信业务覆盖范围不跨省的电信运营企业申请办理自行招标资格的，向云南省通信管理局报送申请材料，由省通信管理局审批，将审批结果报信息产业部备案。

**第六条**　申请通信建设项目自行招标资格的企业，应当按照信息产业部第 31 号令的相关要求，如实填写企业资质申请表和相关资料，向云南省通信管理局报送资格申报信息和书面申报材料。

**第七条**　申报企业通过“通信规划建设管理信息系统”（网址：http：//202.106.120.64/scp）上报企业资质申报信息（电子版），云南省通信管理局对企业的申报信息（电子版）进行初步审查后，通知申报企业报送书面申报材料。

**第八条**　申报企业接到报送书面材料通知后，将书面申报材料报送云南省通信管理局。

## 第四章　申报材料

**第九条**　申请通信建设项目自行招标资格的企业，需报送《通信建设项目自行招标资格申报表》（可到省通信管理局网站 http：//www.ynca.gov.cn 下载）和完整的附件材料。

**第十条**　申请企业应当提供下列申报材料：

（一）《通信建设项目自行招标资格申报表》一式两份，单独装订成册。

（二）电信运营企业设立自行招标机构的有关文件。

（三）附件材料一套。附件材料应设目录和页码，并按人员卷、招标业绩卷、补充卷（需要补充材料时提供）等内容分别装订成册。

（四）人员卷内容及顺序要求。

1. 目录表（标明所附文件的页码）；

2. 工程技术、财务和工程管理等方面专业人员名单（应与申请表顺序一致）；

3. 工程技术、财务和工程管理等方面专业人员的职称证书（或学历证书）、身份证复印件；

4. 通信建设工程概预算人员资格证书复印件；

5. 通信建设项目评标专家资格证书或培训合格证书复印件。

上述 3 项、4 项、5 项每个人员的所有资格证书复印件应装订在一起（如：×××的职称证书、学历证书、身份证、概预算人员资格证书、评标专家资格证书或培训合格证书应装订在一起，接着再按照人员名单装订另一人的）。

通信建设工程概预算人员资格证书上工作单位与申报企业名称不符的，应变更证书，与申报单位名称相同。

（五）招标业绩卷内容及顺序要求（新申请企业可以暂不提供）。

1. 目录表（标明所附文件的页码）；

2. 自行招标项目业绩清单（应与申请表顺序一致）；

3. 自行招标项目的证明材料（×××项目招标公告或者投标邀请书、中标通知等）；

4. 招标文件的样本；

5. 自行招标项目备案的有关文件。

**第十一条**　企业的申报材料应当齐全，手续完备。严格按照本实施细则的要求提供申报材料。出现数据不全、申请表填报不规范、盖章或印鉴不全、字迹潦草难以辨认等情况，云南省通信管理局资质审批部门不予受理。

## 第五章　受理和审查程序

**第十二条**　申请材料齐全、符合法定形式的，云南省通信管理局予以受理，并出具书面受理通知；申请材料不齐全，或者不符合法定形式的，应当场或者在 5 个工作日内一次性告知申请人需要补正的全部内容。对申请人的申请不予受理的，书面通知申请人。

**第十三条**　云南省通信管理局在受理申请之日起 20 个工作日内，作出是否准予许可的书面决定。作出准予许可决定的，向申请人下发自行招标确认文件；作出不予许可的决定时，向申请人说明理由，并告知申请人享有依法申请行政复议或者提起行政诉讼的权利。云南省通信管理局不能在 20 个工作日内作出行政许可决定的，经本机关负责人批准可以延长 10 个工作日，并应当将延长期限的理由告知申请人。

**第十四条** 经审查合格的由省通信管理局颁发自行招标资格确认文件的同时，报信息产业部备案。

## 第六章 延续程序

**第十五条** 招标人自行招标资格有效期为二年，但首次取得自行招标资格的，其自行招标资格有效期一年。有效期满后，重新向省通信管理局申报，并提供以下材料：

（一）申请通信建设项目自行招标资格时应当提交的全部资料。

（二）一个有代表性的自行招标项目资料：

资格有效期内完成的自行招标项目投资额在500万元以上的一个有代表性项目的招投标完整资料一套，内容包括招标公告或者投标邀请书、资格审查文件、招标文件、标底、开标评标记录、评标报告、中标通知书、中标人的投标文件、合同、质疑答复和招标人的评价意见。

## 第七章 附则

**第十六条** 本实施细则由云南省通信管理局负责解释。

**第十七条** 本实施细则自发布之日起执行。

# 西藏自治区通信管理局行政处罚合议办法

西藏自治区通信管理局

**第一条** 为规范行政处罚的实施，确保案件定性准确，处罚得当，根据有关法律、法规、规章的规定，结合通信行政执法实际，制定本办法。

**第二条** 对违反法律、法规、规章的公民、法人或者其他组织实施行政处罚，案件调查终结后进行合议，适用本办法。

**第三条** 下列行政处罚案件，应当进行合议：

（一）对公民处以五千元以上的罚款，对法人和其他组织处以一万元以上的罚款；

（二）作出责令停产停业（关闭网站）、吊销许可证的处罚；

（三）涉案财物价值在五万元以上的案件，或者拟作出没收违法所得的处罚，且当事人违法所得在五万元以上的案件；

（四）需要移交司法机关的案件。

社会影响较大、危害后果严重、涉及面广的案件，或者案情复杂、定性困难的案件，应当进行合议。

**第四条** 行政处罚合议遵循公平、公正、少数服从多数的原则。

**第五条** 对于应当合议的案件，承办机构应当在提交案件调查处理意见报告的同时，提出组织合议的申请，本局负责人批准。

**第六条** 行政处罚案件合议由本局负责人或者主管领导主持，法制工作机构、案件承办机构和相关业务机构参加，三名以上单数人员组成。

参加合议的人员名单由合议主持人决定。合议成员享有平等的审议地位和评议权，每位合议成员均只有一票表决权。

**第七条** 合议人员有下列情形之一的，应当回避：

（一）是本案当事人的近亲属；

（二）与本案有直接利害关系的；

（三）与本案当事人有其他利害关系，可能影响案件公正处理的。

**第八条** 本局负责人批准组织合议后五日内，应当组织或者委托本局相关主管领导组织并完成处罚案件合议。

**第九条** 案件承办机构及其具体承办人员应当向合议会议提出案件调查报告，内容包括：案由、违法事实、违反法律、行政法规、规章的具体情况、办案过程。

**第十条** 合议人员应当听取具体承办人员的调查报告，并对违法行为的事实、性质、情节、社会危害程度、办案程序及处理意见等进行综合分析和审议。

**第十一条**　合议应设记录员，并填写《行政处罚案件合议记录》（见附件），[①] 内容包括：合议时间、地点、主持人、参加人员、案由、违法事实、相关证据、承办人员初步处理意见（包括违反法律、行政法规、规章的具体条款和处罚依据等）、讨论记录、合议结论。

“讨论记录”应当记载参加合议人员依次发表的意见。

“合议结论”应当写明对违法行为的定性结论，违反的法律、行政法规和规章条款以及处罚的依据和具体的处罚建议。

合议结束后，记录人应当将《行政处罚案件合议记录》交主持人和参加合议人员核对无误签字后存入行政处罚案卷卷宗。

**第十二条**　合议意见不一致时，由主持人依据少数服从多数的原则，归纳形成结论性意见。对于少数意见、不同意见或者保留意见，记录员应当如实记录。

**第十三条**　合议应当根据认定的违法事实，依照有关法律、法规和规章的规定，分别提出如下处理意见：

（一）违法事实清楚，证据确凿，程序合法的，依法提出行政处罚的意见，构成犯罪的，移送司法机关追究刑事责任；

（二）违法事实不清，证据不足，或者存在程序缺陷的，提出补充有关证据材料或者重新调查的意见；

（三）违法事实不能成立的，提出撤案意见。

**第十四条**　依法作出的合议结论，不得随意改变。因案件证据、情节等发生变化，需要对案件重新合议的，依照本办法规定的程序重新合议。

案件承办机构及其承办人员应当根据合议结论提出行政处罚意见。

**第十五条**　参加合议人员应当做到：

（一）认真审查材料、高度负责，不得操纵合议意见；

（二）独立审核证据，认定事实，适用法律，不受他人和外界因素干扰；

（三）主动履行职责、表明观点，不得对案件事实、评议理由、适用法律与结果保持沉默；

（四）保守秘密，不得向外透露任何合议的有关情况。

**第十六条**　合议人员在合议中有违纪、违法行为的，依据有关规定处理。

**第十七条**　本办法自公布之日起施行。

① 附件未摘录，请自行查阅。

# 陕西省电话用户真实身份信息登记工作方案

陕西省通信管理局

为切实做好电话用户真实身份信息登记工作，加强电信行业基础管理，促进电信行业持续健康发展，保障电话用户合法权益，维护网络信息安全，根据《全国人民代表大会常务委员会关于加强网络信息保护的决定》（以下简称《决定》）、《电话用户真实身份信息登记规定》、《电信和互联网用户个人信息保护规定》和《工业和信息化部电话用户真实身份信息登记工作方案》，制订本工作方案。

## 一、指导思想

深入贯彻落实《决定》要求和党中央、国务院决策部署，坚持依法推进和鼓励引导相结合，坚持真实身份信息登记和保护并重，着力强化电信企业责任义务，着力抓好用户真实身份信息保护，着力加强社会营销渠道管理，注重营造良好舆论环境，注重健全长效工作机制，加强组织领导，统筹兼顾，循序渐进，积极稳妥推动我省电话用户真实身份信息登记工作有序有效开展。

## 二、工作目标

（一）新增电话用户全面实现真实身份信息登记；稳妥推进老用户真实身份信息补登记工作。

（二）落实和完善用户真实身份信息保护管理制度、技术措施，提升用户真实身份信息保护能力和水平，保障用户真实身份信息安全。

## 三、组织机构和工作职责

（一）陕西省通信管理局成立电话用户真实身份信息登记工作领导小组（以下简称管局领导小组）。分管局领导任组长，成员包括局办公室、政策法规处、电信管理处、通信保障处和基础电信运营企业负责同志。管局领导小组负责电话用户真实身份信息登记工作的统一领导和协调，研究决策重要事项，部署开展相关工作。

（二）管局领导小组办公室设在通信保障处。办公室成员包括局办公室、政策法规处、电信管理处、通信保障处相关处室和各基础电信运营企业责任部门主要负责同志。办公室负责组织贯彻落实管局领导小组工作部署和要求，及时掌握电话用户真实身份信息登记工作进展，协调解决工作推进过程中出现的问题，组织开展监督检查和经验交流，研究提出相关建议。

（三）各基础电信运营企业分别成立电话用户真实身份信息登记工作领导小组，根据管局领导小组及其办公室的有关部署和要求，组织协调开展本企业电话用户真实身份信息登记工作，与管局领导小组办公室建立协调、联系机制，定期报告工作落实和进展情况。

## 四、进度安排

（一）动员部署阶段（2013 年 8 月）。陕西省通信管理局下发工作方案，组织召开专题会议，对我省电话用户真实身份信息登记工作进行动员和部署。各基础电信运营企业制订本企业实施方案，对本企业的电话用户真实身份信息登记工作进行动员部署。

（二）全面实施阶段（2013 年 9 月至 12 月）。对新增固定电话、移动电话（含无线上网卡）用户全面实施真实身份信息登记，同时，鼓励引导未提供真实身份信息或所提供身份信息不全的老用户进行补登记。

（三）巩固完善阶段（2014 年 1 月起）。在进一步加强和完善新增电话用户真实身份信息登记工作的基础上，采取各种便利和优惠措施，重点鼓励引导老用户进行真实身份信息补充登记。完善相关管理制度，建立健全长效工作机制。

## 五、工作任务

（一）扎实做好基础工作。8 月底前，各基础电信运营企业根据电话用户真实身份信息登记相关法律、法规和规章要求，建立健全内部管理制度和工作机制，修订用户入网和业务办理等协议，完成用户资料管理、营业受理等系统改造，完善用户身份证件查验和登记措施，对工作人员进行培训。

（二）全面开展真实身份信息登记。9 月 1 日起，基础电信运营企业严格按照《电话用户真实身份信息登记规定》，对新增电话用户全面实施真实身份信息登记，不得为未办理真实身份信息登记的新增用户提供通信服务。同时，积极利用业务发展、采取优惠便利等措施，吸引老用户进行真实身份信息补登记，不断提高电话用户真实身份信息登记比例。

（三）切实强化用户真实身份信息保护。基础电信运营企业严格落实《决定》和《电话用户真实身份信息登记规定》、《电信和互联网用户个人信息保护规定》要求，进一步完善内部管理制度，强化技术防范措施，确保电话用户真实身份信息安全，防止电话用户真实身份信息泄露、毁损、丢失。发生或者可能发生用户真实身份信息泄露、毁损、丢失的，立即采取补救措施。

（四）有效加强社会营销渠道管理。基础电信运营企业按照“谁委托、谁管理、谁负责”的原则，落实和明确对社会营销渠道（含网络代理商）的管理要求，在协议中依法明确其义务和责任，将用户真实身份信息登记和保护工作纳入社会营销渠道考核奖惩体系，强化对社会营销渠道的日常监督管理，不得委托不符合《电话用户真实身份信息登记规定》、《电信和互联网用户个人信息保护规定》有关真实身份信息登记和保护要求的社会营销渠道开展相关业务，确保社会营销渠道严格落实电话用户真实身份信息登记和保护要求。

（五）努力提高用户身份信息准确率。基础电信运营企业通过提高营业人员证件识别能力、使用二代身份证识别设备、与“全国公民身份信息库”联网核验等方式，提升用户身份证件查验能力，提高用户身份信息准确率。

（六）切实加强舆论宣传引导。省通信管理局、基础电信运营企业按照《电话用户真实身份信息登记和用户个人信息保护舆论宣传引导工作方案》（工信厅保函［2013］512 号），组织做好电话用户真实身份信息登记相关宣传和舆论引导工作，准确把握舆论导向，避免形成负面炒作和热点，营造良好社会舆论环境。

（七）妥善处理用户投诉。基础电信运营企业完善用户投诉处理机制，规范投诉处理程序，及时妥善处理因真实身份信息登记引起的用户投诉，最大限度化解用户不满情绪，消除矛盾；在投诉处理中发现确有问题的，立即采取措施予以补救或纠正。提前制定应急处置预案，妥善处理真实身份信息登记实施过程中出现的各类突发事件。

## 六、工作要求

（一）提高思想认识。基础电信企业要认真学习领会《决定》等法律法规的有关要求，充分认识电话用户真实身份信息登记工作对于促进电信行业健康发展、保障用户合法权益、维护网络信息安全的重要意义，统一思想，提高认识，坚决贯彻落实法律要求，采取有力措施，扎实推进电话用户真实身份信息登记工作，确保此项工作全面、有效实施。

（二）狠抓工作落实。各基础电信运营企业要认真落实法定义务，自觉履行国有企业的社会责任，加大对电话用户真实身份信息登记和保护工作的人力、财力、物力投入，精心组织，周密安排，抓好各项工作的部署实施和推进落实。各基础电信运营企业要将电话用户真实身份信息登记工作纳入对各级公司的业绩考核。8 月 23 日前，各基础电信企业要将本单位实施方案、参加局领导小组及其办公室的成员名单报省通信管理局。

（三）加强监督检查。陕西省通信管理局将根据工业和信息化部的安排部署，适时组织开展电话用户真实身份信息登记工作专项检查。各基础电信运营企业要加强对本企业电话用户真实身份信息登记工作的监督检查力度，及时督促整改检查中发现的问题，对新增电话用户真实身份信息登记、社会营销渠道规范管理、用户真实身份信息保护等环节贯彻落实有关规定不力、出现严重问题的公司，要依法追究责任，确保各项工作不折不扣落实到位。

（四）及时报送信息。各基础电信运营企业要加强信息沟通和报告，全面了解、及时掌握本企业电话用户真实身份信息登记工作进展情况，自 2013 年 10 月至 2014 年 12 月，每月 10 日前向管局领导小组办公室报送电话用户真实身份信息登记数据统计表，每季度第一个月的 10 日前报告工作开展情况和遇到的问题。管局领导小组办公室将及时汇总全省电话用户真实身份信息登记工作进展情况并报工业和信息化部。

# 甘肃省“十二五”通信业发展规划

甘肃省通信管理局

## 第一章　甘肃省通信业“十一五”发展回顾

“十一五”期间，甘肃省通信业紧密围绕《甘肃省国民经济和社会发展第十一个五年规划纲要》的指导思想，认真落实工信部和甘肃省委、省政府各项政策，积极开展3G建设，拓展业务应用，加大创新力度，加快行业转型步伐，全行业保持了平稳健康发展。

2010年基础电信企业完成业务总量444.8亿元、业务收入120.4亿元、电信增加值53.8亿元；固定电话用户达到411.9万户，普及率15.6部/百人；移动电话用户达到1390.1万户，普及率52.8部/百人；固定互联网用户达到123.2万户，其中宽带接入用户112.2万户；移动互联网用户900.5万户，其中上网卡用户35万户；大部分指标超过“十一五”发展目标。

### 一、保持平稳较快发展，市场格局进一步优化

**（一）基础网络服务能力进一步增强**

2010年末，全省固定长途电话交换机容量达到25.36万路端，局用交换机容量达到439.1万门，接入网设备容量达到353.1万门，移动电话交换机容量达到1940万户，光缆总长度达到22.45万公里，互联网宽带接入端口达到172.3万个，基础网络服务能力得到较大提升。

**（二）市场竞争格局进一步优化**

2009年通信业完成新一轮重组，电信市场形成电信、移动和联通三家基础电信企业全业务运营的新的市场竞争格局，用户渗透率快速增长，行业竞争力明显提升。

**专栏1：“十一五”甘肃省通信业发展情况**

**表1　“十一五”期间甘肃通信行业业务收入情况**

单位：亿元、%

| 年份 | | 2005 | 2006 | 2007 | 2008 | 2009 | 2010 |
|---|---|---|---|---|---|---|---|
| 电信业务总量 | 电信业务总量 | 128.9 | 158.7 | 211.6 | 272.6 | 352.9 | 444.8 |
| | 年增长率 | 27.18 | 23.10 | 33.30 | 28.80 | 29.50 | 26.10 |
| | 年均增长率 | 28.11 | | | | | |
| | 占GDP比重 | 6.69 | 6.98 | 7.84 | 8.58 | 10.43 | 10.80 |
| 电信业务收入 | 电信业务收入 | 62.7 | 69.1 | 77.9 | 90.8 | 107.7 | 120.4 |
| | 年增长率 | 11.76 | 10.20 | 12.70 | 16.60 | 18.60 | 11.80 |
| | 年均增长率 | 13.94 | | | | | |
| | 占GDP比重 | 3.25 | 3.04 | 2.88 | 2.86 | 3.18 | 2.92 |

续表

| 年份 | | 2005 | 2006 | 2007 | 2008 | 2009 | 2010 |
|---|---|---|---|---|---|---|---|
| 电信增加值 | 电信增加值 | 39.23 | 43.9 | 48.8 | 43.8 | 52.2 | 53.8 |
| | 占 GDP 比重 | 2.03 | 1.93 | 1.81 | 1.38 | 1.54 | 1.28 |
| | 年均增长率 | 6.52 | | | | | |
| 固定资产投资 | 固定资产投资 | 27.4 | 27.3 | 30.3 | 43.5 | 66.3 | 56.1 |
| | 年增长率 | −12.46 | −0.36 | 11 | 43.60 | 52.40 | −15.40 |
| | 年均增长率 | 15.41 | | | | | |

**表 2　“十一五”期间甘肃省电话业务发展现状**

单位：万户、%

| | | | | | | | |
|---|---|---|---|---|---|---|---|
| 固定电话 | 固定电话用户总数 | 548 | 607.4 | 585.5 | 519 | 453.9 | 411.9 |
| | 年增长率 | 14.88 | 10.84 | −3.61 | −11.36 | −12.50 | −9.30 |
| | 年均增长率 | −5.55 | | | | | |
| | 城市固定电话 | 395.29 | 431.83 | 394.4 | 334.67 | 285.94 | 265.36 |
| | 年增长率 | 14.72 | 9.24 | −8.67 | −15.14 | −14.56 | −7.20 |
| | 年均增长率 | −7.66 | | | | | |
| | 农村固定电话 | 152.75 | 175.53 | 191.1 | 184.36 | 167.99 | 146.54 |
| | 年增长率 | 15.12 | 14.91 | 8.87 | −3.53 | −8.89 | −12.77 |
| | 年均增长率 | −0.83 | | | | | |
| 无线市话 | 用户数 | 193.5 | 225.2 | 182.8 | 132 | 70.3 | 34.5 |
| | 年增长率 | 24.36 | 16.40 | −18.80 | 27.80 | −46.70 | −50.90 |
| | 年均增长率 | −29.17 | | | | | |
| 移动电话 | 用户数 | 408.4 | 545.4 | 686.4 | 895.3 | 1194.4 | 1390.1 |
| | 年增长率 | 28.95 | 33.50 | 25.90 | 30.40 | 33.40 | 16.40 |
| | 年均增长率 | 27.76 | | | | | |
| 省内电话合计 | 用户数 | 956.4 | 1152.8 | 1271.9 | 1414.3 | 1648.3 | 1802 |
| | 年增长率 | 20.50 | 20.54 | 10.33 | 11.19 | 16.55 | 9.32 |
| | 年均增长率 | 13.51 | | | | | |
| 固定电话普及率（部/百人） | | 21.12 | 23.31 | 22.46 | 19.8 | 17.34 | 15.63 |
| 城市电话普及率（部/百人） | | 50.75 | 53.29 | 47.7 | 39.61 | 33.23 | 28.73 |
| 农村电话普及率（部/百人） | | 8.41 | 9.77 | 10.67 | 10.72 | 9.46 | 8.97 |
| 移动电话普及率（部/百人） | | 15.74 | 20.93 | 26.34 | 34.21 | 45.64 | 52.75 |
| 全省电话普及率（部/百人） | | 36.86 | 44.23 | 48.6 | 53.81 | 62.54 | 70.46 |

**表 3　“十一五”期间甘肃通信业互联网业务发展现状**

单位：万户、%

| | | | | | | | |
|---|---|---|---|---|---|---|---|
| 互联网 | 用户总数 | 56.54 | 63.7 | 77.8 | 88.2 | 98.3 | 123.2 |
| | 年增长率 | 0.25 | 12.66 | 22.14 | 13.37 | 11.45 | 25.33 |
| | 年均增长率 | 16.86 | | | | | |
| 互联网宽带 | 用户数 | 35.5 | 42 | 60.6 | 66.5 | 86.6 | 112.2 |
| | 年增长率 | 67.45 | 18.31 | 42.29 | 9.74 | 30.23 | 29.56 |
| | 年均增长率 | 25.88 | | | | | |

## 二、推动经济社会发展，公共服务水平进一步提高

**（一）通信业投资有力带动经济增长**

“十一五”期间全省通信业固定资产投资超过200亿元，特别是3G网络建设投资对“扩内需、保增长”起到了积极作用。

**（二）带动新兴经济快速发展**

“十一五”期间电信行业辐射倍增作用明显增强，推动了传统产业改造升级和现代服务业的发展，基于信息通信网络的新型经济发展迅速。

**（三）推动社会信息化应用水平快速提升**

全行业通过向政府、企业、城乡家庭提供信息化应用服务，促进全社会实现效率提升和成本节约，加速了国民经济和社会信息化进程。

**（四）通信资费水平持续下降**

通信资费持续下降，综合价格水平自2006年以来下降32%，业务种类日趋完善，服务水平不断提高。

**（五）应急通信保障能力进一步提高。**

为“5·12”汶川特大地震、舟曲特大泥石流和陇南暴洪灾害等自然灾害抢险救灾以及应对突发事件提供了有力的应急通信保障。

**（六）农村通信基础设施建设长足发展**

“村村通电话”工程取得明显成效，2007年底全省实现行政村“村村通电话”，2010年底实现全省“乡乡能上网”和99.25%的行政村通互联网。

## 三、增值业务持续发展，行业转型取得积极进展

“十一五”期间，电信行业结构转型和优化升级初见成效，网络资源共建共享效果显著，电信运营企业通过技术创新、业务创新和服务创新，使得网络效能显著提高。

**（一）结构转型和优化升级初见成效**

2010年，全省增值通信业务收入占总通信业务收入的比重达到25.5%，固定数据/互联网以及增值业务占总固定通信收入比重达到38.1%。增值业务以及基于互联网的企业快速发展，2010年末，全省拥有96家省内增值通信业务经营单位和739家跨地区增值通信业务经营单位，备案网站达到10522个；增值业务和互联网企业效益不断提升。

**（二）网络资源共建共享和节能减排效果显著**

积极推进共建共享，不断提高通信基础设施利用率。2010年，全省共建率为铁塔56%、杆路30%、基站48%、传输线路22%，共享率为铁塔61%、杆路72%、基站64%、传输线路70%，网络效能显著提高，节能减排降耗效果明显。

## 四、电信监管稳步推进，市场环境保持良性发展

“十一五”期间，省通信管理局加强电信市场管理，规范企业建设经营行为，维护了公平公正、健康有序的市场秩序。加快推进电信资费管理方式改革，完善用户申诉受理工作机制，大幅提升行业服务水平和电信服务质量。加强互联网网络与信息安全管理，深入落实整治互联网低俗之风、垃圾短信息专项治理、打击网络淫秽色情、整治木马僵尸网络等专项行动任务。通过建立健全网络安全保障管理工作机制，网络安全保障基础设施建设扎实推进，网络环境得到净化，互联网在有序、健康的大环境下得到了良性发展。

## 五、“十一五”期间存在的问题

### （一）网络信息基础设施服务能力仍显薄弱

2010年，甘肃通信业光缆长度合计22.45万公里，而同期全国光缆线路长度合计达到995万公里，综合国土面积、人口等因素，甘肃省传输网络投资成本高；通宽带的行政村比例仅为40%，开通比例较低；与东部发达区域存较大差距，与西部地区平均水平也存在一定差距。

**甘肃通信业发展水平对比表**

| | | 甘肃 | 东部 | 西部 |
|---|---|---|---|---|
| 业务总量（万元/百人） | | 17.01 | 32.06 | 19.06 |
| 主营业务收入（万元/百人） | | 4.47 | 9.98 | 5.12 |
| 固定资产投资（万元/百人） | | 2.06 | 2.97 | 2.17 |
| 通信用户普及率 | 固定通信用户普及率（%） | 15.63 | 29.83 | 16.61 |
| | 移动通信用户普及率（%） | 52.75 | 82.78 | 55.47 |
| | 互联网用户普及率（%） | 4.26 | 13.73 | 6.41 |
| 通信能力 | 人均光缆线路长度（公里/百人） | 0.85 | 0.81 | 0.77 |
| | 人均互联网宽带接入端口（个/百人） | 6.54 | 20.82 | 9.57 |
| | 人均局用交换机容量（门/百人） | 30.63 | 46.44 | 29.39 |
| | 人均移动电话交换机容量（户/百人） | 73.61 | 139.57 | 99.86 |

甘肃通信业的各项指标与东部相比差距明显，与西部地区相比多数指标仍有差距。甘肃通信业仍需要加强能力建设，争取在“十二五”末达到或超过西部地区的平均水平。

### （二）支撑信息社会发展的能力有待提高

通信业积极服务“两化”融合，在国民经济结构调整中发挥较大作用。但由于话音业务等传统增长点的贡献逐渐萎缩、新业务增长点进展缓慢，通信业行业战略转型有待深化，信息通信基础设施竞争力仍显不足。

### （三）农村通信仍有待提升

截至2010年，行政村通宽带的比例为40%，与城市相比，甘肃农村通信发展滞后，尤其是互联网业务发展滞后严重。

### （四）通信监管和网络信息安全有待加强

通信业务发展迅速，各类业务类型层出不穷，地方通信监管资源严重不足，监管力量有限，通信业务及市场管理比较粗放。随着信息化应用水平提高，增值业务快速发展，网络信息安全问题日益深化和泛化。但相关企业的信息安全责任不到位，这要求企业从机制和人员上落实信息安全责任。

### （五）应急通信保障体系有待完善

“十一五”期间，甘肃省逐步建设了一批应急通信项目，机动通信装备和应急通信车数量增加，并在各县域内建设了基于卫星的应急通信站点。但总体而言，承载应急通信主要业务的我省电信基础网络的抗毁能力和自愈能力还比较脆弱，机动通信装备的数量、质量及布局结构与应急通信需求存在巨大差距，应急情况下组织协调和统筹调度各企业通信资源的技术手段尚未建立，应急通信管理体制机制有待完善。

# 第二章 “十二五”期间面临的形势

## 一、国际及国内形势

### （一）全球经济进入“后危机”时代，通信业成为引领科技创新的战略产业

国际金融危机对世界经济格局产生了深远影响，为应对危机、加快复苏经济并抢占“后危机”时代战略制高点，各国纷纷加快信息通信技术引领的科技创新与产业革命，信息通信技术的普及与应用，使得通信业在社会的战略性作用愈益增强，成为未来经济和社会发展的重要支撑力量之一。

### （二）通信业在西部大开发中将发挥基础性作用

首先，通信业要逐步缩小与东部发达地区在通信基础设施方面的差距，为经济发展提供通信业务保障；其次，通信业应积极投身到经济社会的变革中，以信息化来促进各行业的进一步发展，着力推动两型社会的进程。

### （三）通信业面临转型升级压力

我国电信行业中话音业务收入增长已经出现瓶颈，短信等传统的增值业务发展也开始减缓，通信业发展已经到了一个瓶颈，依靠以往量的发展已经难以维持通信业的发展，通信业需要通过不断创新来增强行业的发展。

### （四）消费升级及产业融合推动通信业发展

经过 30 多年的改革发展，我国人均 GDP 首次超过 3000 美元，国民消费进入新的时代，消费需求不断升级，对通信服务的需求向广度和深度延伸。在消费需求升级的推动下，全业务运营将逐步向全面系统综合运营方向演进。电信网与互联网融为一体，三网融合进程不断加快，全球 IPTV 和手机电视加速发展。信息网络与信息内容、软件等信息技术服务不断融合，进而推进信息服务业融合发展。

### （五）通信业承担保障国家安全和社会稳定的任务日趋繁重

网络空间成为国家主权和利益竞争的新领域，网上意识形态斗争也日趋激烈。网络和信息安全成为国家安全的重要组成部分。当前国际、国内突发事件接连不断，社会对突发事件应急处置提出更高要求，传统的应急通信手段、机制已经难以适应新时期应急通信保障。甘肃省通信业必须站在建立和谐社会的高度来认识应急管理和保障工作的重要性，不断提高应急通信的管理和保障水平，服务社会、服务民生、维护社会稳定。

## 二、甘肃省通信业面临的形势

### （一）网络建设仍是重中之重

甘肃地域广、人口分散，通信基础设施密度不足，移动通信仍存在较多的覆盖盲区，3G 网络仅覆盖到县级城市。甘肃省互联网站数量不足 1 万个，且 SP 和 ISP 数量少，综合信息服务能力较弱。

### （二）应急通信保障任务更加繁重

甘肃地处地震活跃带、地理环境复杂、自然灾害频发。2008~2010 年，甘肃通信业先后为汶川特大地震、舟曲特大泥石流、陇南暴洪等灾害救援工作提供了应急通信保障，全社会对应急通信的认识和需求大幅提高，应急通信保障任务日益繁重。

### （三）通信业发展空间广阔

甘肃通信普及率相对较低，通信仍有较大的发展空间；经济发展速度高于全国平均水平，经济发展潜力较大；国家西部大开发战略的实施，将带动甘肃经济的快速发展，从而带动通信业的进一步发展。

## 第三章　技术发展趋势

信息通信技术发展将不断满足人们的各类业务和应用需求，通信网络的发展需要具备以下特征：承载网采用分组技术，实现网络和业务分离，能够统一提供话音、数据、视频等多种业务。在接入层面，支持多种接入技术，并能够实现接入和业务的无关性，用户能够通过有线、无线等多种方式接入同样的业务；在承载层面，可以根据不同业务的实际需求分配网络资源，保障服务质量；在业务层面，能够提供人与人、人与物、物与物之间的通信能力。通信技术的发展方向是IP化、宽带化、融合化、智能化和移动化，融合的全业务网络是未来电信网的基本特征。

### 一、固定电话网

在现有网络基础上，通过对网络结构优化、资源整合、设备升级改造，逐步实现网络和终端的智能化，逐步建立NGN网络；固定电话网络逐渐和移动通信网进行融合，承载融合业务。无线市话网络逐步停止服务。

### 二、移动通信网

第二代移动通信及其增强型网络仍将是话音业务的承载主体；3G及其增强型网络快速发展，并成为数据业务的承载主体；LTE及4G业务规划期末在少量地区开始布设。

### 三、传送网

城域网采用分组传送网（PTN）技术逐步开始大规模商用，骨干网络将采用40G乃至100G的光纤传送网，基于SDH的智能光网络基本成熟，基于OTN的智能光网络部署步伐加快。

### 四、宽带接入网

ADSL及其后续演进技术ADSL2+仍在全省范围内处于优势地位，光纤到楼、光纤入户使用增多，热点地区无线宽带接入（WLAN）覆盖逐步完善。

### 五、家庭网络技术

家庭网关技术逐步兴起，家庭网络中的各种电子设备通过家庭网关统一接入外部网络。

### 六、三网融合

电信网络改造升级工作加速，三网融合在省内各地市逐步开始实施，电信网络开始提供IPTV、手机电视等融合业务，通信行业与互联网、广电的业务界限逐步消除。

## 第四章　指导思想和发展目标

### 一、指导思想

以邓小平理论和“三个代表”重要思想为指导，深入贯彻落实科学发展观，坚持“资源共享、融合创新、深化普及、保障安全”的原则，以全面提升综合服务能力为宗旨，以努力缩小差距为目标，以加快基础网络设施建设为重点，以切实规范电信市场秩序为抓手，全力促进“十二五”全省通信业快速、协调和可持续发展。

## 二、发展思路

甘肃通信业的发展必须与甘肃经济发展相结合，根据甘肃实际情况，“十二五”甘肃通信业的发展思路可以概括为“一个争取、两个引导、两个促进、两个服务、三个提升”。

“一个争取”，利用甘肃能源充足，气温适宜，交通便利，通信骨干光缆交汇等优势，争取通信运营公司集团建设云计算数据中心或灾备中心，为合理布局通信网络，优化信息系统提供有利的条件。

“两个引导”，即引导新技术、新业务的试验，引导新经营模式的试验。积极鼓励企业跟踪技术发展趋势，紧密联系电信设备制造商及增值业务开发商，创造有利于新技术、增值业务发展的机制，为构建新的电信产业链积累经验。

“两个促进”，就是促进节约型发展，促进可持续发展，即以节约为目的整合全社会网络资源，在通信网络建设中树立共赢理念，顺应网络发展趋势，提高网络利用率，增强企业核心竞争力，提高经济效益，促进可持续发展。

“两个服务”，就是要服务于区域经济，服务于地方特色经济，即把通信网络布局与地方经济发展统筹结合起来，拓展电信市场，利用电信信息服务，有力促进区域经济及地方特色经济发展。

“三个提升”，即提升信息服务水平，提升农村通信水平，提升监管水平。首先在全面提高电话普及率、提升电信服务质量的同时，促进信息化应用的发展。针对社会各行业特点，积极开发专业化、差异化的信息化应用方案，力求使信息服务融入人民生活、企业生产、社会发展的各个层面，推进通信业向信息服务业转型，构建新型产业链。从构建和谐社会和建设社会主义新农村的要求出发，大力发展农村通信，加大农村通信建设投资力度，保障农村等欠发达地区的通信建设，不断提高农村电话普及率。务实推进农村信息化，适时加快农村互联网接入能力建设，促进城乡电信协调发展。围绕监管为民的要求，以提高社会满意度、实现市场有效竞争来提升电信监管机构的经济调节、市场监管和公共服务水平，并保障网络和信息安全。

## 三、发展目标

### （一）预期性指标

1. 继续保持平稳发展，通信服务水平进一步提高。

电信业务总量及收入保持平稳发展，通信用户保持平稳快速增长。其中，固定通信用户将有小幅下跌，移动通信用户将快速增长，规划期末接近全国平均的渗透率水平，宽带互联网用户将保持高速增长。

“十二五”末，全省基础电信运营企业通信业务总量达到250亿元左右，年均增长率约13%；主营业务收入将达到195亿元左右，年均增长率约10%，其中非话音收入比重将超过50%。电话用户总数达到2500万户，其中固定电话用户350万户（无线市话用户在规划期内逐步被其他方式完全替代）；移动通信用户2150万户，其中3G用户800万户，约占40%；有线宽带互联网用户的年均增长率保持在30%左右，用户达到400万户。

2. 继续加大基础设施建设，网络服务能力跃上新台阶。

“十二五”期间，逐步构建基于IMS、IPv6和OTN/DWDM的支撑融合业务发展的下一代网络，实现基于3G/WAPI和EPON/GPON的无线和有线相结合的城乡有效覆盖的高带宽接入网，其中城区及乡镇实现以光纤接入为主的接入网网络，推进3G向4G网络的演进，有线宽带接入带宽平均达到10Mbps以上。

“十二五”末，固定交换设备总容量约500万门，移动通信交换设备总容量超过2500万门，宽带接入端口能力超过550万个，光缆总长度达到22万公里以上。

“十二五”期间，全省基础电信企业每年的固定资产投资约50亿元，五年累计固定资产投资约

250亿元。

3. 移动通信及宽带业务成为投资的主体方向。

固定用户逐步减少，固定网络的投资大幅度缩减，移动通信及宽带网络建设进一步加快，成为投资的主体。

4. 普遍服务取得新突破。

实现行政村100%通移动电话，村通逐步向宽带和信息化发展，“十二五”末实现75%以上行政村通宽带。

5. 转型升级获得新进展，产业融合取得实质性进展。

通信业要在智能交通、物流信息化、旅游信息化、金融信息化、环境保护、市政管理、公共安全、工业监测、个人健康和家居监控等服务两化融合和物联网应用方面实现跨越式发展。

6. 网络与信息安全保障有力。

网络与信息安全管理体系不断完善，网络与信息安全保障能力和服务水平显著提高，基础信息网络的安全性、可靠性和抗毁性持续提升。

7. 从业人员持证上岗率明显提高。

加强职业培训，提高从业人员的技能水平，完善并落实国家职业资格证书制度，“十二五”末，通信从业人员持证上岗率较“十一五”末显著提高。

**（二）约束性指标**

通信业务资费全面实行明码标价，用户投诉处理满意率逐年提高，用户满意度高于全国平均水平。通信业务经营者应在规定期限内答复投诉和申诉，资费备案率达到100%，力争杜绝网络重大事故的发生，网间结算误差低于3%，共建共享共建率、共享率达到国家规定的各项指标要求，互联网网站备案率和备案信息准确率、增值企业网站的网络信息安全管理员持证上岗等达到国家规定的指标。

**专栏2：“十二五”通信业发展的主要指标**

“十二五”末，固定电话用户减少到350万户（其中无线市话用户在规划期内逐步被其他方式完全替代）；移动通信用户增加到2150万户，其中3G用户800万户，约占40%；有线宽带互联网用户的年均增长率保持在30%左右，用户达到400万户。

随着用户和业务种类的增加，通信业务收入也将快速提升，预计在“十二五”末全省基础电信运营企业主营业务收入将达到195亿元左右，平均年增长率约10%，其中非话音收入比重将超过50%。

随着网络基础设施建设的加快发展，预计“十二五”末，固定交换设备总容量约500万门，移动通信交换设备总容量超过2500万门，宽带接入端口能力超过550万个，光缆总长度达到22万公里以上。

随着农村普遍服务及互联网下乡村的不断深入，预计“十二五”末，行政村100%通移动电话，75%以上行政村通宽带。

根据以上主要发展目标数据综合考虑，预计规划期内固定资产投资额仍将保持平稳，年均投资预计在50亿元左右，五年合计约250亿元。

## 第五章　主要任务与工程

进一步加快信息基础设施和数字化城市管理信息系统建设，提升国道、省道移动通信覆盖水平，扩大农村通信覆盖面，提高信息安全和应急保障能力，切实服务地方经济发展。

### 一、加强通信基础设施建设，助力地方经济发展

“十二五”期间，甘肃通信业要在共建共享的基础上加快通信基础设施的建设，提升通信服务水平，缩小与全国平均水平的差距，缩小城乡之间通信水平的差距。同时要加大信息化建设力度，联合各级政府，开放社会信息资源，开发适合本地实际的应用，积极探索“数字城市”应用，加快数字化城市管理信息系统的建设。推进通信业服务“两化”融合，积极推动在工业控制、智能交通、物流信息化、旅游信息化、金融信息化、环境保护、市政管理、公共安全、工业监测、个人健康和家居监控等服务两化融合和物联网应用方面的融合试点。

**专栏3：通信基础设施建设工程**

根据共建共享要求，统筹基站、光纤管道/杆路等通信基础设施建设，结合甘肃省公路、铁路网络建设，大力加强沿线光纤设施的建设，提升现有道路的无线覆盖率，提升铁路及高等级公路的第三代移动通信信号覆盖，并对新建等级公路以及铁路沿线实施无线通信全覆盖。

加强光纤宽带网络的建设，在城区推进光纤到楼/入户、农村推进光纤到村，实现宽带接入基础设施的战略提升，并缩小城乡之间的信息化水平差距。

进一步支持3G网络的覆盖建设，推进3G网络在道路及乡镇、农村地区的覆盖建设，积极推进3G演进网络的试验和建设。

加快互联网网络建设，完善网络布局，推动互联网互联互通建设，加大互联网应用企业的支持力度，培育在国内具有一定知名度的互联网及增值业务企业。

加强“兰白都市经济圈”、“关中—天水经济区”及“兰州新区”的电信基础设施建设，研究并推动“兰白都市经济圈”区域大本地网的实施，实现同一经济区域的通信一体化，助力地方经济发展。

### 二、加快农村信息化建设，缩小城乡信息服务发展差距

以构建和谐信息社会为目标，统筹协调，深化普遍服务机制和内涵，加快宽带互联网等信息通信基础设施在农村地区的部署和自然村村通建设，推进信息下乡。

坚持信息获取便利性、使用成本差异最小化原则，推动实现普遍接入和信息无障碍，缩小城乡发展差距。统筹农村信息通信服务体系建设，建立面向“三农”的综合信息服务试点示范区，整合各类涉农信息资源，规范农村综合信息服务站点建设，构建面向农民、农村和农业的综合信息服务平台，完善县、乡、村三级信息服务网。

## 专栏 4：宽带网络进村及自然村村通建设工程

### 一、甘肃省农村宽带网络及村通现状

甘肃省主要以农业为主，地处西北黄土高原，农村人口比重较高，道路及自然环境较差。目前农村宽带建设主要采用 FTTN 模式，光缆推进到行政村和较大的自然村，接入设备下移到离用户较近的村落。分光器位置主要考虑安全性、光缆网络结构、PON 资源利用率和光纤资源，一般放置在农村乡镇接入光缆的汇聚处，优先选择位置合适的接入点，尽量采用 2 级分光，分光比一般为 1∶4 或 1∶8。

农村光接入点建设采用自建、架空、室外机柜等多种手段。

截至 2010 年底，基础电信运营企业农村接入光缆长度合计 103894 皮长公里，1296442 纤芯公里，纤芯利用率平均在 32.5%，全部乡镇均已实现通光纤，但由于行政村分布较分散且经济落后，农村光纤通达率仅有 40%，农村宽带通达数仅 16.33 万户，占全部农村家庭数的 3.4%，通达比例低。

### 二、发展思路及目标

**（一）发展思路**

1. 加强农村通信基础设施建设，提高网络资源利用效率

农村通信投入大、收益率低。各运营企业在进行网络建设时，要合理配置资源，优化和提高资源利用效率。加强管线资源等电信资源的综合管理和合理规划，实现优化配置与共享。

引导企业对网络、杆路、管道、铁塔等资源的整合和共享，促使已建成的管道、杆路、铁塔等电信设施的经营者将空余资源向其他通信业务经营者开放，为各运营商提供平等接入和使用条件。

2. 争取地方政府支持，有效解决农村通信建设中出现的问题

积极协调地方政府有关部门将农村通信列入“三农”问题措施，切实做好农村通信基础设施的建设工作，及时协调解决工程实施过程中出现的问题，并加强指导和监督。

继续积极配合国家电信普遍服务基金的建立，尽量争取地方政府和企业的支持，采取切实有效措施，着力改变农村通信设施落后的状况，提高农村电信服务水平，为农村经济的快速发展提供信息化支撑，促进甘肃经济和社会的全面协调发展。

3. 技术发展思路

——宽带接入网：推进“光进铜退”战略，以光纤接入为主，加大 PON（GPON/EPON，各企业结合自身情况进行具体选择）网络的建设力度。光缆建设方式可采用直线逐级覆盖或者采用环形交互覆盖方式，农村接入局所的建设根据布局应以所覆盖行政村分链型、星型为基础进行建设。

——自然村移动通信覆盖：以 2G 网络覆盖为主，同时大幅度提升 3G 网络覆盖水平。

**（二）发展目标**

——75%以上行政村通光纤；

——90%以上自然村通移动电话，60%以上自然村通 3G；

——农村有线宽带用户达到 30 万户。

### 三、建设规模及投资需求

——建设光缆 12.25 万皮长公里，投资需求 17.05 亿元；

——规划期内总计发展有线宽带用户 111.3 万户，投资总需求约 22.6 亿元；

——规划期内自然村移动通信覆盖建设总投资 18.84 亿元，其中 2G 投资为 9.38 亿元。

## 三、提升通信业社会影响力，强化道路通信覆盖建设

遵循国办发〔2010〕29 号文件“提升国道、省道移动通信覆盖水平”的指导意见，加强铁路、高速公路、国道和省道的移动通信覆盖建设，在完善第二代移动通信覆盖的基础上，加大第三代移动通信的覆盖。同时，结合本省实际情况，对县乡道路以第二代移动通信为主、第三代移动通信为辅助进行覆盖提升，提升乡镇和农村地区的通信基础设施水平。并结合《甘肃省国民经济和社会发展第十二个五年规划纲要》，对新建铁路、高速公路、国道和省道等交通设施，同步实施移动通信覆盖建设。

### 专栏 5：移动通信道路覆盖建设工程

#### 一、甘肃省移动通信道路覆盖现状

“十一五”期间，全省移动通信网络覆盖有了显著的提升，目前各运营商 2G 网络已基本覆盖高速公路、国道，但 3G 网络覆盖还远远不够。

甘肃省 2010 年末道路移动通信覆盖情况如下：

1. 铁路方面，甘肃省铁路长度合计 1682 公里，其中 2G 网络均已实现全面覆盖，3G 网络覆盖较差。3G 网络覆盖率方面，甘肃电信为 34%，甘肃移动为 6.1%，甘肃联通为 8.9%。

2. 高速公路方面，甘肃省高速公路长度合计 1632 公里，其中 2G 网络均已实现全面覆盖，3G 网络覆盖较差。3G 网络覆盖率方面，甘肃电信为 51.7%，甘肃移动为 5.8%，甘肃联通为 34.5%。

3. 国道和省道方面，甘肃省国道长度合计 4876 公里，省道长度合计 5990 公里，其中 2G 网络均已实现全面覆盖，3G 网络覆盖较差。3G 网络覆盖率方面，甘肃电信分别为 34.4%和 20%，甘肃移动分别为 5.1%和 1.7%，甘肃联通分别为 8.4%和接近 0.5%。

4. 县乡道路方面，甘肃电信和甘肃移动的 2G 网络覆盖方面较完善，其中甘肃电信覆盖率为 81.8%，甘肃移动达到 93.5%，而甘肃联通的 2G 网络覆盖率仅 35.3%。3G 网络覆盖上，甘肃电信覆盖率为 42.5%，而甘肃移动和甘肃联通基本没有进行 3G 网络的覆盖建设。

#### 二、发展思路及目标

**（一）发展思路**

——推进新型分布式基站技术的试验应用，加大采用“多载波功率合并”、“基站上塔”、“高增益天线”、“超远覆盖技术”、“高塔覆盖”等多种技术手段开展道路网络覆盖。

**（二）发展目标**

——2G 网络在县乡道路覆盖达到 90%左右；

——3G 网络覆盖方面，铁路超过 80%，高速公路超过 85%，国道超过 75%，省道 70%以上，县乡道路达到 70%左右。

### 三、建设规模

——规划期内道路覆盖建设投资总需求约36亿元。

## 四、服务旅游业发展，推进景区移动通信覆盖及网络改造

甘肃自然和人文旅游资源优势明显，随着西部大开发的深入，全省各旅游城市及景点游客数量将会迅速增加。《甘肃省国民经济和社会发展第十二个五年规划纲要》提出了要“把旅游业培育成现代服务业发展的龙头产业和战略性支柱产业”。甘肃省通信业要牢牢把握政府的政策导向，加快改善旅游景区通信基础设施，大力满足游客的通信需求，提高游客在使用通信方面的满意度。

### 专栏6：旅游景区网络改造及覆盖提升工程

### 一、甘肃省旅游景区通信网覆盖现状

全省129个A级以上旅游景区中，甘肃移动GSM网络和甘肃电信CDMA网络都已覆盖了126个，基本达到了全覆盖；甘肃联通GSM网络覆盖了103个，覆盖率为80%。对于第三代移动通信网络，甘肃联通网络覆盖率达到了57%，甘肃移动覆盖率仅20%。“十二五”期间，甘肃移动需要加快第三代移动通信网络的建设步伐，甘肃联通也需要逐步解决重点景区的第二代和第三代移动通信盲区覆盖。

### 二、发展思路及目标

**(一) 发展思路**

1. 充分利用已有设施，加强共建共享

由于旅游风景区的特殊性，各电信运营企业在建设中应加强沟通，网络建设和改造中充分利用现有网络资源，发挥各企业的优势，强化通信基础设施的共建共享，提升经济和社会效益。

2. 逐步解决移动通信覆盖

结合网络覆盖现状，各企业在规划期内需要加大景区覆盖建设投资，按景区重要性等依次解决移动通信覆盖问题。

3. 天线和光缆线路改造

——对影响景区观瞻的基站天线，在规划期内应进行搬迁、美化或更换等处理。

——光缆线路部分的改造数量较大，各运营企业可根据投资情况，并结合景区重要等级依次解决。由于旅游景区内不允许大面积施工，建设难度非常大，运营企业需要统一协调和施工，尽量减小工作量，降低工作难度。

**(二) 发展目标**

——景区内基站改造率达到95%以上，线路改造率达到80%以上；

——第二代移动通信基本实现全部景区覆盖，第三代移动通信网络在3A级及以上景区全覆盖，其余景区第三代移动通信覆盖率超过50%。

## 三、建设规模及投资需求

——“十二五”期间，三家基础电信运营企业合计新增141处景区覆盖，改造基站167个，改造架空光缆991公里；

——规划期内景区改造预计投资总需求约8800万元。

# 五、助力宜居城市建设，整治城区通信设施

从构建和谐社会和建设宜居城市出发，在“十二五”期间，对影响市容市貌的已建通信设施进行美化整治，加强通信建设的约束规范，打造一个宜居、宜商而又充满现代化气息的城市环境。

**专栏7：城区网络改造工程**

## 一、甘肃省城区网络覆盖现状

全省87个县级以上城市中，甘肃移动需改造的架空光缆长度为1124公里，需改造的塔桅313个，需新建管道826公里，甘肃电信需改造的架空光缆长度为584公里，需改造的塔桅412个，需新建管道507公里，甘肃联通需改造的架空光缆长度为900公里，需改造的塔桅150个，需新建管道750公里。

## 二、发展思路及目标

### （一）发展思路

城区通信设施改造包括塔桅和架空光电缆改造。

——塔桅部分优先保证地市州级城区内，尤其是兰州、天水、张掖、酒泉、嘉峪关等城市的建设，争取在规划期五年的时间内完成重点县城重点区域的塔桅改造；

——城区内架空光电缆的改造是城市美化工程的重中之重，各城区的通信设施美化工程必须与市政建设规划相结合，力争在规划期内完成县城以上城市重要区域的美化改造；

——需要新建光电缆的区域全部按照新建管道的方式建设，逐步降低架空光电缆的通信设施比例；

——城区通信设施改造必须严格遵循共建共享的原则。

### （二）发展目标

——规划期末塔桅改造率达到90%以上，架空线路改造率达到85%以上；

——规划期末新建管道完成率达到90%以上。

## 三、建设规模及投资需求

——“十二五”期间，三家基础电信运营企业合计改造桅杆800个，改造架空光缆2250公里，新建通信管道约1900公里；

——规划期内城区改造预计投资总需求约4.1亿元。

## 六、加强应急通信管理，不断提升应急通信装备水平和保障能力

按照《国家通信保障应急预案》、《战备应急通信管理规定》和《战备应急通信物资储备管理办法》以及工业和信息化部相关要求，强化应急通信管理、保障队伍建设和应急物资储备管理和调用机制，加大应急通信装备的建设和改造，推进应急通信装备更新、应急通信平台、储备中心等项目的立项和实施，构建平战结合、天地一体、高效协同的应急通信网络体系，不断提升应急通信装备水平和保障能力。

**专栏 8：应急通信装备水平和保障能力提升工程**

——继续加大机动通信设施投入，不断提升应对突发事件的通信保障水平；

——全力争取国家在我省设立应急通信局，提升我省应急机动通信能力；

——建立基础网络、卫星通信、超级基站、机动装备等构成的天地一体动静结合的应急保障系统；

——建立应急通信数据库系统，维护管理应用好国家通信网络应急指挥调度中心甘肃分中心，实现与部省各有关单位的互联互通，达到信息资源共享；

——进一步完善省市县三级 VSAT 卫星应急通信站点建设及应用水平。

# 第六章　政策及保障措施

## 一、规范市场竞争行为

着力规范基础通信企业经营行为，加强监管创新，推进由单一电信网监管向电信和互联网等综合监管的发展。大力推进通信企业自律，正确处理好国家、企业和客户之间的利益关系，营造健康发展的市场秩序，确保行业的全面、协调和可持续发展。加强接入服务市场管理，严厉打击利用基础通信网络从事非法经营等行为。继续做好网站备案管理工作，配合相关主管部门及时查处网上违法违规行为。不定期对省内互联网接入市场、SP 代收费等情况进行监督检查，对存在违规行为却整改不力或故意违规的企业按有关规定严肃处理，严格落实问责制。强化服务质量监管，保障用户合法权益，重点鼓励和促进 3G 业务、宽带业务等新兴重要领域服务质量的提高，促进通信服务整体水平的不断提高。

## 二、积极推进普遍服务工作

建立政府引导、企业为主、社会各界共同参与的多渠道普遍服务投资机制，通过税收、补偿、补助等多种方式，引导各类资本参与全省普遍服务。在继续提高行政村通宽带和自然村通电话比率的基础上，扩大新一代通信基础设施的服务范围和服务对象，促进更多新技术和业务在未覆盖或特殊区域的应用，推动实现普遍接入和信息无障碍，进一步缩小城乡信息发展差距。

## 三、加强网络与信息安全管理

加强互联网网络与信息安全管理，健全互联网监管的技术手段。完善网络信息安全管理制度，落实网络信息安全责任，明确应急处置流程，监督企业实施网络信息安全评估制度及配套网络信息

安全保障措施。积极稳妥地开展维稳保障工作，重点做好配合处置重大信息安全事件。

## 四、提升公共服务水平

增强公共服务意识，理顺应急通信管理体制和工作协同机制，完善各级应急通信预案，加大应急通信装备的建设和改造，加快应急通信新技术的应用，建成覆盖广、手段多、技术先进的应急通信网络，提高网络自愈能力、抗毁能力和应急调度能力，保障突发事件和自然灾害条件下的通信畅通，不断提升公共服务水平。

## 五、加大光纤宽带和 3G 网络建设支持力度

根据我省《关于推进全省光纤宽带和第三代移动通信网络建设的实施意见》，在城乡规划、土地使用、税收、电力配套等方面加强对光纤宽带和第三代移动通信（3G）网络建设的资金与政策支持，加快光纤宽带接入、3G 网络建设。在符合条件的新建和改造区域，要求部署光纤宽带接入和 3G 基站的配套环境。适时引入新的市场竞争主体，加大对光纤宽带接入和 3G 网络建设投入。各有关部门要完善相关政策，加强协作，形成合力，及时解决建设和应用中的困难和问题，进一步推动宽带和 3G 网络建设及应用发展。

## 六、推进“三网融合”

根据国家“三网融合”确定的“积极稳妥、分业监管、加强协调、统筹规划、确保安全、加快创新”原则，积极开展试点工作，加强对“三网融合”框架下互联互通、共建共享、网络与信息安全、资质审批、资费、服务质量等工作监管模式的研究，促进 IPTV、手机电视、互联网电视业务等融合型业务发展，推进“三网融合”取得实质进展。

## 七、培育增值业务市场

制定推动互联网及增值业务产业等新技术新业务发展的扶持政策措施，探索建立面向增值通信企业的管理和协调机制，搭建行业交流平台，为增值通信企业的发展和增值通信业务繁荣营造良好环境。积极出台融资、税收、补贴、人才等多个方面的细化措施，推动互联网及增值通信中小企业发展，形成有利用新技术新业务健康发展的市场秩序。

## 八、完善共建共享机制

以节约资源、保护生态和节省成本为目标，继续探索和建立通信基础设施共建共享的管理和合作新模式，完善共建共享监督、检查、考核管理办法，创造良好的共建共享环境。把共建共享监管由目前的行政手段为主，逐步转向法律、行政、经济、技术等多种手段并用的长效机制。充分发挥电信基础设施共建共享信息系统作用，提高科学管理水平。

## 九、争取各项发展资金和扶持政策

抓住“关中—天水经济区”、“兰白都市经济圈”、“兰州新区”建设和国家支持我省灾区重建的机遇，多渠道争取国家、部、省等对我省通信业发展的资金和扶持政策，争取各集团公司向我省加大建设投资力度，积极争取建设通信数据云计算灾备中心。切实用好各项发展资金和扶持政策，改善我省投资环境，为我省通信业在“十二五”期间健康、快速、持续发展提供有力保障。

## 十、加强通信行业监管队伍建设

创新监管体制，积极争取人员编制和市州监管机构，满足通信市场监管的需要。加强行政执法

监管职能部门的建设，进一步提高电信业务、电信资费、电信服务、互联互通、工程建设、应急通信、网络信息安全等行政监督管理水平。加强监管队伍的能力培训，以适应行业发展的需要，适应互联网新技术新业务应用不断涌现的大趋势，适应产业价值链延伸扩大促使市场主体复杂化和监管对象扩大化的局面。

# 青海省通信工程质量监督管理实施细则（试行）

青海省通信管理局

## 第一章　总则

**第一条**　为加强青海省通信工程质量监督管理，确保通信工程质量，根据国家相关法律法规及原信息产业部第 18 号令《通信工程质量监督管理规定》，结合青海实际，制定本细则。

**第二条**　在青海省境内实施通信工程质量监督管理适用本细则。

**第三条**　青海省通信管理局负责青海省境内通信工程质量监督管理工作。青海省通信工程质量监督中心受省通信管理局委托，依法对通信工程质量进行监督管理。

**第四条**　凡在青海省境内从事通信工程建设、勘察设计、施工、系统集成、用户管线建设、监理等工作的单位，必须遵守通信建设市场管理的有关规定，依法对通信工程质量负责，依照本细则接受质量监督，不得拒绝或者阻碍通信工程质量监督检查人员依法执行公务。

**第五条**　未办理质量监督申报手续或竣工验收备案手续的通信工程，不得投入使用。

**第六条**　任何单位和个人有权对通信工程质量问题、工程质量事故检举、控告和投诉。工程质量问题和工程质量事故的认定，按 1989 年建设部《工程建设重大事故报告和调查程序规定》（3 号令）和 1990 年建设部《关于第 3 号部令有关问题的说明》（建工字第 55 号）执行。

## 第二章　质量监督工作内容

**第七条**　通信工程质量监督工作应依据有关法律、法规、规章及通信工程建设强制性标准进行。

**第八条**　青海省通信工程质量监督中心的主要职责是：

（一）贯彻国家、工业和信息化部发布的通信行业工程质量监督的法律、法规、规章、政策及技术标准。

（二）负责本省通信工程质量监督工作及本省境内的国家重点、跨省通信工程的质量监督工作。

（三）核查工程勘察设计、施工、系统集成、用户管线建设、监理等单位的资质等级和业务范围及备案情况。

（四）监督工程验收，检查工程相关文件。

（五）受理通信工程竣工验收备案，出具《通信工程质量监督报告》。

（六）收集、分析通信工程质量状况，总结通信工程质量监督工作经验。

（七）开展通信工程质量检查，参与通信工程执法检查和重大质量事故的调查处理。

（八）组织通信工程建设从业人员的培训考核工作。

（九）组织省级优质工程和优秀设计评审。

**第九条**　青海省通信工程质量监督中心在履行质量监督职责时，有权采取下列措施：

（一）要求被监督工程的参建单位提供工程建设的有关文件和资料，包括：单位和人员的资质（格）证书、工程的立项文件、设计文件、设计会审文件、工程招投标文件、工程承包合同、施工资料、设备材料合格证、工程记录、工程交工技术资料、监理资料、验收报告、工程质量文件、竣工报告及其他资料。

（二）进入被监督工程的施工现场和有关场所进行检查、检测、拍照、录像。

（三）发现影响工程质量的缺陷，责令改正。

（四）向有关单位和个人调查情况，并取得证明材料。

**第十条**　通信工程质量监督工作的主要内容是对参与通信工程建设各方主体的质量行为以及执行工程强制性标准的情况进行监督，受理单位和个人有关工程质量的检举、控告和投诉。

（一）建设单位质量行为包括：

1. 严格执行通信建设程序，坚持先勘察设计，后施工的原则。

2. 不得违反规定将工程肢解发包。

3. 必须依法对工程的勘察设计、施工、监理以及与工程有关的重要设备、材料等的采购进行招投标。

4. 严格执行通信工程建设强制性标准、工程规范和合同管理等，不得迫使承包方以低于成本的价格竞标，不得任意压缩工期；严格执行通信设施共建共享相关规定。

5. 必须办理工程质量监督手续。

6. 必须向有关的勘察设计、施工、监理等单位提供与建设工程有关的原始资料。原始资料必须真实、准确、齐全。

7. 不得明示或暗示设计、施工单位使用不合格的设备、材料，降低工程质量。

8. 组织工程验收前应书面报告青海省通信工程质量监督中心。

9. 工程资料必须反映工程全过程的实际情况。

10. 必须办理工程竣工验收备案。

11. 其他相关法律、法规和规章规定的质量行为。

（二）勘察设计、系统集成（设计）单位质量行为包括：

1. 必须取得相应等级的资质证书，并在其资质等级许可的范围内承揽工程。不得超越资质等级范围或者以其他单位名义承揽工程，不得允许其他单位或个人以本单位名义承揽工程。

2. 不得转包或者违法分包。

3. 从业人员应取得相关资格。

4. 明确工程设计的质量保证体系，设计（含图纸）及其变更设计人员签字盖章等手续齐全。

5. 严格按通信工程建设强制性标准进行设计。

6. 设计文件应准确并达到国家规定的设计深度。设备、材料应注明规格、性能，不得指定厂商。

7. 设计单位应向施工单位做技术交底。

8. 应参与工程质量事故分析，并对因设计造成的质量事故，提出相应的技术处理方案。

9. 设计单位应参与工程验收。

10. 其他相关法律、法规和规章规定的质量行为。

（三）施工、系统集成（施工）、用户管线建设等施工单位质量行为包括：

1. 必须取得相应等级的资质证书，并在其资质等级许可的范围内承揽工程施工业务。不得超越资质等级范围或者以其他单位名义承揽工程，不得允许其他单位或个人以本单位名义承揽工程。

2. 不得转包或者违法分包。

3. 从业人员应取得相关资格。

4. 应建立质量保证体系，确定工程项目经理、技术负责人、现场施工管理、质量安全负责人等质量安全责任制。

5. 应编制施工组织计划或施工方案，并抄报青海省通信工程质量监督中心。

6. 对所采购的设备、材料的质量负责；未经检验或检验不合格的设备、材料不得使用。

7. 按设计文件和施工规范施工，不得擅自修改设计，不得偷工减料。发现设计有误或不合理，应及时提出意见和建议。

8. 严格工序管理。隐蔽工程施工前应通知建设（或监理）、质监等单位。

9. 编写工程交工技术资料，全面反映工程实际情况。

10. 对工程施工质量、安全（质量、人员）负责，对质量问题负责返修。

11. 其他相关法律、法规和规章规定的质量行为。

（四）监理单位的质量行为包括：

1. 必须取得相应等级的资质证书，并在其资质等级许可的范围内承揽工程监理业务。不得超越资质等级范围或者以其他单位名义承揽工程，不得允许其他单位或个人以本单位名义承揽工程。

2. 不得转让工程监理业务；以其他单位名义承揽工程，不得允许其他单位或个人以本单位名义承揽工程。

3. 应建立质量保证体系、质量安全责任制。

4. 从业人员应取得相关资格。

5. 制订监理规划，按监理规划及监理细则实施监理，对施工质量承担监理责任。

6. 应对工程设计、施工、系统集成、用户管线建设等单位的资质进行审核。

7. 审核设备、材料的清单及其规格、质量，不合格设备、材料不允许使用。

8. 审查施工计划，检查工程进度和施工质量，对隐蔽工程及时进行验收签证。

9. 应及时督促、配合责任单位调查处理工程质量事故。

10. 组织工程预验收，签署监理意见，参加竣工验收。

11. 完善监理委托书、监理规划、监理细则、监理日志、监理通知及回复、监理周（月）报、监理总结等监理资料。

12. 其他相关法律、法规及规章规定的质量行为。

**第十一条** 通信工程质量监督工程师及质量监督员资格应当按工业和信息化部的有关规定，经考核认定后方可实施通信工程监督业务。

## 第三章 质量监督工作程序

**第十二条** 建设单位应在工程开工前的 7 个工作日向青海省通信工程质量监督中心办理质量监督申报手续，其中，国家重点通信工程、跨省通信工程应向工业和信息化部通信工程定额质监中心申报，同时抄报青海省通信工程质量监督中心。建设单位办理质量监督申报手续，应填写《通信工程质量监督申报表》，并提供以下资料：

（一）项目立项批准文件。

（二）施工图设计审查批准文件。

（三）工程勘察设计、施工、系统集成、用户管线建设、监理等单位的资质等级证书（复印件）。

（四）其他相关文件。

**第十三条** 青海省通信工程质量监督中心受理申报后，重点对申报工程质量的合规性进行检查。主要有企业备案情况、招投标情况、各项文件的合规性检查。

**第十四条** 青海省通信工程质量监督中心根据质量监督工作要求，适时采用现场抽查方式监督通信工程建设各方主体的质量行为。内容包括：

（一）检查建设、勘察设计、施工、系统集成、用户管线建设、监理等各方主体的质量行为。

（二）抽查涉及通信工程强制性标准内容的相关实体质量；对可能影响通信质量、设备安全、使用寿命的薄弱环节进行现场抽查。

（三）监督工程验收的组织形式、验收程序以及在验收过程中提供的有关资料和形成的质量评定文件是否符合有关规定，实体质量是否存在严重缺陷，工程质量是否符合通信工程验收标准。

**第十五条**　通信工程质量监督人员在质量监督过程中发现问题应填写《通信工程质量监督检查记录表》，并以书面形式通知建设单位及有关责任单位，责令其改正。

**第十六条**　建设单位应在工程竣工验收合格后15日内到青海省通信工程质量监督中心办理竣工验收备案手续，并提交《通信工程竣工验收备案表》及工程验收报告。

**第十七条**　青海省通信工程质量监督中心对报备材料进行审查，如发现建设单位在竣工验收过程中有违反国家有关建设工程质量管理规定行为的，应在收到备案材料15个工作日内书面通知建设单位，责令建设单位组织整改后重新组织验收和办理备案手续。

符合备案要求的，青海省通信工程质量监督中心应在收到备案材料15日内向建设单位下达《通信工程质量监督报告》。

**第十八条**　若发生通信工程质量事故，建设单位必须按事故类型、等级要求，将事故情况向当地人民政府安全监督机构和省通信管理局报告。

## 第四章　省外通信建设企业备案管理

**第十九条**　参与青海省境内通信建设设计、施工、监理的省外通信建设企业必须先在青海省通信管理局进行备案，并按要求提供相关备案材料。

**第二十条**　首次办理备案的省外通信建设企业，要求所需材料必须携带原件。提供的复印件要求装订成册。省通信管理局收到备案材料，在15个工作日内发放省外通信建设企业备案通知书。

**第二十一条**　对于省外通信建设企业出现以下情况的，将不予发放备案通知书或取消进入青海省进行通信工程施工资格。

1. 所需资料不全的。
2. 提供资料弄虚作假的。
3. 企业安全生产许可证或企业法人（主要负责人）安全生产培训合格证过期的。
4. 违反安全生产法律法规，发生安全生产事故造成人员死亡的。
5. 违反规定，发生特别重大和重大通信网络安全事故的。
6. 发生拖欠工程款的。
7. 违反通信设施共建共享规定的。
8. 发生盗窃破坏通信设施案件的。
9. 发生商业贿赂案件，被司法机关调查处理的。
10. 不执行通信工程强制性标准，发生通信工程质量不合格的。
11. 列入青海省通信工程施工企业“黑名单”的。

**第二十二条**　未在青海省通信管理局进行备案的省外通信建设企业，各建设单位不得使用。

## 第五章　附则

**第二十三条**　青海省通信工程质量监督中心在履行质量监督职责时应公平、公正、公开。任何单位和个人都有权对青海省通信工程质量监督中心及其人员进行监督，有权对其违法、失职行为提出检举、控告、投诉。

**第二十四条** 通信工程参建单位违反本细则的，省通信管理局依照国家有关法律、法规及规章给予行政处罚；构成犯罪的，由国家有关机关依法追究刑事责任。

**第二十五条** 在国家尚未颁布新的工程验收办法之前，通信工程验收按照《邮电通信建设工程竣工验收办法》（邮电部邮部［1996］54 号）执行

**第二十六条** 抢险救灾通信工程，不适用本实施细则。

**第二十七条** 本细则所列附件与正文具有同等法律效力。

**第二十八条** 本细则由青海省通信管理局负责解释。

**第二十九条** 本细则自发布之日起施行。

# 新疆通信管理局增值电信业务申请受理流程及所需材料

新疆维吾尔自治区通信管理局

## 一、受理事项

（一）增值电信业务经营许可证申请
（二）增值电信业务经营许可证年检
（三）跨地区增值电信业务经营许可证备案
（四）SP 代码申请
（五）SP 代码备案

## 二、申请事项所需材料

（一）增值电信业务经营许可证申请

1. 申请条件：

（1）经营者为依法设立的公司。

（2）有与开展经营活动相适应的资金和专业人员。

（3）有为用户提供长期服务的信誉或者能力。

（4）在省、自治区、直辖市范围内经营的，注册资本最低限额为 100 万元人民币；在全国或者跨省、自治区、直辖市范围经营的，注册资本最低限额为 1000 万元人民币。

（5）有必要的场地，设施及技术方案。

（6）公司及其主要出资者和主要经营管理人员三年内无违反电信监督管理制度的违法记录。

（7）国家规定的其他条件。

2. 提交的材料：

（1）公司法定代表人签署的经营增值电信业务的书面申请。内容包括：申请经营电信业务的种类，业务覆盖范围，公司名称，公司通信地址，邮政编码，联系人，联系电话，电子信箱地址等。

（2）公司的企业法人营业执照副本及复印件。

（3）公司概况。包括：公司基本情况，拟从事增值电信业务的人员，场地和设施等情况。

（4）公司最近经会计事务所审计的企业法人年度财务会计报告或者验资报告及电信管理机构规定的其他相关会计资料。

（5）公司章程，公司股权结构及股东的有关情况。

（6）申请经营电信业务的业务发展，实施计划和技术方案。

（7）为用户提供长期服务和质量保障的措施。

（8）信息安全保障措施。

（9）证明公司信誉的有关材料。

（10）公司法定代表人签署的公司依法经营电信业务的承诺书。

申请经营的电信业务依照法律，行政法规及国家有关规定须经有关主管部门事先审核同意的，应当提交有关主管部门审核同意的文件。

尚未获得企业法人营业执照的申请人，应当提交公司的名称预先核准通知书，不需提交前款第（二）项，第（九）项规定的材料。对于前款第（一）项规定的书面申请和第（十）项规定的承诺书，拟成立有限责任公司的，应当由全体股东签署；拟成立股份有限公司的，应当由全体发起人签署。

3. 申办 SP 代码的，还需提交以下材料：

（1）短消息类服务代码申请表（见附件 1）；①

（2）短消息类业务提供情况的说明（包括主要服务项目，业务描述等）；

（3）短消息类服务接入代码使用承诺书；

（4）新疆通信管理局要求提供的其他补充材料。

申请经营的电信业务依照法律，行政法规及国家有关规定须经有关主管部门事先审核同意的，应当提交有关主管部门审核同意的文件。

（二）增值电信业务经营许可年检

1. 年检时间：每年第一季度（3 月 31 日）之前。

2. 年检具体工作安排详见年初新疆通信管理局下发的“年检工作通知”。

（三）跨地区增值电信业务经营许可证备案

1. 跨地区增值电信业务经营者要按照要求，认真填写“跨地区增值电信业务经营许可证备案表”（见附件 2），② 并按照表格“备注”事项准备相关材料。

2. 新疆通信管理局自收到跨地区增值电信业务经营者备案申请后，将按照规定在 15 个工作日内完成备案材料审查工作。符合要求的，在“主管部门意见”栏中加盖公章进行确认，并及时在网站上定期公布备案结果。

（四）SP 代码备案

提交的材料：

（1）短消息类服务接入代码备案报告（公司正式文件）。

（2）如实填写跨地区短消息类服务接入代码使用证书备案表（见附件 3，③ 一式两份，打印不可手写，“备案单位法人签字”除外）。

（3）工业和信息化部核发的增值电信业务经营许可证复印件（含年检情况记录表复印件），经营信息服务业务的备案确认通知复印件。

（4）工业和信息化部颁发的短消息类服务接入代码使用证书复印件。

（5）代码启用技术方案［写明与启用代码有关的网络组织方案、与相关基础电信网络的连接方式、电信用户（服务对象）的接入方式等］。

（6）代码启用前期准备情况。

（7）代码启用实施进度安排（写明启用代码城市的时间安排、代码启用城市系统建设规模和目标、网络建设实施进度安排等）。

（8）联系人及联系方式。

注：所有复印件注明“此件与原件相同”，所有材料请加盖公章。

---

①②③ 附录未摘录，请自行查阅。